大玩家

移动互联平台掌中的

秩序和符号

刘天一 著

人民东方出版传媒
People's Oriental Publishing & Media

东方出版社
The Oriental Press

前　言

我们正在把一个鲜活的东西扔到"博物馆"。

在扔进去之前，我们将其肢解。就像博物馆学所必备的理解方式一样，把活动的、整体的东西敲打成了碎片，并用种类、年代、语言、学科等逻辑予以分类。准备工作完成之后，便小心翼翼将它们陈列在暗黄色的射灯下，等待来来往往的人们参观乃至膜拜。

那个鲜活的东西叫作移动互联，我们将其粉碎并分门别类地供奉起来，自以为只有这样才能看得明明白白。

那些被供奉的，我们授予了它们封号。"数据为王""体验为王""场景为王""内容为王""生态为王""用户为王"等，这些主张不断被人提出来，都试图从某种程度上证明，只要把握了这个概念，就能够把握住移动互联的时代脉搏，就能在这发展浪潮中勇立潮头。移动互联就在这声声迷狂的呐喊中被体验成了无数个分支，供人们埋头深挖和吹捧压榨；在它们背后，是名为广告、大数据、社交媒体、用户黏性、产品运营、人工智能的一个个孤立命题。移动互联的整体性，反而成了某种先验的概念，被理所当然地引入这些单一的论述当中。

　　这其中，存在着一种视角的偏颇。因为"整体性"被当作不必要甚至不科学的东西被丢弃，只有那些"可操作的"，才成了需要被理解的内容。我们决不用再问自己，移动互联这四个字究竟意味着什么，因为放眼望去，似乎总是大型平台、网络效应、黏性系统这些"凸显"的对象给我们带来了实实在在的用户和钞票，而绝非移动互联概念本身。移动互联在我们的叙事中被隐匿了起来，人们踩着它，在那些"凸显"命题中高歌猛进，恨不得把移动互联这个范畴远远抛下来，以证明自己走在时代的前列。

　　然而，整体性并不是什么能够被轻易忘却的东西。缺乏了对整体性，即移动互联背后特有的一整套符号系统与权力系统的梳理和认知，从任何一个孤立的角度出发，都难以把握移动互联时代市场运作规则的全貌①。进而，很多针对移动互联产品与技术的研究，便只能暧昧地流于表面，在一些情形中的确能够对产品设计有所帮助，然而另一些情形中，却可能隐含着更多的偏执和风险。单一命题的视角下，仅从各自角度出发，很容易便会将移动互联大背景下那一个个突出的创新产品与技术，识别为某种"时代的馈赠"。然而，很多时候，恰恰是要从全景的视角出发，才能够发现在进步的宏大叙事下，可能潜藏的疯狂；才能够感知，一个号称全面赋能的时代，对于其中个体的整体性

---

① 但需要注意的是，整体性总是让人联想到统一性，而统一性却又和同一性具有某些相似的意象，进而使人一提到真理是整体就期待着寻找一种还原论的解决方案。但寻找移动互联的整体性，并非是尝试去寻找某种独断的同一性原则（反而，往往正是那些孤立的命题，试图塑造一种同一性原则的假象，如用大数据或者流量，去统摄整个移动互联的问题和逻辑，如同亚历山大一样挥动手中的长剑斩开戈尔迪之结，然后看着散落的绳头沾沾自喜），而是尝试从一个总体的、结构性的视角切入进行分析，而这种分析，必须建立在对于分支的基础了解上。因此，这种总体性是从一个形式 + 内容的角度出发，否定合理化以及可计算性给出的操作主义框架，而寻求一个夹带着实践内容的、总体性关系的历史辩证视角。

压制。

移动互联时代的风险，实际上与整个现代性风险一样，是某种系统性风险，而并非单纯是直观的。对于大数据、自媒体、人工智能、平台扩张这类命题进行研究的时候，自然会涉及针对这些命题本身的反思。然而这种从单维度出发的反思，却始终是有限的。因为任何一个被大力发展的创新科技，之所以吸引那么多的目光，恰恰是由于从这个对象出发，我们总是能够看到，这些对象产生的实在收益远远大于潜在风险。对于这种风险的探索，那些开发者们的思考甚至还要先于后来的批判者。我们无法倒因为果，对于它们所存之问题的反思，正如当初无法阻止它们的诞生一般，在随后的日子中，也再难阻止它们的成长。

可实际上，那些元素却从不独自行动。相反，移动互联领域中的组织、机制、内容、数据、群体在不断交织、扎堆；主体与客体、自然与技术、超越性与规定性的界限被反复破除。草蛇灰线，伏脉千里，其中的进步以及风险便也就在这拉扯中开始相互渗透，难分彼此。所以，真正的问题在于，即便每一个单一维度的风险都能够被其内部的收益"吃干抹净"，进而超越，但是当一切风险能够通过移动互联的整体场域被融合在一起的时候，我们不能够保证这种来自四面八方的、不同种类风险的积累，不会产生某种质变或者永久性的影响；也不知道会不会有某些新的规定性在这种潮流一般的动力下被冲上岸边，卷走在海边嬉戏的人们。当以结构主义的视角审视其整体性的时候，我们必须承认，那被聚合出的整体，拥有着各个部分单纯相加所无法呈现出的某些特征。

于是，在被孤立的叙事中，移动互联的场域会被识别为技术驱动的或者产品驱动的，因为那些是贴在我们脸上的、无比直观的进步；然而当一个整体性的叙事被采用的时候，我们就能够发现那从各个独立命题中渐渐被集合出来的控制系统，如"克拉肯"一般伸着巨大的触须，缓缓探出水面。也就能够发现移动互联的话语结构实际上在很多时候与原有的世界别无二致，它是符号驱动的，也是权力驱动的。

当我们认识到这一点的时候，移动互联的面纱才算是真正被揭开一角。而这样一个整体性的理解，对任何移动互联孤立课题的研究，也都将是有帮助的。它能够为那些分支提供一种逆向指导，当符号与权力的叙事方式被引入的时候，某些投向移动互联产品和技术的视角，也必将随之改变。

于是，构建一个整体性的视角，去为移动互联提供认知的理论框架，便成了本书的第一个目标。而与这个目标必然伴生的，随之而来的第二个目标，则是基于这种对整体性运作规则的认知，给出针对当下的反思。即怀揣着批判的心理预设来审视移动互联，或者说以一个动态的视角去寻找其潜在的风险，而绝不将移动互联为我们塑造的一切看作"理所当然"或者是某种稳定的结构。在这个论述视角中，总是要抱有这样的问题，即尽管移动互联的庞大力量仿佛在一瞬之间为我们打造了一个文明的金字塔供人朝圣，但是否有可能，我们对它的观望只是经由着一个凸透镜而被投射的。

真实的金字塔大头朝下杵在沙漠中，摇摇欲坠。

移动互联的风险，可以被拆解为一个控制与被控制的对立视角。一方面，反思将会被用来了解当前大型互联网玩家是如何通过对于秩序和符号的操纵，来获取移动互联时代最高权力的；而另一方面，反思也会促使本书去讨论个体在这其中又经历和体验着何种或显性或隐性的控制，需要如何寻找一种批判性的回归。

为什么这种对于移动互联，尤其是移动互联领域内大型玩家（本书中主要选取了平台型组织）与个体二元对立的反思视角是必要的？

我们可以回想一下。当现代国家的雏形出现时，与国家一同被人们觉察的，是构建国家的一整套意识形态以及一整套权力架构。于是，我们能够听到《官僚主义》《致命的自负》这样给资本主义体制的呐喊助威；也能够看到《历史与阶级意识》《新自由主义简史》这样透析资本主义异化与剥削本质的主张；抑或跟随《政治正义论》《我们的敌人：国家》这样的无政府主义著作思考；还有可能在《自动钢琴》《1984》这样的政治寓言中不寒而栗。但无论如何，现代国家以及资本主义兴起后的数百年时间中，国家、政府、政治体制，一直都因为其能够在特定的权力场域中制定规则、行使暴力，进而营造某种"秩序"而成为被不断反思的对象。人们紧张分分地看着它，暗想着这种营造秩序的能力，如果不加以制衡，便必然渐渐将自身喂养成一个能够被称为"利维坦"的丑陋怪兽，进而形成对于个体权利的普遍超越甚至侵蚀。

而还有一条故事线，在另一个领域被默默叙述着。

"二战"之后，随着广播电视的快速发展，以及消费主义的盛行，文化媒体，渐渐被推向台前，成了一个新的批判对象。从阿多诺的《启蒙辩证法》开始，再到鲍德里亚的《冷记忆》《消费社会》，进而到尼尔·波兹曼《娱乐至死》《童年的消逝》《技术垄断》，文化与技术的勾结，消费一切与娱乐一切的风险被不断挖掘。在这一过程中，现代媒体由于控制着符号以及内容的创生和传播，同样被置于一个必须要被反思的逻辑结构下。媒体对符号的操纵促使人们开始思考和怀疑自身意志的独立性，坐在电视和电脑前的人们，散发着和显像管一样的机械的味道，在传统权力模式的基础上，文化霸权的控制本质慢慢浮出水面。这种反思相较于前一种甚至更令人激动不已，毕竟媒体本身成长的过程中，就早已经嵌入了自我批判的基因，只不过它们中的某些序列，可能已经被慢慢侵蚀改变。

就这样，政府因其控制规则而被反思；媒体因其控制符号而被批判。

然而，当下的移动互联的大型玩家们，在某种意义上，却正在同时操纵着这两者。

当移动互联的场域已经成形，并且在这个宏观场域中，因为平台一类的大玩家对于虚拟空间的跑马圈地而形成众多封闭的子场域的时候，我们仿佛看到了一个全新的权力组织形态跃然而出。在移动互联平台的内部，平台近乎于独裁者一般界定着标准，也创造着互动的规则；而平台作为某种"连接方"天然所具有的媒介性又使得其对于符号的掌控前所未有的强大与多样化。于是，当下的平台型组织，在自己构建的框架内，成了兼具政府特征以及媒体特征的新型实体，左手握着秩序，右手捏着符号，俯视每一个身处其中的人。面对这种实体，我们切不能因为它基于移动互联新时代的产品与技术为我们提供的赋能，便不对其采取曾经我们面对政府以及媒体时的批判精神，去剖析其特征，去反思其价值。

这便是本书的第二个目标，亦是核心目标所在。

以对于移动互联场域中大玩家的反思作为目标，一个贯穿全书的关注点，是人类在移动互联场域中，对于某种"解释权"的让渡。即在我们被移动互联不断赋能，进而提升自身对世界的"控制力"的同时，移动互联的种种设计却也渐渐剥夺我们对于这个世界进行解释和批判的能力与权利。这里存在着一个新时代的异化，它不是源自我们掌控力的"弱"，而恰恰是因为我们掌控力的"强"；我们被异化的根本原因，是在表面不断增强的控制权的背后，对于面向这个世界时，我们对应有之解释权的满不在乎。这种满不在乎及其背后隐没的某种"无能为力"，恰恰是平台对于秩序和符号深度掌控的重要结果之一。

在对这个现象进行论述的过程中，本书给出"符号定价霸权"这一概念作为描述解释权让渡模式的核心逻辑，以及探讨更为本质的符号斗争模式的构境背景。并以这一概念为一条隐含的主线，展开对移动互联场域的分析。本书针对符号采用了一个极为宽泛的定义，它被视为连接绝对客观和绝对主观的一切意义和价值媒介，成为广义文化概念的底层基础，和智慧生物与世界打交道的理念透镜[①]。符号不仅仅是信号，而是人之所以能够凭借理性构建起一个庞大思想王国和现实社会的砖瓦与水泥；失去符号，则一切视觉的，听觉的和触觉的，物质的，抽象的和情感的，便都只能成为空洞的存在，拥有其客观规定性，但是失去了除却质料外的所有精神形式，进而对人类来说，不再有意义，也不再有价值。而在这种符号定义下，移动互联时代的特殊性，就在于它是一个符号空前丰裕的时代，甚至移动互联世界的构建模式，注定了它只能在符号上花最大的力气。它切断了我们与现实世界的大量连接纽带，代理着我们的感知，进而就承载了我们经由这些感知构建意义世界的任务。而对于符号的创造、解释、传播、内化，则成了这个时代中每一个权力主体试图掌控的过程，只因控制了这个过程，就在一定意义上，控制了世界。

[①] 举个例子，假设我们是三国时代的人，看到了一个红色的脸庞，剑眉、长髯，它们便是有意义的符号，因为这些视觉符号凑在一起，让我们想到了一个人，将其关联到了一个统一的意义主体上：关羽。而关羽这个名字同样也是符号，它代表了"他之所是"，代表了关羽作为一个存在着的活生生的人，能够在其他人心中激起意义和感知的关键触点。这种触点在不同人心中是不一样的，在刘备心中是荣辱与共的二弟，在曹操心中是惺惺相惜的英雄，在庞德心中是欲除之后快的对头。可这些符号对生活在今天的我们来说，就没有意义了吗？并不是，它依然有意义。关羽这个名字，沉淀千年，早就具备了超出当时名为关羽的那个武将的意义了，它成了一个文化符号。甚至这种意义被延伸给了青龙偃月刀和赤兔马，它们同样成了围绕在关羽这个符号周围的符号。那个武将，那个活人，已经灰飞烟灭了，我们谈到关羽的时候，和那个曾经存在过的人，连一个原子的关系都没有，但是"关羽"还是"关羽"。不仅如此，当我们给关羽塑了一个像的时候，"关羽"就成了"关二爷"，成了"关帝"，那么这种象征便更进一步给了我们延展出去的符号意义和价值，其中夹杂着我们自己的期许和崇拜。在我们的日常生活中，提到"关羽"二字，当然不会想这么多乱七八糟的东西，但我们想到的，也绝不仅仅是那两个字。这种符号承载意义，意义关联意义，进而形成的一环套一环的庞大网络，才是人类看待整个世界的核心方式。我们可以叫它意义网络，也可以叫它价值网络，但是从最基本或者最容易被后续讨论所使用的角度出发，我们不妨称其为符号网络。在这其中，胡子是符号、这个人是符号、他的名是符号、他的武器是符号、记录他故事的文字是符号、模仿他的精神、雕像、代称等都是符号。

这一过程并不是先天的，而是一个通过不断斗争而形成的不稳定的结构，因为每一个参与者都希望获得更大的控制权，每一个参与者都不希望对其他人构建的世界只能俯首帖耳。于是战争必会发生。这是符号的战争，它试图决出的，并不仅仅是符号标识着的意义，其关键的落脚点，在于那有待被决定的符号之间的相对位置，谁输谁赢、孰高孰低。这样的相对位置，即是符号的"价值"，即是符号定价。

这样的背景下，后续的论述中试图表达的是，移动互联中的大型平台实际上拥有着当下时代中针对符号定价的最大权力，因为它们同时控制着规则秩序以及符号内容，进而使得它们在符号定价的战争中，相较于其他参与者，有着难以比拟的巨大优势。这种优势一方面将会不断支持平台自身权力的循环积累和资本的再生产，另一方面也将会因为对于符号价值的"强制判定"而逐渐消磨个体身处移动互联场域中的反抗能力。人们的异化遂不再体现在对于周围事物掌控力的下降上，而体现在对于周围事物解释权的让渡上。这种让渡，以及与之伴生的符号定价的霸权，构建了一个新的时代性的枷锁，放大了古已有之的对自由意志的威胁，进而必须被把握并反思。

在本书的绪论中，提出了适合这一讨论目的的研究方法，即承认历史发展的过程中，其实每一个时代的人，面对时代变迁时，都会体验到某种类似的流变与不确定性。如从前现代转向现代、从现代转向后现代、从工业革命转向信息革命等。而那些对于此前时代转型进行过深入剖析的学者们为我们留下的思想财富，能够很好地被应用到当下对于移动互联场域内社会—权力变迁的讨论中（书中主要选取了现代性转型的相关理论以作为方向性的启发和指导）。同时，绪论中聚焦了本书在不同章节中均会涉及的几大主题，如对于进步主义的反思、对于"铁笼"的感知和突破，以及对于狂欢之边界的探索，它们作为问题，将会保证本书对于移动互联场域的研究，始终保持在一个统一的目标框架中，即在整体性的视角下，对以平台为核心的移动互联隐性符号权力体系进行反思。

正文分为三编，分别对应上、中、下三本书，共九章，尝试从宏观到微观去探查移动互联场域中符号定价霸权的运作模式，并将在最后尝试触达符号本体论和目的论的领域。

本书为第一编，包括了："新天使""大玩家""六朝事"三个章节，从相对宏观的角度，去梳理移动互联的时代特征。即移动互联的整体场域是以何种形态呈现的，其中最为强大的玩家是如何成长的，而这些玩家又为何能够经由组织规则、符号定价乃至意识形态，形成一整套属于自己的权力体系。大致的论述将会沿着一个从"经济基础"到"上层建筑"的方向展开。试图从最基本的社会实践变革出发，寻找移动互联特有的规定性原则。总的来看，**第一章将从普遍的对象出发，推及第二章特殊的对象；第二章将从特殊的对象出发，推及特殊对象的特殊逻辑；第三章将从特殊逻辑出发，推回普遍的逻辑。**

第一章"新天使"中，以本雅明对于历史进步主义"新天使"的隐喻开始，辨析了当我们看待移动互联时代时，应该给出的基本理论视角。基于这种理论视角，本章出发去探索移动互联时代的本质，或者说移动互联时代特有的规定性原则。这种规定性原则是移动互联上层建筑的核心，而寻找这种上层建筑，必须从对移动互联的经济基础之分析出发，沿着这条主线慢慢推进分析的框架。这个框架中，本章试图指出我们看待移动互联和研究移动互联时，常常存在的四个问题：

1. 看待移动互联时代需要秉承一个整体性视角，即一方面需要将其看作一个全新的系统，承认其背后的权力结构与特征，同时也强调不能将移动互联与原有的网络社会乃至整个现代性社会进行理论割裂。而研究移动互联的第一个问题或者说视角的偏误，就在于"只在移动互联中谈移动互联"。

2. 移动互联的经济基础已经被构建完成并且能够支撑我们对于上

层建筑的探索了。然而实际上在有些情形中，经济基础里早就隐含了上层建筑的集中表现形式（如大型互联网平台）。缺少对这一现象的识别，移动互联的经济基础便天然带有了一丝"客观"的价值中立感。于是，研究移动互联的第二个问题，就是当我们面对移动互联上层建筑包围的时候，很多情况下却仅仅将其看作经济基础。这一点，将在后面的章节中进一步展开。

3. 在我们从移动互联的经济基础向前推进，去摸索移动互联时代特征的过程中，很容易就会将移动互联的特征视为某种"以人为核心的技术赋能"，并将其当作这个时代新的规定性原则。然而，这不过是一个幻象，走到这一步，我们甚至都没有进入到真正的上层建筑领域，而只是停留在了夹在经济基础和上层建筑的"中介"当中。所以，研究移动互联中存在的第三个问题，就是在许多分析中，欲悬"中介"为终点。

4. 移动互联给我们以看似赋能的时代特征，其实却只能被称为是一种"代理"。因为它潜藏着一种我们对自己所经历、所经验的世界的"不理解"。移动互联是极端碎片化和丰裕的，这导致了我们在触摸移动互联的时候，必须要经由某种代理，以维系我们对这个庞大世界的把握能力，这甚至用不着什么刻意的逼迫，而本就是我们内心自然生成的拒绝。只有将赋能视为代理，我们才能够在面对这种时代特征的时候留有一种批判性的视角（这里的批判当然不是扣帽子，而是康德意义上对于对象应有之样态的憧憬和考察），并继续前行，去考察移动互联时代特有的"异化"，且进一步以此为背景，接着寻找当下时代新的规定性原则和上层建筑。尽管从本质上看，代理同样只是停留在"中介"的层面，但是只有从代理的思维出发，我们才能够走出中介的限制。所以，研究移动互联的第四个问题，也是我们将中介视为终点并停止探索的原因，是我们把移动互联存在的对人类社会过程的代理，视为某种单纯而令人欣喜的赋能。

第二章"大玩家"中，视角便从移动互联的整体时代背景逐渐缩小，转向了移动互联的大型平台。因为大型平台已经成了人们社会实践被代理的过程中，那最大的代理人。它们在这一片蓝海中呼风唤雨，俨然成了这海洋本身。对于平台的探究将为我们进一步寻找整个移动互联时代的规定性原则提供一个实证的出发点，再通过对平台运作过程的抽象逻辑的分析，打开对整个移动互联运作逻辑进行分析的窗口。引导这一部分分析的核心思路是：当我们在谈平台的时候，我们在谈什么？

1. 首先需要被明确的是在当下移动互联场域中，当我们谈及平台时，这一概念所应该具有的内涵和外延。而通过对它们的梳理，我们需要锚定平台和其他代理人不同的独有特征，即对于连接关系的拆解、重构和深度掌控。同时，也要明白在移动互联语境下，我们说的平台之范畴，是指"身处于移动互联时代的"平台以及具有平台性质的企业，而非仅仅是移动互联技术催生的平台。

2. 从对平台的意涵与特征的分析出发，需要被考察的是平台的特征和这个社会之间的牵连。即当我们将平台放置在整个移动互联的大背景中的时候，平台都在扮演着什么样的角色？平台在市场中，实际上是作为交换空间提供者、互动机制制定者、主体价值赋能者、市场标准整合者、信任体系构建者出现的。对这些角色的分析将会完善我们对于平台的整体认知。

3. 但是单从一个结构性的视角审视平台，我们便难以对平台给出一个辩证的解读。换句话说，围绕一个给定的成熟平台，去审视其静态的结构特征，并不能够完整把握平台作为一个生长主体，从潜在展开到现实的过程。我们要从一个动态的视角出发，去看待平台的开端、发展、成熟；并且在这种对于全过程的理解中，进一步看清平台所具有的权力的普遍性和历史性。

4. 以平台静态角色和动态发展为双轴，我们便能够走到对于平台的抽象理解中去了。这一部分需要证明的是，平台在移动互联的整体场域内，构建了一个以社会过程为边界的"子场域"（参考布迪厄的场域理论）。这个场域中有自己的行动规则，各类参与方根据自身的位置和目的，在其中依照规则争夺资源。这是一个充满了权力斗争过程的场域。平台对于连接关系的重建，便也由此成了一个权力关系的重建。

5. 但我们依旧不可将叙述限定在传统的场域逻辑当中，而是要超越纯粹的场域概念，看到在平台的权力场域中，平台并不仅仅是一个中立的场域构建者，它同样也是一个下场竞技的玩家。而平台兼具"裁判""选手"乃至"制定规则者"的多重身份，就使得平台在面对场域内外的权力斗争的时候，能够掌握更大的主动权。只有充分认识到这种权力的普遍性背后，是平台主体意识和权力意识的必然性，才可以开启下一个阶段的讨论，即以平台权力意识为主要形态的整个移动互联的"权力逻辑"究竟是怎样的？

第三章"六朝事"中，视角从平台走回整个移动互联的框架，但是论述的对象，却仍旧从平台的角度出发。这一章从解释权的让渡开始，探寻移动互联的大型平台，是如何同现代性中时常能够见到的资本主义社会组织逻辑一样，将自身逐渐构建成为一种秩序的。它延续着现代性逻辑所宣扬的理性和自由，但实际上却潜移默化地将组织、秩序、规则、知识变成了某种形而上的价值性理念甚至某种强制系统，并在这种转化中让平台中的个体产生了对于平台本身的盲信。这种盲信，和平台具备的文化霸权与文化工业的渗透交织在一起，形成了新时代的铁笼。

在这里，平台一步步攫取解释权的关键点，在其对于符号的控制上。本章尝试说明当下世界中，存在着一个"符号之镜"，而每一个行动者，都在符号之镜中，进行着一场名为符号定价的游戏。从最粗浅的意义上来讲，游戏的目的，就在于让自己所掌控的符号，能够沿着符号序列的链条不断向上攀升，并最终让符号相对位置所代表的价值，转化成一种实在的权力。这种符号定价带来的权力，能够影响社会运作的方方面面，直至我们的意识形态和看待这整个世界的视角。而平台自身，则是最精通这个游戏的玩家，它通晓着游戏过程中的每一个策略和技巧，并借由这个游戏成了真正意义上的新时代的顶级权力主体。

而这一切，都是在移动互联时代精心构建的赋能下悄然进行的。人们放弃的解释权成了一种忘我的奉献，它被小心翼翼地收拢，并塑造成世界的幻象。在这个幻象中，移动互联大型平台渐渐竖起了上层建筑的大旗，猎猎作响的旗子后面，是被悉心打造的一整套精密的权力逻辑和钩心斗角。上层建筑的组织形态表征以及上层建筑的意识形态内核在这里得以汇聚，而新时代的规定性原则，就潜藏在这表征和内核中间，潜藏在大型平台对于符号定价霸权的控制过程之中。它披着进步和理性的外衣伴随我们左右。而在正气凛然和欢呼雀跃之下，透过整个现代性帷幕延伸过来的冰冷的利刃，隐而不显。

目录

绪论

从历史投来的目光

有些事情，你知其目的，如大学之道，在明明德；

或你知其特征，如唯命不于常，道善则得之，不善则失之矣；

或你知其方法，如格物致知，诚意正心；

或你知其态度，如是故君子无所不用其极。

但你就是不知道，它是什么。

道可道，非常道。

游荡在时代边缘

时间倒推两百年，在另一个时代的交叠处，某种累积多年的力量突然再也控制不住自己，猛地迸发，将周围的一切冲撞得七零八落。一觉醒来，世界已换了模样，让人恍然觉得这一晚似乎格外漫长。推开窗，外面是历史的废墟。

有人在街道间缓缓徘徊，有人在废墟中寻找碎片，他们被称为新纪元中的游荡者[①]。因为似乎只有游荡者，才能够以淡然的目光去审视这样的新世界，不将自己全然投入其中，同其他人一样，在惊愕中挣扎出条路来。反而是看着每个人的路，想把它看得个通透彻底，看出个来龙去脉。他们慢行、他们观察、他们记录、他们思考，然后他们呐喊。

游荡者的声音并不总能够被听见，因为在匆忙的行人身旁闪过的时候，他们总是如同失了魂一般，忧心忡忡。

失了魂的人，却在不断招魂。

招一个叫作现代性的魂，问一个真假对错，寻一个应是与原本不同的活法。这个突如其来的世界对他们来说意味着什么，有人说出了目的，是追求"个人自身的全部能力的发展"（马克思）；有人说出了特征，是那短暂的、易逝的流变（波德莱尔）；有人说出了方法（本雅明），在那拱廊街中一个个商铺招牌之下探寻（本雅明）；有人说出了态度，带着怀疑的目光去看那启蒙带来的全部理性（阿多诺）。

于是灯塔从废墟中拔地而起，从不同的高度，不同的角度，不断

[①] 游荡者的隐喻，借自本雅明《波德莱尔：发达资本主义时代的抒情诗人》，原述为"闲逛者"，用来被指代面对现代性社会转型时，以一种疏离同时却又沉浸的视角审视现代化过程的人，他们将整个城市当作现代性的展厅，在其中观赏每一个可以被察觉的细节。在这里，游荡者被用来指代那些从自己视角出发针对现代性进行体验和梳理的人们，包括本雅明自己。参考，本雅明（德）：《波德莱尔：发达资本主义时代的抒情诗人》，王涌译，译林出版社，2014，第58页。

接力，试图照亮一个又一个彷徨的年代。

一直到今天。

移动互联世界，可能在那些游荡者哪怕最为梦幻的狂想中都未曾出现过。而这样的差距也就使得难免会有人在谈及他们思想的时候，套上一句历史的局限性云云，言语中惋惜之外，还有着一丝丝的优越感。可问题便是那些没有历史局限性的大多数，可曾为自己的时代给出过任何令人信服的诊断吗？

环境可能不同，但道理毕竟相通，游荡者们的所见所感，并没有被历史定格在他们自己生命的周期之中，而是成为一种启示，为后人的路提供标识。同样是站在所谓历史的十字路口之上，尽管不是同一个路口，但是每个人面临这滔滔而来的变革时，内心的彷徨失措，以及彷徨失措之后的沉思，却是极为相似的。那是面对一个全新世界时，抬脚迈入前的兴奋和不安，今天的我们，与曾经的他们，并无不同。

仿佛一切都变了，似乎一切又都没变。

就在十几年前，人们争论的焦点还停留在诸如网络是真实的还是虚拟的一类的问题上。而在今天，它已经必须是真实的了。因为如果说超过全球总人口半数以上的人们，每日所生活、工作、娱乐的最大媒介之一，竟还能够被全然以"虚拟"二字来描述，似乎对每一个身处其中，以此为生或以此为乐的人们，都是某种程度上的不尊重。这是一个形式上脱域，然而内容却愈发现实的社会空间，是传统社会空间延续出的崭新形态，也跃身成了整个当代社会构建的基础部分之一。它带来的技术变革、社会组织形式的演进、商业娱乐模式的创新，以及人们对于自身定位的改变，都实实在在地影响着整个人类文明。时至今日，在传统互联网的基础上，移动互联时代作为更新的标签已经打在了历史的书简之上，并裹挟着新一轮的冲击，浩荡而来。

面对移动互联带来的种种新奇，我们的反应恐怕并不会比过去几百年来的人们面对令他们不知所措的现代性转型时更加淡定。然而所幸，在那往往超越想象边界的表象中，我们仍然能够发现一些似曾相识的内在逻辑。

在《巴黎，19 世纪的首都》一书中，本雅明引用了恩格斯在《英国工人阶级的状况》里的一段话：

"像伦敦这样的城市，就是逛上几个钟头也看不到它的尽头，而且也遇不到表明接近开阔田野的些许征象——这样的城市是一个非常特别的东西。这种大规模的集中，250 万人口这样聚集在一个地方，使这 250 万人的力量增加了 100 倍……但是，为这一切付出了多大的代价，这只有在以后才看得清楚。只有在大街上挤上几天……才会开始察觉到，伦敦人为了创造充满他们城市的一切文明奇迹，不得不牺牲他们的人类本性的优良特点；才会察觉到，潜伏在他们每一个人身上的几百种力量都没有使用出来，而是被压制着……这种街道的拥挤中已经包含着某种丑恶的、违反人性的东西"[①]。

时间已经过去许久，但若说把"伦敦"换成移动互联网，或者换成移动互联网里面任何一个社交媒体，这段话，都有着难以辩驳的时效性和解释力。而一个一百多年前的人，认同并引用一个将近两百年前的人所说的话，让今天的人们看着深有同感，这件事本身，便已经很说明问题了。相对于恩格斯时代的城市，我们当下的城市也好，移动互联也好，简直能够被称为不可思议的进步。然而也正是在"不可思议的进步"和原来那"不可思议的落后"中，同样的冰冷逻辑连接着身处其中的每一个人。你可以说他们都是假的，也可以都是真的，可以都是瞬间，也可以都是永恒。

对旧有世界的拆解和分析从未停止，而后来者，却往往在原有的

① 本雅明（德）:《巴黎，19 世纪的首都》，刘北成译，商务印书馆，2013，第 207—208 页。

框架中循环往复、乐此不疲。大的历史背景下，趋势在过去百年前便早已萌芽，如今我们看到的，是沿着一条主线不断拓展，进而触达万民的庞大能量的余波。

游荡者们的问题和危机，在他们身旁的喧闹中已经被大声地表述了出来。而很多情况下，这种问题一脉相承，这种危机也永远存在。便是为我们后来者，提供了一个能够跟着其脉络逆流而上，去探索和印证的可能。《现代性的碎片》中，弗里斯比所记录的本雅明等人对于资本主义剧变，所表现出的"过渡、飞逝和任意的时间、空间和因果性这三者的不连续的体验"[①]，被借用过来描述移动互联的社会特征，没有任何不妥，甚至会让很多自以为站在移动互联风口指引方向的"智者"惊叹，这是个多么精准的总结。

在这里，鹅毛笔教会了键盘，何谓优雅。

我们看到所谓后现代主义、反现代主义似以"颠覆"本身为目标一般，对于现代性展开批判。然而当这种批判行为本身也被现代性的核心逻辑囊括，即被现代性反思的一面所收编，成为其众多特征的时候，没人能够回答这是一种真实存在的时代性割裂，还是对于持续存在的现代性的寻找与顿悟。

我们看到贡巴尼翁于《现代性的五个悖论》中讨论的先锋派，看到他们无论是想利用艺术改造世界，还是想改造艺术自身，都难以避免地在对学院派的攻击中，逐渐成长，成为一个新的学院派[②]。

我们看到马克思、恩格斯早在《共产党宣言》中所认可的，歌德声称的某种"世界文学"即将诞生的论断[③]，即不仅仅现代性让商品生

---

① 弗里斯比（英）:《现代性的碎片：齐美尔、克拉考尔和本雅明作品中的现代性理论》，卢晖临等译，商务印书馆，2013，第8页。
② 安托瓦纳·贡巴尼翁（法）著:《现代性的五个悖论》，周宪、许钧主编，商务印书馆·2013，第43页。
③ 《马克思、恩格斯文集》（第二卷），人民出版社，2009，第35页。

产成了一种国际协作的结果，即便是艺术、思想，也都在全球化浪潮中被席卷到了一起，愈发地相似起来。

我们看到约瑟夫·奈在分析美国权力的时候所提出的权力正在从拥有雄厚的资本转向拥有丰富的信息，进而权力"逐渐变得更加不可替代、不可强制和无形"[1]，与葛兰西的文化霸权遥相呼应，点出了在这世界上，暴力掌控的范围之外，还有更广阔的空间，需要用更加隐匿的权力去统治。

历史并不在这里如实重播，但它总是一面从过去投射过来的镜子。

而人们最大的自负之一，就是相信当下和过去完全不同。

从未停止的现代性

在资本主义被誉为"极盛"的时代，随着生产过剩，消费文化的突进，各个领域垄断模式的逐渐形成，人们也体验到了一种切实的无力感，众多的学者在描述那个年代的人们的时候，往往使用着相似的辞藻，失望、不满、放浪形骸、游荡街头、魂不守舍等，试图勾勒出社会转型下人们的迷茫。实际上，正如当下的不安能够被现代性的变革所映射一样，继续往上追溯，其实就会发现，对于任何时代的转型来说，这种茫然都可能存在。春秋战国之后中国众多门阀的倒塌与重建，中世纪晚期骑士精神的逐渐消亡，身处后一个时代的人们，总是会在看向前一个时代的时候，吐出个烟圈，感叹一句人心不古，世态炎凉。而这种转型中，对于每一个个体来说，那种无迹可寻但是从四面八方涌来的压迫感，被不断消磨着的骑士精神与贵族气质，对劳动和消费的社会控制等都会存在并成为新一个时代的门槛石。人们仿佛一下子被抽去了支撑其顶立于世的脊梁，与指引其行为准则和目标方

---

[1] 约瑟夫·S. 奈（美）：《美国注定领导世界？——美国权力性质的变迁》，刘华译，中国人民大学出版社，2012，第 159 页。

向的命格。

然而，在移动互联的变革当中，有一样东西变了。

因为心灵中被抽空的位置在极短的时间，就由消费主义和极盛的内容迅速填满，就由技术进步和对人类未来无限美好的幻想所充实。这样的特征赋予了我们面临的时代转型以与过往世代都不大相同的模样。

对于贝尔来说，现代性的转型也在某种程度上，触及了这一点：

"现代主义的真正问题是信仰问题。用不时兴的语言来说，它就是一种精神危机，因为这种新生的稳定意识本身充满了空幻，而旧的信仰又不复存在了①。"

但是移动互联显然相对于过去百年的资本主义扩张更进一步。现代性转型的填补还能够经由资本主义的可见压制被清晰地识别为空幻的填充，然而当下的填充物则从四面八方渗透而来，令人愈发难以区分它的真实或虚假。精神危机存在却又不存在，因为遍地都是信仰。

历史上任何一个时代的人们都或多或少会觉得自己生活在一个历史的转折时期或是危机之中，人们难找到的，反倒是自认为生活在稳定时期的一代。稳定的印象似乎只属于对过去的追忆②，与当下身边的匆忙与迷茫形成了鲜明的对比，在浪漫主义的呼唤下欣赏怀着崇敬之情拓下的历史碑文。但是现在并不完全是这样了，在移动互联的笼罩下，我们很多时候却是在某种看上去稳定和快乐的状态中，体验着转型。人心不古吗？也许是吧。然而这个时代的特有节奏让我们仿佛从未失去过什么，消失和得到都在眨眼的时间里；时代从我们身上剥离

---

① 丹尼尔·贝尔（美）：《资本主义文化矛盾》，赵一凡、蒲隆、任晓晋译，生活·读书·新知三联书店，1989，第74—75页。
② 雷蒙·阿隆（法）：《社会学主要思潮》，葛秉宁译，上海译文出版社，2015，第289页。

了许多，又伸着手抓了更多的东西往我们身上堆砌。可能在某一个时刻，我们突然觉得一些事情似乎不太对，于是在脑海中快速思索了一下，没有结果，算了，下一个时刻，我们继续赶路。

什么东西不对呢？

第一个问题，进步的执念：施特劳斯在《自然权利与历史》中试图点出一个问题，即现代性开始，人类所创造出来的世界反向投射给了我们一个很大的理论偏好，就是让我们以"进步还是反动"来评价身边的新事物，而忘记了"好或者坏"的先行标准①。这便是对于进步的执念，我们总是期待着无限的进步不断按照人们的需求和喜好来缓解世界带给我们的不安，但并不会觉得对于进步的追求反而可能在一定程度上，成了施加在人类身上的某种别出心裁的折磨。进步和反动成了隐含着自我否定的对立元素，它创造了一个神圣的逻辑，让人们在这种逻辑下对任何违背它的行为进行忏悔。

曾经我们认为，人之所以有尊严，之所以远远高出一切自然之物或者野性之物，就在于他自主地设定了自己的终极价值。而在进步主义的背景下，这种价值却变成了过去、当下、未来三个虚幻节点的相对位置，"上升"本身就成了终极目标，而不再讨论这种上升通向何方。我们当然也可以说进步是一个螺旋前行的过程，整个社会结构从纵向角度看实际上并未偏离或者失控。然而，就在一个又一个看上去相似的循环所构建的不断向上的螺旋中，有一些东西，永远地失去了。

进步主义的背后，隐含着某种技术崇拜。

正如波斯曼认为的，伴生着现代性，出现了一个理念，即如果某事能够做，那就应该做。并认为技术的成功永远与客观、效率、专长、标准化、计量和进步这些概念密不可分，后者成为衡量前者成功的显

---

① 列奥·施特劳斯（美）：《自然权利与历史》，彭刚译，生活·读书·新知三联书店，2016，第11页。

性系统①。这样的偏执，在一切进步都能够被记录得清清楚楚的当代，变得更加显眼。进步和永不停息的增长已成为全人类的共同崇拜物。甚至可以说，对于这个时代，"没有什么比增长这一概念在全球思想中的嵌入更具代表性"②。在这样的背景下，我们不仅仅在推动社会事实朝着进步的方向渐进，同时也倾向于以进步的视角去看待每一个新的变革。甚至在很多时候，移动互联这样的变革单单就其"变"的一方面来说，就已经被人们视为进步的最佳温床进而不断夸大其带来的革命性影响了。我们坚信真理在变动中渐渐清晰，而越是变化莫测的，也就越可能让人们在这浑水中摸出进步的锦鲤。

可在拥抱移动互联的同时，首先需要明白的是，现代性给我们的一切，尽管存在很多必须被反思的逻辑，但却并不是某种因为在特定领域缺乏必要的能力而逐渐衍生的妥协之状态，更不用说这种未曾出现的妥协会因为移动互联的产生而被彻底改写了。移动互联能够带来惊喜，能够给人类赋能，但是想依靠移动互联在这个社会产生全然不同以往的革命，尤其是权力结构的革命，并不那么容易。而移动互联整体社会变迁之中的进步，在需要被记录和推动的同时，也不会是所有问题的解决方案。那些鼓吹移动互联甚至移动互联的某些分支可以改变一切的人，要么是一叶障目，要么是哗众取宠。

然而，移动互联创造的进步景观，无处不在。它彰显着自己的力量，撬动权力、资本乃至人的内心，推推搡搡地去往新的世界，在移动互联的广袤空间里，攻城略地，创造出一个个辉煌，一段段传奇。我们创造出奇迹的时间短极了，像巴塞罗那圣家族大教堂那样，一个抬手便占据几个世纪之久的时空巨兽，在当下是不可忍受的。

每一个人都迫不及待地寻找着新的神明，向其顶礼膜拜。

---

① 尼尔·波斯曼（美）：《技术垄断》，何道宽译，中信出版集团，2019，第45页。
② 鲍德里亚（法）：《为何一切尚未消失？》，张晓明、薛法蓝译，南京大学出版社，2017，第50页。

第二个问题，时代的铁笼：韦伯于 1904 年写的《新教伦理与资本主义精神》的核心思想之一，便是将整个"现代经济秩序的庞大宇宙"视为"一个铁笼"。一种无情的秩序，以不可抗拒的力量决定着一切降生于这种机制中的个人①。就像齐格蒙·鲍曼在《生活在碎片中——论后现代道德》中所提及的奥斯维辛集中营那种利用纯粹理性工程构筑出来的无人性的结果一般，伦理在铁笼面前走向黑暗，走向终结②。

与马克思相比，韦伯更加不相信现代人的个人能力，认为他们难有机会去理解、对抗乃至推翻这样的铁笼。人们被视为"没有心肝的纵欲者"③，只一味欣喜地认定当前的社会达到了历史发展中前所未有的水平。在这样的过程中，最为令人担忧的，是在很多情况下，我们对铁笼本身的一无所知。

正如马克思提出的问题一样，"我们生活在其中的大气把两万磅的压力加到了每一个人的身上，可是你们感觉到了吗④"？

时至今日，铁笼似乎已经消散，在移动互联网中我们被灌输的是一种与以往不同的、映照着全面自由的模式。然而，就如同新自由主义将那些失业者的悲惨生活归结为在市场逻辑下，人们拒绝通过自身努力赚取哪怕最低工资的个体行为一样；在移动互联背景下，这种自由在被宣扬出来的时候，实际上已经对那些并不自由，并不那么从心所欲的思考和抉择进行了无差别的攻击和覆盖。移动互联的参与者们成了既得利益者，他们蔑视移动互联之外的传统逻辑，也蔑视对于其

---

① 马克斯·韦伯（德）：《新教伦理与资本主义精神》，彭强、黄晓京译，陕西师范大学出版社，2002，第 27 页。

② 齐格蒙·鲍曼（英）：《生活在碎片中——论后现代道德》，郁建兴等译，学林出版社，2002，第 222 页。

③ 马克斯·韦伯（德）：《新教伦理与资本主义精神》，彭强、黄晓京译，陕西师范大学出版社，2002，第 176 页。

④ 马克思：马克思在《人民报》创刊纪念会上的演说 http://app.71.cn/print.php?contentid=685177

自身受控之本质的善意提醒。这些提醒如同垃圾一样被扫进纸篓，然后打包，丢入垃圾站，甚至在垃圾袋脱手的一瞬间，人就已经回头，不屑于再看它一眼。

于是，表面上渐渐消散的铁笼却又在烟雾中飘忽而来，操纵着新形式的权力，卷土重来。此时，当面临一个时代整体带来的权力系统时，哪怕我们没有被完全蒙蔽双眼，任何一个单一的参与方却也没有义务挺身而出；相反，利用这种权力在斗争场域中去获得更高的资源才是重要的，因为时代给出的好处是那样的显而易见、唾手可得。在铁笼中，自由意志的标语被缓缓降下，为的是腾出双手接住时代数之不尽的馈赠。

换句话说，其实对铁笼的识别尚且是相对容易的，难的是对铁笼的挣脱。无论我们以怎样的笔调描绘当下这新笼子的狡猾，我们都无法彻底否定自身在移动互联中的存在与行为的合理性，甚至需要承认，没有这个铁笼，也就没了许多俯拾皆是的美好。我们必须看到，那铁笼虽然禁锢着人们，却也保护着人们乃至滋养着人们，这种现实往往指向着与批判性的背离，迫不及待冲出铁笼的冲动也难免转化为心安理得享受施舍的自我说服。铁笼成了一座围城，却也是一片故土，让人在抬脚迈出的时候，总情不自禁流露出一种深深的眷恋。

第三个问题，狂欢的边界：从涂鸦者们冲向大街小巷，占领一面面墙壁的时候，一种肆意妄为的风格就已经萌芽，一场娱乐一切的狂欢就已经开始。互联网夹带着大众的创作欲望，呼应着自身几乎为零的传播成本，一个全民娱乐的时代逐渐成形。那些严肃的和温暖的、冷漠的和热烈的、痛苦的和欢乐的都成了娱乐改造的对象，投入这种狂欢中，以开放的方式迎接所有的戏谑和逗弄、攻击和捧杀。而与这种开放相对应的，则是一种边界的缺失，很少有批判的声音，来澄清在哪一点上，当下世界的狂欢必须停止，在哪一点上，当下世界的某些权力必须消失。

　　我们就像在万丈悬崖之前舞蹈的盲人，坚定地伸出脚向边缘踏出，但每次踩在地面上的一瞬，我们脑海中的边界都因此而拓展，因为原本的虚空处，地面"哗啦"一下涌现，迎合我们的鞋底，也便更加坚定我们的信念——这是一个无边的土地。

　　我们总说要具备批判思维，那其实便是对极限的分析和对界限的反思。现代社会大规模开启的民智让这种边界似乎本该清晰可见，然而被称为"奶头乐"的娱乐工业却动用了自身的全部力量，尝试阻止人们对于这种边界的探寻，它们不仅掌握了工具，也逐渐掌握了思想。成为一种前提，一种过程，一种结果。

　　边界本身，正在消失，无论是理论意义上的还是实际意义上的，这是一个两相结合的过程。乔纳森·克拉里的著作《24/7：晚期资本主义与睡眠的终结》分析了在全球资本主义系统无休止地运转过程中，一切边界的模糊。清醒与睡眠的界限、公共与私人的界限、工作与休息的界限等①。而当下移动互联的赋能，更进一步让我们保持了一种随时在场、随时在线的状态，我们的注意力和行为都在被不断提取并控制。边界，即便存在，也不再清晰，而是在模糊性中，成为一个将众人包裹其中的圆环。这个圆环，是铁笼的一部分，它期待着人们在其中疯魔。

　　狂欢进一步挤压的，是真实和虚幻的边界。

　　张一兵在为《景观社会》所作的序言中写道，"当今资本主义世俗基础已经将自身分离出来，在茫茫的总体性景象群中建立了一个同样虚幻的景观社会"。他同时摘录了德波在书中对于费尔巴哈的一段援引，即费尔巴哈认为他的时代"喜欢符号胜于所指；摹本胜于原本；

---

① 乔纳森·克拉里（美）：《24/7：晚期资本主义与睡眠的终结》，许多、沈清译，中信出版集团，2015，第14、98页。

幻想胜于现实"①。想必这样的论述会让任何一个移动互联的使用者都会心一笑。问题便在于，这种虚幻的社会同样映照着人们自身体验的模糊和断层，在一片虚无中，人们愈发难以寻找到过去和未来的连贯意义，于是狂欢反而成了确证自身的唯一方式，因为似乎只有当下的快乐成为具有确定性的真实。一个荒诞的循环就此完成。真实当然可以被超越，而我们对于超真实的痴迷又是如此真切，以至于那些被超越的真实仍然承载着某种结构，形成了一个"真实"的后果，这个后果就是狂欢宴会的延续。那些纷繁复杂又花枝招展的真实和虚幻，帮助狂欢的主人在看着每个人疯魔的同时，悄悄收集自己更大的权力，并筹备更大规模的宴会。

　　狂欢不止于景观。

　　1768 年，中国乾隆年间，在康乾盛世到达巅峰的时刻，清朝社会中却突然出现了一种名为"叫魂"的妖术，并在 1768 年让华夏大地的每一个人为之惶惶。叫魂案中，任何人都可以凭空指控他人为叫魂者，借此清算宿怨或谋求利益。正如《叫魂：1768 年中国妖术大恐慌》一书中所说，"妖术既是一种权力的幻觉，又是对每个人的一种潜在的权利补偿"②。在每个人都被这种威胁冲击的时候，我们往往不能寻求自身的理性去阻挡一切的怪相，哪怕很多人在内心深处不断产生着对于这件事的怀疑和憎恶。大多数人只能将自己投入进去，了解那些关于"叫魂"的规则玩法，保证自己处在一个更加安全的位置，甚至因为能够获取到某种主宰似的权力而变得亢奋扭曲了起来。事实被忽略而立场和主张成了一切的正义③。

---

① 　居伊·德波（法）：《景观社会》，张新木译，南京大学出版社，2017，序第 13 页。
② 　孔飞力（美）：《叫魂：1768 年中国妖术大恐慌》，陈兼、刘昶译，生活·读书·新知三联书店，2012，第 285 页。
③ 　牛津字典在 2016 年收录了一个词"后真相"，就被用来描述人们忽略事实，以立场决定是非的现象，与它关联的是英国脱欧、特朗普当选等历史性黑天鹅现象。参考刘擎：《刘擎西方现代思想讲义》，新星出版社，2021，第 82 页。

这样的人性闹剧乃至悲剧在历史上却并不少见，狂欢到极致了，任何地方，都会有叫魂者。

危机？

我们所面临的一切，是不是什么了不得的危机？其实也不能算。就像透过铁笼时所看到的，眼见移动互联这个时代赋予我们的一切美好，对其展开的否定性描述，连我们自己有时候都会觉得是一种无病呻吟。

批判进步是很容易的，因为在进步的过程中，一定会催生更多的问题，但这并不代表我们有资格对进步的成就采取全然否定的态度。当我们试图说明移动互联以及其主要玩家所构建的权力场域存在着某种幻象、隐含着某种危机的时候，并不是指移动互联自身造成了这一切的"社会不义"。正如前文所描述的，移动互联时代中，对于进步的执念，那时代的铁笼和狂欢的盛宴，实际上承袭的是现代性前后三百多年来（乃至更早）不断演进的问题。只不过这些问题可能在移动时代拥有了全新的面貌和全新的动能。那么，为什么这样一个起码看起来欣欣向荣（而即便内核中存在着风险，这种风险也是来自某种历史性的延续而非内生的新问题）的时代景象，仍然需要在本书中被以一种近乎批判性的笔调进行讨论呢？

大卫·哈维在《资本社会的17个矛盾》中，尝试点出一个类似的问题。正如他所描述的，在资本主义社会当中，的确并不是一切的矛盾都能够被称为资本主义体制的矛盾，有另外的很多不稳定因素可能正在酝酿着比资本主义大得多的危机。例如核战争、陨石、传染病等。然而，问题的关键在于，这些外部危机的存在，并不能够抹除资本主义内生性矛盾被反复讨论的必要性。资本主义内部渴望的永续、形成的压迫仍然是一个社会形态分析中无法忽视的困境①。同样的，我们也不可因为这世界上还有很多超越移动互联的不义，而对移动互联可能存在的风险听之任之，遑论许多看似外部性的威胁从本质上来看，和移动互联衍生出的社会后果密切相关。在移动互联运作的过程中，当特定的权力结构已经形成，社会结果已经产生的时候，移动互联场域内部的核心参与方，并不是全部无辜的，而它们在这种矛盾形成的过程中所扮演的角色，需要被讨论。更进一步，对某个对象进行讨论的合法性，亦不必建立在这个对象必是当下社会中一切问题和苦难的唯一源泉和唯一解释这样的前提之上。而从另一个角度看，一个新的对象所带来的欣喜也不可以成为忽视其风险的托词，尤其是当这种风险把自己融汇在欣喜当中呈现出来的时候。这样的态度在移动互联中尤为重要。移动互联本身可能带来种种令人雀跃的进步，然而这种雀跃却不能阻却对其潜在风险的探究，因为越是深挖，可能我们看到的，就越是可疑的问题而非确证的答案。

换句话说，对于移动互联进行讨论的必要性，需要从我们对于危机的看法中展开。

哈贝马斯在《合法化危机》一书中给出了一个针对危机的判定方式。在哈贝马斯看来，只有当社会成员感觉到结构变化影响其继续生存时，感觉到其社会认同受到威胁时，才可以说出现了危机②。

可如今的问题在于，若是危机产生过程中，对于制造危机的主体和结构来说，其首要任务之一就是抹除任何可能被描述为"危机"的表象，让人无法感知那种变化和威胁，那又当如何？

许多曾经的危机，到了当下仍未被解决，而新时代的组织架构和技术创新反而使得它们变得隐晦、模糊，更加像一种值得被欢呼着接

① 大卫·哈维（美）：《资本社会的17个矛盾》，许瑞宋译，中信出版集团，2016，绪论第31—32页。
② 尤尔根·哈贝马斯（德）：《合法化危机》，刘北成、曹卫东译，世纪出版集团，2009，第4页。

纳的进步。而当这些进步能够让很多对过错的疑问住口的时候，当它成为某种笼罩在我们身边的铁幕，看着我们在其中狂欢并且迷失的时候，这种危机，看似并不惊心动魄，看似没有你死我活，但它们的的确确，代表着某种深思之下令人不寒而栗的力量。

对于这种潜行的危机，游荡者们有着自己的一套方法论。雅赛在写《重申自由主义——选择、契约、协议》一书时表达了一个信念，即探寻一套严密完整而又稳定的政治理论，对于理顺社会及其政府之间的关系是有好处的。它并不能保证政府一定是好的，甚至不能保证政府一定是有限的政府，但是它有助于划定我们理应追求的那一类界限①。这个信念实际上适用于从现代性发起伊始，每一个对其进行探索的游荡者。道可道，非常道，他们只是想比原来看得更清楚而已，顺便再摸索出一条可能的进路，去认清（如果幸运的话，去摆脱）围绕着现代性的种种危机。

当下，面对着移动互联的新问题，游荡者的结论反而成了某种方法。从历史中投来的目光依然那样深邃，告诉我们奥德赛也可以成为伊利亚特。回顾现代主义以降那些游荡者的思考，往往能够给予我们理解当下世界时所需的见解和勇气。然而，这其中仍然存在一个悬而未决的问题，即整体性的缺失。似马克思、波德莱尔、齐美尔等早期现代性学者一般（更不用说黑格尔了），采用一种全景式的视角，在每一个细枝末节上寻找时代的痕迹，再从最为宏大的世界观出发给出一种解释，在如今的时代却是越来越难。过往百年，碎片化的程度在加深，这其中，打碎的并不仅仅是这个世界，还有我们看待世界的目光。

对于整体性视角的追求实际上曾经在很多的研究中出现过，不仅卢卡奇曾经再三强调对于政治经济学批判的整体性视角的重要性。在离我们很近的尼尔·波兹曼进行媒介研究的时候，针对类似的现象也曾

---

① 闫孟伟、王作印主编：《自由主义问题研究》，广西人民出版社，2018，第 129 页。

感叹过：

> "20 年前，'电视到底是塑造文化还是仅仅反映文化'这个问题曾引起许多学者和社会批评家的广泛兴趣。随着电视逐渐成为我们的文化，这个问题已经被遗忘了。我们不再谈论电视本身，我们只谈论电视上的东西，即它的内容[①]。"

实际上这一段论述更加能够映照出当下移动互联研究中存在的问题，即移动互联本身似乎反而不再"是个问题"。那种宏大叙事逐渐变得窘迫，因为这个新奇的世界，发展得比对它的研究更快。人们越来越难以建立一个统一的模型对这种思索进行指导。而是将其分化为一个个孤立的课题。传媒、人工智能、网红效应、都市化、性别、去中心等，它们确实免除了含糊的总体性，但是却也注定很难通过单一的探索，描绘出能够映照时代全貌的图景了。更有甚者，"辩证的方法被取消了，随之总体对于各个环节在方法论上的优越性也被取消了；各部分不从整体来理解，相反，整体被当作不科学的东西被抛弃，或者退化成了不过是各部分的观念或总和"[②]。

如果说进步映照着科技、铁笼暗示着秩序、狂欢勾结着内容，那么对于思考本身的思考，便是在探求当下正在发生着的一切，与历史上可能已经发生过无数次的过往，有着怎样的牵连，并且我们应该如何以一种整合性的视角，去看待这全新的历史。

《大断裂：人类本性与社会秩序的重建》中，福山写道：

> "农业社会向工业社会转变对社会规范的影响如此之大，以至于催生

---

① 尼尔·波兹曼（美）：《娱乐至死》，章艳译，中信出版集团，2015，第 97 页。
② 卢卡奇（匈）：《历史与阶级意识》，杜章智、任立、燕宏远译，商务印书馆，2018，第 59 页。

出一门崭新的学科领域，即社会学，其宗旨就是描绘并弄清诸种变化。"①

而在新的时代来临之时，类似这样的科学，又当如何演进，并在演进中与传统对接，则是我们必须去讨论的。

一个尝试

无知的正义感是多余的东西。在尝试之前，需要摒弃何不食肉糜的天真与偏见。作为移动互联时代的受益者，我们没有资格否定移动互联中的每一个鲜活个体，是如何在这片海洋中徜徉或挣扎的，也就不会妄图给出一个独断论的批判框架去否定移动互联的一切技术进步。即我们必须承认，当下的移动互联场域中，少有哪一种技术出现之后就必须被封印或者销毁的，这些技术和它们背后的社会过程实在地嵌套在人类文明之中，虽有时寒光闪闪，但未必就是那"朗基努斯之枪"。本书的价值观主线，将是避免对移动互联的技术本身尽然横加指责，但是对于移动互联技术应用过程中的权力结构和符号定价霸权持一种反思的警惕性。尝试的根本任务，是对当下正在发生的事情进行描述，看那可能的枪柄正被握在谁的手中，又将刺向哪里。于是，批判尽管存在，但是并不会存在于每一个叙述的段落之中。问题的关键，不在于试图给出一种全然的拒绝，而是为了提出一个质疑。正如很多时候，批判的目的也不在于直接谋求改变，而仅仅在于提供先行的认识②。当人们能够对围绕自身的现象之本质加深认知时，批判的目的就已经部分地达到了。

在这样的过程中，那些从现代性产生以来不断思考着这个世界正

---

① 弗朗西斯·福山（美）：《大断裂：人类本性与社会秩序的重建》，唐磊译，广西师范大学出版社，2015，第 14 页。
② 这里亦借用康德对于"批判"概念的使用方式，即并非强调对某种思想的抨击，而是试图对其本身的内涵和外延进行探索。这个探索的过程本身，便被其称为批判。

在如何变化的先行者们，给出了最好的指引。在施密特的《历史和结构——论黑格尔马克思主义和结构主义的历史学说》中，他提到了梳理和审视社会的两个视角：结构主义，认为应该去发现和理解现实构造的合理性，并从中寻求安身的根据和立命的法则；批判理论，坚持从暂时性的角度去看待现存的事物，并以必然灭亡的理解去看待其不合理的方面①。实际上这两个视角当然是应该同时存在的，就像孔德并不矛盾的社会静力学和社会动力学一样。在探寻结构的合理性的同时，也相信当下的社会现状并不百分百是一种善，也并不百分百是一种必然；也便由此相信，那种种在移动互联时代若隐若现的社会控制系统和权力架构，同样并非注定是无法逃脱的。

在这样的过程中，或者说针对移动互联社会以及权力结构给出具体辩证分析之前，不能够被绕开的，是对移动互联特有的创新技术以及组织特征进行一定基本的描述。移动互联毕竟存在着某些我们必须在当下正视并且给出判断的新特征，而这些特征大多建立在移动互联本身的技术与实践规则之上。正如本雅明、克拉考尔等人在针对现代性进行研究之时，也都会以当时的建筑、街道、体育、电影院、诗词、歌剧等作为其辨析的重要养料一样②。时代的"经济基础"，总能够为寻找时代的"上层建筑"提供支撑。

正是基于这种理由，本书中加入了大量对于移动互联整体面貌以及移动互联场域中，内容和框架、个体与群体的基本描述，以求能够为对移动互联场域本身的分析提供一个不至于太过空泛的地基。同时，如前文所说的，不仅仅近距离透视社会的研究方法可以被沿袭，前人对于社会变迁的思考同样能够成为我们进行分析的准绳。在对于当下移动互联内部结构的解析中，实际上映入眼帘的，是历史的回声。本

---

① 施密特（德）:《历史和结构——论黑格尔马克思主义和结构主义的历史学说》，张伟译，重庆出版社，1993，第2页。
② 弗里斯比（英）:《现代性的碎片：齐美尔、克拉考尔和本雅明作品中的现代性理论》，卢晖临等译，商务印书馆，2013，第20、105、212页。

雅明的隐喻、卢克斯权力的三种面相、布迪厄的场域理论、齐泽克的犬儒主义、德波的景观社会、马克思的政治经济学以及鲍德里亚的符号政治经济学等思想光芒，在各个章节中闪耀，引导着本书核心的理论方向。

而在他们的指引之下，本书也尝试给出一个自己的、统一的理论架构，用来圈定对于移动互联时代的大多数辩证分析。这个架构的出发点，正如在前言中提到的，是处于移动互联权力斗争过程中心点的关键媒介，即符号。移动互联特有的社会组织形态令符号在当下具备了前所未有的能量与可能性，所有人都被它吸引，所有人都试图将它捕获。

本书在符号霸权理论的基础上，提出了"符号定价"以及"符号定价霸权"两个核心概念，并尝试将符号霸权与符号定价霸权进行一个理论割裂，构建一个针对符号霸权的"动态"视角，并将这种视角投放到对于移动互联场域内，权力斗争的分析之中。

对于符号定价霸权的研究是建立在对于符号霸权的梳理上的。本书以葛兰西的文化霸权理论作为符号霸权的初始理论结构，以阿多尔诺的文化工业理论作为符号霸权在现实社会运作中的核心逻辑，以鲍德里亚对于符号霸权的批判作为进一步分析符号与权力之关系的路径。而符号定价霸权的动态理论结构，也主要建立在对鲍德里亚构建的符号霸权理论的扬弃之上，这一部分在第三章"六朝事"中，从符号到符号定价一节被集中论述。

所谓符号霸权，指的是人们创造了符号作为连接绝对主观和绝对客观的桥梁，然而符号却借助着这种中介的角色渐渐脱离掌控，成了主观和客观的双向代理者，成了沟通主观与客观的唯一工具。进而，一切的存在都被符号所影响，成了符号加工下的存在，这种符号对于主客观世界的同时进攻便是符号的霸权。鲍德里亚同时根据其对于消费主义的研究制定了一个"符号链条"的想象模型，以补齐符号霸权具象的另一部分。就如同消费品牌的鄙视链一样，总有一些符号相对于另外一些符号，拥有更大的价值。而一个又一个符号之间的指涉关系，便成了某种具备强制力的规则，去引导人类的行为。

所谓符号定价的霸权，则是尝试从一个动态的视角去审视符号以及符号序列。即强调，那被符号霸权所营造的符号序列从来都不是一成不变的；相反，符号序列的内核，是一个充满了对抗性、相对性、不断争抢符号序列上更加有利的相对位置的"社会过程"。而价值，抛开价格代表的表层意义之外，实际上描述的是一切存在之间的比较关系；符号序列的相对位置，便是这种比较关系的一个集中表现。进而，沿着符号序列向上攀爬，去锚定自身位置的过程，就是符号定价的过程。任何个人、机构、群体都可以成为争夺相对位置的主体，从而也成为"符号定价"的主体；任何客体，只要它存在于符号霸权的影响下，便也能够成为符号定价的客体，这其中自然也包括了人类自己。

而在前言说过的，在这里不妨再以类似的形式重申一遍。为何符号定价霸权能够成为本书的核心理论框架？因为在移动互联时代，我们对于符号的创造、传播、解释、内化的过程空前发达。而移动互联时代的大玩家们，能够以前所未有的形式，去控制符号，进而获取符号定价的霸权。它将符号霸权从形而上拉回到社会现实中，告诉我们一个故事，即符号是能够被掌控的、符号是能够被玩弄的、符号是能够被定价的。这种符号定价可能仅仅是一个新时代的神话，然而却并不影响它能够创造出一个实存的后果，即在符号定价上能够获取最大权力的主体，在当下时代的社会竞争中，同样能够获得越来越大的权力。移动互联场域中，任何一种或显性或隐性的控制，以及作为身处其中的个体对于移动互联大玩家所产生的任何一种"盲信"，都能够在一定程度上映照着移动互联场域内，符号定价之战的某种过程以及某种结果。换句话说，如果当下的移动互联场域大玩家是必须被反思或者从一个批判性的角度去审视的，那么审视的关键点，可以落在这种符号定价的霸权上，因为当下一切对于个体的"侵占"或者"僭越"，都难以逃脱符号定价的大框架。

而这一过程的最高目的，就在于剥开移动互联的"神话"，这也正是在提出符号定价霸权这一理论之后，未来尝试将其视为叙述框架，对移动互联中的内容、数据、设计、个体、群体、阶级进行研究的必然路径。

过去，当我们看待神话的时候，如果将其视为对于现实的一种真实解释，那么神话就不可避免地会走向科学的对立面；而当我们将神话视为一种统合社会的工具的时候，神话的真实性就不那么重要了。只要"相信"存在，无论事实是否如此，神话的统合价值就在，整个社会围绕着神话构建的逻辑和规则，汇聚在了一起，成为实际的能量。

也正是基于这样的逻辑，马尔库塞才会说，"文明的进程使神话不再有效（这几乎是进步的意义），但它也可以使合理的思想重归于神话的地位"[1]。而现在的神话，其中的复杂之处，在于它本就是从真实、从科学中孕育出来的。"美国梦""一夜暴富""不作恶""打倒银行"，就是现代的神话。现代的神话，当然也有着统合社会能量的工具性价值，然而如同历史上任何一个时代的神话一样，它可以被赞叹，甚至被敬仰，但却绝不可以被视为理所当然，即便它看似从真实中冉冉升起。

可我们今天看待神话的视角，和历史上被神话所诱惑的人们，终归是不一样的。

从法兰克福学派关于大众消费者作为无意识的被动接受者的消极判断出发，能够看到两种可能。在这种略带精英主义的视角下，我们可以假定个体天然就是"愚蠢"的，任由文化工业中无数的骗局或者

---

[1] 马尔库塞：《单向度的人：发达工业社会意识形态研究》，刘继译，上海译文出版社，2019，第 150 页。

神话将自己来回摆弄；同时，也可以假定是笼罩在个体头上的文化工业，让个体变得"愚蠢"，被神话洗脑，慢慢放弃抵抗。而无论是哪一个方向，其看似"愚蠢"的社会行为都应该是必然存在的（任何人只要在网络上随便转几天，都能够直观感受到，他甚至不需要去看特朗普的推特）。

　　但是，"愚蠢"的行为作为一种结果，是否能够反推出来这个行为的主体本身，同样是"愚蠢的"？法兰克福学派的语境下，并没有过多考虑一个中国成语所尝试描述的情形，即"大智若愚"。当然，这里并不是说，在我们深受文化工业影响下的行为反而是某种"大智"，而仅仅是想点明主观认知和行为之间并不一定是必然联系的。而这种不必然的联系，恰恰是符号定价理论下，本书的论述所希望关注的。

　　我们愿意相信，自己在面对这个社会的时候，都是理智、聪明并且独立的个体，然而当外部世界的运作已经如此复杂的时候，无论我们认为自己所获得的信息是多么完整，自己进行的算计是多么客观，都不可避免地在更加复杂的设计中茫然，而在这种茫然出现的一刹那，我们又会发现实际上这个社会早已为我们提供了无数种解释和方案，供我们任意取用。在欣然接受它们的赋能的大多数时候，尽管我们并没有运用自己的理性，我们也说服自己这是对于他人理性的合理借用；尽管我们没有理解规则，我们也愿意相信这种规则和背后秩序的正义内涵；尽管我们没有自我的方向，我们也坚信在这个世界上已经再没有什么能够束缚住自己灵魂的自由，进而在个性以及独立的幻觉中，迎接这个时代给我们的一切惊喜。

　　在这样的过程中，我们并非全然无知，每个人都会在某刻惊觉，并且沾沾自喜地告诉自己，众人皆醉我独醒，就算我是在消费社会的陷阱中，我也是主动跳入的，与那些迷失了自己的同类截然不同。然而，若是追问一句，如不跳入其中，你是否愿意？愿意的话，你又将走向何方？

　　大概他就继续睡下了。

这并不是一种愚蠢，而是这个社会中不同角色下个体在互动时必然面对的不平等，以及即便看破一切，却依然难以逃离的无奈，这一整套无法逃离的符号规则系统和定价逻辑，比之发现全世界的人都是蠢笨的，更加骇人。

在人们对资本主义乃至极权主义的批判中，曾经描述过类似的场景。对于齐泽克来说，当代的人们并非不知道消费主义的陷阱或者说资本运作的伎俩，所谓物与物的关系覆盖了人与人的关系也并没有成为必然的现实。真正的问题在于，即便人们明白这一切，却仍然按照它的逻辑和要求去做①。"美国记者史密斯在《俄国人》中也指出，'生活在勃烈日涅夫时代的人们并非头脑简单的受骗者，他们知道苏联体制的弊端和虚伪，但受制于权威体制的暴力或利益的诱惑，照样曲意迎合。当代集权主义并不惧怕犬儒式嘲讽，因为它知道在启蒙之后，它已经不再享有无批判的权威了，只要人们仍然在行动上按照它的要求去做，只要人们还假装对它认真对待，对它的讽刺和批判对它来说不过是无害的玩笑'"②。

这是一种新形式的颓废，以及意识与行为的割裂。无论是为了获取好处还是为了明哲保身，人们都在洞察了某些真相之后，选择拒绝跳出原本的幻想，进而跟随着已经成形的符号序列和玩法，成为规则的一部分。这才是一个时代所能够施加在个体身上的最大的牢笼。移动互联的世界中，这种真相进一步被各种创新的技术以及娱乐化的内容所掩盖。它的光芒太盛，我们获得的越来越多的欣喜就给了我们越来越多的理由，去执行新时代的犬儒主义。久而久之，当问题真正来临的时候，也许我们已经自缚手脚，不再具备洞悉、呐喊、反抗的任何能力了。

① 齐泽克（斯洛文尼亚）：《意识形态的崇高客体》，季广茂译，中央编译出版社，2002，第43页。
② 汪行福，"理性的病变——对作为'启蒙的虚假意识'的犬儒主义的批判"，《现代哲学》，2012（7），第5页。

借用《瓦尔登湖》结束时的一句话：

"使我视而不见的光亮，对于我们就是黑暗。"

第一章

新天使

第一节 / 属于新天使的当下

"保罗·克利的《新天使》画的是一个天使看上去正要从他入神地注视的事物旁离去。他凝视着前方，他的嘴微张，他的翅膀展开了。人们就是这样描绘历史天使的。他的脸朝着过去。在我们认为是一连串事件的地方，他看到的是一场单一的灾难。这场灾难堆积着尸骸，将它们抛弃在他的面前。天使想停下来唤醒死者，把破碎的世界修补完整。可是从天堂吹来了一阵风暴，它猛烈地吹击着天使的翅膀，以致他再也无法把它们收拢。这风暴无可抗拒地把天使刮向他背对着的未来，而他面前的残垣断壁却越堆越高直逼天际。这场风暴就是我们所称的进步。[1]"

——本雅明，《历史哲学论纲》，第九节

历史进步主义的观点总是将进步视为必然，将进步的结果视为常态。近代自然科学与欧洲启蒙思想运动兴起的呐喊声已经萦绕在人们的脑海中几百年。向我们诉说着一种客观规律，一种建立在过去、现在和未来时间结构上的因果链条与有序过程；告诉我们伴随着理性的进步、时间的推移，人们总能够克服历史上的苦难和困惑，进步也总能成为每一个时代不可抗拒的总体趋势。

然而本雅明却在这样的视角中看到了某种隐忧。

这种隐忧来自对"进步"的理所当然与随之而来的热望。在进步的语境下，一切的未来都成了对于现实的超越，一切的历史都成了不再需要留恋的废墟，而一切的当下都成了能够被轻易舍弃的过渡。

现在是暂时的，是一个很快就能够被下一个进步节点所取代的历史切片，历史向着被称为进步的方向前进着，从不回头。而一切被带

---

[1] 本雅明（德）:《历史哲学论纲》，张旭东译，http://www.aisixiang.com/data/21116.html。

入那个新时代的存在，都被天然地赋予了在进步语境下的合法性。

在最近的历史叙述中，我们看到了上一个切片中的"网络社会""社交媒体""电子商务"，带着它们对于再之前一个时代标志性的"机械复制""电视广告""意识形态"的嘲弄，认定那些在不久之前还在被反思的概念，实际上已经被人们所超越和抛弃。而在这些嘲弄的声音还未平息的时候，"移动互联"作为新的切片已然成型。

在这里，历史走得比现实更快。

历史翻到这一页

当前，许多产品研究、用户分析甚至是社会批判，都突然倾向于在原本就冗长的标题前加上"移动互联"四个字的前缀，借以体现他们和这个全新时代背景的暧昧关系。这一方面昭示了移动互联作为某种重要的大环境变革已经在各种研究中成了不可或缺的关键性要素，以及能够嵌入到"自然—人类—组织—科学"关系框架中的全新变量。而另一方面，这一前缀的过度引述，却也会使得"移动互联"的概念在很多时候被模糊且宽泛地理解并使用，变成一个理所当然的，用来标记研究新意的头衔，反而让人不再重视对其本身整体性的探究。进而移动互联退化成为某种"先验"的概念，用来引导对于当下时代种种分支命题的思考，待到它迅速成为历史，让位于下一个进步主义视角下的名词之后（例如物联网），可能也就成了那些不需要去理解的，新的废墟，连挥手告别都显得多余。

在这里，尤其需要避免的一种思维陷阱是，当我们发现新的可指责的对象时，旧的东西仿佛就一瞬间变得合理了起来。但实际上，物联网不会让移动互联变得合理，正如移动互联不会让电视变得合理。原来对于媒体的批判和媒体存在的问题，原来对于政府的警惕和正义存续的摸索，都会被延续到当下的框架中，并且被延伸到更远的视角上。腾讯的研究人员曾问一位学者，大意是：电视出来后，尼尔·波兹曼说电视会引发娱乐至死；互联网发展初期，尼古拉斯·卡尔担心记忆外包给电脑会损害人类长期的记忆和思维能力。那我们现在对短视频和推荐算法的批评，会不会也只是其中的一环，就是人类对未知的事物都有恐惧？

这里就能够轻易看出其问题了，潜台词不言而喻，即在未来，当下被不断质疑的短视频和推荐算法，也会成为寻常生活的一部分甚至是很好的一部分。思维陷阱在此表露：新的关注点出来之后，我们的视角就被吸引过去，也就会避重就轻地去谈及那些老的问题，从前凌厉的审视目光连带着都变得温和起来。然而只要稍加思索，就能想到，波兹曼和卡尔所担心的事，难道没有发生吗？之前我们认为是"问题"的问题，难道真的解决了吗？

不论解决没解决，历史都没有等着我们，而是一往无前。

人们无法否认，"移动互联"的确已经成了当前社会无法绕开的特征或者说趋势，无论是从商业的角度还是从社会结构的角度来看，移动互联作为一个统一场域已经成型①。当我们用"身处于移动互联时代中的人"来形容自己的时候，这个词汇本身能够包含的内容和逻辑框架就已经被预先承认了。人们在这个场域中，作为用户、产品提供者、场景建设者，通过移动技术增强彼此之间的连接；移动互联也乐得用其特有的符号控制手段塑造新的消费形态和用户偏好。二者都在主动奔向对方，最终相拥，在很大程度上标识出人类当下的存在状态。

这似乎是一个猛然出现，快速成型，疯狂生长的场域。

---

① 在这里借用布迪厄的"场域"概念。布迪厄认为，社会中存在着许多场域系统，它们是一种并不一定需要实体边界的"空间"，供参与方在其中互动。社会实践是个体的性情（习性），及其在场域中所处的位置（位置又和资本挂钩），两者在社会舞台上，也就是在场域中运作而来的结果。例如"文学场域""政治场域""时尚场域"等。引自：Bourdieu, P. & L. Wacquant: "Towards a Reflexive Sociology: a Workshop with Pierre Bourdieu". Sociological Theory 1989 7(1). P.50.

在人们还在为电商而欢呼雀跃的时候，便已经出现了"传统电商"作为一个强制进步的词汇，被用来以移动互联的视角将"历史的"和"进步的"割裂开来。而我们也无须进行繁复的列举，去强调移动互联如何在极短的时间里便对我们当下社会生活的各个方面进行了渗透。这些产品在各自的领域中快速发展，社交、消费、信息、娱乐甚至工作，都在很大程度上被它们不断颠覆和改造着。而这种改造从不仅仅局限在移动互联的数字世界当中，而是一步迈出固定场景的圈定，成了时时萦绕在每个人左右的诱惑。用此前阿里巴巴大文娱总裁杨伟东的话来说，这些产品最终要打败的对手并不是另一款同质产品，甚至并不是任何一个产品，而是睡眠[①]。这个魔怔了一样的表述，剑指所有移动互联产品的最大野心，即对现实乃至自然生活的全面占领。

身处其中，所在之处即为当然。

无论是否承认，移动互联已成为当前时代最为鲜明的标签，然而其自身的完整性却并非必然地建立在对于传统的否认之上。就如同当人们在说"后"现代主义，"新"自由主义的时候，实际上都隐含着对于现代主义、自由主义概念的预先承认和某种超越的尝试一样；所谓的"后"或者"新"，恰恰是因为并没有一种真正强有力的标识，将过去和当下进行一个明晰的切割。移动互联，在"互联"的基础上，进一步强调了其"移动"的特征，尽管移动化本身会衍生出后面将不断被提及的各种社会影响，但是这种影响却永远和"互联"交织在一起，能够强调特征，但不能分隔本质。

然而，这种从互联逐渐衍生出的新产物，虽仍带着互联网时代所具备的种种惊喜，却也终究自塑而成了特有的一些新玩法，并带来了对于当下社会的新影响。尼尔·波兹曼在《娱乐至死》中，描述了麦克卢汉所批判的"后视镜"思维，即认为"一种新媒介只是旧媒介的延

---

① https://www.sohu.com/a/229075002_104421.

伸和扩展，比如汽车只是速度更快的马，电灯是功率更大的蜡烛"①。而将这种思维扩展到广播、电视以及今天的移动互联中的时候，我们就可能轻而易举地沿着它们与前者（如文字、艺术、体育等）的共同特征寻觅，进而得出某种纯粹的进步性结论了（有些，可能荒诞如波兹曼指出的，认为"电视延伸或拓展了文字文化"）。

因此，我们需要避免在全然的进步主义范式下看待移动互联，并承认它既非抛弃了旧有时代特征的全新产物，也非能够被下一个潮流轻易取代的过渡品；我们既不能因为"物联网""虚拟现实"等新切片的出现而放弃对于移动互联的考察，也不能够在分析移动互联时全然不理会其根植于生产方式、消费社会、传媒与娱乐、符号互动等"传统"逻辑，承袭而来的一些贯穿于历史漫长篇章中的普适特征。正如汪行福教授所说的，"完全用断裂论和异质论来解释历史，与完全用同质论和线性逻辑来解释历史一样，都是历史的重新神秘化"②。在这未来与过去交织出的当下，有些东西确实发生着改变，而循着这些变化的表象去探寻更深层的逻辑，则是每一个处于变革时代的人类应"自觉"履行的义务。这便是为什么波德莱尔曾经感慨地写道：去那些咖啡馆里问一问看上去很有教养的法国人，何谓进步，他们会告诉你，进步就是"轮船、电和煤气灯"，是那些古代人不知道、没见过甚至难以想象的科学与技术③。而如果这就是对于进步之概念的理解的话，至少在波德莱尔眼中，那应该是远远不足甚至有些悲哀的。而这当年对于身处现代化中的法国人所适用的描绘，在今天的我们身上，依旧有用。

再看移动互联时，我们亦可借鉴波德莱尔对于现代性的论断来支撑自身的理解。在他眼中，现代性存在一种原初力量，尽管波德莱尔

① 尼尔·波兹曼（美）：《娱乐至死》，章艳译，中信出版集团，2015，第102页。
② 汪行福，"生产之镜与意识形态——鲍德里亚《生产之镜》的批判性解读"，《东南学术》，2009（2），第42页。
③ 马歇尔·伯曼（美）：《一切坚固的东西都烟消云散了——现代性体验》，周宪、许钧主编，徐大建、张辑译，商务印书馆，2013，第177页。

并没有完全说穿这种力量是什么，却明确了"我们必须直面它"这一大前提。即这并不是什么能够被逃避或者讨价还价的东西。无论我们对它采取什么样的立场，我们首先都是要正视它、走近它、挖掘它。对待移动互联，这样的态度并不过时，我们的确不必大惊小怪地觉得移动互联带来了与以往任何世代决然不同的冲击，但移动互联已经成为某种新的"整体趋势"这一说法的合理性以及有效性却是需要被承认的。而整体趋势的背后，其影响也不仅是直观的数字上的增长，或者社交形式上的变化，正如现代性并不仅仅代表着飞机与轮船一样（这是对"现代化"和"现代性"的粗暴混淆），那应是整个时代精神气质和关键玩法的变迁，这同样应当被牢记。

从大背景来看的话，所谓"趋势"，是指一方面，人类的行为模式和消费偏好愈发被移动产品所影响；另一方面，移动产品也在不断根据社会构建出的需求系统进行自我升级，二者相生相伴，相辅相成，并在可预见的未来中将会持续如此。而所谓"整体"，则是指移动互联已经形成了一个超越自身商业范畴的系统，进而渗透在整个社会体系当中。即便某个企业并不提供移动互联的产品，但是在其产品研发以及推广的过程中也必须要把移动互联所带来的风险和机遇考虑在内；即便某个消费者并不使用移动互联产品，但在人际互动和消费决策时也不可避免地会被移动互联所塑造的消费意象和信息引导所影响。这种关系，就像《黑客帝国》中虚幻的母体和"真实"城市锡安一样，母体成长的全部过程并不单纯是对于锡安的仿造和拟象。实际上它们相互依存，相互支撑对方存在的意义，缺少了一个，另一个就无法回到原先的平衡点之中。类似的整体性的视角，曾经波兹曼也针对电视媒体给出过一段评论，可以引作参考：

"一种新技术并不是什么东西的增减损益，它改变一切。到1500年，即印刷机发明之后50年，欧洲并不是旧欧洲和印刷机简单的相加。那时的欧洲已截然不同。电视问世之后的美国不只是美国加电视的美国；电视给每一场政治运动涂抹了一种新的颜色，使每个家庭、每所学校、每个教会、每种产业都带上了新的色彩①。"

移动互联正是以这样的姿态走进我们的世界的。它如水似气，播散在每一个能够被触及的角落上，环绕、融化，将一个又一个对象打上自己的印记。本身便是网络的它，融入这世界之网的时候，无比的自如。它在世界给定的历史趋势中被渐渐生成，而后突然一下成长起来，反过来成为趋势本身，牵引着余下的世界跟随自己前进。这种趋势，既有待于我们发现，也有待于我们生成，它既是外部性的，也是内部性的，既是自在的，也是自为的。

但是，在确立整体视角作为审视移动互联的核心逻辑并进一步展开考察之前，我们需要首先警惕的一点是，当移动互联真的被视为一个"整体"时，它反而可能成了某种"部分"。

正如萨义德和霍米巴巴等人对于后殖民主义的批判，以及女权主义崛起在过去几十年中尽管离散但是却指向相对统一目标的尝试一样。在承认移动互联是整体趋势的同时，需要避免的是，像西方人以西方的视角看待东方的文明；或者如男性以自己的视角看待女性一样，以移动互联的视角，去狂妄定义那些被迫跟着进步前行的"传统"。当下总是不完整的，因为它一定夹杂着某种历史和常态，哪怕定义当下的人们对此进行选择性的忽略。移动互联在当下历史书页中的光芒太盛，而其周围的盲点，却仍然具有需要被承认的真实性和重要性。一个依托移动互联但又超越移动互联单一场域的分析框架，也必须被建立。

所以，下面的论述并不会纯粹以移动互联对于过往社会结构的回望与对比作为基调和解释的框架，更不会存在"移动互联的"与"非移动互联的"、"移动互联的"与"PC网络的"这几个主题之间在进步

---

① 尼尔·波斯曼（美）：《技术垄断》，何道宽译，中信出版集团，2019，第17页。

语境下的暴力切割，或者说站在"传统"乃至"正统"的立场上展开对移动互联的攻击。那样从全然不同的出发点形成的批判，对移动互联来说是不公平的。而在此基础上需要进一步明确的是，尽管移动互联仍会被作为某种客观并且核心的趋势去拆解和分析，但是贯穿于讨论中的一个前提，将是移动互联自身没有办法独立构建当下的社会现实，而移动互联所积累的权力以及背后的逻辑，包括逻辑内部隐含的种种问题，将会在移动互联与更加完整且具有历史性的社会叙述的交织下，被发掘和解释。

毕竟，曾经身处于移动互联中的人，认为自己才是被解释的那一群。而现在，事实已经完全相反。

对于任何一个新的主流来说，都会有一种过分强调自身优越性的倾向，就如文艺复兴的种种人本主义观点具有的共同特性，即弘扬欧洲的文明成就并排斥其他的文明。我们需要的是在这种自命不凡的狂热下保持冷静，避免将时代带来的权利扩大成某种盲目的信仰乃至暴力。

但无论如何，我们必须承认，一个历史新常态正在这个时间节点上渐渐凝聚成型。它庞大的身影令人们不得不将之视为现代性新的巅峰。而这山峰上，究竟居住着神仙还是供奉着索伦之眼一样的邪恶，山峰过后，是新的高峰还是深不见底的悬崖，我们必须深入山中，拾阶而上，采用一个辩证的视角予以考察和审视。

第二节 / 大幕初显

无论是马克思还是韦伯，以及后来的卢卡奇、布洛赫，尝试思考自身时代问题和特征的学者，通常不会从抽象的概念出发进行纯粹的逻辑推演，而是会从实践出发，即从社会的实际变化出发，预先承认社会组织形式和存续方式的巨大调整一定会产生某些认识论以及控制论层面的结构性转变。进而提出一个前提性的问题：这个时代所表现出的特征和上一个时代究竟有什么分别？并以此给新时代的命名提供某些原始的灵感。

区别当然存在，因为我们能够清晰地感知这种区别所带来的结果，甚至说我们就是结果的一部分。而对于变化的考察，也便是一种对于时代转型之契机的考察，便是为时代特征的梳理提供一定的经验基础。这一节接下来的论述也是围绕这一主题展开的。当然，在这里的讨论，并不会指明整个当下移动互联社会的全部推动要素，而是在互联网和信息通信技术已经基本成型的背景下，探究其实现进一步扩张并走向移动化的某些动因，以及这种动因所带来的与过往时代社会特征的分别。

事实上，我们很难找到一个明确的"点"去标志移动互联这一新的历史切片的诞生。没有任何一个时代是突然降临的。在其成为整体趋势的路径上，有着诸如手机和网络的普及、3G信号系统的铺设、苹果智能机的诞生、安卓平台的开放等一系列重要节点，以及那些并不显著但是却不断支撑着这一现代性产物扩张的微小进步。而从历史演进的经验去看，试图寻找到这样确定的"点"也可能仅仅是一种相对性的视角。对比百多年才完成的现代性转型，乃至几百年才完成了的封建系统构建，也许从未来的坐标回望，当下我们经历的这十几年乃至之后数十年才是历史上最终打下烙印的那个"点"。

但即便如此，身处于变革之中的我们，仍然需要在一定程度上寻找移动互联整体趋势内部的某些推动力量。这样的努力并不是为了明确历史的界限，而是因为那些力量，以及它们之间的交互作用，以一种难以割裂的形式，共同决定着我们看到的当下，以及当下一切社会过程所经历的某些与以往不同的"规定性"。

在卢卡奇考察资本主义或者说西方现代社会转型下的规定性时，他承袭马克思和韦伯的观点，认为资本主义最根本的规定性，是商品形式的普遍性，以及其背后的"合理化"过程。从主体来看，实际发生的劳动成了抽象的劳动；而从对象上看，不同的产品都被归结为了商品。在这里，合理化成了一种强制的约定，即让一切能够被记录的社会过程都成了根据计算进行调节的社会过程，而也仅仅是那些可被计算的东西，才会被承认为是"合理"的东西。正是这样一种根本的规定性，奠定了西方马克思主义反思资本主义社会的母题。而从更大的视角上看，其实自黑格尔以来，这种对于现代性风靡的知性思维的批判就已经浸入了西方思想家们的分析脉络了。现象学、存在主义、法兰克福学派以及泰勒的哲学人类学，都从不同的角度出发，指向相似的标靶，即一个冷冰冰的，用抽象理性代替鲜活个体的世界。

而当考察的对象被迁移到移动互联中时，实际上我们去解决问题的方向是类似的，即承认移动互联背后具体运作逻辑和某些根本动力，与移动互联的规定性原则以及最终的上层建筑、权力架构是不可分的。不仅如此，从直观上来看，当前我们所面对的整个移动互联以及消费社会中，现代性给出合理化的趋势和影响，并没有被消解，反而可能在众多层面得到了增强，就如人工智能和大数据分析早已成了许多分析和决策过程的核心依据。而移动互联在多大程度上承接了从前的规定性，又在多大程度上衍生出新的组织原则，并携带着原则背后的深层逻辑继而创生了某些新的规定性，必将决定我们进一步看待移动互联的视角——是将其看作现代性延伸的进步，还是本质上的革命，抑或是潜藏了某种独特危机的混合产物。

在这种结构下，实际上隐含着一个类似"物质决定意识"的唯物主义逻辑。即当我们将移动互联时代发展的某些根本契机视为"经济基础"的时候，自然而然便能够窥到"上层建筑"的构建可能。这种上层建筑可能是一个实体，也可能是某种意识形态，或者是某些纯粹的规定性以及秩序。我们当然需要注意，这里不应存在被庸俗化的马克思主义中那种经济基础和上层建筑的僵死对应关系，即将现有的东西直白拼接在一起构成一组相对的范畴，把"经济基础决定上层建筑"中的"决定"二字视为某种具有独断意味的指令。但我们仍然需要承认经由"经济基础"逐渐向深层次探索的效度，将其视为一个合理的通路和进行整体性批判之前必不可少的环节。

而这种"经济基础"，鉴于它的复杂性，我们可以大致地从辩证发展的角度进行一定划分，即特殊的、有机的和统一的。

从单一中走出

特殊的"经济基础"，即是单一的经济基础。不同的发展主体从各自的领域出发，形成局部性的突破和进步，而这种进步当然也具备相互支持的特征，但是就"特殊"这一语境下的考察来说，将会更加倾向于描摹每一个领域内自身的发展。

这种发展的核心是移动终端，即智能手机的普及。过去几年里，全球的智能手机年出货量基本保持在每年 13 亿到 14 亿部。到 2025 年，全球将会有超过 60 亿部的智能手机[①]。而这种几乎人手一部并在社会生活中不可或缺的东西，我们祖辈年轻时甚至听都没听说过，这足以说明其潜在的历史性力量了。

数量不断增长的背后动能之一，是智能手机本身的快速升级迭代。

----

① https://www.huawei.com/minisite/giv/Files/whitepaper_cn_2019.pdf.

以苹果公司为例，当乔布斯穿着他的高领灰黑针织衫宣布"重新发明手机"的时候，iPhone 仅仅有 128M 的内存和 200 万像素的无自动对焦镜头；而到了 iPhone4，则已经扩展至 512M 的内存外加 500 万像素自动对焦镜头；后续的 4s 引入了初代人工智能助手 Siri；iPhone5s 加入了 Touch ID；iPhone6 则内嵌了 NFC 功能；到了 iPhoneX，将 Touch ID 进一步升级成为 Face ID 并增加了无线充电、竖排双摄等创新模块。没有人能够在一开始就预见到这所有的进步，乔布斯也不行；然而根本无须预见，这一切就这么发生了，在移动互联的浪潮里面，自己推动自己，自己革新自己，形成了一种压抑不住的创造欲望。不仅苹果是这样，其他的主流厂商，顺着乔布斯打开的新的大门往外张望，也迅速走上了相似的演进路线。现在的领头羊三星、华为等，一改当年爱立信、夏普、诺基亚等传统手机制造商多点开花，不断发布各类新机型的策略，而是瞄准关键市场定期推出拳头产品，并且保证每一次大的更新都能够为用户带来体验上的多维度升级（或者至少有足够的噱头用来讲故事）。人们相信，这才是新时代智能手机制造商的主流打法。不断升级的手机就像悬在驴子前面的胡萝卜一样，拉着消费者跟随他们前进，旧的弃之不顾，新的捧在手心，眼睛还在继续向前瞟来瞟去。而手机上标明的保修期，也便在隐晦地提醒着人们，这就是他们该换下一代产品的时间了。

　　入网设备的多样性同样为移动互联提供了更多的想象空间。早在几十年前，尼葛洛庞帝就曾预言过新的千年里，"你的左右袖扣或耳环将能通过低轨卫星互相通信，并比你现在的个人计算机拥有更强的计算能力 [①]"。当前的智能硬件尽管还没有普及到如此程度，但是从技术上来说这已经没有任何阻碍了，人们只不过质疑让自己身上每一个人造物品（包括假牙）都装上一个芯片是否必要罢了。华为全球产业展

[①]　尼古拉·尼葛洛庞帝（美）：《数字化生存》，胡泳、范海燕译，电子工业出版社，2020，前言第 61 页。

望调查报告预测，到 2025 年，全球 14% 的家庭将拥有家用智能机器人；智能音箱、智能电视等终端助理将覆盖 90% 的人口；智能家居设备将达到 200 亿，整体智能设备将达到 500 亿[①]。当然，许多所谓人工智能的产品只能加载最为基础的交互模块，但我们无须讨论现在它们中的大多数是人工智能还是人工智障，入网节点急速增长这件事本身就够人们细细咀嚼一番了。

这变革的背后，也带动着一系列重要底层技术的快速发展，包括 AR/VR、生物识别、人工智能、区块链、云计算等。到 2025 年，预计基于云技术的应用将达到 85%、蜂窝车联网技术将嵌入 15% 的汽车中、97% 的大企业将采用 AI 技术[②]。除此之外，电池技术（电池容量在过去 10 年里增长了接近 3 倍）、芯片技术（通用计算芯片竞争加剧的同时，小型 AI 芯片企业也在不断入局）、屏幕技术（快速发展的 AMOLED 等屏幕产品）等也在过去的十几年间不断自我升级，为智能硬件的发展提供底层技术的保障。甚至更为基础的稀土开采及精炼技术等，也成了移动互联大时代宏伟建筑的扎实地基。

硬件以及底层工业技术的发展可以作为一个大的领域被阐述，软件则是不容忽视的另外一面。我们可以回想一下，那最初使个人电脑得以普及的契机。简单来说，并不仅是因为硬件的跨时代发展（那大多早已完成），而是因为软件的开放以及不断更新，才使得电脑的实际可用性被快速拓宽，进而开启了真正的 PC 时代。当下的移动端，也经历着类似的过程，手机硬件的推陈出新其实没有办法独立推动着人们不断尝试新的机器，并且加快自己进入移动互联世界的步伐。正如重力感应系统最初被大众熟知，并不是因为这个系统本身，而是因为基于这个系统开发出来的众多赛车、平衡类的游戏。是它们让人们乐

---

① https://www.huawei.com/minisite/giv/Files/whitepaper_cn_2019.pdf.

② https://www.huawei.com/minisite/giv/Files/whitepaper_cn_2019.pdf.

此不疲，并且认为自己有必要更新一台有重力系统的新手机。如果说用户回想自己过去十年中更新手机的历史，对应着每一个机型，应该在脑海中也大多会浮现出"极品飞车""水果忍者""微信""手机淘宝""优酷""王者荣耀"等不断复杂化的软件吧。也正是这些软件，换句话说是那些被创生的花样百出的功能，从自己的一隅之地开始，逐渐向外拓展，不断融合，最终汇聚成了一整个移动互联的虚拟功能性领域。

在硬件和软件同时进化的过程中，作为承载移动互联信息流动的"管道"，即网络运营，同样经历着快速的发展。20年前的人们通过2G网络入网的时候，实际下载速度只能达到20kb/s左右，打开任何一张图片都能令人有度日如年之感；10年前的3G，将这一速度提升了5倍，已经能够满足包括浏览网页、购物、发送图片等相对复杂的移动用网场景，但流量的价格却逼迫包括浏览器在内的众多内容提供方打造省流量的"手机版"以保护年轻用户们的"生活费"；4G借助正交频多分址等技术的应用，实现了突破性的进展，将理论下行速度提升至超过100mbps，而实际速度超过10M/s，从此，地铁上看剧不戴耳机的人成了其他乘客白眼的对象；而2019年开始落地的5G网络，则在4G的基础上又提高了约百倍的速度，从下载速度上来看基本满足普通用户的全部需求，并且能够支持云VR、云游戏等新型大内容移动互联场景。不仅如此，从延时、连接范围等层面上看，5G的落地也使得"万物互联"真正成为可能，因为只有通过5G提供的高速处理、低误差（延时可以低至0.5毫秒）以及广泛连接（每平方千米可以接入超过100万个设备）等特征，诸如工业物联网、智能驾驶等复杂场景，才能够被实际应用到社会领域当中。

这每一分进步，现在看来不过是一个发展过程的平铺直叙，但仔细回想，就会发现我们中的大多数，其实都跟着这整个移动互联时代共同前行，它与我们的生活交错在一起，无法分割。它们发生着翻天覆地的变化，同时也改变着我们。至少，现在学生上课在课桌下偷偷看 NBA 直播的时候，能够在华为大屏幕手机上通过腾讯体育软件直接看到詹姆斯暴扣的画面，而非塞班系统蹩脚软件中文字播报的"奥尼尔自己带球冲过中场远距离投篮三分命中"了。

加拿大经济史学家英尼斯在其半个多世纪之前的媒介理论中，就已经表述过媒介本身可以在很大程度上，对时空关系产生影响，这种影响并不取决于其所携带的信息，而只是取决于其形式以及可再生产性。例如，莎草纸作为书写媒介，极大拓展了行政管理体系的范围，因为它更加容易运输、储存和再生产[①]。亚里士多德也曾经说过"国家只能扩张到能听得到律令的地方"，因此国家发展到几十万的人口就会达到顶峰了。这一论断后来被哈耶克用自己的"扩展秩序"所嘲弄，认为亚里士多德太过天真，因为早在他说出这句话的年代，中国就已经形成远远超过几十万人口的庞大国家了[②]。然而，尽管亚里士多德的结论是有局限性的，他的前提和逻辑却并没有错，即隐含着一个"能够有效进行信息交互的系统，会成为整个社会系统同步发展"的先决逻辑。哈耶克所谓的资本主义的扩展秩序，实际上也没有办法超出这样的信息交互体系。从这个层面来看，当前社会信息媒介的不断强化，确实也在极大地拓展着人类社会的边界。当然，它可能并不是单纯的一个权力机构边界的拓展，而是渗透到了更多更深远的层面。

整体来说，今天的移动互联硬件基础、软件基础以及通信基础等直接性模块（当然还会有很多外部的关键要素，在此并不一一列举）共同构建了媒介全面电子化过程中极为重要的历史节点，为移动互联中人们能力的拓展与意识形态的转型提供了一个最为底层的支持。它

---

① 汤文辉：《媒介与文明：哈罗德·英尼斯的现代西方文明批判》，广西师范大学出版社，2013，第 60 页。

② 哈耶克（英）：《致命的自负》，冯克利、胡晋华译，中国社会科学出版社，2000，第 48 页

们从各自领域出发，但是却不局限在自身的应用范畴中，而是不断尝试跨越各个层面的鸿沟，将自身与整个时代背景连接在一起，向着有机的"经济基础"演化。

身不由己的有机化

所谓"有机"，强调的是在时代的转型当中，各种基础能力的突破逐渐汇合，构建为一个整体的过程，即从单一走向统一的过程。正如纺织、电力、航海、军事技术的发展不断从自己的领域出发，逐渐交织成为一个完整的原始资本主义经济系统一样，当前的移动互联时代，从硬件、软件、通信系统等单一领域出发，不断被开发出的交互模式使得一个有机的系统渐渐成型。

这种有机的沟通并没有完全脱离传统生产和消费过程的框架。换句话说，尽管当下随处可见的软件之间的相互认证、引流、权益可以被视为某种具有时代特征的有机过程，实际上在更多的时候，这种交互仍发生在以产业链为底色的画布上。而相较以往，在这种视角下所描述的产业链的有机一面，不仅仅体现在其产业链连接关系上，还体现在其链式反应上。

《硅谷百年史》中，作者从比单一产业链更宏大的角度复盘了硅谷的基因是如何一步一步被多个产业链塑造成型的。最初的淘金热催生铁路行业，而铁路带动运输业，运输又带动港口业。港口业有两个伴生作用，一方面港口催生了沿海城市，城市需要电力，输电需要高压电力线，使得该地区成为电力工程技术的领先者；另一方面港口需要无线通信，催生了电子信息业的发展，如半导体产业，进而衍生出微处理器，以及个人计算机，以及再之后的软件[1]。当然了，真实的历史

①　阿伦·拉奥、皮埃罗·斯加鲁菲（美）：《硅谷百年史》，闫景立、侯爱华、闫勇译，人民邮电出版社，2016，第 1 页。

一定还会加入更多的偶然性，更多的博弈、妥协，以及更多的分支和变化，不会完全如同预设好的舞台剧，按照这样的因果关系，以直观线路进行演化。

然而，这种整体上仍然有迹可循的历史性变迁却也并非罕见，而是往往能够被类比并察觉于众多其他的产业生态发展中。当下的移动互联领域也是如此，它们并不一定都是如同硅谷一样建立在技术创新的硬核革命以及产业跳跃之上，但是其中的逻辑是相通的。即关联的产业或者行业在进行革新的时候，总能够催生新的需求以及结构转型，而它们又会衍生出下一步的产业调整或者创新。

正如，淘宝移动化了，因为用户想买东西的欲望总是控制不住地从心底涌出，实现移动化能够大幅度提高用户从购物冲动到购买商品的转化率。在淘宝移动化的同时，它旗下的支付宝也进行了移动化，因为用户在买东西时，也总会想控制一下自己的资金流和物流，并探索衍生的金融服务看是否能赚点私房钱。更进一步，当支付宝开始攻占线下市场的时候，与其对接的扫码枪也开始了移动化进程。代表第四方支付的智能 POS 终端，以及支持安卓的 MIS 收银系统不断出现，试图在大企业战争的夹缝中寻到些汤喝，它们不仅能够集成包括支付宝二维码在内的多种支付方式，商户甚至可以自己安装手机软件，并通过它来实时监控买卖记录，或者根据用户特征来实施用户忠诚度管理计划。不久之后，很多商户自己，便也开始了移动化进程，如星巴克、家乐福等。因为一个专属的软件不仅能够更好地掌握用户信息，还能够把很多线下交易线上化，降低自身的运营成本。与此同时，物流公司的软件，代存业务的软件，消费信贷的软件，为消费引流的软件等也就应运而生，在同一个大型产业链网络上，争先恐后地将移动化不断推向更远的地方。这就是移动化底层发展的重要特征之一，即移动化总是会沿着产业链向其上下游不断拓展，最终将所有能够"被移动"的节点全部移动化。

　　移动化强调的是交互，无论是机器和人还是机器和环境，或者是机器和另一个机器，都能在这种交互中激发更大的价值。而在这一过程中，不可避免的，相对还未移动化的节点来说，已经移动化的节点们交互灵活性更高，适应性更强，创新性也更强，这样就让节点之间的互动中，已经移动化的节点会拥有更大的选择空间、占据更为主动的地位，进而获取更多的市场权力，无论这种权力是对用户的控制也好，还是对信息流的掌握也罢。

　　这种情况势必会让那些还未移动化的企业艳羡，迫不及待地去尝试加入到移动互联的场域当中，最起码，也应该拿出相应的产品以期为自身提供一个"进可攻退可守"的虚拟阵地。否则，在移动的语境中，先行进行移动化的节点能够提前开始制定玩法，以自身为中心对交互关系、符号价值进行定义和定价，而后来者便不得不在一定程度上承袭着先行者制定的游戏规则进行有限的转型。有口汤喝都算是好的情形，严重的可能直接被那些已经拿到了新武器的对手生吞活剥，骨头渣都剩不下一点。

　　可以想象，在零售领域中，若当年不是由电商平台发起并主导移动化的转型浪潮，而是由大型商户自行发展并从O2O开始向全互联网演进，那么其移动化链条延展的路线便可能完全不同。当沃尔玛等商户进行移动化的时候，可能会催生出大量软件外包企业，帮助它们设计并推广移动端产品，进而牵引出能够为商户提供支付模块的银行和收单机构等；沃尔玛等企业也很可能会联合银行，先于互联网平台发展出自己的一套商户端消费信贷服务系统，而不是坐等支付宝们推出花呗类的产品，进一步侵蚀自身发展空间[1]。当然，产业链虽没有确定的一条路线，但历史同样没有如果，我们能够看到的，就是我们所看

---

[1]　在日本，移动互联时代之前，大丸百货、永旺超市等大型零售商就已经和信用卡公司以及银行一起推出类似的消费信贷服务了。起码证明了大型零售商，从商业模式上来看，能够支持消费信贷的业务拓展。

到的。

随着移动化的深入发展，入网的节点会越来越多，并可能最终实现某个产业链的参与方全部入网。毕竟，当前就连网易养的猪都可以轻易地通过二维码以及区块链技术实现某种形式的"移动化"，足可见这种形式上的"来者不拒"。但需要注意的是，移动化本身，也是一个逐渐深入的过程。换句话说，并不是说"移动了"，任务就结束了，实际上在移动化的链条中，竞争永远存在，对于话语权以及资源的争夺从来不会停止。哪怕在已经全然移动化了的产业链中，当一个节点经历转型变革的时候，这种变革也同样可能会沿着产业链的上下游，不断延伸、拓展。例如区块链技术的应用、人工智能算法实践、数据的开放等，一个新技术的诞生就代表着一个可供蜂拥而至的方向，就像打游戏中新开辟出的地图一样，令所有玩家心痒难搔。

趋势一个接一个被树立起来。这种趋势就如同潮汐。潮汐从何而来并不一定重要，重要的是在潮汐推进的过程中，每一片静止的水域都会开始翻涌。它们的绝对位置可能不变，但却永远会随着自己的起伏去传递一种能量，身不由己。

当然，这种产业链的链式反应，并不必然代表着一个全面有机的系统。因为所谓有机，所强调的不仅是供应链上的连接和影响，还需要有在更大的场景下（如引入竞争关系后），从权力结构和统一目的性等方面出发的深度交互，而这样的过程，不都是一帆风顺的。

以数据方面的打通为例。"样本等于整体"的理想，在移动时代拥有巨大机遇的同时也遇到了很多挑战，因为在我们能够通过大数据接触到所谓全部对象的时候，反而会进一步提高对于对象完整性的要求。可当用户同时拥有微信和 Facebook，谷歌和百度，京东和淘宝，摩拜单车和哈罗单车的时候，没有任何一个公司能够说自己可以掌握所需要的全部样本。数据采集的边界被技术磨平，但取而代之的是产品、群体乃至权力的边界。浏览器时代创造的开放逻辑当前被各类 APP 切割，很多时候，百度等搜索引擎无法对APP中的内容进行截流①，而新的软件，如今日头条等，还在以更快的速度跑马圈地。从整体角度来看，移动互联时代中，信息或者说数据被割裂的速度在某些层面甚至快于其被整合的速度。当阿里巴巴的商品、微信的公众号乃至今日头条的新闻这些能够占据用户大量时间并且提供对于用户需求的良好回应的产品纷纷"高筑墙、广积粮"的时候，互联网"整体"化的数据似乎反而离我们越来越远了。

当然，移动端在这种情况下，也在尝试走出自己的路，例如通过应用程序接口（API）来实现连接。即尽管一个平台中的内容、功能与数据不能向另一个平台全面开放，但是却可以通过应用程序接口实现部分打通以及调用。当前，API已经被广泛应用于各类软件之中，成为大型企业吸纳和投放多维功能的核心手段之一②。

除了移动互联场域内软硬件开放性的加深，在很多商业实践中，传统企业乃至政府机构与移动互联的打通同样为更加宏大生态系统的建立提供了动能。当然，很多情况下，这种转型也是无可奈何的，正如当下在金融体系较为发达的国家和地区广泛被监管推动的开放银行战略一样。在欧盟，根据PSD2、GDPR等多个相关政策规定，银行必须面向第三方机构以及政府开放其多种金融服务和数据资源。而银行广泛开放的自身业务模块不仅能够使得原本许多灰色产业变得合规（如原本利用爬虫软件抓取银行账户信息的网站可以经由正规途径获取同样的内容），还能够给创新企业提供多形态、高效度的基础服务"素材"，供其在此之上搭建自己的金融科技产品，进而削弱原本大型金融机构的垄断地位。当然，即便API已经被广泛应用了，它的实际市场

①　在美国对大型互联网企业的听证会上，Yelp甚至还因为谷歌利用平台能力读取其用户评论而告了谷歌一状。

②　例如，办公软件WPS中，就嵌入了讯飞语音的智能朗读API，用户可以一边浏览Word文档，一边让语音助手将其朗读出来，以加深对文本的理解，或者干脆就用听来代替阅读。

运营也同样受到前文所说的新壁垒的影响。最为简单的例子，人们可曾看到淘宝支持微信支付吗？

所以，需要注意的是，这种有机性增强的背后，实际上并不一定是一个稳定和谐的状态，反而越是在这种开放性较强的场域中，任何单一参与方就越不是无法替代的。除了前文所说的对抗之外，我们还能够看到移动互联有机性的增强，让许多大型移动互联企业沿着原有的产业链条进行扩张来得更加容易，即便 API 的介入也无法完全消解其强化自身垄断地位的能力。例如亚马逊在很长一段时间里，通过 WorldFirst 提供的跨境汇款系统帮助在美国亚马逊平台开店的外国人将所收款项转回国内，而当亚马逊自身开始涉足支付业务的时候，这一类外包服务便部分地被亚马逊收回，成为产业链延伸出的新条线。这种大企业利用自身力量的"延展"相对于以往任何时代都更加的容易，因为"有机体"这一概念本身就给了它们足够的理由去进驻到一个曾经看似并无甚瓜葛的产业当中，所谓"降维打击"也由此而来。

当然，从另一个角度来看，有机结合的过程，也能够催生新的业务。任何两个原本并不完全重合的企业或者产业的连接，都必然需要某种新的中介，为其提供"磨合"的专门服务（API 在一定程度上能够扮演中介的角色，但是并不完整）。[①] 在市场中，这种位于大型商业模块之间（如技术端和场景端之间、线下与线上之间、国家与国家之间等）的中小企业，可能会因为移动互联时代整体开放性的增加而迅速增多，进而增加生态体系本身的复杂性。在某些情况下，类似的过程也能够从前文提到的产业链的移动化波动中被察觉。产业链各方之间的连接关系将会因为移动化过程而解耦，其中部分的冗余空间，或

---

① 如优炫软件利用华为 Taishan 人工智能模组以及鲲鹏处理器为企业提供数据库整体解决方案，或如沃旭与华为经由 CloudEngine 数据中心交换机，推出 UWB 智能园区定位解决方案等。

者波动导致的"差"，就会留给新的企业进行填补。我们可以将其理解为一个"绵延"的状态和过程，即如果将市场中的行动和主体视为一个完整的实体，那么它同时是可分的又是不可分的，主体之间一方面必然保有着一定的独立性，而另一方面，所谓不可分则是这种独立性会由无数"关联根据"和"区别根据"所定义和填充，使得其边界逐渐演变成为被连续定义的过程。市场的创新越多，冗余空间和差值越大，可以进行填充和定义的机会也就越多。

但无论如何，尽管移动互联中的新企业因为各个领域之间的有机结合而不断增加，其中的合纵与连横，分裂和吞并也时时上演，从总体的角度来看，它们都为整个移动互联时代市场结构的建设，添加了自己的注脚。也正是在这样不断探索着的看似纷乱复杂的有机过程当中，一个统一的经济基础，逐渐成型。

分裂的统一

移动化之所以成为一个无可阻挡甚至无法逃离的趋势并打造了某种统一的"经济基础"，至关重要的原因在于，移动端上各个产品、平台、社群、用户已经集体塑造出了一个完整的生态体系。这并不基于某种循环论证的逻辑，即"生态成为趋势是因为趋势已经足以构建出生态"，而是指当移动互联生态或者统一性逐渐成型的历史过程发生后，所衍生出的力量不仅能够阻止这种生态进行任何形式的倒流，并且能够通过生态体系内逐渐增强的协同效应，使趋势本身不断地再生产，甚至将自己的能量投射到移动互联场域之外。正如前文所说的，有机的经济基础描述的是一个过程，其衍生出的结果就是使一个整体生态成为可能。

这是作为整体趋势的重要反身性之一，并不仅在移动互联中如此，实际上在任何一个历史转型阶段中，都会产生。正如工业革命后的进步带来的无所适从在波德莱尔笔下有一个非常好的描述。那就是一个

18世纪晚期身处于都市的人，"急匆匆地穿过林荫大道，纵身跳过泥泞，要在这一团混乱的车流中避开从四面八方奔腾而来的死神"[①]。而所谓与进步如影随形的"进步的反身性"，则是那个遭受着车流往来冲击，并且期望在那混乱并且致命的环境中有尊严地生存下去的人，他自己，亦成了这种混乱的一部分。他左躲右闪的行为在维护自身存续的同时，给这个不稳定的系统中增加了新的变量，变成了下一个身处其中的人（包括驾驶马车的人）所需要留神的恼人的"新问题"，成为他者眼中"进步的不可分割的一部分"。

这让人如何逃离？哪怕每个人都不认为自己身处其中，但从别人的视角上看，每个人，的的确确，就是它的一部分。这个它，可以是当年的现代性，也可以是现在的移动互联生态。无论接受与否，人们都必须随时代之流，游进这一领域中，然后静待同样的故事反复重演，一遍一遍改造着每一个参与者。

以这个判断为大前提，回过头来看，移动互联生态的成型轨迹便并不新奇了，各自为政的拓展终于在某一个节点碰撞，进而一发不可收拾，无人再可后退。如果说一开始人们被技术创新推着走，后来被产业联动推着走，那现在，则是被时代潮流推着走了。

这是一个结果性的、统一的经济基础。

十几年前腾讯最开始布局移动端的时候，通过与移动梦网的合作，打破了移动端与PC端的壁垒，使得用户能够在手机上接收到电脑发出的信息。然而就整体移动生态来说，腾讯塑造的产品架构，仍然是移动场域中的孤岛，能够自给自足，但却难以将自身的优势扩展到社交之外的领域，也难以和移动端的多数其他产品产生交集和互动。当然，从另外一个角度看，当年的移动互联网中，本身也没有很多能够

---

① 马歇尔·伯曼（美）：《一切坚固的东西都烟消云散了——现代性体验》，周宪、许钧主编，徐大建、张辑译，商务印书馆，2013，第204页。

入网并需要连接的产品。那些已有的软件，就像诺基亚的贪吃蛇一样，永远都只被圈定在自己的屏幕中辗转腾挪，无论如何努力都走不出去。而时至今日，任何一个身处于移动互联中的个体，都能够清晰地识别出这个历史切片所构建出的深度连接、全面整合的庞大体系了，试图脱离开来，形成单一的区域反而成了难以实现的目标。

随着移动端产品的不断创新，尤其是 IOS、安卓等被广泛接受的操作系统和应用商店的普及，越来越多的产品开始为移动生态的搭建助力。这并不仅是个体产品的成功，更是整个移动端的产品集合。不需要事前的协商或者合谋，孤立的商业努力不断寻求能够与自身进行交织和支持的其他模块，然后便欢喜地利用移动互联创造的环境开始慢慢结合在一起。最终形成一个难以被撕扯开的巨大实体，即移动互联本身。用户所需要的信息、所要维护的社交关系、所要购买的商品，甚至是与实体场景的互动，都可以在这里找到足够多样化的工具满足同样足够多样化的需求。

世界就这样被密集地呈现着，即便在很多意义上，它已不是从前的那个世界。

这种统一性，固然体现在移动互联不断深化的有机交互上，但它更加体现在使得这种交互成为可能的底层标准上。这种标准，就类似于新时代的货币，包含着广泛的承认、价值乃至权力。这一特征在较为基础的红外信号标准、SIM 卡标准、USB 标准等身上还体现得不甚明显；但涉及因其战略地位的特殊性而处在风口浪尖的 5G 通信标准、操作系统标准等的时候，就没有任何人能够轻易忽视这样的底层架构了，正如 5G 系统已经被上升到了某种国家级战略的层面一样。

当下，Windows、IOS、安卓等操作系统，成了架构在众多移动互联产品下的深层支撑，也正是因为具备了这种标准化的协同模式，在某种意义上"垄断"的同时，开放也才成为可能。透过底层的统一设计去支撑开放性以及生态搭建的布局，在很多过往场景中都曾经出现过，它往往决定着一个市场中谁能够处在生态圈的中心，谁又能够借助那些连接关系，将开放转化为权力、将生态转化为领土。正如操作系统牵一发而动全身的独特市场位置，往往使得它们之间的竞争通常直接演变为生态与生态之间的对抗[①]。

当有机的结合终于被稳固下来，形成了完整的规则系统和标准，进而使得这种有机过程能够被不断复制和扩展的时候，一个全景化的移动互联"经济基础"也就渐渐清晰了。当然，在此过程中，除去前文所说的纯粹的技术和产业交互之外，大型社会事件[②]、监管政策的引导、资本力量的推动也是当下移动互联生态逐渐完善的重要引擎。

以资本力量为例，相较硬件研发的高要求、高投入，以软件为核心的企业更容易因为其较低的门槛以及可能的较高收益率而受到资本的追捧；而由于缺乏传统企业一样的实体资产用以抵押，多数早期互联网企业也都需要依靠风险投资来支撑其最开始阶段的发展。回到传统 PC 端互联网软件爆发的原点，即 20 世纪最后 10 年，当时的华尔街就瞄准了互联网软件的灵活性和投机性，斥巨资扶持了一大批创新科技企业。1999 年新上市的科技企业其平均年龄只有 4 年（而 20 年

---

① 早在 20 世纪 80 年代的时候，同样是在操作系统的战场中，面对日本的操作系统 TRON 以及智能芯片，美国就动用了政治力量对 TRON 正在构建的网络生态进行了毁灭性的打击（超级 301 法案表示所有使用 TRON 的产品在美国本土都将不会再受到市场公平对待），并最终迫使 TRON 只能够被数码相机、MP3 等设备使用，而微软、苹果等美国系统得以扩张并逐步形成了当前全球性的操作系统网络。

② 有时，新技术生态的演进会因为整体外部环境的突变而改变其落地或者说扩张的节奏。如 1990 年爆发海湾战争后，因为战事影响，许多跨国商务往来都被暂停，而当时又恰值电信会议设备开始商用，于是电信会议快速增加，反过来亦拉动了电信会议设备价格的降低，形成了良性的循环。参考，尼古拉·尼葛洛庞帝（美）:《数字化生存》，胡泳、范海燕译，电子工业出版社，2020，第 125 页。到了 2003 年"非典"时期，电商平台又因为人们尽量避免逛街而得到了良好发展。2020 年上半年的新冠肺炎疫情，则使得叮咚买菜、饿了么等派送服务进一步扩张，也使得远程办公、远程教育、远程医疗等行业呈井喷之势。

之后，2018 年新上市的科技企业则平均已经成立了 12 年），这种风潮迅速催生了大量的互联网创新产品。虽然它也直接导致了 2000 年互联网泡沫及其破裂，但从历史发展来看，在资本推动下疯狂生长的软件们，为互联网原初生态的建立打下了坚实的基础。[①]

随着互联网产业的不断成熟，在移动互联到来之际，我们又一次看到了资本的力量，而与以往不同的，这一次的资本战争，并不仅仅由投行以及金融精英们把控，同时也出现了很多在互联网浸淫多年的"本土"投资者的身影。相对于华尔街或者其他国家的银行业投资者，那些原本就执掌着巨型互联网企业的从业者们，对于移动互联的规则了解得更为透彻，布局更为深远。他们不仅投资与自身业务相关的新兴企业，也投资其他的业务领域来同自身的业务结构打通，协同扩张；他们不仅对本国市场的投资标的有着浓厚兴趣，也利用自身拥有的巨大用户数量进行海外的收购，实现跨越式的本地化发展；他们不仅迫切地将移动互联企业纳入自身的版图，也在尝试投资媒体、智能硬件乃至家居、汽车等领域，以求提前站稳下一个潜在的智能风口；他们不仅对面向消费者的各类产品青眼相加，面对 B 端的时候，同样独具慧眼，不断拓展对商户、对金融机构乃至对政府的服务能力。对于那些移动端最重量级的玩家来说，通过投资将自身的产品与服务平台化、生态化，已经成了不可忽视的战略举措之一。无论是阿里巴巴、腾讯，还是谷歌、Facebook，都在自己擅长的领域尝试牵引更多的上下游参与方，合力塑造更加庞大的生态系统，更加稳定的权力结构。进而形成了统一的"经济基础"下，那最为核心的主体，整个移动互联大生态中的一个个内聚的子生态。

在很多情况下，移动互联大玩家们手中的生态并没有大张旗鼓地宣扬着自身的存在，反而吟诵着"不识庐山真面目，只缘身在此山中"

---

① 　阿伦·拉奥、皮埃罗·斯加鲁菲（美）：《硅谷百年史》，闫景立、侯爱华译，人民邮电出版社，2014。

的逻辑缓缓笼罩而来。然而，一旦那些能够实现生态性聚合的大型集团开始动用自身的全部力量开启一场轰轰烈烈的"战役"时，民众就能够感受到那种无处不在的包围了。正如阿里巴巴的"双11"营销活动中，除了在旗下淘宝、天猫、闲鱼等线上应用里通过折扣以及多层级的营销手段进行造势，在线下的盒马鲜生、口碑、饿了么甚至大润发等消费场景中，阿里巴巴同样投入大量资源配合"双11"的整体推广。此外，联合如新浪微博、网易云音乐、喜马拉雅听书等外部媒体或者各大商户进行跨界内容传播等在内的生态圈"外围"支持，更是让"双11"成了那几天中任何一个消费者都难以逃离的全民性狂欢。这是一个极盛现化性舞台中的荒诞剧目，几百万的员工，几千万的商户，几亿的消费者，数不清的资源和时间投入进去，为的便是集中几天，让人多买几件衣服，多吃几顿大餐，多换几部手机。

移动互联中的大型平台，在过去几年的运作中以惊人的速度变得成熟，并且构建出了一个能够不断相互支持的复杂关系网。任何消费者，只要被这个网络中的某一个分支"捕获"，就会如落入蛛网的飞虫一样，难以避免地越陷越深，并最终如患了斯德哥尔摩综合征一般，成为对大型平台愈发依赖的忠诚用户。

这样的包围，在我们身边不断上演，成为了当前移动互联生态化的顶级表现形式。它们所拥有的力量，也是任何一个移动互联企业梦寐以求的。当然，我们需要牢记，早在这些大型企业成功，甚至是尝试构建自身生态之前，移动互联各类产品本身，就已经在无意识的情况下，完成了一次史无前例的合谋，成了那不可分割的整体，即更为宏大的移动端生态体系的重要组成部分了。

第三节 / 迷雾中的狂欢

实际上，当移动互联的完整生态已经形成了整体性的趋势，我们便已不能再单纯地将其理解为经济基础了。因为所谓上层建筑，正如前文所说的，除去某些新的规定性原则以及意识形态之外，也涵盖了"实体"，甚至可以说，这种"实体"恰恰是上层建筑的集中体现，正如"国家"这一概念在马克思等学者的语境中，必然是一种上层建筑一样。换句话说，在前文描述移动互联大型平台或者生态圈所拥有的巨大能量的时候，我们便不能够简单地将这些平台定义作经济基础的孤立部分，因为它们的扩张，本身就带有了规定性、意识形态，甚至带有了强制性的权力系统。

而移动互联最大的讽刺，也就在于，其实"上层建筑"早已经悄然形成了对我们的包围，而我们却将这一切仅仅视为"经济基础"。

在移动互联的语境下，很多时候，经济基础和上层建筑的划分已经不再明显了。如果说初期各自为政的单一领域突破就已经酝酿了移动互联成为新的历史切片的契机，那么只有大型平台所代表的生态结构被建立起来，我们才能说这一经济基础达到了完成的形态，而就在这个完整生态中，上层建筑也被同时构筑成型。因为在平台和生态的范畴下，我们已经能够直观得出某种确定性的规则，体验到被平台切割开来的空间内所蕴含的权力暗示。

然而，对于探索整个移动互联的规定性或者权力特征这一任务来说，当前阶段还不能太过心急，因为从经济基础通往上层建筑的路上，迷雾重重，二者之间，其实存在着某种"中介"，让我们无法一眼望穿。这些中介是由底层的技术和组织变革所引发的人类交互模式的某些转变，它们在经济基础和上层建筑二者中徘徊游移，不时便跳将出来呼唤别人的注意力，以阻止人们的进一步窥视。而面向它们的考察，将会从另一个角度开启对于上层建筑的理解，并且为从社会事实叙述到批判语境分析的过渡提供桥梁。这些中介，正如前面的经济基础一样，并不一定是移动互联所独有的，而在一定程度上当然也延续了网络社会乃至更早时代的某些特征。它们本身，也可以被看作是某种规定性特征，亦决定了个体在这样一个新的整体性经济基础当中所面对的一些根本性的变化。

然而在这里必须注意的是，那中介所代表的规定性与变化，是一种被"阉割"过的产物，我们要了解这种中介，但更要超越它，因为这些特征在某些时刻好似一种挡箭牌，恰好能够补充进我们从"经济基础"向上进行剖析的逻辑空白，从而便生成了我们将这些特征草率视为全部新规定性以及上层建筑的风险，即将中介视为终点的风险。而在这种风险的迷雾背后，真正的上层建筑虎视眈眈。

属地主义到属人主义

属地主义是一个法律概念，指的是针对一个法律事件的管辖权由其所属地所决定，在本节中，借用这一概念并进行延伸，泛指空间（一定程度上也包括时间）对于社会实践过程的锚定。起码在牛顿物理学的宏观世界中，正如康德所描述的，关于空间的原始表象是一个先天直观，而不是一个概念。时间也是一样的。换句话说，人可以想象一个没有事物的空间和时间，但是没有办法想象一个不在空间和时间中的事物[①]。时空作为我们经验一切社会事实的前提出现，天然就为我们"属地"的规定方式提供着原初的合法性。

这样的逻辑在移动互联时代，随着虚拟时空的拓展，受到了一定的挑战。时间和空间对于社会过程的锚定在信息技术的加持下开始解

---

① 康德（德）：《康德三大批判合集（注释版）》，李秋零译注，中国人民大学出版社，2016，第71页。

耦，并形成了我们当前所熟知的对于移动互联的体验方式。这种方式的变革在移动社交上体现得较为明显，所以接下来的论述也首先围绕社交展开。

哈贝马斯在《公共领域的结构转型》中，承认了公共领域在市民社会发展中的中心角色，其论述中，将公共领域中的社会交往视为对内能够形成某种权力聚合与身份认同，对外能够用以区分私人领域或者政治主体的社会模块①。无论是古希腊贵族基于其身份特权和闲暇，以一种仪式性的甚至有些作秀的意味，聚合出的某种缺乏实质的公共领域（露天的辩论集会）；还是市民社会崛起后，商人在自己开设的咖啡馆内聚拢新兴资产阶级和知识分子，交换商业信息、撰写文学评论等，都具有某种超越日常社交需求的目的性。

然而，在人类日常社交生活中，其实很少存在固定的大块时间被明确分割出来用于社交，如定期的沙龙活动、晚宴等。它们存在，但并非是一种必要的"社交常态"，且通常都有某种更加实质性的活动支持，就像中国的老人们喜欢在午后聚在一起打麻将一样。同时，更不必要将社交的场景绑定在特定的位置②。类似的道理，在互联网兴起之前，E-mail的"大段叙述"以及延时的反馈方式也很少出现在日常场景的互动中。

简单来说，当交流的时空越是固定的时候，人们为了交流而付出的成本越高，因为要使得互动成为可能之前，必须先完成相应的"社会动员"或者"筹备"，使得互动双方能够具备交互信息的物质基础条件。因此，传统PC端的沟通方式，确实在社交上满足了延时交流和跨域交流的需求，然而它并没有真正触及最为核心的变化。因为它仍

① 尤尔根·哈贝马斯（德）：《公共领域的结构转型》，曹卫东等译，学林出版社，1999，第33页。
② 即便是在有线网络社会中社交都是被"固定"的，如2002年风靡大街小巷的那些烟雾缭绕的网吧和中产阶级书房中的实木桌子上。

然强迫使用者将"社交"变成了一件需要被计划和统筹的行为；而真正的或者说自古以来的社交，却大多是一种离散在人类社会活动所有过程中的碎片化结构。只有移动互联，才算是从本质上（永久在场），尽管尚未从整体上（面对面现实互动），模拟出了这一过程。也正是这样的逻辑，使得移动互联相对于以往的互联网，进一步突破了属地主义的限制，带给了我们某些新的社会交互特征。

但在进一步讨论这些之前，先必须针对一个比较常见的误区进行分析，即过于夸大移动互联（或者 PC 时代的互联网）所提升的连接能力对于人们社会实践的负面影响。张一兵在《远托邦：远程登录杀死了在场》中，着重分析了维利里奥在《解放的速度》里所提及的传播技术对于时空体验的冲击。然而，和维利里奥一样，张一兵同样认为移动互联构建的高效连接系统本身，是当下许多社会交互困境的始作俑者。

"光速是快，但它也让时间的历史厚度消失，而这种厚度恰恰是过去人的历史性存在的根据。光速到达会让此在在此的时间维度彻底崩塌[①]。"

事情当然没有描述得这么糟糕。高速通信也并不是什么让历史蒙尘的原罪，除非驿站之间回响的马蹄声代表着某种不容消除的社会价值。网络通信当然会衍生出矛盾，但是矛盾的侧重点却并不是在《解放的速度》中被大加笔墨的通信效率。这种视角偏颇中存在的问题，是将"交互动员"等同于了"交互"本身。

简单来说，"交互"，是一个有目的和内容的社会互动；而交互动员，则是我们为了让这种互动成为可能而需要募集和投入的社会资源。当我们仅看交互动员的时候（包括从 A 地到 B 地的速度，以及两地之

---

① 张一兵：《远托邦：远程登录杀死了在场》，《学术月刊》，2018（6），第 7 页。

间的人建立连接的速度等），我们可以认为移动互联的即时通信和永恒在场创造了某种革命性的结果。这种结果，实际上将交互动员的时空维度都转化为了时间维度，即一切空间的表达都能够被拆解成可以被时间（外加某些其他成本）度量的存在。而在移动互联的加持下，这个时间维度通过电子交互被急剧压缩，最终消失。

然而这种消失，对于人类交互的整体过程来说，却是有其天花板的。即当我们着眼于交互动员的时候，过去与现在截然不同；然而当我们着眼于交互本身的时候，便会发现，媒介的提升并没有想象得那么大。我们的交互动员成本大幅下降（如原本从北京到上海之间无数个驿站的协同运作被电话的拨号系统和线路代替），但电话中，人们说话的速度并没有因此变快；邮件里，人们打字的速度也没有变快。至少在当下，人们尽管可能会因为移动互联而接触到大量的信息，然而这些信息仍然是以原有的模式和节奏被我们去解析并且理解的。当我们隔空发起一场论战的时候，发起论战的"交互动员"被削减，然而论战中所需要构思的逻辑、耗费的信念、表达的情感，绝不因此减少。正如布雷格曼所说的：

> "生活中有些东西，对一切提高效率的尝试都是抵抗的，例如音乐。我们可以将咖啡机造得更快更便宜，但小提琴手要是加快速度的话，将会毁了音乐[①]。"

我们可以毫不犹豫地说，那不能过分提高效率的东西，往往就是那能够被直接归于人本身的东西，恰恰是人类与世界打交道的核心社会过程。所以说，当人们说起远程在场的时候，这一概念可能会暗示的误区是：其实交互的重点不是"互动"或者"内容"，而是"在

---

① 鲁特格尔·布雷格曼（荷）:《现实主义者的乌托邦：如何建构一个理想世界》，曾小楚译，中信出版集团，2018，第96页。

场"，可事实却应恰恰相反。场景本身就是一个虚幻的概念。有别于空间概念多多少少具有的先天直观的特性，场景是带有目的性的。当人们在描述身处特定场景中的时候，其实承认了这一特定场景对应的特定行为和目标。这种目的性在移动互联时代的虚拟场景中尤其显著。故而，对于移动互联通信速度的分析，其实大多解决的是"在场"，即如何进行入场动员的问题，而并非直指我们之所以利用移动互联工具进行交互背后所看向的特定目标。所以，仅对通信速度不断哀叹便会陷入专注于量变而忽视某些质变的偏执当中。通信之快，并不是形成对于"存在"的冲击的本源，也并不是没有了"历史厚度"的祸首。以一种"失去什么"的出发点去考虑问题，难免就会陷入"失去什么就挽回什么"的误区当中，而忽视了"是否需要"这一大前提。在呼唤回所谓历史厚度之前，我们不能不思考那些被通信技术否定的厚度，是否确有存在的必要。诚然，移动互联存在很多问题，但并非移动互联的一切存在都是问题。

那么回过头看，这种时空重组背后所带来的关键也就不难理解了，它是经由对"交互动员"的大幅削减而形成的对于交互内容、目的以及参与方本身的凸显。换句话说，它将"属地主义"近乎于一步到位地转化成了"属人主义"。将人从固定的入网接口和交互结构中解放了出来，使得每一个人都能够通过智能硬件让自身成为入网主体，也成为入网之后社会实践的唯一核心。

当我们考察移动互联的众多主题的时候，就会发现，这样的过程并不仅仅局限于社交网络当中，而是整个移动互联框架下的供求体系都因为这样的时空特征，而变成了围绕着"人"而构建的。因为相对于个体作为实体的确定性来说，一切其他的，都成了被自我设定的非我，被实体性设定的偶性，进而便都是可以被调整、吸纳、改造的了。

"属人主义"的背后，并不是一切人作为一个统一的实体被纳入移动互联的社会系统中的，而是被拆解为每一个单一的人。而单一的人，也就意味着多样性的人，并暗示着他们背后同样多样性的需求。事实也正是如此，尽管有众多的调查报告都尝试梳理出网络群体需求的脉络，但是一个不可否认的事实是，用户的需求除去在整体趋势上有迹可循之外，在众多生活的小场景中，却可能出现种种的即时性变化。当下，已经很难有一只看不见的手，如同霍克海默等人不断抨击的"文化工业"一般，以相对单调的形式形成商品社会对于个体的一种整体性压制了[①]。随着时空的退让，传统秩序和需求结构的阵地被攻击，个性化的人带着个性化的需求，便走到了网络社会的聚光灯下。

个性化衍生出的一个后果，是随机性的增强。因为多样化的需求必然也对应着多样化的、对于需求的引导，所以一个愈发复杂、愈发琳琅满目的商品和广告系统被逐渐构建起来投放到消费群体之中。而这也就预示了，这种多样化的引导必然会诱发主体越来越多的随机性应对。于是，个人身处于这个市场中的时候，其所看到的"随机"出现的广告和商品，"随机"遇到的人、"随机"的谈话，都可能会在远超出生产者预想的情况下，去影响个体的消费选择以及社会行为。简单来说，物质社会的丰裕以及网络传输的普及，使得市场中个体消费行为的随机性快速增强，因为可供选择的对象越来越多，激发选择的触点同样越来越多。那么对于这样的一种随机性需求来说，一个统一的、能够迅速回应需求的工具就显得尤为重要，因为一切的需求最终放置于个体身上后，都将再次从个体出发，重新进行信息的传递和回复。

有了这样的背景，我们便不难发现，对于这个时代来说，为了应对随机性需求而去构建的一切统一出口中，难道还有什么比以手机为主的移动互联产品更好的吗？它足够小巧，让人们可以随身携带；反应足够灵敏，通常对于信息的调用比 PC 更加快捷；连接足够广泛，

---

① 马克斯·霍克海默、西奥多·阿道尔诺（德）：《启蒙辩证法：哲学断片》，渠敬东、曹卫东译，上海人民出版社，2006，第 118 页。注：阿道尔诺即阿多尔诺，正文统作阿多尔诺。

不仅能够提供网络中的信息，还可以和线下场景进行有效互动。这些都让手机成了对越来越碎片化、并且随机性和即时性并存的需求进行响应的最佳触点，令人爱不释手，也无法释手。移动工具将人从固定的（很多情况下也是单个的）解决需求的场景中解放出来（如服饰店、网吧、餐馆等），通过在某种意义上的"赋能"，使得人之自身便成了能够解决需求的新工具，而环境不再具有至关重要的前提性。当人们走在路上突然想去某个地方的时候，逛街看中了某个商品希望对比价格的时候，看到电影海报想查询电影院排期的时候，移动端的优势便开始凸显了。摆脱了"属地主义"的禁锢，移动时代的需求"响应者"们开始跟随需求本身行动，让用户随机的、碎片的需求能够源源不断地被满足。刺激越多，对快速满足的期望也就越大①。

于是，以属人主义为整体逻辑，一个内循环的小系统被构建了起来。其逻辑如下：移动产品的发展减少了对于交互的动员，在人的实体性和主体性保持不变的情况下，推动了属地主义到属人主义的转型；属人主义则不可避免地与多元化挂钩，个体被凸显的背后是愈发多元化的供求关系，多元化的供求关系和个体随机性的需求相辅相成；而移动互联提供的大环境对随机性的良好回应又成了移动互联产品价值的集中表现，进而反哺回去，推动移动互联产品的继续发展。从这个角度来看，移动互联是顺应"人性"的，并明白要如何借其力以令自身不断壮大。

无限延展的主体

移动互联顺应人发展，而人也在借助移动互联进化。

---

① 甚至是在有 PC 端的场景内，相比于开关电脑的耗时，手机端也总能够更富有机动性地解决用户发出的问题。于是即便在电脑开启的状态下，其硕大的屏幕也时常被视频、游戏等大内容占据，而将对其他一些相对碎片化需求的回应让渡给了移动端。

　　梅洛－庞蒂常说，"身体"是我们与生存的世界实现连接的关键[①]。而从 12 世纪眼镜的发明之后，我们便渐渐开始明悟人类在身体层面超越原本天赋缺陷乃至能力边界的可能了。"我们不必迷信天命，身体和大脑都是可以完善的"[②]。时至今日，在移动互联的辅助下，这种"数字化义肢"更是将对人类的赋能提升到了一个空前的高度。

　　相比于电脑正襟危坐般立于人前，移动端往往在使用的环境与方式上有着更大的灵活性。用户使用移动端注重的是随叫随到、讲究的是快进快出，而这种灵活的场景和目标也就导致移动化的过程中，产品的基本设计、技术应用[③]、内容呈现、操作模式都需要做出相应的调整以满足与固定在桌前的 PC 端不同的使用需求。简单来说，为的是让人和机器的对话，来得更加容易一点；让机器给人的赋能，来得更多一点。

　　在这个过程中，对话是一切赋能的基础，也是我们和一切机器进行交互的时候，都必须触达的一种状态，即人类应该能够经由对方给出的反馈判断互动的有效性。对此，尼葛洛庞帝的一段论述堪称经典：

　　"只要回想一下你上一次按了电梯按钮之后灯却不亮的情景，你就能体会到感知、生效和反馈有多么重要了。电梯按钮不亮的原因也许是灯泡烧坏了。但你心里一定万分沮丧，开始怀疑：电梯听到我的指示了吗？"[④]

---

① 莫里斯·梅洛-庞蒂（法）：《知觉现象学》，姜志辉译，商务印书馆，2001，第 194 页。

② 尼尔·波兹曼（美）：《娱乐至死》，章艳译，中信出版集团，2015，第 16 页。

③ 如常见的语音识别功能，即机器识别人声作为信息口令。此外，移动互联智能设备也能通过指纹、血流、虹膜等多种方式采集人类体征信息，进而支持人机互动。如虹膜技术，尽管在 20 世纪 80 年代就已经投入使用（其概念早在 1930 年左右就已经被提出），但主要都集中在政府、军事、金融机构等领域，而当前借助逐渐普及的智能硬件，虹膜技术得以在手机、智能门锁、智能手表等设备上作为用户登录、加密、支付、解锁等日常应用的认证技术被广泛使用。

④ 尼古拉·尼葛洛庞帝（美）：《数字化生存》，胡泳、范海燕译，电子工业出版社，2020，第 83 页。

当下我们对于一切移动互联产品的要求，都远要比这个场景中描述得更高、更复杂。面对移动端较小的屏幕，APP 的开发者必须在有限的空间内尽可能通过布局设计让用户更流畅地使用，其中任何一个细节的失误，都有可能让用户如面对不亮的电梯按钮一样别扭。

这种流畅首先体现在对符号的采纳上。开发者通常会充分利用已经被用户熟知的基本符号，并遵从对于符号使用和呈现的普遍规则，让自己的设计更加清晰地被用户理解[①]。遵循这种基本的标准以及对于使用惯例的承认，会大幅度减少用户熟悉产品的成本，使得用户在一个相对具备统一条理性的交互体验中去使用每一个独立的产品。

从结构以及呈现方式深入下去，移动端有限的空间以及用户碎片化的使用方式也在改变着具体内容的表现形式。在接受内容的时候，用户在对内容结构条理性要求变高的同时，对内容实际信息条理性的要求却在降低[②]。当然，其背后的目的是一致的，即用户希望能够在有限空间以及时间内，更加快速和清晰地抓取并且理解内容。相应地，内容提供者会采用短段落的形式构建整个内容框架，强调重点内容的"闪现"而非完整的起承转合。

---

① 采用符号方面：如通过用三条横线组成的汉堡型图标表示菜单而非单纯做一个标有"菜单"二字的按钮。呈现符号方面：如表示设置的齿轮图标通常被置于头像图标点击后的延展菜单中；表示搜索的放大镜图标大多被置于右上角，而返回键多被放置在左上或者右下。

② 针对结构条理性，大多数 APP 都倾向于为用户提供精简的基础元素，而非将所有信息进行铺陈。它们会突出每个界面的"目的"，并且减少和目的不相关的其他信息。如APP 可以通过显眼地的导引栏让用户进行快速的信息筛选，高效寻找自己感兴趣的内容，而在点击进入的详情页中则给出内容的具体信息。在详细内容的条理性或者说易理解性方面，由于用户吸取移动端内容时往往缺乏沉浸式的接受环境，因此内容生产者通常会对内容的铺排方式以及逻辑结构进行相应的调整，甚至可以部分地放弃逻辑的完整性而采用核心内容的拼凑和罗列的方式，让用户能够在阅读过程中迅速抓住内容生产者希望表达的重点。如大多数微信公众号文章，若不是深度分析类的文章，通常会控制在 1500字左右，并且越发强调用图片代替叙述性文字以提高可读性。

尼尔·波兹曼并没有经历当下无比碎片化的移动互联内容排布方式，然而早在《娱乐至死》一书中，他就已经敏锐地提出了阅读方式对于思维习惯的影响。"铅字那种有序排列的、具有逻辑命题的特点"能够培养对于知识的分析管理能力。它需要读者构建一个思路，具备分类、识别、评判的能力[①]。然而当下的文字排布，却是以一个向着波兹曼所描述的"图像"式呈现方式的目标演进的。文字仍然存在，然而寻求能够被直观拆解和理解的投放效果，却取代了促使读者构建逻辑框架的实践模式，成为新的主流。对于很多人来说，其阅读行为是相对固化的，大脑很容易适应人们选择的媒介。如果经常做浏览和扫读，那么当在阅读严肃文学时，大脑也会习惯性地选择扫读的阅读方式，从而关闭自身逻辑思考的通路[②]。这种下沉并不新鲜，当年美国报纸逐渐兴盛的时期，美国的文字天才们也都被吸引到了报刊写作中去，而其写作的方式，也进行了相当大的改变，变得更加流畅轻快、易于理解[③]。而正如美国的报纸不会刊登康德和黑格尔的文章一样，现在的手机屏幕上，也不会让对胡适和杜威的阅读有多么的轻松。

当然，很多移动互联自媒体也认识到了这一点并纷纷撰文，但通过以完全移动互联化的模式撰写一篇推送，来抨击移动互联非逻辑性推送可能会对用户的理性思考能力造成的破坏，总有着一点黑色幽默的味道，就像 100 年前的菲律宾革命者西蒙用精美流畅的西班牙语，

---

① 尼尔·波兹曼（美）:《娱乐至死》，章艳译，中信出版集团，2015，第 62 页。

② 这一点也被众多研究人员注意到，早在 2005 年，圣何塞大学的一份研究中就已经显示出，屏幕阅读时，人们把更多时间花在了浏览、关键词确认、一次性阅读、非线性阅读和更有选择性的阅读中。而当手机屏幕替换电脑屏幕之后，这种现象更为严重了。在狭窄的空间中，内容被最为粗暴的方式拆解、组合、呈现，加上图片、音频、时不时出现的插科打诨等的干扰，用户尽管能够迅速获得核心内容，但是在重构内容完整性，理解文章逻辑等方面的能力却随着这种小屏幕阅读的愈发频繁而日趋下降（塔夫茨大学认知神经科学家 Maryanne Wolf）。

③ 麦克卢汉（加拿大）:《理解媒介：论人的延伸》，何道宽译，译林出版社，2019，第313 页。

去书写反对菲律宾人学习和使用西班牙语的檄文一样[①]。这个问题影响深远，但在这里的论述中不妨先点到为止。

与用户获取内容相似的，在用户输入内容的时候，移动端产品也在遵循着一定的新规则。IOS 平台中，苹果提供了一整套官方产品设计指南[②]。其中涉及用户输入内容的时候给出了众多建议供开发者参考[③]。这些设计的宗旨，都是为了在移动场景下，帮助用户更加快捷地进行内容输入，进而让用户将更多的精力放在使用服务而非获取服务的过程中。而早在第一代苹果手机发布的时候，乔布斯就曾骄傲地宣称，苹果手机摆脱了对于触控笔的依赖，而将人类最"精准"的控制工具——手的作用，再次发挥到极致。手势的多样性、模糊性，甚至与手势连接的信息传输等都被苹果的工程师们仔细考虑并一一实现[④]。

以这种基本的交互模式为基础，我们渐渐为移动互联的硬件提出了更高的要求，期待它们不仅停留在工具性的层面，同时还需要让这种工具性朝着智能化的方向发展，正如尼葛洛庞帝所说：

"下一个 10 年的挑战将远远不止是为人们提供更大的屏幕、更好的音

---

① 安德森（美）：《全球化时代：无政府主义者与反殖民想象》，董子云译，商务印书馆，2018，第 167 页。

② https://developer.apple.com/design/human-interface-guidelines/ios/overview/themes/.

③ 比较典型的包括，让用户做选择题而非填空题（如数据输入时提供选项，而不是文字输入框）；动态验证用户填写的信息，尽量不让用户填写完毕后才指出错误；提供合理的默认值，尽可能使用最有可能的默认值把空格先填好；在文字输入区域显示提示，来更清晰地传达意图，比如："邮箱""密码"此类占位符等。

④ 例如当前智能移动终端上，比较常见的手势包括点击、双击、拖曳、滑动、晃动、放大、缩小、长按、双指旋转、四指切换程序等等。在这其中针对产品的不同类型，即便同样的手势也需要更具有针对性的特殊设计。如在苹果官方设计指南中，对拖曳复制的建议包括：复制时是否要放大被复制选项、是否要显示轨迹、是否显示目标拖曳框、如果用户的拖曳动作超出了目标区域的范围是否自动修正、如何在拖曳时取消复制操作等。

质和更易使用的图形输入装置：这一挑战将是，让计算机认识你、懂得你的需求，了解你的言词、表情和肢体语言。当你说'Kissinger'（基辛格）和'kissing her'（吻她）时，计算机应该能分辨个中差异。但这并不是因为它能找出声音信号上的微小差别，而是因为它懂得你的意思。这才是好的界面设计[①]。"

简单来说，当移动互联时代被开启后，人们突然发现自己和机器的交互场景骤然增多。而这种增加也反向推动着提供移动互联服务的主体愈发重视去探索应如何让这种互动更加的高效和无缝，让互动并不仅能够成为一种反馈，甚至推至极处，让互动转化为某种"对话"，进而形成基于对话的赋能。

2003 年，Siri 的创始人诺曼威纳尔斯基及同事，预感到未来智能手机将会具备极为强大的计算能力，并拥有众多在当时难以想象的服务功能。而在这样的趋势下，能够让手机与人的交互更加快捷，必定会是硬件端重要的发展方向。对于大多数用户来说，不断重复地在有限的操作空间内按键以调用服务实际上是一件非常麻烦的事情。Siri 的创始团队，便期待着能够在通过手指发送指令的模式之上，为用户提供一个新的选择，即基于语音对话的产品服务[②]。2008 年，Siri 公司成立，团队协商出了几个 Siri 的产品核心要素，但实际上最为根本的只有两个，一是瞄准需要多次点击的日常手机操作痛点；二是直接为用户提供解决方案而非链接。以此为产品构建逻辑的 Siri 于 2010 年在苹果上线，一鸣惊人，并获得了乔布斯的关注进而将其收入囊中，成了

---

① 尼古拉·尼葛洛庞帝（美）：《数字化生存》，胡泳、范海燕译，电子工业出版社，2020，第 85 页。

② 以在斯坦福研究院的工作为基础，他们获得了美国国防部高级研究规划局人工智能项目的一个子项目，即 CALO（会学习和组织的认知助理），而这个项目为 Siri 的最终诞生打下了基础。

iPhone4S 起每一款苹果手机的必备语音交互工具①。另一个将语音识别与更大范围的外界环境相融合的领先案例是亚马逊推出的 Echo 智能家庭音箱。用户能够通过与它对话，来管理自己家中的众多入网设备和线上功能，如收听音乐、播放新闻、控制家用电器、检查银行账户等②。拜其所赐，一个人坐在沙发上自言自语终于成了一个"后现代"的时尚行为。

　　语音识别快速发展的背后，渐渐催生了"家庭大娱乐平台"的概念。即身处家中，用户需要一个结合了移动功能以及固定场景的综合平台。它应该能够与移动化产品以及其他入网智能硬件实现联动，同时也能够承载足够多、足够好的娱乐内容，成为家庭设备控制和娱乐活动的枢纽。PC 端在过去的十年中逐渐取代电视，成了这样的一个中心。然而，随着入网设备的增多，以及用户对于高清视频和音频的渴望，普通的电脑已经渐渐无法满足一种全面智能化的家庭娱乐需求了。因为我们对于设备赋能的要求已不仅限于通过它们给我们自己赋能；我们同时期待这些设备能够交叉赋能，构筑一个愈发完整的服务网络。这也是最近几年，电视厂商、大型互联网企业以及华为、小米等智能硬件生产商纷纷布局家庭大娱乐平台的原因之一，它们试图抢占下一

---

① 当前，Siri 不仅可以经由用户的对话来读取以及发送短信、打电话、介绍餐厅、询问天气、设置任务表等，还能够在回答问题的同时对外界环境进行识别，如 Siri 在为用户推荐餐厅的时候会考虑订餐人的地理位置等外部信息。此外，Siri 的智能化程度也在进一步加强，如不断被添加进数据库的各地方言，以及持续升级的对于语言逻辑的解析能力。如当 Siri 从语言中捕捉到"喝多了"、"家"这两个关键词之后，很有可能会询问使用者是否需要叫一辆出租车回家，而与 Siri 通过 API 连接的 Taxi Magic 则能够进一步提供具体的服务。

② 贝索斯当初在内部推动 Echo 项目的时候提出，将行业内语音识别普遍的 2.5 秒反应时间下降到 1 秒，力求实现人机的无缝交互。随后，亚马逊进行了一个"魔法师实验"，让测试者对 Echo 随机提问，而回答却是由后台听到问题的工作人员通过 Echo 的语音系统实时回复，亚马逊记录了所有参与测试者对于回答各类问题的满意程度，进而梳理当用户面对 Echo 的时候，最为期待的回复内容和语音互动方式。

个互联网的风口，成为接下去十年的"个人电脑"或者"智能手机"①。而家庭大娱乐中心的建立，则代表着移动互联的商业模式已经走出了开始的探索期，乃至第二个阶段的扩张期，而进入了一个成熟的、稳定的，且具备向着更多社会场景以及互动结构中渗透的阶段了。它完成了传统家庭生活和娱乐互动与移动互联时代的虚拟场景的逐渐聚合。智能硬件们背后不再是各自独立的虚拟空间，而是经由内容、连接工具、账户系统、支付系统等构建的桥梁而愈发紧密连接的实践空间，良好的对话模式则在此扮演着一个赋能发起者的角色。传统的电视产业被移动互联背后的技术和内容同时进攻，也不得不渐渐承认移动互联逻辑对于家庭生活的全方位占领，伸出合作的橄榄枝。可以想象，随着移动互联支持的远程办公在未来愈发普及，这种聚合便将不仅局限于家庭—娱乐生活，而会从同样深远的层面（如工作组织模式）上影响生产过程，并最终使得移动互联构建的社会交互模式几乎完全覆盖人们最为核心的社会生活实践。

　　整体来看，移动智能设备当前是作为人类与外界环境交互的中介而存在的。其中人机之间，需要的是对话，它的目标，是机器与外部世界之间基于对话的赋能。机器曾经作为禁锢人们生命力的客体存在着，正如马克思抨击的资本主义大生产一样，在机器带来的高效率、齐一化生产新模式下，人们从四面八方向着机器聚拢而来，不仅在工作中成为机械的附庸，同时还围绕机器重新铺展开自己的生活图景。就像《摩登时代》里的卓别林，因为每天的工作就是拧那六角形的螺帽而发了疯，看见生活中所有六角形的东西都想上去拧一拧。而当下，

---

① 华为在 2019 年披露了华为智慧屏，并将其作为承载华为自有"鸿蒙"操作系统的核心落地产品。华为智慧屏试图与手机以及传统电视抢占在家中的娱乐中心的地位，其 55 寸的外观以及更强的通信模块使得智慧屏在很多场景下都有着优于另外两者的表现，如接入高清远程视频、低延时游戏投屏等。同时，华为智慧屏还加载了语音、自然语言处理、人脸、人体、图像、视频、OCR、用户画像分析等八大智能交互系统，共计超过 40 项具体智慧交互功能。

在移动互联勾勒的新画卷中，随着消费的关键角色被不断强调，机械对于生产的掌控渐渐被人淡忘，我们的生活图景仍然依据某些冰冷的规则的建构而展开，但是宣扬着赋能的它们却已经成了多彩主体的一部分。机械无比主动地降低着自身的主体性，翻转过来成了人类自我意识的延伸，成了我们与整个世界沟通的最佳通道。

被吞噬的场景

当人与机器的对话成为新时代的主要特征之一后，这种对话伴随而来的赋能，不断突破个体能力的边界，举着旗子带人们领略更为"强大"的自我。而如今，对于移动互联来说，（相较于传统的互联网模式）这种延展已经不仅仅限于虚拟空间的开拓，而是向前一步，构建起了虚拟空间与现实空间的立体桥梁。移动互联的机器掌握了人们的语言，再不安于在硬盘的缝隙中构筑安身立命之所；新的战场被不断开辟，承载着机器从主体性再度回归真实世界的热望。

这种与周围环境交互的能力虽然并不是移动互联兴起的原始动因，即哪怕现在移动产品根本没办法与外界进行任何的互动，单单依靠其他的推动力，如移动社交、自媒体、短视频、云游戏等，移动互联时代依然会到来。但是，与现实场景的交互却是移动端产品相对于 PC 端不容忽视的核心变革之一。

移动硬件与场景的交互催生了最早的一批 O2O 企业。它们利用着移动互联带来的最初的技术红利，使得用户和机器连接在一起的时候，从最初的远程介入场景，万物虚拟化，演变成了实地介入场景，能力现实化。实际上，线上到线下的商业模式或者运营逻辑并不新鲜 ①，但

---

① 在 O2O 概念出现之前，PC 时代的用户就已经习惯通过搜索引擎寻找本地商家的服务了。例如"上海婚纱摄影""长宁区开锁""陆家嘴鲜花"等，进而再深入到场景之中，完成消费。移动互联的快速发展，则使得信息的流转和实际上的交易，真正形成了一个完整的链条。

是移动互联的技术却使得 O2O 的互动方式愈发便捷，真正意义上实现了网络社会中"属地主义"到"属人主义"的过渡。而在承袭着之前互联网便开始的某些运作方式的同时，O2O 的背后也存在着一个关键的拐点。即它并不仅仅是将线上和线下连接了起来，随着 O2O 的愈发深化，它本质上是让虚拟的东西能够在现实中占据一席之地，它完成了对于"真实"之传统界定和把握的超越，进而成了媒介和符号全面进驻现实结构的一个基础。

具体来看，移动端对现实世界的渗透首先体现在移动终端对外部环境进行抓取上。由于移动端相对于 PC 端来说，更加能够摆脱位置的限制进而沉浸在公共社会环境当中，因此也就具备了提取实时外部环境信息的先决条件。此类对外部环境信息的抓取通常需要移动端的基础硬件支持，如照相功能、录音功能、二维码识别功能等，以完成外部信息向移动端的单向传输。

在这里，二维码功能可以算是这一传输系统构建过程中关键特征的一个集中体现。作为能够承载相对更多信息的图形编码，从本质上看，二维码不仅仅是一个单纯的连接工具，而同时也已经演变成了一种可视化的语言。就如同二进制的计算机语言一样，形成了一个超出人类直观理解和识别能力，但却能够在机器之间建立沟通桥梁的完整系统。换句话说，作为能动的人，我们需要的是扫描二维码之后所转化出的信息，而实际上的"对话"，却是建立在一个被动的、机械化的编码系统和一个被动的、机械化的识别系统之间的。对于超出自己理解能力的编码具体如何排列、如何呈现，其实我们并不关心。二维码设计得再精巧，在用户眼中也不过是仅具备表层意义的代表"通道"而非"内容"的符号而已。如何去针对这种符号进行解码，并且让机器之间的对话能够被转换成为人类之间的信息流转，才是我们对于二维码提出的要求。而二维码作为语言，确实不负我们所望，凭借其开放性和稳定性，以支付行业为爆点，已经渗透到日常生活的各个方面，我们用它乘车、加好友、查看信息，甚至在新冠肺炎疫情期间用它证明我们自身的"安全性"。

与移动端对于外部信息的抓取相对应的，移动端本身也可以通过释放信号来影响外部环境，如利用云端在 APP 上实现对家里空调的不在场控制，或者利用红外信号模拟电视遥控器等。在越来越多的场合中，当人们需要向外部投射信息的时候，我们能够借助移动端的技术力量，辅助自身与场景的互动。

对外部环境的抓取和对外部环境的信号输出，这二者共同构建了移动端与外界互动的基础。然而，在更加复杂的环境中，实际上移动设备与现实世界进行互动的最为核心的价值，却早已超过在单边的信息流向的基础上构建出的"虚拟"对话的意象了，而延伸到了对于社会关系以及权力的部分根本性转变之上。

移动化与外部环境交互的最大价值，也由此而来。

移动化能够与外部环境进行交互的最大价值，体现在用户能够通过移动终端，将普适的公共环境私有化。

我们可以想象一下早期的城市地图，那只是一张勾画着街区和道路的巨大纸张而已，使用者在自己的面前将硕大的地图展开，把地图中的标识和自己脑海中的空间概念相结合，完成对于周围环境的整体认知。即便后来地图被计算机数据化，变得可在设备上呈现，甚至搜索，但是本质并没有完全改变，只是信息呈现的方式不同罢了。

但是，当现在的用户通过移动端使用地图软件的时候，随着那个在地图上定位自己位置的小蓝点的出现，以及随之而来的对于路线的监测，地图与驾驶者的互动等，这个地图对于用户来说，其意义，便不一样了。它就不再是一个为所有人设计的冰冷产品，而是成了一个连接自身私有化属性以及外部世界的纽带。这个简单的小圆点代表了一个意识主体在庞杂的城市中拥有的某种当下，而移动互联在现实场景中的核心价值便在此被逐渐构筑起来。

人类社会的外部环境，往往不会根据特定个体进行安排和设定。在传统的互动方式下，大多以同样的形态呈现在每一个人面前，由不同的人通过不同方式去适应和使用，而不会去刻意跟随个人意志改变。所以对于以前的人来说，甚至那些留声机的出现，都映照着人们将音乐会的"场景"部分地转化成自有之"物"的欣喜①。我们也可以想象一下广场密集症或者是很多白领对于挤地铁的恐慌，与那些狭小的空间和拥挤人群相对应的，还有一种心理上的焦虑。当一个人走在地铁的楼梯上，跟随着前后左右的一大群人缓缓抬脚前行的时候，他便不再是"他"，而是一个巨大场景中的一部分，和其他所有人并无二致的一个小部分。

在场景的笼罩下，人们从主体变为了客体。

然而，移动互联的发展，在一定程度上重塑了这种传统，尽管外部世界仍然是客观的、同质的，但其中的场景不再是一视同仁的他者，而是可以被部分地私有化，部分地被纳入到用户自身的行为体系中的有机客体。当下的移动终端，凭借其智能化的发展和持续性的赋能，在一定程度上延伸了人类的"实体"，充当着一个更加有能力、理性、规则化的代行者的角色，帮助人类提升自身和外界场景互动的能力，也帮助我们以与过去全然不同的视角去看待世界。这使得一种全新的"解读"成为可能，自笛卡尔以来便围绕着人类的主体主义观念在此获得了新的燃料并注定继续远行，它让我们在自己的舞台上舞蹈，在自己的逻辑中自洽。

在这样的逻辑背景下，移动互联的核心价值之一，也就不难被理解为主体的脱域和赋能，代表着外部客体结构控制力的减弱与将流动性进行某种制度化的增强。在这一框架中，公共领域和私人领域进一步交融，自我在面对外在世界的时候不再仅仅是一个由外在影响做决

---

① 本雅明（德）:《单向街》，陶林译，江苏凤凰文艺出版社，2015，第78页。

定的被动实体，而是可以通过移动终端，将一部分外在场景牢牢掌控在自己手中，为共性的世界打下一个属于自己的个性的标签，一个升级版的"到此一游"。

这样的私有化过程必然与个体自我意识的进一步觉醒相挂钩，因为被"占有"的外部场景构成了人们所处的大环境的重要一部分，而大环境赋予的种种先决条件一直是人们对于自我认知的主要来源。弗洛姆曾描述过一种权威式顺从，指身处于社会中的个体早已不再是自己，而完全接受了文化模式赋予自身的一种人格，进而成为和其他人完全一样的个体，或者成为其他人所期待的个体。弗洛姆认为这就像动物的保护色一样，保障个体在大环境中的稳定存续①。然而，随着移动互联对于公共环境私有化的加深，个人与场景以及公共领域的从属关系部分地发生了转变。当私有化被以虚拟的方式呈现出来的时候，人们突然反客为主，不再强调自身针对场景的适应性，而是借助众多如大型平台一样的推手，让场景因为自己而改变。我们肆意欢迎着"本性"的回归，保护色便显得不再重要，因为从某种程度上看，我们已拥有整个森林。

这种特征自 O2O 风潮开始，迅速被众多产品提供方所注意到，在APP 将公共领域私有化的过程中，无论是用户体验的升级，还是可以被采集的数据的拓展，又或者是产品能够传递的信息和互动的增强，都深深吸引着开发者加大对于移动端的投入，试图提前开始对场景收益的榨取。当然，场景私有化一定不是某种静止的状态，而是一个能够被不断深化或者挖掘的过程，每当我们安然认为自己对于场景的介入已经足够深入的时候，便总能在一个新的切口处找到向下一个阶段

---

① 艾里希·弗洛姆（美）:《逃避自由》，刘林海译，上海译文出版社，2015，第 20 页。

前进的小径①；同时，对于不同产品来说，其私有化的程度和需求也不尽相同，这需要结合移动互联产品应用的具体场景来进行规划，牢记每个产品在现实社会中，最终都会有其独特的烙印。

　　对于公共环境的私有化来说，其趋势和已经开始的变革是难以撤销的，正如移动互联本身的趋势一样。这也是为什么在未来的移动互联领域中，增强现实技术（AR）一定会有很好发展前景的原因之一。如果说移动互联是为身处于场景之中的个体赋能的话，AR 则是将这种能力进一步升级，通过对场景中"物"本身的加工，将"物"从单纯实存的"物"转化为信息的物以及符号的物。这样的转化亦是一种对于物背后符号解释的代理，目的是使得作为对象的物能够更好地将自身纳入用户可理解和可控制的范畴中②。当前，AR 已经在多个领域当中展现出其价值，包括购物、医疗、教育、军事、娱乐等③。相信在不

---

① 例如共享单车，当用户通过 APP 和二维码解锁一辆车的时候，就已经完成了对这辆车的暂时使用权转移，即一定意义上的私有化。但是这种私有化并非没有进一步拓展的空间。摩拜单车最初进入市场的时候，虽然已经成了共享领域的先锋企业，但是其推出的主要四种车型中，只有一种是能够让用户轻易调节座椅高度的，就导致了很多身高较高的人使用一辆座位较低的车时不得不以极其不舒服的姿势完成骑行。发现这一点的摩拜，在 2018 年投放重点市场的新车型中，强化了调节高度的功能。不仅加大了调节处的把手使得用户调节车座时需要的力量更小；还在车座支撑杆部位印下了代表不同身高的刻度，用户只要对应自己身高将车座调节到相应刻度，就可以较为舒适的骑行。同时，摩拜在软件内添加了省时币、环保币、健康币等随用户骑行而增长的"经验值"，并且能够在每次骑行之后为用户提供骑行时长、里程、消耗卡路里、减少碳排放等数据报告。以软硬件的个性协同，提升用户对于公共环境私有化的体验。

② 利用增强现实技术，用户能够通过摄影机采集外部信息，并且实时对信息进行识别，添加相应的图像、视频、文字以及其他模拟信息，完成虚拟世界信息和现实世界进行的即时性交互。如用户利用 AR 眼镜，在看到某个商品的时候，屏幕中就可以现实出这个商品的尺寸、名称、介绍甚至购买链接等。使得用户能够在整个网络的智能辅助下获得对外部世界更加完整、清晰的认知。

③ 例如，很多房地产企业都开始和 AR 技术公司合作，设计 AR 看房软件，能够让用户站在毛坯房里，透过自己的 AR 眼镜随意更改家具的选择。用户不用实际布置就能够看到自己最终期望的房间效果，减少购房或租房之后装修设计中的不确定性。

远的未来，街上的行人头上，会戴着一个状如《七龙珠》里面的战斗力探测器的装置（动漫中该装置对着某个人，就能显示其战斗力），也并非不可能。

讨论公共领域的私有化，自然不能忘记其还有一种关键的表现形态。

可以说，人类历来便存在一种妄想，即对于场景的召唤或者完美复制。秦始皇陵墓中陪伴他千年的军队就是一个例子，在那一个个形态各异的士兵背后的，是当时人类社会中权力最大的人经由场景而搭建出的权力梦境，是军队脚下的战场、战场延续出的大地、大地延续出的帝国。

然而对于绝大多数人来说，场景，就像前文说的，并不跟随着我们的意志而动，遥远的不会走近，真实的难以复制。场景这样的特性也反向促使着心怀野心的人类不断将自身对于场景的把握视为某种挑战性的游戏。拱廊街计划中，本雅明在提纲的第二章提及了西方人在19世纪曾经痴迷的一种"全景画"。全景画往往被画在一个巨大的圆形建筑的墙壁中，这种建筑一般来说有十几米的直径，最大的可达四十米。观赏者站在中心，环顾而去，便是另一个人身处壁画所绘制的场景的完整视角[1]。若是山水，便如同立于那一片天青水碧之中；若是战争，便如同万军提枪上马，从自己身边呼啸而过。

这是一个 200 年前的 VR。

而在本雅明描述的那个时代 100 多年之后，1961 年，飞歌公司制造了一个头盔式显示器，名为"头灯"。同年，贝尔直升机公司也给飞行员设计了一种头盔，与移动的照相机关联，营造出实地操作的环境复制。这两者，成了当下 VR，及虚拟现实技术的鼻祖。

正如前文所说的，即便是深入场景中，移动互联仍然能够让我们

---

[1]　本雅明（德）:《巴黎，19 世纪的首都》，刘北成译，商务印书馆，2013，第 8 页。

将公共的场景进行私有化，进而完成前所未有的对于场景的"把控"。而这种私有化，如果将其推到极致，便是现实场景在一个人的眼前"完整呈现"，而非"降维变形"。在这个方向上，虚拟现实技术将会是至关重要的一种应用①。

可以说，网络在尝试构建虚拟空间的同时，也一直在尝试将真实空间搬移到网络当中，而在 VR 之前，这种迁移往往是一种降维的重现，互联网抓取现实空间中最为核心的内容以及最为主要的交互方式，进而通过一定程度上的变形，转移到网络当中。如现实中走出一家商铺的动作转换成了点击关闭一个页面的 X 型符号。诚然，虚拟空间中，很多时候用户获得的信息甚至要比现实场景中更多，并且更加直观，它们不需要用户自己去捕捉和拆解，就像现在淘宝网店很多被刻意包装并突出的产品细节一样。但是，随着虚拟现实技术的不断提升，人们也看到了另一个方向，即从最一开始的以场景为中心的互动，到移动互联领域以人为核心发起的面向场景的交互，到最终"属地主义"的虚拟复归。场景被完完全全地私有化，用户能够打破时间和空间的

① 虚拟现实技术指借助计算机及传感器技术创造的一种新的人机交互方式，机器能够生成一个三维的虚拟环境，并且通过智能硬件与用户交互，让用户沉浸于虚拟环境中的同时，可以通过手势、眨眼等方式与场景互动。其中心概念，即是以虚拟方式重现场景，实现用户对于虚拟场景的完全"私有化"，当然，未来也会有更多的 VR 产品采用联机方式展现，实现在共同虚拟场景中的人机互动。当前，VR 的应用也正是建立在对各类场景的模拟之上，较为常见的如 VR 游戏、VR 旅游、VR 购物等，而更多其他的应用则包括考古文物的远程修复预判、虚拟手术模拟、虚拟设计、军事演习模拟、虚拟教育展示等。当然，并不是说移动互联了之后地域性的价值就不再存在，这种"属地主义"的复归始终是虚拟的。从根本上看，属地主义的价值与满足需求的形式密不可分，直接与空间绑定的服务必然无法全然实现属人主义的转型，正如上海的外卖难以送给杭州一样。移动互联产品可以没有边际，但是市场永远有。所以，属地主义的所谓复归，首先是要承认即便是在移动互联场景下，实体空间的控制以及物的转移和役使仍然是社会活动的核心主题，并不能够因为移动化所带来的围绕着人本身的赋能而降低对于传统空间与存在关系的重视。

"一切"限制，使得"地"与"人"真正融为一体①。我们有理由预见到，未来的移动互联场域中，将会有一个庞大的新分支，它们能够几乎百分百地摆脱现实场景的控制，让人们以前所未有的自我主体性去体验整个外部世界，进而与同类实现完整的虚拟交流，公共领域的私有化将在这里达到一个阶段性的巅峰。如今的人们，采用30多年前的说法，将之称为"元宇宙"。这个新的宇宙，现在还仅仅是一粒种子，但这不妨碍人们满怀期待，盼望将来它能够吸取足够多的养分，成长分化为一个个令人神往的世界。

中介的幻象

于是，在属地主义到属人主义转型一节末尾提到的小循环之外，通过进一步的梳理，一个更大的循环便也渐渐浮现出来：移动互联发起的时空解耦，使得一个围绕个体的时代悄然成型，或者说，我们重构了以人为互动核心的社会实践过程；一切的需求和回应以前所未有的方式被集中到个体手中。而以此为出发点，我们需要能够和机器保持一个高效的对话方式，作为机器给我们赋能，延展人类能力覆盖面的基础，因为我们对于经由移动互联技术去满足的需求总是那么的垂

① 在这一过程中，一个里程碑式的事件将会是以5G以及千兆宽带为核心的通信技术带来的云VR应用。当前的VR系统，因为VR内容的特殊性（通常需要80Mbps以上的传输速度才能够带来基础体验，而游戏类VR的理想体验需要超过540Mbps），使得当下的大多数VR产品均以本地化内容为主。进而使得VR尽管能够召唤一个更加真实的场景，但实际上这个场景是缺乏"互联"的，并没有办法帮助使用者将自身投入完整的网络当中。而随着通信技术的快速发展，尤其是5G的落地，云VR终于成为可能，也就意味着人类当下能够获取的最为真实的虚拟场景，能够通过云平台，实现入网以及大规模的交互。从最初的云VR影院、云VR直播、云VR游戏，到下一阶段技术与传统场景以及垂直行业的深度打通，实现云VR教育、云VR健身、云VR社交、云VR K歌等领域的拓展（根据华为全球产业愿景报告GIV估计，到2025年，全球将会有4.4亿云VR用户，产值将达到3000亿美元）。

涎欲滴。而借助机器的赋能，人类提升了眼界、延长了四肢、加速了交往甚至扩展了欲望。人类作为空间中的存在者，不仅如前文所说的在一定程度上摆脱了空间限制，有时竟还反向控制了空间。这种倒置的控制往往集中体现在我们能够通过移动互联，将公共领域进行某种私有化转型，使得现实空间本身亦呈现出了与以往不同的景象。随即，人们回到了一个更深层次的"以人为中心"，达到了属人主义和属地主义的统一，它们被共同划归到当下的主体权力之内，完成赋能层面的大循环。

其实，如果对于移动互联的描述到这里停止，那么便不存在所谓"中介"了，因为我们能够轻而易举地将移动互联的新的规定性，识别为移动互联经济基础给我们提供的全方位的"赋能"，即个人"能力"的空前延展。

然而，正如这一节开头所提示的，这种表面看上去的赋能，却可能仅仅是一个我们必须超越的过渡品，只有透过赋能看到其背后的东西，我们才能够对移动互联的上层建筑有一个真正的认知。要知道，人们在对一个庞杂的对象进行审视的时候，往往喜欢"找特征"，就像前文的论述中所做的那样。但从直白的现象归纳中，即便得出了某些特征，不消说也只能是表层的，如果停留在此，便是在用一个"一言以蔽之"的说辞来掩饰思想过程的贫乏。我们固然希望从经济基础走向上层建筑，但如果只将论述安放在二者之间的形式桥梁上，那便必然会形成某种粗糙的还原论。但是现在来看，问题的复杂性已经不允许观察者给出简单的还原了，因为我们急需向下继续前行的向导。一定程度上的还原有助于梳理，但是过强的还原则会回到独断论而忘记真正待解决的问题。我们必须超越作为过渡品的中介特征，甚至超越纯粹特征本身。而这种超越的尝试，将是接下来整本书所要执行的方案。

但在进一步考察之前，我们首先需要做的，是回过头看一下，前文所描述的赋能本身，是否包含着别的含义。

移动互联的生态中，我们当然被赋能了。当前一切的智能化设计，都是为了让人们更加习惯从自我的角度出发，将对话与能力向外延伸。而当这种对话与延伸的过程愈发成熟，被渐渐稳固下来成为我们经验世界的核心方式之一的时候，赋能就逐渐变成了一种"本能"，一种我们认为理所应当的自然反应。我们当然会对这样的对话以及赋能产生依赖性，因为随之而来的一整套工业设计早就让我们适应了移动互联所带来的种种便捷并不愿回到过去。原本社会互动中的很多元素无限被简化，留给我们的大多是已经存在的空白和选项（像上文提到的IOS 系统指南一样）供我们去下达命令。人们无法否认的是，这种赋能本身极大地拓展了人类对于外部环境控制的边界，也形成了一种经由移动互联设备与世界进行交互的完整路径；然而，这种路径的存在自身，却有可能暗含着某种潜在的引导，因为我们并不能决定这种路径的源头和方向，只能在一条条路径上跳跃选择。于是，在赋能背后可能同时存在的，是一种原始能力的潜在消磨。想象力被圈定在既定的设计框架中，而另一些诸如对于深度内容的理解能力等也在极端提升的便捷性中被削弱。

再回想一下前文提到的二维码，它不仅仅作为一种机械"语言"而存在着。实际上，当下快速普及的二维码早已经成了移动互联深化进程中产生的一个更为深远的社会变革的重要代表。这个变革的标志之一就是某种"解释"能力的转移。换句话说，在我们将交互过程赋予了移动端和二维码这样的语言的时候，我们必须在同一时刻赋予这些运作逻辑超出个体理解范畴之物以某种相对无条件的信任，而这种信任，是移动互联中众多新技术的社会性内核之一。

我们信任二维码吗？大多数情形下，人们在使用二维码时，实际上根本不涉及信任与否的问题，而这自然恰恰是二维码对我们成功驯服，强制人们信任的最佳证明。从一开始出现时的备受质疑到现在的广泛应用，二维码的技术本身其实并没有多少决定性的进步。我们当然可以说这种信任必然存在着一个逐渐深化的过渡的过程，但是如果我们不承认这种信任，拒绝执行这种过渡的话，是否有其他的选择呢？至少从目前的演进趋势来看，所剩的余地不多。因为在其背后支撑它的，是移动互联不断升级的链接范式本身。这种改变招呼着我们踏上移动互联飞驰的列车，沿途的风景倏然而逝，而我们正在把对于风景和前进路线的描绘与控制权交付给诸如二维码这样超出人类掌握能力的语言系统乃至规则系统。我们将其视为单纯的解释工具并相信它们的中立性和正确性，享受这种赋能工具为人们提供的一切便利。

问题是显而易见的，这种"赋能"从不仅仅止于二维码，甚至不止于交互工具。在移动互联时代，随着我们与外界环境互动的愈发频繁和技术以及组织模式的快速发展，在越来越多的情况下，我们发现自己已经不得不依靠这样或那样的工具，才能够实现与其他对象的有效交互。因为当下的我们所经验到的，并不仅仅是自身能力的延展，还有我们对于那日趋复杂的整个移动互联时代的"不了解"，这两者互为因果。即正是出于我们对周围环境解释能力的局限性，我们渴望工具的赋能，而工具的不断赋能，让我们欣然让渡更多的，对于当下时代所发生的一切的解释权和行动权。在移动互联的轨道上，我们走下一辆车便要再登上一辆车，双脚再难触碰到土地了。

于是，当思维进入到这个阶段，我们就能够逐渐发现，通往上层建筑的中介中，被我们抽象出来的新的时代特征，即全面的"赋能"，实际上被描述为某种全面的"代理"，才更为恰当。

当我们在承认赋能的时候，我们所关注的重点，不可避免地将更多地投注在个体能力借助移动互联系统所获得的延展之上；而当我们将这种赋能理解为代理的时候，才更加能够觉察到，在能力扩展的同时，我们对于某种解释力的满不在乎和随意让渡。当我们从赋能的角度去看那飞驰的列车时，我们注意到的是从未有过的快速前进；而当我们从代理的角度来看它时，方能注意到这同时也是一个封闭的，隔绝着时间和空间的框架，我们甚至无法享受到疾驰所带来的阵阵清风。

　　赋能仅仅是时代的一个面向，并且是那个高喊着、跳跃着不断吸引着最多注意力的面向，它拼命表现着自己，试图让人忘记更进一步探索的必要。但我们必须要转换视角，必须要超越赋能。因为只有从"代理"的角度重新思考这种时代特征，我们才有机会，去构建一个通往最终上层建筑的完整桥梁，而不至于在"赋能"构建的中介幻象中沾沾自喜。

第四节 / 生于忧患，死于安乐

如果现在的读者认真回头看早期的后现代主义评论作品，可能会觉得很失望。

弗雷德里克·詹明信曾经惊叹于斐波那契饭店的"后现代设计"，四通八达的内部廊道，随处可见的抽象工艺品，被放置在楼内的绿植设计，让人难以琢磨的房间位置等，在他的面前，是一个碎片化的、流动的、难以通过传统理性审美去解析的巨型当代"艺术"[①]。人们存在于其中的目的仿佛就是为了迷失，欣赏它的唯一方式也就是沉浸在其营造的魔幻色彩十足的幻象空间当中。

然而，这种对于所谓后现代元素的捕捉和评论，相对于当今社会中，哪怕最普通的人所经历的最普通的事来说，都显得不那么让人惊叹了。我们谓之理性、谓之结构、谓之逻辑者，在移动互联孕育的庞大碎片化进程当中，早已经历了远超斐波那契饭店的重构，不再能够被我们以原本的视角轻易体验。而也正是在这种新视角中，我们才迫切需要某种"代理"，这代理就像康德所说的知性的范畴一样，为我们把外部世界那无数纷乱的、碎片的"杂多表象"梳理成一个能够被统觉的整体，使其不致成为某种超验的存在。

本章接下来的内容，便是进一步尝试从"代理"的视角出发，探寻移动互联的世界如何由无限的、充满不确定性的片段所构成，而这种对于处理片段能力的代理，又会产生何种具体的后果；也探索那无比丰裕的移动互联特有内容，是如何占据了我们的时空，并改造着我们对于周围一切的看法的。最终，在代理的作用下，我们会初步体会到移动互联的某些上层建筑和规定性原则的运作方式，并看到它们如

---

① 巴特勒（英）:《解读后现代主义》，朱刚、秦海花译，外语教学与研究出版社，2010，第 146 页。

何在那些变化和后果中，渐渐凝聚出自身的原始样貌，进而牵引出更为漫长的叙事链条。

碎片的，现代的和后现代的

一个可能有些令人惊讶的事实是，在众多传统行业中，看似并不那么灵活的券商平台，却成了移动化较早的机构。甚至早在当下的智能手机大生态逐渐成型之前，券商就在利用 2G、移动网页，甚至手机短信、电话等，来实现一种原始的移动化了。

它们转型的动力，实际上来自券商平台特有的"碎片化"，即券商的核心功能之一——股票交易，是具有固定时间的。交易行为被从整个时间线中切割出来，成了工作日上午 9 点半到 11 点半，以及下午 1 点到 3 点的两个片段。进而，对于大多数期待交易的人来说，有一个灵活的工具，让他们在这一时段即便正在室外，或者电脑被占据的时候也能够快速进行交易，便成了某种刚性需求。此外，对于许多用户来说，即便充分地明白股票波动是一种必然，并且自己也没有短期换手的打算，可在想起来的时候，能够快速登录自己的账户看一下今天的涨势或者跌幅，并计算一下自己的收益与损失总是让人心痒的冲动。于是，一个看似毫无移动时代特有的娱乐性，并且已经有几百年历史的行业，被这样的碎片化需求推动，反而走在了移动化的前列。

这种"碎片化"的状态，实际上并非券商平台所独有，它自然在券商这里作为某种根本性的特征存在着，但实际上所有移动互联的参与方，都或多或少地体验着多重的碎片化。

碎片化从产品初次登场，呈现在用户面前时，就已经被很好地体现出来。移动互联背景下，产品自身的展示空间首先被"打碎"，它们不再过分依赖于一个单一的用户触达路径（如从官方网站上下载）。微信推送、场景中的二维码扫描、应用商城、门户网站、购机预装等皆是产品触达用户的重要方式。产品费尽心机，试图让自身从任何一个可以被渗透的角度跃进用户的视野，随手可得。所谓的饥饿营销在绝大多数的移动互联产品中都是不存在的，"抬头不见低头见"才是产品期望达到的市场渗透效果。抛开了那欲拒还迎的心理学技巧，移动互联的产品永远都在祈求着一个"正面战场"。

　　碎片化还体现在产品自身的快速迭代中，即功能的不断拓展和升级。一方面，在移动互联产品的竞争中，掌握投放市场的先机变得前所未有的重要，因为从未有市场能够如移动互联一般实现对于群体的快速聚集，故而先行者们往往会因为移动互联所带有的社会网络性质而占据难以想象的优势，甚至形成竞争性的壁垒并创造某种行业规则。这种对于速度的渴望就使得产品在投入市场的时候，时常无法尽善尽美，毕竟在这里，磨刀"会"误砍柴工。另一方面，正如前文提到的移动互联时代的有机性，低成本的相互连接使得功能的不断叠加和生态圈的持续扩展成为可能，进而给产品的反复升级提供了数不清的基础模块。在这样的过程中，不仅仅产品的发展过程是碎片的，产品最终呈现出来的整体性，也在一定程度上能够被碎片的功能所拆解。

　　在这种各个角度延伸出去的碎片化背景下，移动互联产品的呈现方式必然越来越缺乏一种整体的、宏观的叙述逻辑。一个庞大的平台置于人们面前时，实际上往往带有一种纷乱、迷惑的景象。而这种景象渐渐便使得用户愈发将关注的重点放置在某些"元功能"上，记住的也可能只是一些"元意义"，如若不然，就会陷入碎片的包围中，迅速迷失。产品更是已经习惯，在自身所有业务条线中，用户有意识地忽略产品提供的某些互动方式和消费场景，而借助着添加新功能的愈发便捷，产品的不断扩张更使得这种有限的、被解构的服务成为一种行业的常态，进而陷入自身定位越发碎片化的风险当中。久而久之，连移动互联产品自己，都忘记自身的整体性了。

　　跟随着这种运作逻辑，整体来看，一个非常容易被识别出来的，新时代赋予人类社会的某种特征，恰恰是"没有特征的"，甚至是有点"乱七八糟的"。我们习惯性地称自己正在经历一个愈发碎片化的世界，并且用碎片化的视角查验自己的需求，也查验其他一切。移动互联的广泛应用使得这种碎片愈发地明显，因为它的重要衍生特征之一，就是在使得整体社会过程不断碎片化的同时，用同样碎片化的内容将其填充。人们默许了一个叫作"碎片时间"的概念，同时发起了需要让自己的碎片时间能够被充分利用的诉求，而对于"填充物"本身，并没有某种固定的指涉。上厕所的时间、等电梯的时间、坐公交车的时间、睡觉前的时间等，我们仅仅是想保持一种娱乐的行动的状态，不再允许自己的人生中存在一时一刻的空白和等待①。

　　所以，在对碎片化进行讨论时，我们需要看到，在很多时候，我们早已坦然地接受了当下移动互联带给我们的一切碎片，甚至将其视为我们这时代的核心特征之一。我们对于碎片见怪不怪，而对于碎片的理解和吸取也越来越快。人们对于复杂的东西愈发不耐，因为它阻止了我们大脑面向对象时快速地进入和快速地脱出。短视频领域构建的"黄金6秒"的规则（即只有6秒钟的时间抓住用户的注意力）所诱发的一些庸俗内容简直令人尴尬作呕，但这却不得不说是某种"时代精神"最好的写照。另有一些则充分展现了当下社会的急功近利，"三分钟读懂资本论"的文章和视频层出不穷，跟风者大呼过瘾，能者则一笑置之，暗想：你倒是读一个我看看。

　　然而，碎片化的特征固然存在，且已经对人们融入移动互联世界

---

① 这也是为什么一直到5G已经发展得较为成熟的时候，"云游戏"的概念才能够真正落地的原因之一。尽管"云软件"的概念在几年前就已经被提出，但是其推广实际上有着很大的环境壁垒，即网速以及硬件处理速度的限制。即便将云的概念发展得非常好的微信小程序，其承载的云内容大多也是较为简单的功能性产品（如点菜、词典、拍照识图等功能），因为在当下的4G网络中，只有这些简单产品能够被快速加载，满足即时性的碎片需求。而最早布局云游戏的企业Onlive，只能苦苦挣扎，而待到大环境真的允许自身的业务模式之时，却又发现谷歌的云游戏平台Stadia、微软的Xcloud计划已经夹带着其多年的资源，跨界而来，收割果实。

产生了实实在在并且深远的影响，但这并不意味着移动互联场域中的参与方需要时刻将碎片化作为自己行动的准绳，去拆解需求、构建产品。换句话说，对于碎片化的利用是有效的，但是盲目将当下所谓的"碎片化"作为某种移动互联独自享有的全新特征去追求，且割裂其与过往的连接的态度，则可能反而让产品的制造者和使用者在"碎片"中迷失自己，仅仅以"碎片化"三个字作为描述当下市场的特征，进而打出"以小白的思维方式进行思考"便不再对自己经手的一切予以深究。进而，碎片化成了移动互联产品任意堆砌功能、盲目勾画社群、疯狂投放内容的借口；更有甚者，成了产品标榜自己的工具和排斥逻辑性与连贯性的托词。

于是，回过头重新审视移动互联的碎片化特征的时候，我们就能清楚地看到移动互联产品和内容所扮演的角色了。它们一方面是碎片的制造者，正是那些愈发多样化的移动互联产品，通过各种方式对原本完整的叙事结构和呈现模式进行了拆解；而另一方面，它们却又是碎片的整合者，即通过这些产品的运作和整合，通过它们为人们提供的"经验的范畴"和赋能，才使得我们面对碎片的时候不那么手忙脚乱。然而本质上，它们其实是碎片的掩盖者，因为移动互联产品通过对于碎片化世界经验的代理，维护了一个必须经过它们才能够触达世界的完整结构。这个结构可能仍旧是碎片的，是不具备顶层设计的混乱博弈的结果，但它是有效的，能够让我们身处于碎片之中，还从容不迫地在每一个片段中经历出某种井井有条。

正是基于这样的背景，我们才能够从现象中抽离出一些决定性特征，来完整地回答一个问题，即碎片化和"代理"（而非"赋能"）的真实关系，究竟是怎样的？

归根结底，碎片化其实是一个非常虚幻的概念。面对移动互联的时候，我们会潜意识地将其与传统 PC 网络进行对比，并用碎片化来表示那种突如其来的，在我们身边炸裂的信息和技术、需求和产品、时间和空间。相较于传统网络来说，这种随时、随地、随机的特征代表了一种更加难以捉摸的社会以及个人的存在形态。"碎片化"一词，正是这种形态的最好注脚。

尽管当年的另一群人，其实采用了同一个词汇，去描述了 PC 网络。

网络社会的兴起实际上是承接着，或者说映照着后现代主义思潮中对于颠覆传统并且撕裂一切的热望的。在那些网络初代居民以及自称为后现代者的眼中，现代性的街道、高楼、秩序，都不足以表达他们所处环境的整体"流变性"。只有碎片，只有那将万物打碎并且重新拼凑的过程，才能带着对原本完整的世界的嘲弄，和波普艺术、蒙太奇等一起，描绘出一个新时代的美丽马赛克。碎片化，正是这个马赛克最佳的垒砌方式。

尽管当年的另一群人，其实采用了同一个词汇，去描述了现代性。

马歇尔·伯曼借用了马克思的一句话来描述自身的现代性体验并为之著书立说："一切坚固的东西都烟消云散了"①。这句话浪漫得简直像言情小说里面的心灵鸡汤，然而这种"文艺范"背后透出的，却是面对着工业革命后仿佛一夜之间涌现的工厂和组织时，每一个身处其中的人所面临的巨大不确定性，进步的机器的轰鸣声背后，依然是一个熟知的世界被打破，依然是一个碎片到令人茫然失措的新世界。

那么碎片化究竟是什么？马克思、波德莱尔、伯曼、利奥塔尔，以及今天移动互联玩家们口中的碎片化，有什么不同？

其实没什么不同。

维多利亚时期的英国铁路系统中，由于车厢内是没有厕所和餐厅的，所以火车会每隔一段时间停靠一个休息站，休息站中有卫生间以

---

① 马歇尔·伯曼（美）：《一切坚固的东西都烟消云散了——现代性体验》，周宪、许钧主编，徐大建、张辑译，商务印书馆，2013，第 382 页。

及一个小餐厅。当然，铁路公司并不会允许人们在休息站中逗留很久，事实上，大多数站点停留的时间只有 10 分钟到 15 分钟而已。在这么短的时间内吃饭，对那些坐火车的上流阶级来说，是难以想象的。没有银制餐具、没有来自法国的红酒、没有为自己服务的侍者，甚至没有一份像样的菜单。大家匆匆忙忙，如同在工厂里中午抢饭吃的工人一样，冲下火车，抓着食物往自己嘴里塞，同时耳朵还要警惕地听着外面的人喊着自己的车要继续开了。想必一定会有人因此宁可挨饿也拒绝下车进餐。而为了帮助人们适应一个更加快节奏的旅行，火车公司甚至专门发行了一个介绍如何乘车的小册子，其中有一段就写到，进入餐厅中之后，请不要与店员寒暄，也不要使用量词，请以最简短的方式表达自己想要什么，然后结账，吃饭。

这整个一套流程，对于当时的人来说应该能算得上是工业革命后带来的整体碎片化的典型的具象体现。在进步中隐含着某种"倒退"，熟悉的社会守则被抛弃，快速并且愈发情感中立的互动行为被建立，哄哄闹闹中，仿佛连尊严都被这种组织性的秩序以及节奏一并打碎了，不知被抛向何方。

任何一个时代，都会有新的碎片产生，而这些所谓的碎片，又会进一步推动时代在每一个人的脑海中投射出更加明晰的碎片化过程，这与前文所说的整体趋势中的反身性是一样的。"碎片化"实际上是人们对于那些无法理解的新事物入侵自身生存环境之过程的描述。或者更进一步说，碎片化是对这种社会过程之结果的描述。那些碎片化背后所代表的历史过程，与人类文明发展是高度同步的。

可实际上，无论是对当年那些蔑视下车吃饭的"上流人士"也好，或是今天被嘈杂的信息推动着的我们也好，碎片都仅仅是一种主观上的体验，而不是一种纯粹的状态。

换句话说，一切的碎片，都有其内部的逻辑和系统，与过去和现实相连，绝非凭空出现，也绝非凭空碎裂。正如随着 5G 的大规模应用，企业对用户数据的即时分析和处理成了现实。通过 5G 的快速传输系统以及更加强大的云计算系统，原本可能花费 10 分钟来进行的用户即时分析，现在只需要几秒钟就可以为用户推荐其感兴趣的相关产品。在用户从一个界面跳转到另外一个界面的短暂时间里，一个根据该用户最新数据信息而量身定做的内容，就已经制作完成并且投放到用户的移动端了。在这样的过程中，用户会惊叹于这种新服务带来的体验，并可能再次强化其对于这碎片化世界的认知。然而，对于企业来说，这种碎片实际上却是在一整套极为精密、极为成体系的框架下被生成的，并不存在任何迷幻的光晕，使得其严密的逻辑性转化成为某种神话。

　　归根结底，碎片的具象其实往往集中于"新"或者"快"，而"碎片化的"则是每一个个体对于这种新兴入侵的内在感知①。如今我们之所以不会再宣称工业革命有多么的碎片，是因为工业革命的一切逻辑和一切成果早已经被我们所熟知，成了我们所扎根的环境的一部分，而不再是某种摧枯拉朽的进犯，或创生与毁灭同在的革命。但是当时身处于工业革命大潮中的人们，当他们在看待这些全新的事物的时候，就难免会采取全然不同的视角了，略带兴奋、略带警惕、往来徘徊、欲言又止。正如移动互联产品的使用方式本身使得人们的时间进一步碎片化一样，对于几十年前那些刚刚参加完后现代艺术展览的，以及刚刚完成首次拨号上网的人们来说，这种切割同样存在。外界仍然是完整的，但体验却被重塑，那些拔地而起的楼宇和工厂、24 小时运转的机器、庞大互联网平台产品和服务的背后是自洽的体系，而碎片

---

① 我们可以参考一下海德格尔描述的"上手状态"，他试图通过这样的概念描述一个人与世界协同的关系。任何我们习以为常的事物成为行动对象的时候，这个对象实际上都"隐而不显"，就像写字的我们不会时刻注意到笔的存在，打网球时挥动的手也不会一直关注球拍的状态一样，只有笔没墨水了，只有我们初学网球不知道如何摆弄球拍的时候，它们才跳到我们的面前，呼唤我们的关注。这和当下许多人面对移动互联的经历是一样的。那些不断涌现的新事物阻隔了我们的"上手状态"，让我们对自己手里的一切蓦然感觉陌生。参考：海德格尔（德）:《存在与时间》，陈嘉映、王庆节译，商务印书馆，2020，第 147 页。

化的是我们自己。是我们的时间、我们的需求、我们的消费行为和我们对于新事物的理解与感知，与那些自在并自洽的存在方式形成了脱节，而使得我们如果不依靠外部性的代理，便只能在这所谓碎片化的时代背景中迷失，因为在移动互联的推动下，碎片化的加速度本身都在加速。

新的事物越来越多，它们愈发随机地跃到我们眼前，那碎片都有自己的逻辑，只不过人们对其中的前因后果不甚明了，于是人们被那些实际上清晰的脉络（由于它们的众多）割裂开来，成为碎片。

而仔细想来，从严格意义上讲，其实我们从未完整过。

脱离出的符号

所谓从未完整，指的是人们一直处在一个历史辩证的过程中发现自身并经验世界。不断有新的"碎片"闪现，也不断有老的"碎片"消失，而我们就永远处在通过理性将碎片安置于自身主体意识的过程里。

但在这样的历史模式下，移动互联依旧为我们提供了许多与以往不同的改变，从很大程度上加剧了碎片化的体验和对于代理的需求。

改变的起点，是移动互联时代特有的"极盛"。

相对于本雅明在《机械复制时代的艺术作品》中所描述的艺术品（物质）的可复制性[①]，当前"物"的无限性，走得更远。虚拟消费品（如视频、音频、电子图书等）进行的近乎零成本的无限复制和不会经历损耗和衰减的无限使用，使得此类消费品被人们获取的时候，如果

---

① 本雅明当时便惊叹于传统艺术品在机械时代能够以一种近乎疯狂的模式被大肆复制，而一定程度上失去了其原本的部分历史意义。参考本雅明（德）：机械复制时代的艺术作品（第二稿）中译，https://www.douban.com/ note/655569324/。

不借助于知识产权保护法这样的外部干涉，消费社会的某些根本供求关系和逻辑可能从本质上被挑战①（即便有此保护，虚拟商品中的免费服务 + 有偿增值仍然是很多商品提供方的定价首选），同时也给了新时代的垄断以社会—经济基础。在这里，物被等同于符号，物的不可再生向着符号的无限再生不断靠拢。如果说当年机械复制使得艺术的光晕退散、其权力垄断被挑战，那么当前虚拟商品的特征可能也在挑战着人们对于物的看法和物施加在人身上的影响。当人们愈发难以辨析，欣赏一个精美古董花瓶给自己带来的快感，与观看一部免费的美剧有着哪些维度的不同的时候，这种超越生产规律的复制，以及复制权的部分转移（用户在很多情况下也有能力进行虚拟产品的复制）就会开始撬动"极盛"之下资本以及权力结构的框架。

同时，物本身的升级也迫使着移动互联的"极盛"进一步扩展。一方面，丰盛的物愈发脱离人生存的根本需求，而成了一种需要我们努力理解甚至学习的东西。一切被生产出来的物本身就成了需求，它们还"千方百计"通过对于符号内容的运用尝试说服人们接受这种需求。与朱熹和王阳明不同的是，人们不再尝试"格"物，即真正认清物的本质，而仅需要明白物的表象即物能够通过何种方式为我所用，仅需要明白物背后代表的符号意涵能够传递何种信息，就可以充分享有这种时代馈赠了。另一方面，实存之物的丰盛甚至过剩使得资源再生产的核心地位受到一定的动摇；反而，对于过剩资源的合理调配和应用成了另一个重要需求。而在这个过程中，移动互联所能够提供的连接关系则为分配领域的不断拓展打下了基础，而这种基础的中心，又是移动互联所具有的虚拟之物的生成与流转的能力。

不仅如此，新生的物也在与传统的物相交叉，促成了对于物的符

---

① "知识的价格如果任由市场机制摆布，就会很快崩溃，因为要免费复制知识实在是太容易了。但政府不会允许这样的崩溃发生。政府的主要经济职能之一，就是保护知识的价值。"引自：富兰克林·福尔（美）:《没有思想的世界：科技巨头对独立思考的威胁》，舍其译，中信出版集团，2019，第 71 页。

号价值的增值。移动互联所能承载的信息能够很好地通过其与现实的交互和原本静态的、被动的物结合。当人们在扫描一罐茶上的二维码并可以看到这罐茶的历史、种在何处，谁人采摘、晾晒、发酵的时候，人与物的关系就通过符号和内容被拉近了，近如前现代匠人与其亲手打造的物一样，甚至更加夸张。因为这种距离的缩减并不发生在一个真正凝聚着汗水，具备自身独一无二的历史与劳动的物之上的，而是发生在标准化的生产线中，被一群不特定的人为另一群不特定的人所塑造的物之上。但是这种非特定性因为符号的丰富加持和符号所持有的某种"确定性假象"而变得感性起来，让物成了亲近的、明确的存在，进而在感知上容易被理解和接受。

　　所有的这些都指向一点，即在移动互联社会当中，物的丰盛在越来越大的程度上，被符号的丰盛所加持甚至替代。符号作为一种能够独立承载价值的主体，不仅能够支撑物的价值，还能够在很多情况下，脱离物的禁锢，离开传统场景的限制，自由流动在移动互联的消费社会当中，成为新的纽带和新的资本（亦是新的物）。"一切事物都在脱离自身物质性这一狂热欲念的驱使下，追求自身的抽象化"。进而，这些符号本身便成了现实，或者说"吞噬"了现实[①]。再然后，符号超越了真实，对于真实的改造和模仿已经不需要真实本身作为背景才能够进行；符号以自我指涉的方式进行再生产，成为某种"超真实"。

　　我们可以想象一下 AR 未来可能带来的符号化拓展。当我们看到面前的一件衣服时，我们也许能够相信 AR 眼镜为我们提供的衣服的长度、面料、价格、设计师等信息都是"真实"的，它们也的确依靠这件衣服本身的存续而具有了相应的意义。然而，如果 AR 进一步为我们呈现了这件衣服被模特穿在身上的样子呢？抑或是模拟我们自己

① 　鲍德里亚（法）：《为何一切尚未消失？》，张晓明、薛法蓝译，南京大学出版社，2017，第 29 页。

将这衣服穿在身上的样子呢？甚至更夸张一点，它将这种形象置于某种场景中，如"你"穿着这件衣服参加一个隆重的晚宴的样子呢？此时它便已经在某种程度上成了超真实。因为对于衣服的感知和体验已经不限于给商品加上单纯的数据了，而是通过拟象的符号和内容为"真实"本身提供了一个完整的呈现空间和生存场景。它成了一个未来的期许，这种期许和我们对于未来的任何憧憬都有着等同的真实性。符号的丰裕实际上就代表着意义的丰裕，然而这种扩展并不总意味着什么好事，它完全可能成为一种僭越，代表着一片空想的国土，对原本真实的大地进行多样化的覆盖。

在符号的丰裕中，我们回到了一个类似诗歌的年代，信息的力量体现在符号和意象的快速组合当中。但与之不同的是我们的符号意象是如此之多，而同时每个人对其理解又如此一致。

在对于诗歌的意象拆分中，无论东方还是西方的文本里，我们都能够看到大量符号的堆砌。因为诗歌，尤其是非叙事诗歌本身体裁的限定，使得人们需要用有限的篇幅表达出最为合适的含义。因此，通过共享符号的理解快速将接受者引入一个可以引起共鸣的情景框架至关重要。这便是为何"枯藤老树昏鸦，小桥流水人家"能够历经千百年仍然朗朗上口，并且能够让人们基于对于物之符号的理解产生对于情的感知。这种意象的表达在诗歌中处在核心的位置上，而其背后是对符号意涵的共同承认，乃至如果换一种语言，其韵味就会大打折扣。

到了工业化的现代，电影产业登上舞台之后，实际上也是采用了类似诗歌的片段化叙事方式，短小精悍，依靠着观众对于图像符号的了解表达含义，就像在卓别林的观念中，好的电影甚至是不需要语言的，图像符号就足够传递出有深度意涵的信息了。即便随着电影的发展，完整的叙事越发被强调，我们也能够在很多地方察觉到一些形而上的表达，例如电影期待展示的救赎、爱情、命运、勇气、历史感等。这些母题本身成了供人们统一去理解的符号，而呈现的过程却是每一个电影自己塑造的完整故事。

在网络时代，内容从"传达"更多地转为了"沟通"，除了电影、电视剧、书籍等之外，大量的移动互联内容都是更加离散的，是以互动为目的，不是为了纯粹的讲述而被塑造的。在这种沟通过程中，对于符号的共情和统一的解释便更为重要。当内容缺乏一种"宏大叙事"的特征，受众也缺乏系统性理解的耐心的时候，"诗歌"一样的符号堆砌就以另外一种形式回归了。每个人都迅速学会这新的技能，即通过对于符号的快速拆解来理解网络中流变的信息背后的含义和真相。这种快速拆解就如同我们面对诗歌时做的一样，只不过当年是强调某种瞬间共情，如读到"悠然见南山"时的神往；而今则是强调瞬间理解，如在很短的时间内识别出搞笑段子中的笑点并且哈哈大笑，甚至迟了半拍都会被讥讽不具备与他人等同的对于"时代精神"的把握能力。而当我们对于世界的体验尽数通过虚拟呈现的符号来完成的时候，符号的重要性，也就不言而喻了。人们通过媒介和符号感知世界的过程成了根本性守则，而真实的世界在一定程度上被屏蔽。

当然，并不是到了今天，移动互联中的段落、图片、影像才开始经由符号完成对于真实的遮蔽的，实际上事物早在转化成为这些景象之前，就已经被符号所左右了。符号不仅是我们作为智慧生物理解这个世界的必要手段，还是我们与其他智慧生物打交道，甚至自身进行思考的媒介和边界所在。当前发生的这种更替，本质上是新一代的符号系统对于老一代符号系统的进攻或升级，以及走向丰裕的无限扩张。因此，符号在此处将会为后续的讨论埋下伏笔，未来，它会从更深一层的维度，展现其全部的力量。

被排泄的场景

在我们对于碎片化的感知因为符号的增加而增加之后，丰裕的符号形成了对人类诸多社会过程的默默改造。这种改造与移动互联的网络结构融汇在一起，形成了符号与人、人与人、人与场景互动模式的结构转型。正是在此种转型下，人类发觉周围的一切稳定性被进一步击散，进而导致"周围"这个概念本身的瓦解。人被从"周围"中，从"场景"中撕扯了出来，成为脱域的存在。

"脱域"一直是现代性分析中的重要概念之一。简单来说，吉登斯等人眼中的脱域是建立在时空分离与重组的基础之上的，当人所经历的时间与其身处的空间能够不断被压缩，最终使得现代组织能够跨越时空设置的层层桎梏，身处其中却突破其限制去对社会关系进行全新的规则化控制的时候，日常生活中的很多为人们所熟知的领域也就渐渐开始从个人的经验中脱离，并形成某种新的秩序了。

一方面，远距离事件对近距离事件的影响越来越大。尽管每个人都仍然过着一种相对本土性的生活，但是象征世界在很大程度上是全球性的。就像个体在环境污染问题上的关注一样，一个人可能不会影响国家环境治理的政策性议程，但是却能够根据其对环境污染的理解和关切调整自己生活中的行为模式，如垃圾分类等。另一方面，当人们大量从固定场景被解放出来之后，某种程度上看，人们对于生活情境的进一步控制在此成为可能。与前现代或者是马克思所抨击的传统资本主义盛行时社会系统当中人们的无力感，以及那种被旋涡吞噬一般的挣扎相呼应的，是现代的人们能够相对容易地摆脱束缚，在各个场景之间自由跳跃。

如今，历史的轨迹借助着移动互联，迈出了更为关键的一步。这一步，我们在作为幻想的中介中，已经与其打过照面了。

在传统分析语境当中，脱域并不代表着对外部场景的全部深入，除去作为全球化进程中重要动能以及结果的"交通往来"，使得人们能够深入到更加多样化的外部场景当中，更多的时候，时空重组仅仅意味着人们对于场景之中某一个部分的符号化以及远程调用。而无论是深入场景当中，还是调用场景符号，移动互联都在原本的社会关系结构中，加入了属于自己的独特注脚。

深入场景当中时，移动互联对于现实环境的私有化打破了场景本身的中立性。那些在绝大多数情况下不以人之意志为转移的场景，成了可以部分或者全部被单一个体掌握的"物"。同一个场景仿佛被割裂为无数个平行空间，围绕着不同的主体自由生长，供他们在相同或者相异的时刻任意取用。每一个人都将场景视为自我所掌控的外部世界的一部分，一个能够承载主体自我意识和权力的对象。

而调用场景符号时，移动化同样给出了自己的一套方案。在移动互联时代，主体在深入场景的同时，在另外一些情形下，转而将场景拉到自己身边，即便这种场景已经不再具备其全部的现实意义。这是一种对于场景的全方位符号化，是对虚拟环境的即时在场，回应着那些愈发脱离传统意义上物和场景的符号。换句话说，移动互联的语境下，我们不再被场景包围，而被符号和引导符号排列的目的性包围，而场景成了符号经由自身意义和逻辑构建的虚拟范畴。

在主体进入场景转变为主体召唤场景的过程中，被召唤出的每一个场景都是一种真实的幻想，形成以主体为中心，随主体意志而变动的符号空间。人们不再是场景的过客，而成了场景的主人，一个能够独立役使手中场景的主人。这是"我的"淘宝，"我的"微信，"我的"优酷。尽管这种符号空间来自对同一个价值框架的无尽复制和肆意效仿，但是这并不妨碍参与其中的每一个人，都掌握着一个所谓独一无二的虚拟空间。

由此，就不难看到移动互联所提供之符号空间的核心价值。其代表的个性化或者私有化的极致就在于，这个空间能够在不影响自身整体性的同时，通过将控制权部分让渡给每一个个体，以无限的形变去满足不同个体对于外部世界的全部幻想和需求。人们如悬浮于这片土地上的神明一般，将无数场景似拼图一样在指掌中排列组合。在这里，便终于完成了先天空间到经验客体的转型。上一节提到的被个体私有化的场景在这里终于达成了被吞噬后的完全消化，而其结果就是符号的幻象被吸收沉淀，而场景本身却被当作过时的东西被排泄了出来。空间以及其包含的场景意象降格成了物，一个待把握的对象，并且，这种把握下，它并不仅仅是一个能够被认识的客体，同时也是一个能够被使用的客体。这种使用，并不是人类深入其中的生命实践过程，而是带有比认识论主体主义转型时期还要强烈的二元对立而被表现出来的。

的确，移动互联带给我们的是一个触觉世界，不是视觉世界；其重点在于感官的相互作用和反馈，而非主客体分离的纯粹投射。我们不以外部性的视角观察并理解场景，而以内部性的方式触摸并役使场景。然而这种近距离的触碰，正如前文所描述的，往往在无限的碎片中浮现出令人目眩神迷的面貌来。原本承载人们在世之在的意涵已经被排弃，我们不再沉浸在世界中触摸世界，在对碎片的吸纳中撩拨世界。与人们切近的场景不再指向人们的存在本身，而是指向纯粹且单一的感官勾结。这是一个需要被参与的盛大节日，由众多的刺激，微型的试探，无限可分的问答构成，在绚烂的符号中被统一吸引和呈现。

当下主义的问题

虚拟的符号场景似乎复活了一个沉寂多时的力量。

"你未看此花时，此花与汝同归于寂；你来看此花时，则此花颜色一时明白起来，便知此花不在你的心外。"

——王阳明

我们根本不需要理解其"人为天地之心"的大气魄，哪怕是从被曲解的唯心主义逻辑出发，都能够发现，这里描述的心与花，个体自我与外部客体的关系，能够很好地成为当下虚拟时空的隐喻。

在前文中，已经多次提到过当下正在经历解体的传统时空逻辑，但更多的是从空间的先天权力角度出发展开讨论。即历来主体与空间的绑定，常会被视为一种根本的压迫，作为某些社会过程对于空间的永久依赖和空间对于社会主体的反向占领。被规划的空间侵入着人们的生活，将人们圈定在工厂、办公楼、学校、商场中，进而通过规则、消费、意识形态等进一步完善这些空间对于人的役使[1]。

而时间其实和空间一样，也在不停地演化权力的烙印。

曼纽尔·卡斯特将当下称为"无时间之时间"[2]。所谓无时间，指的便是现在的时间缺乏一种传统时间内存在的因果关系，以及发展中的序列感的时间意识特征。事实上，时间是一种规则，起码对于人类来说，"有序"的时间，抑或说"时刻"，是一种规则。它就像货币一样，被创造出来，承当一种度的范畴去赋予事物以某种规定性，货币度量价值，而时刻衡量时间。这也就是当我们在问一个人几点钟吃饭，对方回答"8点钟"之后，我们不会进一步询问"8点钟"是什么时候的道理所在。这种时刻本身就代表了一种锚定的意义，而社会对这种意义的承认背后，存在着强有力的约定，它们能够在很大程度上，左右人类社会的实践形式。

当一个人早上9点钟上班，下午5点钟下班，晚上12点钟睡觉的时候，这种规则的力量还不会被凸显。然而，当一个城市的人，大多都按照这样的标准对自己的时间进行规划的时候，时间的权力便产生了[3]。公司营业的时间、交通基础设施协调的时间、晚餐外卖配送的

---

[1]　这种描述难免呈现出某种过于尖锐的视角，即空间对人类的支持实际上要远远大于控制，这种视角更多的是建立在对空间价值承认的基础上，对其潜在风险的抽离和批判。

[2]　曼纽尔·卡斯特（英）：《网络社会的崛起》，夏铸九、王志弘译，社会科学文献出版社，2003，第576页。

[3]　"时钟的发明肇始于12、13世纪的本笃会修道院。这个发明的推动力是使修道院的日常事务或多或少有章可循，首先是每日7次敲钟报时的制度。钟声表示读经礼拜的时辰；时钟技术提供准确的时间让修士做功课。这个功能是完成了。然而修士们没有预料到，时钟不仅是计时的手段，而且是要求他们起居修炼同步进行、控制他们的工具。"引自：尼尔·波斯曼（美）：《技术垄断》，何道宽译，中信出版集团，2019，第13页。

时间，甚至娱乐电视节目播放的时间等，都以那些最为基础的时刻为参照，铺展开来，规制了一个人，乃至一个城市的一天，每一天。人们甚至专门发明了"迟到"这一词汇来指涉那些违背时间规则的行动。所以，当我们经常说时间最公平的时候，那并不仅仅代表着每个人必然的生老病死，同时也暗含着，时间背后，每个个体所能经历到的最为普遍的社会同质性和不容置疑的法则。

然而，移动互联的时空解耦过程中，我们除了从属地主义的逻辑中被解放出来，同样也在一定程度上被从时间的序列中剥除。这种特征进而直接影响了时空关系对我们一切社会行为的圈定。在这一背景下，圈定被（部分地）取消，但同时被取消的，还有我们社会行为的某种稳定性。人们的生活中，愈发难以塑造出那种身处图书馆，且平心静气地从 3 点阅读到 6 点的情景了。这样的时间解耦，归根结底源自一种和时间捆绑的"内容"上的强制。由于符号的传播空前便捷，以至于对移动互联中的人们来说，那些呈现在我们面前的碎片，其生成和扩散的过程远非原本的时间结构所能圈定的。众多的综艺以及明星仿佛一夜之间被所有人熟知，一个事件发生后迅速在社交媒体中"刷屏"，而身边的朋友，似乎也不知从何时开始，都喜欢上了同一款游戏。时空的锚定权力被不断削弱，部分地给到了事件，给到了脱离空间画面和时间轴的碎片。于是，移动互联强连接能力的背后，我们经历着时空与个体行动及事件的双重解锁。

道格拉斯·洛西科夫在《当下的冲击》中认为人们的时间观念已经发生了根本的变革，可以被称为当下主义。人们会将重心转到当下这个时刻，最"值得"关注的东西上来。人人都在试图抓住流逝瞬间的嘈杂状态（这正是基于通信速度衍生的社会结果）。叙事结构和目标让位给对现场的即时曲解。那些具有煽动性的真人秀场景、24 小时滚动播放的爆炸新闻、实时体验的电子游戏、随时随地引诱用户购买的商品平台及广告等，这些依靠通信革命而快速生长发芽的内容解构了传统的线性叙述，使得人们对于外部世界的感知被压缩为一个个当下[①]。而外部环境符号化以及时空重组带来的极盛，与人们消费符号的瞬时性共同决定了这一点。每个活在当下的个体都通过被剥离出的符号成了真实的见证者和亲历者，每时每刻都在密切追踪着实践的动态瞬间，试图获得一种即时的，身临其境的体验。连贯的情节被放弃了，世界就这样被呈现为一幅动态生成的拼贴图景。这种图景中，"人们将失去与过去的关联性，过去被伪当下所不断替代，历史被数码编程所细说，从而使人不再能辨识历史真实[②]。"

以往，我们总是在时间的度量中寻求事物的关联，这种关联可以是休谟眼中永远不可确证的经验规律，也可以是康德笔下与因果性捆绑在一起的知性过程。但不论怎样，即不管这种关联是真实的还是虚幻的，是纯粹的还是辩证的，一旦时间开始"失度"，我们对于世界的经验，也必将被拆解。而当下主义正在构造的，便是这样一种状态。

也正是在此背景下，人们才愈发觉察到，这是一个外部场景"相由心生"的时代。即当我们不需要那些场景的时候，它们在某种程度上也是如同王阳明闭目养神时的花朵一样，是"同归于寂"的。世界的一部分就这样噤声了，隐退了。人们理解，淘宝作为一个电商平台是一贯存在的，处在一个流动的、进化的过程当中；然而，当个体不使用它的时候，"我的淘宝"却在一定意义上静止了，它不呈现在人们的眼前，不去诉说一个场景对于空间和时间的掌握，仅仅等待主体的召唤。场景在时间的静止下进入了被动的永恒状态。它从纯粹实体的层面退缩而去，却由于具备了符号的某些特征而以更加多样化的形态重回我们面前。符号和物不一样，其独立的存在并不产生社会意义，

---

① 道格拉斯·洛西科夫（美）：《当下的冲击：当数字化时代来临，一切突然发生》，孙皓、赵晖译，中信出版集团，2013，第70页。

② 张一兵："先在的数字化蒙太奇构架与意识的政治经济学"，《学术月刊》，2017（8），第56页。

符号需要被主体所理解、所传播才能够将其价值激活。对主体而言，起码在表面上，符号依靠人的视角而存在，"目光"所至，理解才成为可能，进而才形成一个又一个能够被主体意识调取的片段。而这样的一种存在模式，则势必会形成一套与其特征相匹配的社会组织形式和主体对于当前时间的特殊体验。

丰裕的符号成了在场景中活动的主体，而场景本身也因为符号的丰裕而不断拓展。就像前文所说的，曾经不能够叠加的空间，现在可以被虚化为供我们调取的客体，这种客体便也难免利用着能够无限叠加的优势，形成对主体的全面包围。当人们的目光从一个场景转移开的时候，它自然是"停滞"的，然而问题在于，我们的目光总需要一个投放的场所，恰如我们的主体意识总需要一个对象。而这种场所在越来越多的情况下，由移动互联中符号与场景的碎片所提供。于是场景随着我们的视角走走停停，可无限的场景本身，却成了超越时间的并行者。

如唯我论宇宙观一般存在的场景和被我们所关注的当下相结合，为移动互联时代的人本主义提供温床。个体仅在一个个当下投注目光，而外界的一切因为这些目光而存在。再回想一下曾经的场景带给我们的压迫吧，如果说工业革命的工厂所表现出的压迫过于直白，我们也可以看看许多相对微观的"限定"。19世纪公共汽车、铁路和电车完全建立起来之后，人们突然发现自己被放置在了一个新场景中，在这里他们被迫数分钟甚至数小时之久地相互盯视却彼此一言不发[①]。尽管不在工厂中，但这仍是现代性对于人性的一种典型工业化侵占，缺乏实际交互的公共场景的骤然增多让现代的人们无聊并且无所适从，因为它在自己的整体时间序列中留存了一个被嵌入的、难以摆脱的空白。然而，移动互联却给了我们某种反向的出口，让我们得以逃离现代化

---

① 本雅明引用齐美尔的论述，转引自：弗里斯比（英）：《现代性的碎片：齐美尔、克拉考尔和本雅明作品中的现代性理论》，卢晖临等译，商务印书馆，2013，第103页。

过程中被不断圈定的位置以及被限制的时间。因为现实空间的局促并不能够阻却我们对于虚拟场景的占有，我们彼此共享的当下也同样被分割成了不同人目光投放的当下，被排泄的场景和时间的权力在此融会贯通。时间和空间一并被移动互联营造出来的世界所超越。超越的途径，就在如今地铁车厢内，每个人面前举着的小屏幕里。

异化的故事

关于异化的论述，在不同的时代、语境、学者那里都有着不尽相同的出发点和描述方式，但往往有一点是相同的。即无论异化是来自生产价值脱离了劳动者的双手，或是来自意识形态压迫所导致的对于人类本性的偏离，还是来自人类所创造之物扭转枪口威胁人类，都隐含了一个潜在的要素——失控，都在尝试描述出人类在一定程度上失去自己原本生命的统一性，以及达成这种统一性所必要的，对外物的掌控能力的过程，和人类出于自由意志去追求的东西反过头来压制人类自由意志的悲剧。可以说，从黑格尔对于现代性知性思维和自我意识的论述开始[1]，异化就不仅是一个哲学上或者是形而上的抽象问题，而同时是一个实在的社会过程问题。人们研究对象、寻找规律、建立组织、塑造秩序，却最终消散在其中，留给自己的，只有失控。

而现在，在虚拟场景的空间渗透以及当下主义的时间渗透当中，异化却从某种意义上隐去真身，进而从另外一个角度，迂回而来。

从异化的直观表象上看，异化不再体现为失去对事物的掌控，失去自主能力[2]；而恰恰是因为人们对周围环境的"掌控"太强，"自主选择"太多。在这样的大前提下，人们失去的，不再是对外部环境的

---

[1]　黑格尔:《精神现象学》，贺麟、王玖兴译，上海人民出版社，2013，第210页。

[2]　正如卢卡奇曾指出的，工人阶级在生产的过程中感觉到好像自己不去从事生产，这个庞大的生产机器照样运行，而自己却只有从事这种专门性的生产，才能存在。参考阎孟伟、孟锐峰:《西方马克思主义理论》，广西人民出版社，2018，第8页。

控制力，而变成了对外部环境的解释力。这反而更像是黑格尔语境中异化，超出了受到马克思影响的后来者对于资本主义生产过程衍生出的异化的狭义理解。我们能够控制的太多了，却忘记了我们为何控制；曾经是在行为中，人们被异化，而今，人们在洞察行为的逻辑中被异化。

科斯塔在《守夜人的钟声》一书中转引了布劳内尔的一段描述：

"人类从四脚着地到两只脚行走这一过程所发生的态度转变，引起了一场感觉数据的洪流，而人脑必须对这些数据做出反应。我们的新能力让我们能够在 1.6 千米外看到和嗅到敌人，并且采取行动，如跑、藏、从后面进攻——新能力最为擅长[①]。"

换句话说，当我们接收到更多信息的时候（尤其是突然增多的时候），我们的大脑需要给出某种"措施"来应对这样的外部挑战，对外部环境给出反应，也给出我们自己的解释，这样的过程逼迫着我们升级自己的思维能力，一定程度上可能也确实促进了大脑和文明的发展。当前的移动互联时代，正是另一场"数据洪流"，它甚至超越了直立行走所能带给我们的眼界拓展，而将我们直接扔进符号和信息的碎片之海中。然而，相对于之前的个体，需要不断升级自身的处理能力，如今的我们，却可以利用无数技术和服务的代理，去达到相同的目的。人类生物学的进化已经停滞了许多年，但是技术作为我们身体的延展，却替我们继续了整个物种的"进化"。如今，这种代理所表现出的赋能，永远是在移动互联的辅助下，以个体为中心的。这让我们生成了一种错觉，即面对这样的一场信息升级革命，我们能够以自我为出发点，从容不迫，很好地面对一切潜在的挑战并获得一切潜在的好处。

---

① 科斯塔（美）:《守夜人的钟声：我们时代的危机和出路》，李亦敏译，中信出版集团，2017，第 39 页。

那些随手即可召唤的远程场景，我心之外别无他物的虚拟空间，排列好任我们选择的内容，以精美辞藻和图片讨好我们的广告，与现实物流等交织的快捷服务，都在告诉每一个人，面对唾手可得的商品和服务，以"我"为中心越来越成为一种现实，"我"能够在这样的一个全新世界中，如鱼得水，来去自如。在面对外界环境的时候，我们可能从未有过如此的权力感，塑造自己的虚拟空间，并且将公共领域最大限度的私有化。我们享受着翩然而来的场景们，在以我们为中心的宇宙中各司其职，以一种居高临下、"我便是上帝"的视角去审视那些围绕着我们、迎合着我们、讨好着我们的移动互联产物。

然而，这种丰盛，这种选择，正如前文所说，可能终究都是虚幻的。它们是有条件的代理而非纯粹的赋能，更进一步，即便是这种代理，在表面上增强我们执行能力的同时，也暗含着一个"控制"的隐藏逻辑。在通往上层建筑的代理中，我们获得的权力，是对于符号的持续借用和复制，而不是对存在本身的切实改造和掌握。并不是说围绕着我们的场景和符号，因我们可以使用，就代表我们可以真正拥有，甚至真正理解。

总的来说，这是一种移动互联整体场域赋予我们的"控制错觉"。

心理学上的控制错觉，指人们倾向于从一个有序、有逻辑的角度去理解外部环境，并且一方面高估自身对于局面的控制能力，一方面更加相信这种所谓的控制带来之结果的合法性。正如那些能够自由选择彩票号码的人相对于被指定号码的人来说，预估的自身中奖率和愿意接受的售价都会提高数倍。当前，被不断赋能的人们实际上就在经验着一个系统性的控制错觉，即在移动互联时代中，个体的权力将会空前强大，主体的边界将会空间广阔。而这种错觉更在很多情况下，是被故意引导和塑造的，这是移动互联世界中心照不宣的谋划，瞄准的就是人类最为基本的心理需求之一，即寻求对于环境或者说局面的控制，进而很大程度上塑造个体的安全感。

但我们却必须注意到控制错觉的两个副产品：一个是高估自身对于外部环境的掌控能力很可能直接导致人们对于潜在的风险视而不见。而另一个，则是当我们习惯了这种控制错觉之后，可能会在更广泛的层面，模糊了"控制"本身的外延与内涵，在无所谓控制的场景下为所获得的控制沾沾自喜，而在另外一些需要我们真正掌握的情形下，却盲目地自以为一切都在控制中。

长期以来，自我存在的一个前提，就是作为人类，要每时每刻了解自己当下的行为及其原因。然而，当下"可为"之事，可去之处的不断增加，却使得我们对其原因慢慢视而不见，那些对场景虚假的控制，令人逐渐让渡了对于场景的理解能力。当然，这样的过程并不能完全归责于移动互联虚拟场景的欺瞒抑或是现代人的懒惰无知。毕竟，对于现代人来说，技术进步和产业细分使得我们无论如何聪明都只能成为有限领域的专家，而其他抽象体系对我们而言都是晦涩难懂的。

我们需要这种代理，就像曾经我们对于专家、技术体系、机构、媒体的信任一样。移动互联让我们能够将公共领域为自己所用，像手持电视遥控器一样选择为我们服务的客体；能够掌握发布信息的权力，反抗那些线性的叙事，逃离讲述者的单向控制，以自己的视角展现我们的自主性。只是我们也许来不及询问这种掌控力的获得是否也是一种设计和规训的结果，也不会去驻足思考，当我们没有能力捕捉和理解正在发生的事情的时候，也许留给我们的，便只能是等待别人将无尽的信息及内涵打磨成一个个简单顺耳的故事。

在《资本社会的17个矛盾》中，大卫·哈维在绪论里谈及了我们对于商品解释的缺失，人们每日在超市中购物，然而大多数情况下我们却并不会过问，自己买到的商品从何而来、怎样被生产出、是谁生产又是被谁定价，那些定价的背后代表着什么，或者说我们用来购买商品的货币本身代表着什么。我们只是遵从着商品社会的交易规则，在游戏的框架下不断前进。正如他写道：

"我们不需要对世界的运作方式有多少认知，也可以很好地生活在满是表面信号、符号和表象的拜物世界里[①]。"

曾经，对哈贝马斯来说，社会合理化不仅意味着社会生活的组织化和科层化，也意味着自我反思能力和民主地协调社会之能力的提高[②]。然而，在我们空前"合理"的充满进步的当下，这种反思反而是在手忙脚乱地控制一切中最容易被丢弃的东西。

当然，我们现在经历的，显然并不是什么苦难，但是对于这种状态的忽视却也可以转化为对当前社会中寻求自我意识的忽视。从前的工具理性之中，起码还存有对于工具的应用，然而当下的某些代理却是彻底的智慧的自杀。这种代理，不仅是工具理性的延展，更是对于其背后更为根本的解释力的不屑一顾。而放弃解释，就是放弃自我，因为我们一切的经验和精神，所有的感性、知性和理性，最后的结果或者目的都不过是为了给自身的生活世界以解释。心甘情愿放弃它们，必然会为不幸铺平道路。如果难以想象未来，起码可以回头看看法西斯的上台和垮掉一代的出现。

殷鉴不远，但人们永远不会记得自己的愚昧。

仍总有人在为进步的领航者而歌唱，并用充满崇拜的目光看着似乎也处在领航地位的自己，这是一种新时代的合法性。

可所谓合法性，乃是一种社会共识，它和真理终究是不一样的。吉登斯曾指出，如果说哪个主题能把几乎所有研究过现代社会中自我问题的学者都联系起来，那么这个主题便是，身处多元和庞大社会世

① 大卫·哈维（美）：《资本社会的17个矛盾》，许瑞宋译，中信出版集团，2016，绪论第7页。

② 汪行福，"新启蒙辩证法"——哈贝马斯的现代性理论"，《马克思主义与现实》，2005（4），第54页。

界时，个体会体验到的无力感①。然而移动互联却在通过代理讲述一个新的故事，即无力感是属于历史的。的确，古代人不需要身处多元也能清晰地看到面对家法、传统、君臣、道义、命运的无奈甚至某些带有悲剧色彩的矛盾，这种无力感伴随着人类整个发展过程，从未离其左右。而现在不一样了，今天的我们，信奉另一个神话，庞大的社会之所以被构建出来，难道不就是为了为我所用吗？难道不就是在证明着我们终有能力，将这纷繁的外部世界尽数掌控吗？

　　当极端的无力被翻转的时候，反而变成了极端的权力，这种权力，无论真假，都在我们手中。而我们所放弃的，只不过是对于那些包围着我们的符号，对于我们手中凭空出现的巨大权力的解释权而已，除了快感外，一切都成了不可理解之物，但这似乎也并无不妥。

　　当对自然现象的解释被让渡的时候，祭祀掌握了最高权力；
　　当对社会生活的解释被让渡的时候，政府掌握了最高权力；
　　当对生产关系的解释被让渡的时候，资本掌握了最高权力；
　　现在我们对围绕我们的消费社会的整体，都让渡了解释权；
　　也正是在这样的历史潮流中，一个全新的大玩家横空出世。

---

① 安东尼·吉登斯（英）：《现代性与自我认同——现代晚期的自我与社会》，赵旭东、方文译，生活·读书·新知三联书店，1998，第217页。

第二章

大玩家

第一节 / 躬身入局

古罗马人的生活和我们今天的其实很像，每天早上吃过早饭后，总有些闲适的人喜欢跑到城里的喷泉旁边闲聊，打听打听恺撒又在什么地方打胜仗了；或者学着爱菲斯的先哲们，争论一下是否"世界是一团永恒的活火"。闲聊过后，便溜达到集市，看看有没有好的色雷斯奴隶，说不定顺便买点鱼回家。回家路上，可能路过新开的斗兽场，执政官们有的时候会组织大型的角斗比赛，形式多样。而另外一些时候，角斗士的主人们也乐得在各自的训练场里面表演一些小型的战斗，反正罗马从不缺少观众。

后来，古罗马没有了。

但是那片土地的人们有了 Facebook、亚马逊和 YouTube。

某种程度上，Facebook 代替了喷泉旁的空地，亚马逊代替了熙熙攘攘的市集，YouTube 则代替了为人们提供视觉盛宴的斗兽场。一众网络平台的集体狂欢让人们仿佛一夜之间回到了条条大路通罗马的"光荣年代"，信息、商品和娱乐向着我们疯狂汇聚。我们，就是罗马。

不仅如此，环顾我们四周，人们还会进一步发现，P2P 借贷平台、打车平台、婚恋平台、阅读平台、音乐平台、游戏平台等，早已在我们身边安营扎寨、蓄势待发。似乎千百年来人们对平台型组织的热爱都在不断累积，并在当下集中引爆。

这种引爆，就是本章讨论的重点。

第一章中，试图证明一个观点。即当我们寻找移动互联上层建筑以及规定性原则的时候，不能够将移动互联展现给我们的一切仅仅当作"赋能"，那会令我们禁锢在经济基础到上层建筑的夹层中难以更进一步去触达真正的问题；而仅当我们将这样的"赋能"从"代理"的角度去体验的时候，我们才能够获得继续探索移动互联时代性的钥匙，打开看似装满宝藏而实则暗藏危机的魔盒。因为"代理"之概念的背后，所指的是我们对于时代解释权的让渡，而这种让渡是导致新时代中人们被异化的核心驱动之一，它与我们寻求的上层建筑密不可分。

当我们识别出自身对于外部世界解释权让渡的时候，实际上就牵引出了本章所涉及的这一命题的形式逻辑要素。即移动互联时代解释权的让渡需要对象的存在。这里的对象当然包括了作为主体的我们和被让渡的、可以称之为解释权但实际上却涵盖了远比"解释"二字深远得多的意义的某些能力；但同时这个判断里，也必定隐含了将解释权接手的另一个未在判断自身中出现的新主体。换句话说，移动互联时代解释权的让渡，绝不是被一个抽象的、整体的"移动互联"所接手，而是在真实的历史实践当中，被具体的、能动的主体所接手。对于这种实践过程的考察就必须要以实践的核心主体为对象展开，而非仅仅局限于对移动互联整体现象的综合描述中。这就好比在针对资本主义进行考察的时候，一个仅从资本运作的整体规则出发，局限在抽象的经济—金融逻辑，而有意识忽视对具体的大型现代工厂、企业的控制手段等进行考察的分析，是决计构不成对于资本主义本质的有效批判的。

所以，如果说第一章的作用是从现象的角度简单地观察了这个所谓的移动互联新时代。那么第二章将会尝试站在移动互联中央，环顾那些在其中生存得最好的玩家们是如何具体行动的；进而为第三章梳理移动互联的隐藏玩法打下基础。这就像一个从来没有打过篮球的人站在球场上，他能够通过简单的观察，凭借已有的经验推测球入网应该算得分；站在自己左右两边的大汉们，一定是对立的双方；而地上画出的线明显代表了边界和一些特定的节点。但这只停留在表面的现象观察中，只有当哨响之后，场上的十个人开始动了，他才能够根据这十个人的具体行为，探索篮球这个游戏的真正规则。才能够慢慢明白得分有三分、有两分而罚球是一分；明白打手、拉人算是犯规；明白一次进攻有24秒的时间限制，而一场比赛往往分为四节；明白每一个球员都有着不同的角色，有人组织进攻、有人擅长远投、有人负责抢篮板等。

这和人类认识世界的方式是一模一样的。在探求对象本质的过程中，我们无法忽视对实践者的思考，我们不仅仅需要担任一个静态图景下的观察者，还必须躬身入局，贴近了去寻找每一个蛛丝马迹。而前文所提到的平台，便是移动互联这个新赛场中，最核心的实践者，也是最大的玩家，它们已经穿好球衣，摩拳擦掌，准备赢得最终的胜利。

世界的代理人

眼见他起高楼，眼见他宴宾客，眼见他楼塌了。

古往今来，脚下的这片土地便是我们最大的"平台"，见证着数不清的人来人往，人聚人散。社会性并非人类所独有，却在我们手中发展到极致。在不同人所创造的价值和所渴望的资源背后，我们以过剩和稀缺为最初的动力，寻求群体聚合所能带来的巨大收益。正如第一章反复提到的，人类发展的历史可以被看作是人类互动行为对于时间和空间的不断征服。活动区域的持续拓展和通信模式的持续加快，都在影响着个体、群体乃至文明与文明之间的不断交融与碰撞，进而促使人类的整个社会结构慢慢调整，并期待着这种调整为人们对时间和空间的掌控提供新的动能，循环往复、永不停歇。

从人类活动半径延展的角度上看，平台是必要的。如果说每个人还停留在与隔壁邻居嚼舌头，甚至以物易物的时代，不知道也不想知道邻县的老王家有个多么漂亮的女儿，而李老头做的砍刀其实远远比不上县城张家铺子里面卖的那种来得结实漂亮，那么平台并无意义。换句话说，正是由于当前人类互动能力的空前提高，互动标的快速增长，反过来加大了人们对互动载体本身的需求；正是由于我们突破原本的村落，开始与大千世界越来越多的人"嚼舌头"，也与越来越多的人进行价值交换，我们才必须通过一个稳定的媒介，帮助我们将混乱的标的进行分类，也将互动的模式进行规制。活动范围的扩张为我们打开了一个如同吉尔伽美什的宝藏一般的世界之门，而人们需要某种辅助，来帮自己将琳琅满目的宝贝有序送出。

当然，我们对于平台的要求并不止于简单的连接，即完成一个对于交互的动员，我们同时还希望它可以直接影响交互本身。例如股票最初于 16 世纪在伦敦推出时，伦敦街头大量的咖啡馆作为各种消息的集散地，自然而然地将"业务范围"扩展到了股票交易群体。有兴趣买卖的人来到咖啡馆，双方面对面坐定，在醇厚的咖啡香中开始谈生意。没有交易所，也没有现代意义上的投行券商等金融中介。鹅毛笔的墨水和咖啡渍混在一起，见证着当时的人们对于财富的渴望。在这样的过程中，咖啡馆作为一个交易"媒介"，提供的却并不仅仅是简单的空间。就如伦敦证券交易所的前身，乔纳森咖啡馆会将股票交易流程和股票与商品价格清单写在公告栏上供交易者参考一样；咖啡馆不单是一个交易平台，它也渐渐将自己发展为了一个服务平台。同时，股票的专业性和与现货交易不同的跨期性质使得专业股票经理人作为职业得以逐渐发展壮大，而那些经理人则与咖啡馆相辅相成，构建了愈发完善的媒介体系。它提供了交易的空间，同时提高着交易的效率并且降低着交易的风险。

这种媒介的功能，并非一成不变。随着时代以及平台模式的不断演进，承担媒介的组织亦会进行主动或被动的调整。就如周鸿祎曾经描述的北京中关村电子大厦一样，那些手里拿着精心设计的传单，亲切地叫着用户大哥大姐的计算机销售们和他们代表的传统电子产品零售媒介系统，随着线上电商的出现迅速衰落。线上电商为用户提供了一个更加透明的产品对比平台。相对于同线下销售当面沟通过程中容易出现的冲动消费，虚拟平台中的用户们，摇身一变就都成了"理性人"，细致地对比着 CPU、显卡、声卡、续航等一项项参数 [①]。这种比较和追求超过了曾经那些亲切的问候，成了他们购买决策的主要标尺，仿佛分别配置英特尔 i7 和 i5 芯片的两台电脑的 1000 块差价，代表着某种不容置疑的技术理性。

曾经，人类对于聚合的需求，固然可以解释罗马建成之后，各类"平台"的繁荣。然而，当下平台的井喷（作为一种现象）却并不仅由于聚合的需要，抑或由于亘古不变的，对人际交往更大支持和对价值交换更优方式的诉求。尤其是移动互联兴起之后，企业的主导形态（注意，主导并非"主要"，即企业最常见的形态仍然是传统形态，这里强调的是一种市场权力的转移）从产品型公司部分地走向平台型公司，并且让"平台"逐渐成为网络社会中资源配置的核心方式，可谓水到渠成。这个背景，源自网络社会以及移动互联的"经济基础"，即连接成本的降低和连接规模的增加。这些特征一方面让平台的建立前所未有的容易，另一方面也让平台的影响力前所未有的巨大。于是，大型平台在这里尽情厮杀、硝烟阵阵，旁边还间或有不断环伺的新生玩家，乳虎啸谷，鳞爪飞扬。

在过去，尽管平台是必要的，但却通常很难塑造，甚至带有一丝乌托邦式的吃力不讨好。即便是到了现代社会中，由于平台回收成本的周期往往较为漫长，同时建设的成本却相对高昂，大多数的企业即便雄心勃勃，却也难免渐渐消磨在锱铢必较的市场逻辑当中。而少数熬过平台困难期的企业，便可能基于平台领域能够提供的天然门槛，阻却绝大多数的竞争者，进而形成某种意义的垄断，陡然而富，如美国的铁路巨头、墨西哥的电信巨头等。但由于政府的存在，它们也可能走向另一个结局，那些影响力较大的平台类企业以及背后的产业，因其涉及面之广、潜在社会风险之大，往往会被（部分地）收归国有

---

① 周鸿祎：《周鸿祎自述：我的互联网方法论》，中信出版集团，2015 年，第 4 页。

（常见于通信网络、铁路网络、电力网络等），或者被迫进行拆分。当然，我们也能够看到很多的大型公共网络，本身就是政府主导建立的，尤其是在社会主义国家之中。

移动互联时代（当然也包含传统 PC 网络时代），却给平台类组织提供了一个最好的来路，即"互联"本身。如今，抛开平台上所承载的产品之外，单就构建网络平台的组织架构以及运营模式来说，已经很难称得上是一个多么有门槛的商业创造了。网络社会自身就已在人和物的所有行动者之间打造了一个庞大的连接体系，而只要抓取其中的一部分，进而圈定它、捍卫它、榨取它，就能够塑造一个所谓的"平台"。

运营过程中，网络平台同样有传统平台无法比拟的优势。这些优势在很大程度上是由虚拟平台所承载之交易标的的特性决定的。就像传统报纸行业需要为每一份报纸的印制和分发付出成本，而电子化新闻网站中内容分发的成本几乎为零一样，许多时候，流动在平台中，为其不断创造价值的"交易品"并不会因其频繁地复制和扩散而让平台承担过多额外的负担。而平台内的参与方，在不少场景中还乐得充当免费的"劳动力"，如喜欢在知乎上花大量时间和精力回答其他人问题者不在少数。这种情况下，平台所选择塑造的"产品"让劳动本身成为乐趣，生产和消费同时进行，效率奇高。此外，移动互联平台对于参与方的"物理"连接，也就是前文说的对于交互的动员，同样低成本化。那些活跃在电子聊天室里面的用户，相对于他们百年前徜徉于各种沙龙之中的前辈们，少了对着镜子梳妆打扮的时间，少了去往沙龙的车马劳顿，甚至少了进去之后需要花费的那杯咖啡钱。

总的来说，平台从其扮演的社会角色上来看是必要的，而当下平台的井喷，在移动互联的大背景下，则是必然的。网络社会在人们社会性需求的基础上，加快了产品的生产、迭代，扩展了产品的品类、版本，也让更多人有了触及更多产品的机会。这一过程的结果，便是当下的时代以前所未有的节奏，催生了一大批扎根于网络的大型平台，以及平台内数不清的人际互动。这种互动，可能是一次对话、一次购买、一次阅读、一次游戏甚至是一次恋爱。

最终，在移动互联时代，"平台"的概念悄然浮出，成为众多急不可耐将自己和时代紧紧绑定的概念中，最活跃的那个。随着全国各地电子大厦的灯光渐渐暗淡，我们突然发现，网络平台似乎已经成了我们在移动互联时代与世界打交道的最为常见的主体之一了。我们用滴滴打车上班，路上用百度地图查看最优的路线，中午叫饿了么的外卖，下午利用微信会议系统开会，还可能在会议的间隙刷刷淘宝，回家的路上在叮咚买菜上挑选些食材，然后一边看着优酷上最新的综艺下饭，一边在微博上吐槽其中某一个艺人的夸张表现，最后在午夜时躺在床上伴随着喜马拉雅听书的舒缓音乐慢慢入睡。我们的生活在移动互联中无时无刻不在经历着某种被打扮为赋能的代理。而但凡我们稍微关注一下，就会轻易地识别出来，在这个时代，围绕着我们的最重要的代理人，正是那些以"平台"为标签的移动互联大玩家们，它们在移动互联的海洋中忙得热火朝天、牵线搭桥、连接一切。

从斗兽场到 iPad

平台就在我们身边，化成作为移动互联原住民的我们难以割舍的一部分，甚至对于很多人来说，平台本身，就是他们眼中的移动互联。平台对于他们生活的深度介入，使得这些人在谈及移动互联的时候，已经没有多余的思想空间留给其他主体了。

那么，我们究竟应该以什么样的视角去看待平台这样的大玩家？当我们说到平台的时候，我们绝对不会在脑海中浮现出古罗马喷泉或者斗兽场的样子，这又是为什么？在对平台进行下一步讨论之前，我们需要好好梳理一下平台的故事，弄明白平台在当下被谈起时，这个话题中谈的究竟是什么。

　　其实，对于当下的平台，我们很难给出一个确切的定义，正如移动互联时代的很多其他关键词一样。它们都处在一个动态发展的过程中，以至于任何具有明确边界的描述，都无法保证可以覆盖这一概念本身的一切可能性。在这里，则会尝试从平台的某些独有内涵出发，进行讨论。这是一种康德意义上的"阐明"，不仅因为其无定型的特征，也因为我们涉及的本就是某种基础性的概念，在移动互联自身的框架内，单纯用种加属差的定义方式去锚定其位置，并不能切实展示出什么，而只会是一种空对空的窃窃私语。

　　平台的范畴，取决于我们的判定标准。若以是否为社会过程提供了某种实在的连接关系这一标准判定，前文所说的喷泉、民众自发组织而成的小集市，都能算作是最广义范围的"平台"。然而它们是否就是我们在移动互联语境下作为研究对象的"平台"了呢？答案当然是否定的。那些喷泉和集市，尽管如同今天的Facebook以及亚马逊一样，为当地的居民提供了社交和消费的媒介性空间，可我们却难以从它们的身上直观出某种平台的概念。

　　那么是否超越空间本身的范畴，拓展到具体的连接工具或者是媒介的时候，就能够抽象出平台的意象了呢？似乎也并非那么容易。我们可以看一下语言和货币这二者。它们能够称得上是人类实践范畴的扩展过程中，最居功至伟的媒介了。索绪尔、维特根斯坦、齐美尔、马克思等思想家，都曾倾注大量的心血来研究它们对于人类实现理性交往并构建社会、传承文化的核心作用。但是，却依然不会有学者明确地将语言和货币描述成人类社会中的某种"平台"，尤其是描述成为具备当下平台之含义的"平台"。

　　于是，我们必须深究，那些让我们将以上聚合的空间和聚合的媒介都排除在当前平台概念之外的原因是什么。它们是否存有某些共性或特征，可以供我们入手去展开分析。

　　展开实际上并不复杂，那些被我们自动过滤的所谓平台，往往都具有一个共同的标识，在此，我们姑且可以将这个标识称为"消极开放"。所谓"消极开放"，大致是指，当我们在社会交往中引入喷泉、货币、语言的时候，它们大多同时具备两个特点。一方面，它们是相对"被动"的，它们的存在本身不具备能动性，而其对于交互的辅助能力仅体现在主体使用它们进行交互的"当下"；另一方面，它们又是普遍开放的，作为工具自身不涉及过多使用的条件，不仅适用范围广，并且还能够得到最多主体的统一承认。我们当然可以说人们对于货币的占有和对于语言的使用并不是平等的，然而货币的多寡和语言的掌握能力之区别来自人们的实践过程而并非来自货币和语言的存在本身。这种消极开放使得它们成为被役使的媒介并且只停留在被动媒介的范畴当中。阻止它们进行概念拓展的关键，就在于无论是喷泉、市集，还是货币、语言，都只在社会中扮演着连接工具的角色，而缺少从媒介具象为平台的一个最为关键的初始要素：主体性。

　　一个缺乏主体性的汇聚者，也许在实际的社会聚合结果层面上，能够被看作最为宽泛意义上的"平台"，如脚下的土地（能够被解释为语言层面的某种比喻但是难以具有实际意义）；而狭义的平台或者说人们经验中的平台，却必定是具有能动性的。它绝不仅仅被动地任由其他行为主体利用，成为一个普适的"框架"，单纯扮演一个媒介的作用，而是能够形成一个统一的主体意识，成为社会过程的实际参与方之一。尤其是当下的语境中，在人们谈及平台的时候，必须要承认这一平台是存在着主体性，或者说一个能够进行自我设计，在市场中可以自由行动的"大脑"的。在后面的论述中，这个大脑将会时时刻刻提醒我们它的存在。

　　而具备了主体意识，便是具备了权力意识。

　　这种权力意识，来源于平台通过代理而扮演的特有市场角色（将会在下一节集中讨论）。平台不再以生产作为自己的核心价值，而是通过连接资源来寻找自身的定位，平台一定是相信自身具有的连接能力是可以构成某种社会资源的，并且这种资源所拥有的能量也一定不亚于通过传统意义上的生产活动而创造出的物质资源，进而平台能够利用这种社会资源勾勒出自己的权力边界。这种权力边界诞生于主体性内部，通过主体的自我认识，平台将他者识别为客体，进而形成主体到客体的权力投射。

而此时，当我们在看平台的时候，就不能仅仅停留在如看待那些"消极开放"的媒介和工具一样，只将平台视为某种连接的构建者了。因为在平台尝试进行这种连接之前，它反而需要首先完成一种"切割"（可以被简单描述为将客体从其原有的社会关系结构中剥除的过程）；并在切割的基础上，重构一种新的连接，进而完成自身市场角色的锚定（将自己的权力逻辑嵌入到新的关系之中）。这种切断往往不被人们所感知，因为平台最终的目的，即连接的重构，大多在极短的时间内被完成。

但是我们仍旧能够在如今平台对于社会实践渗透的过程中，寻找到很多蛛丝马迹。当下地图软件构成的"切割"就是一个典型的例子。乘客们越来越难以看到上车报了小区名字后，司机还能问出一句"北门还是东门"的场景了；取而代之的则是习惯性的"我跟着导航走了啊"。单就这一种切断来看当然难以给出是好是坏的结论。尽管伦敦的出租车司机仍然坚持着需要背下来伦敦中心几万个主要地点、路线，并且通过一轮一轮的考试才能获得出租车牌照的传统，但世界上大多数的其他司机显然以更加乐观且开放的心态拥抱着这些新的技术。

问题在于，这种切断不是单独出现的。每一个平台，当它在进行连接的时候，都必然会伴随着某种切断，因为从实践的角度上看，这种切断反而恰恰是我们将其视为平台的出发点之一。而众多平台的汇聚，便形成了移动互联对于传统社会连接关系在一定程度上的整体性拆解。正如我们前文所描述的，移动互联在解释权的转移当中构建了一个代理的系统；而代理的深层含义中，本就包含着某种"切割"的意象，移动互联碎片化的加深，实际上也正是将原本熟悉的逻辑框架打破并且剥除，以给新时代的连接形态和存在方式留有余地。曾经的某些后现代主义话语进行过类似的尝试，它试图说服人们放弃解释和经验的过程，让我们将碎片习以为常，这并不是以往我们面对新事物通过漫长的适应而最终培养的习以为常，而是站在一个很高的角度，命令着每个人，"你必须习以为常"。今天的平台，以一种光怪陆离的方式，将这种独断的切割和移除，真正实践了出来。而一旦实践出来，就会发现，人类的适应性是那样的强，人们对于隐晦命令的抵触，是那样的小。

正是基于在此间获得的底气，当下新生的平台们愈发不再满足于把自己描绘成一种单纯的媒介，所谓的"脱媒化"也就在这种论调下出现了众多拥趸。以至于很多平台在诞生的一刻起就标榜着"没有中间商赚差价"的所谓脱媒化理念，似乎不这样做就没有办法体现出自身给人类生活带来的巨大改变一样。平台不仅在"摧毁"原有连接结构的过程中找到了自身的位置，还相信这种位置背后所代表的平台价值，必定会形成一个与以往完全不同的革命性力量。它将连接关系完完全全抽离出来，不再依附于生产过程之上，作为某种社会成本的逐步叠加；而是基于对社会资源的大规模连接和重组，去完成一个资源优化的过程。于是，我们便也不能够仅仅从单一企业的角度理解平台，而要将其看作一个远远大于企业范畴的社会实体；它最大的能量并不在于传统意义上的生产—销售过程，而在于对更大层面社会过程的深度渗透。

而连接—切割的悖论在这样的过程中便被更加清晰地表露了出来。即当平台在攻击媒介的时候，实际上很多时候它们指向的并不是一个宽泛意义上的媒介（如货币），却反而是已经被具象化了的扮演着一定平台功能的媒介（如小型的传统中介所）。这种所谓的"脱媒化"，与其说映射的是"媒介"本身，不如说是在某种意义上映射着一个将各种同质化微平台进行吞并整合的过程。正如很多二手车和租房平台利用移动互联实现大规模扩张一样。这种逻辑下，能够被注意到的是，由于连接关系和用户选择的快速增加，大型平台取代小型平台的过程成了一种降低用户消费决策成本乃至社会成本的必然；平台在这最初合理性的基础上，慢慢构建了一个生长的模型，甚至说一个有意识进行权力扩张的蓝图。在这里，网络节点和连接通道的增加，并没有带来多点的、离散的、不存在中控系统的世界，反而会催生出更多借助网络海量连接而发展壮大的平台型机构，让中心化变得更容易。这些机构在自己的领域中成为媒介的媒介、代理的代理，实现了互动连接者的持续升级，而每一次升级，也都必然建立在对原有连接关系的切割和某些存续模式的移除之上。由于移动互联技术带来的低成本广泛连接和管理能力，"传媒"这一过程本身的成本在很多情况下确实会降低，但这绝对不是脱媒化的结果。传统媒介的角色以及力量，被平台以愈发轻松的方式改头换面，收入囊中，成为重构连接的垫脚石。

在这一过程中，被"吞噬"的媒介，或者说那些小型的平台，便也成了当下狭义上的平台概念所要抛弃的一部分。即从主体性和权力意识两个层面出发，平台的另一个特征，将会是平台能够利用手中的权力实现自我扩张并且拥有一个"可观"的规模效应的结果。我们自然难以对"可观"进行一个明确的划分，但是提出这样的"规模效应"有助于加深我们对平台内涵和外延的理解，即这种切割和重构绝不会是一个小范围的媒介迭代，而将会是具有相当影响力的，围绕着新型连接关系而构建起来的大型系统。

论述到了这里，就可以从头梳理一下，我们当下尝试对平台的概念进行阐明的时候，这一对象所应有的一些基本性质了。

首先，这个平台一定要存在主体性，它来自人类对于媒介的天然诉求，但却不止于媒介的工具性层面，而是一个具备主观能动性的社会实体；所以，货币不是平台而P2P借贷软件是。同时，媒介的核心特征即连接能力，应该仍然是平台的核心能力，而非传统意义上的生产能力；所以，梅赛德斯·奔驰不是平台而瓜子二手车网是。此外，平台还需要具备某种可观的规模效应和影响力，在这一过程中，移动互联技术又能够为其提供很大帮助；所以，拥有身边青年男女资料的红娘不是平台而世纪佳缘是。最后，对于当下的移动互联背景下的平台概念来说，还存在着一个根本性的判定标准，即它是否具备平台所拥有的"权力意识"，和运用平台对于连接关系的切割与重塑进而带来实际权力的能力。例如苹果，它最为核心的业务是手机制造，然而其打造差异化竞争优势的关键点之一，是 IOS 平台塑造出来的软件生态，这样的生态结构使苹果得以聚拢了一大批优质的软件商并让苹果在它们面前拥有完全不对等的巨大权力。因此，苹果可以被称为"具备平台性质的"企业；这和平台企业相区分（即和单纯以连接关系作为核心市场价值的企业相区分），但同样可以是在本书权力语境下提到"平台"时所进行讨论的对象，因为它同时是一个平台型权力主体和一个生产主体。在苹果身为"平台"的一面里，它具备相当的规模，并且能够轻而易举地面向自身连接的参与方投放主体性的权力。不仅如此，苹果还能够将这种权力稳定下来，加以扩展，进而武装到作为生产主体的自身当中。

移动不移动

即便梳理了平台的一些内涵特征，当我们讨论平台的时候，仍然存在一个语境上的问题。一方面，我们当然不会全然在传统工业生产的逻辑下讨论平台，但却不能否认即便是一百年前的电话网络，也具备着当下许多平台的基础特征；另一方面，我们也无法全然在移动互联的语境下描述当下的平台，因为实际上它们的底层逻辑和权力的雏形，在互联网的初期就已经被构建完毕了，移动互联延续着这种逻辑与权力，并且借助移动互联对于个体社会实践的进一步代理扩大了它们。对于平台这种社会组织形式来说，其发展的过程中，实际上并不存在任何明显的断层，移动互联时代的平台，从 PC 时代走来并且具备了新的特征，但在描述的时候，却应该将其作为整体来看，甚至进一步包纳更早的平台们。简单来说，当接下来谈到移动互联平台的时候，更多指的是身处"移动互联时代"的平台，而绝非局限于"移动互联催生出"的平台之上。

但是，尽管不会特别加以说明，我们还是需要了解，PC 时代的平台与移动互联时代的平台存在着哪些差异性。这里以同为腾讯旗下的手机 QQ 和微信的区别作一个简要分析，而在后面的论述中则不会处处刻意强调这种划分了。

从时代背景上来说，手机 QQ 是站在传统网络的时代，向着移动互联去延伸，而微信是扎根在移动互联大生态中的原生产品，甚至是引领移动互联、定义移动互联的最核心的产品。这一根本区别决定了 QQ 和微信之间后续的一系列定位差异和发展差异。而了解这一过程便有助于我们了解当下移动互联平台的概念本身，在其内部的某些划分了。

差异性首先来自移动端特有的"永恒在场"。微信从一开始便与手机连通，因此从未如 QQ 一般设定过离线、隐身、暂离、忙碌等功能。这一微小区别的背后，便是第一章所说的移动互联"无时间的时间"的具象表现；正如我们说时间是人类经验世界的先天条件一样，当取消了微信和人们之间的时间协同层面的差别之后，实际上我们也在缩减着微信与主体意识之间的分离度。没错，这里永恒在场的关键是关乎主体意识的，而绝对不仅是通常肤浅看法中，随时随地都能够被别人找到的状态，那种状态其实早在麦克卢汉媒介研究的时代就已经被提出了，他说电话导致高级行政人员只有在进餐时才能免除其侵扰[1]，其言语中想表达的侵蚀和窘迫，实际上与今天"社畜"们的焦虑如出一辙。所以说，这种永久在场根本不能说是移动互联的关键特征。永

---

[1]　麦克卢汉（加拿大）：《理解媒介：论人的延伸》，何道宽译，译林出版社，2019，第 331 页。

久在场带来的真正转变，不在于将原本的区隔消除，而在于让我们能够在一个新的领域妥帖地安放自身完整的主体意识而不必经历割裂。

意识的绑定是个体实际绑定的基础。在手机上永恒在场的微信，能够同手机一起，将自身投放到现实场景当中，并且不断尝试利用自身与现实的联动能力实现前文所说的"公共领域的私有化"转型。如微信在社交之外的历代主打功能，都是建立在与现实场景交互的基础上的，包括鼓励对场景内容进行抓取的朋友圈、短视频，对场景发出指令的二维码、打车，与场景深度交互的商户小程序等①。这样的深度交互，则必然使得移动端与个人身份的强关系被微信移植，从而让微信与日常互动的关系相较于 QQ 来说更为紧密。微信的支付系统、信用系统以及企业服务号等功能，也正是基于与个人身份的强绑定而成为可能的。不仅如此，建立于 360 与腾讯大战之后的微信②，相对于 QQ 来说，从一开始就秉承了一个更加开放的策略，强调以外部功能连接支持自身生态建设，试图与其他场景的合作伙伴实现联动和共赢，以减少"事实市场垄断"（3Q 大战时最高法院判定尽管 QQ 垄断了 80% 的市场，但是其行为并不能算是"滥用市场支配地位"，这一有利判决相信也帮助腾讯坚定了在微信中保持开放战略的决心）带来的潜在风险，于是，身份的绑定又总是牵连着与环境的绑定。反观 QQ 则

---

① 小程序的发展能被视为微信扩张的里程碑事件，因为它从一个更加系统性的层面将微信和外部场景进行了联动。借助微信的整体认证系统和软件系统，小程序的使用相对于 APP 更加无缝化，对于 O2O 场景的渗透甚至比场景自有 APP 还更加高效，使得公共领域的私有化转型愈发快捷。根据阿拉丁指数发布的《2020 年上半年小程序互联网发展白皮书》，到 2020 年中，微信小程序数量已经超过 320 万，月活超过 7.3 亿。

② 2010 年开始，奇虎 360 展开了与腾讯 QQ 的"战争"式对抗，争斗以腾讯尝试涉足 360 统治的电脑安全软件领域为导火索（腾讯先后推出 QQ 医生、QQ 电脑管家、QQ 软件管理等软件并快速占据市场）。360 则推出了 360 扣扣保镖等安全工具称可以保护用户隐私不受 QQ 侵害。双方攻击对方涉嫌垄断、侵犯用户隐私、虚假新闻甚至色情推广等不良商业行为，2010 年 11 月 3 日，腾讯发布公开信，声称将在装有 360 软件的电脑上停止运行 QQ 软件。至此"战争"达到白热化，有关部门介入调停。

内向性更强，几次大的场景和产品拓展大多建立在自有的场景之上，如 QQ 看点、兴趣部落、Now 直播、TIM、DOV 等。

这从移动互联和传统网络核心差异衍生出来的一系列区分，形成了微信和 QQ 在后续发展中的一个现象结果，即客群定位的分离。微信更加全民化，而 QQ 则更加年轻化。这并非全都源自有意识的市场选择，也夹杂了许多的因果必然性。其背后的根本逻辑，是因为微信才是一个纯粹的移动互联产品，这样的定位决定了微信的方向强调与现实场景深度交互的现实需求，而 QQ 的发展方向则是保留着依托互联网塑造的泛娱乐化基因，强调各类信息流的生成和传播。[①]

然而，尽管我们尝试避免流俗的分析模式在这里看似层次分明地说明了移动互联平台的一些特有要素，但实际上，上面几段的分析，都不是根本的。这里真正想强调的，反而是，尽管存在这里说的种种区别，传统网络和移动互联中平台的差异性往往仍旧是基于商业选择形成的状态而非什么不可逾越的鸿沟。QQ 和微信的例子固然能被用来清晰地表达这种差异的存在，但也可以设想一下，如果说腾讯只有QQ 一款社交产品，面对移动互联，它会如何发展呢？答案不证自明（当前，微信已经可以通过小程序登录 QQ）。换句话说，在 PC 网络时代就已经成形的平台们，面对移动互联，通常能够较为顺畅地实现转型（当然，也会存在开心网、人人网、豆瓣等移动化缺失或者失败的案例），而不会存在如柯达胶卷面对数码相机时的无奈。移动互联对于它们来说，是一个可能性的延展而非根本逻辑的颠覆。

更何况，当我们尝试讨论平台的时候，正如在前言中就已经提到的，并不是局限在基于创新技术的构建逻辑上，而需要将更多的目光

---

① 这从二者的核心功能上能够被体现一二，即微信中包括了熟人社交、金融工具、支付工具、O2O 入口、企业服务以及自媒体信息（需关注）入口、朋友圈；而 QQ 则包含了匿名社交、开放组群、开放的 QQ 空间、公共娱乐信息流。

投放在这种平台背后所蕴含的权力系统上。对于移动互联特征的考察，无疑更加有助于我们对平台在当下的权力进行理解，但是我们无须也不可能采取一个割裂的视角，忘记当下大多数巨型平台其实早已孕育在移动互联整体趋势成型之前这一事实。相反，我们应该牢记，在不少情况下，一个新的网络平台被人类创造出来的时候，我们并不缺乏一眼看到未来十几年之后它成为巨无霸时所展现出的力量，这不是因为我们了解平台，而是因为我们了解人性。

从这样的角度上来看，我们可以将网络时代初期的平台看成一个婴儿，而移动互联时代的平台则是成人。这是一个实体"可能性"不断展开的过程，是能动的，也是现实的。每一个成人都不一样，有的善良有的邪恶、有的聪明有的驽钝，具备不同的特长和短板，与不同的人成为朋友或者敌人。而这一切的可能性，实际上早已包含在其成为"人"的那一瞬；当一个婴儿被诞下的时候，便成了一个能够被预计到将会逐渐成长、发展的个体，是婴儿作为"人"的根本特征，让我们确证了其一切的可能性并对此怀有无限期许。

当下的平台正是这样的，我们可以从移动互联"成人"的平台的角度去审视它们，然而早在几十年前，它们的基调就已经被定下了。即这是一个与其他物种不同的"人"，具有一个人所能具有的一切潜力。现在所提到的"移动互联平台"作为一个说辞，实际上是一个站在移动互联时代的回望，包含着移动互联、传统网络，乃至工业社会的历史性视角，只有这样，才能看到平台组织的真正内核而不局限在移动互联技术所塑造的蓝图之中。

第二节 / 拆除和重建中的新角色

对于黑格尔来说，最初的人们，是直面事物本身的，人们与物打交道，再逐渐学会从物中抽象出概念，并让他人接受且理解这种抽象的概念。[①] 而后来的人们，则手握着无数已经成型的概念，似乎从小就习惯于越过对物的把握，直接去了解"红色""自由""品质""信仰"这些抽象词汇代表着什么。这实际上就是概念或者说可存在于主体间的符号对于世界和主体之间关系的切断和重塑，重塑之后的连接看似让人们得以愈发清晰准确地认识并描述世界，但也正是在这种过程中，我们越来越难以相信自己所知的，就是那个"真实"的宇宙，因为我们与世界之间的媒介，已经发生了变化；我们与概念打交道，而不是与物，这个世界事先被切断，而后被演绎出来。

这样的过程在移动互联里面被重现。它并不似我们慢慢构建意义世界那样成为人类某种难以回溯的转变，但仍然在每一个细节中不遗余力地变更着我们与世界的关系。

当然，在这个过程中需要注意的是，作为移动化转型的必然结果，即便没有大型平台的集中诞生，我们对于原有交互结构的拆解也仍会进行。而大玩家们的粉墨登场，除了让这种拆除工作更显声势浩大外，还蕴含着至关重要的一点，这一点往往在切割之后呈现，落脚于对新交互关系的破坏性重塑中。换句话说，我们不能把这种切割仅看作人与外部世界交互的抹除，而是需要将其看作人与外部世界交互的再造。也正是在这种重塑的过程中，平台逐渐形成了其独有的内涵特征，也获取并且稳定下来了自身的某些特定角色。

当前的移动互联技术，如众星拱月一般将大型平台推上了时代的

---

① 黑格尔:《精神现象学》，贺麟、王玖兴译，上海人民出版社，2013，第72页。

高点。它们不仅成了移动互联整体生态中最为核心的玩家，同时也完全有能力以自己为中心构建另一些相对微观的生态。这是一个兼具经济基础和上层建筑特征的庞大实体，其复杂程度和对于人们的赋能或者说代理可能要超过以往的任何企业，以至于在不少情况下，它们自己就能够成为移动互联玩法的制定者，代表着移动互联给予人们的新的规定性。针对这样的实体或者"代理人"，我们需要在解决其概念之内涵的基础上，尝试探索那根本的逻辑和权力所在。

上一节的论述中，解决了一个最为基本的问题，即当我们在谈移动互联平台的时候，我们在谈什么。而顺延着这个问题，必须更进一步理解平台并回答一个新的问题，即将平台放置于移动互联背景下，平台"是"什么。或更具体一点，前文所描述的平台的特征，在具体实践中，能够派生出怎样的表现形式。

戴维·米勒所著的《社会正义原则》中，在寻找"原则"之前，米勒先试图证明出一个能够被用来界定并且追求正义的"社会"应该是怎样的，而他所提出的对社会的构想，在某种程度上，能够为我们理解当下的平台，提供一定的借鉴或者说切入点。

米勒认为，社会正义存在的先决条件或者说环境，需要至少有以下三个方面。首先是需要假定这样的社会是有边界的（无论这种边界是由空间还是个体还是物圈定的，它都预示着一种资源），这种边界就使得有限空间，或者说有限空间内的资源的分配成为一种必然，而分配则是所谓正义的基本互动土壤。同时，在这种互动下，以及相互关联的团体中，需要有某种原则或者是制度的存在，并且这种制度的影响是能够被符号化，即被描绘、交换并且指派的。而基于这两点，就一定会派生出，那掌握边界、控制制度、创造符号、管理社会的机构，去将那些大多数参与者所赞成的行动模式以及分配模型贯彻下去，而非仅仅停留在基本原则的反复推敲之中。当然，如果对社会行为采取一个更加全景化的视角去分析，我们固然能够看到更多社会得以存续的前提，然而从边界到规则再到组织的进路，却能够让我们以一条相对清晰的主线去从权力乃至正义的角度切入，考察社会这一宽泛的词汇究竟意味着什么[①]。

这样的逻辑被移接过来，便成了，若是希望对平台的目标、手段、结构乃至善恶等"原则性"问题作更进一步的分析，一个对于平台在整个移动互联社会实践过程中所处的特殊位置的讨论是必不可少的。而这个位置的讨论，不仅仅会指向平台相对于移动互联具有什么样的意义，同样也能够暗示出在平台治下，其内部结构的某些运作逻辑。

所以，接下来的论述中，也将会以类似于米勒的分析路径，进一步去阐明平台的不同基本特征，或者说，平台这种实体，在移动互联社会里的大多数场景中，都在扮演着一个什么样的角色；再或者，当我们说平台依托移动互联重塑了某些社会的连接方式的时候，这种重塑的结果呈现出了何种稳定结构，甚至进而使得结构本身具备了超越其各个部分相叠加的性质和能量。而正如米勒对于社会的讨论是为正义的讨论提供土壤；下文关于平台在重建中所逐渐定型的社会角色的认知，也将直接引导并圈定出后续对于平台所创生的符号、平台所拥有的权力、平台所塑造的意识形态等一系列围绕平台的斗争的讨论。

交换空间提供者

在"信息社会"的概念诞生之初，哈贝马斯曾引用过《地域感的失落》一书中所给出的一种比较视角，即认为同那些原始部落中的狩猎者、放牧者一样，电子社会的原住民们实际上缺乏一种"地域感"，从而使得其行动与具体场所之间鲜有紧密的纽带[②]。

① 戴维·米勒（英）:《社会正义原则》，应奇译，江苏人民出版社，2001，第5页。
② 尤尔根·哈贝马斯（德）:《公共领域的结构转型》，曹卫东等译，学林出版社，1999，第31—32页。

然而，随着数字化不断深入，网络互动愈发丰富和常态化，这种地域感的缺失在某种程度上，被另一个社会过程所填满。而这个过程的特征，能够从我们对于城市化的历史判断中借鉴一二。

齐美尔曾经指出，所谓城市，并不是一个有社会学后果的空间实体，而是一个在空间中形成的社会学实体[1]。换句话说，在很多情况下，是社会网络以及社会主体定义了城市，而不仅是空间本身；能够被圈定的城市并不先于社会过程而存在。这个判断实际上就与我们当前对于移动互联平台中"空间"的判断十分相像了，它是一个范畴而非一个实体，其存在取决于自身包纳的内容，而非取决于能够被完整经验的边界。正如列斐伏尔所说，空间中弥漫着各种社会关系，而空间本身也是社会关系生产出来的，前者总是被后者反映着、呈现着[2]。因此，这另一个过程，就可以被描述为，随着移动互联中不同场景内的行为模式以及符号和秩序系统被渐渐固化之后，它们便自然而然成为圈定特定参与方的具备空间感的虚拟范畴了。

然而，当这种范畴性的"空间"一旦因为社会过程而被确定之后，它便也就拥有了某种原生的合法性。空间的"边界"在行动和存在中被渐渐勾勒出来，不同空间的相对位置也开始慢慢显现，空间终于脱离了原本承载内容带来的限制性，成了另外一种流动在整体社会场域中的"实在"。这样的过程，和实体空间被人们经验的方式非常类似。我们都明白，空间是具有某种"连贯性"的，从本质上来看，我们所处的空间是一个从不停顿、从不分割的连贯画卷，它是展开的，而不是出入的。之所以我们有"不同空间"的感觉，取决于我们的社会过程。就如我们的书房、房子、小区、街道乃至城市这种一环套一环的对于空间的命名，直接来自我们对空间的使用和分割规则。以与此相

---

① 弗里斯比（英）:《现代性的碎片：齐美尔、克拉考尔和本雅明作品中的现代性理论》，卢晖临等译，商务印书馆，2013，第 102 页。

② Lefebvre, *The Production of Space*. Wileg-Blackwell, 1991, pp.146、165。

同的角度出发，我们也能够看到虚拟空间的分割过程，它同样是对一个连贯画卷的分割，这种分割使得空间失去了普适性和整体性，进而直接和社会过程挂钩。更进一步，在分割的过程中，空间成了参与者们争夺的资源，成了权力运作的媒介。而这种对于空间的勾勒，也就成了移动互联平台所拥有的核心能力之一。

所谓海纳百川，海与百川共生，当市场参与方进行了某种程度的"位移"而汇聚在一起的时候，有空间感的平台也就自然而然成形了。这种空间包括了给市场参与方呈现与展示的空间、供参与方相互寻找以满足自身需求的空间，以及供双方发生交易的空间等。

到了移动互联时代，这种汇聚的过程相对于传统平台，往往显得更加系统，也更加偏重于内生的设计。就像俄罗斯在现代化初期尝试建立"属于欧洲"的彼得堡一样。于空白之上，街道被排列、景观被突出、功能被划分、风格被确立，一个全新的城市忽然呈现在世界面前，兼备着现代几何学的逻辑与欧洲古典建筑遗产的光芒，吸引着成千上万的人汇聚其中[1]。而那些人在彼得堡体验到的，将会是一种条理和恢宏，那沿着青铜骑士雕像笔直延伸出去不知几许的干道，与佛罗伦萨这种绵延数百年，逐渐成形，遍布着弯弯绕绕的巷子的城市截然不同。在彼得堡，仿佛每一排建筑，每一条廊道都清清楚楚知道自己的位置和角色，绝不冗余，绝不混乱。

这种意象，若是被套入当下，在虚拟的世界中还原，给人的感觉就会和那些巨型平台别无二致了。这是一个被精心设计的空间，一砖一瓦、一词一句都有其价值和作用。符号的价值被利用得淋漓尽致，每一个色块、每一个位置、每一个点击都被暗自打磨，无时无刻不给身处其中的人某种引导，让人总能在不经意之间就寻找到自己的目标。

---

① 马歇尔·伯曼（美）：《一切坚固的东西都烟消云散了——现代性体验》，周宪、许钧主编，徐大建、张辑译，商务印书馆，2013，第228—229页。

平台的设计者就如同彼得大帝一样，将规则与未来在自己脑海中摆弄，缓慢延伸开去，占据愈发广袤的空间。

在这一过程中，平台作为多方汇聚的中心点，通过"空间"本身的存续，为市场参与方明确了价值匹配的位置，承载着一切事件的发生和时间的延续，并且通过对空间进行圈定和规制，减少参与方信息传输的成本与供求匹配的成本，攫取利润。

随着城市化的深入，实体空间的区位基于交通、智慧产业、高端服务业、文化创意产业等要素，实现了传统农耕土地级差的"城市化"转型①；而移动互联平台构建的虚拟空间中，这种"土地级差"也依然存在，其判定标准则是平台空间对于其使用者所提供的"潜在收益能力"。这种隐喻对应着古老土地的"肥力"，成了平台参与方占据空间并且播种自身影响力进而争夺价值的基本筹码之一。

以虎嗅 APP 这一尝试"聚合优质的创新信息和人群"的内容平台为例。在用户进入虎嗅的一瞬间，就已经在面对着不同种类的"土地级差"了。登录之后，虎嗅会弹出"××小时错过的热文"，成为一个"高级展示空间"，其中会显示三篇文章的名字和"查看全部热文"，进一步对这个空间内的展示权进行区分。点击"查看全部"后，每一篇文章下面会显示该文章被多少人收藏，无形中便又通过社会共识形成了一个排序机制。进入主页面，在最上方，虎嗅呈现了滚动的大图片条幅位置给最想推送的内容，下面则是信息流构建的一个个其他文

---

① 土地级差描述了由于地理位置的区分而形成的社会实践以及资本的划分，传统的土地级差多与土地的肥力、周围环境相关；到了工业社会，则和市中心的概念捆绑在一起；而从最广的范围来看，整个地球都存在着某种"土地级差"，弗里德曼曾经描述过："全球体系的稳定霸权具有这样的特征：支配性的中心与其边陲之间存在着很强的等级关系。这些关系的特征是资本的中心化积累和作为结果的在边陲与中心进行的劳动分工。分工倾向于采取这样的形式：边陲成为原材料和劳动的供应区，中心则进行制品的工作生产，即出现'世界工厂'的特征。"引自：乔纳森·弗里德曼（美）：《文化认同与全球性过程》，周宪、许钧主编，郭建如译，商务印书馆，2003，第 254 页。

章，形成了又一个子空间内的"土地级差"。在精选界面中，虎嗅推荐了收费专栏内容，并给"黑卡会员"提供了专属订购价格（黑卡会员专属的"深案例"板块自然在推荐中占有一席之地）。同时虎嗅还为个人提供了"私人空间"，个人主页中，用户可以进行投稿，并查看自己的创作。而那些优秀的个人作品，便可以呈现在前文所说的那些更好的空间位置上。不仅如此，虎嗅很早就开设了微信公众号，并且将最优质或者说其认为影响力最大、时效性最强的文章，于公众号这一"衍生空间"中进行推送。而回过头，微信公众号中也为虎嗅 APP 的推广以及虎嗅会员的注册宣传，留出了一定的位置。总的来说，对于移动互联平台，"土地级差"或者说是其对空间价值深度规划的应用，是极为便利的。虎嗅仅仅是其中一个例子，针对的也是一个相对来说不那么带有功利色彩的内容消费模式。而这种级差被应用到电商平台、搜索平台的时候，其所能承载的种种设计，便会更加复杂并且充满更多的利益计算了。如 2019 年，微信公众号"新闻实验室"发表了《搜索引擎百度已死》的文章，表示其观察了半年来百度搜索的结果，第一页中大约有一半都会指向百度自家产品或者广告，包括内容庞杂但质量堪忧的"百家号"。在这里，空间成为社会结构的反映形式和引流的最佳工具，将权力和等级明明白白却又似乎理所当然地呈现在人们面前。空间的每一滴"土地肥力"都被贪婪地榨取，滋养着移动互联大苗圃中的权力之花。

对于传统的空间拓展来说，其社会性的延展和对空间的占有过程，条件都相对苛刻。就像在许多城市的历史博物馆中，都会展示这个城市几百年中的发展绘图，让人们看到一个城市是如何从小到大，被几代甚至几十代人一点一滴建造起来的。渔村成为码头、集市成为市中心、散落的聚集地成为大片的居民区；城市变成了一个四维的空间，把人们的历史实践纳入其中，构成了完整的图景。

而相对于此，移动互联平台空间的设立却几乎是"去维度"的。

网络空间的拓展速度甚至让人难以将时间的维度套入其扩展的进程当中，在整体性的单向度快速延展过程中，过去、未来和当下被压缩到一起，共同呈现。而同时，相对于我们进入城市之后或多或少所拥有的整体性感知来说，我们在平台内的三维感知，也被极大压缩。这种时间和空间的去维度使得我们对于平台的触碰更似是"盲人摸象"。它是没有边界的，也不存在绝对意义上的整体性，因为每时每刻呈现在我们面前的一定都是平台的一个分支。我们点击进入我的收藏、点击查看他人的关注列表、点击展开当前的热搜、点击对比某两个商品的相关参数等，就如那些盲人摸到的大象的耳朵、鼻子、腿和尾巴。平台在本身便拥有的抽象之上，建造了一个更加抽象的平台的"整体概念"。我们能够抽象地理解平台的大，却愈发难以触碰到一个实在的边。

而反过来，对于平台来说，它们本身，也不会甚至不可能有一个实在的边界。就像在微信中，用户自然是能够感受到在社交媒体领域里，微信或者说自己构筑的某种边界（如好友数量上限等）。然而，在提供社交媒体的基本交互的同时，微信构建了一个更为庞大的内容生态。那些公众号、企业号等所承载的信息将微信的"空间"进一步延伸了出去。2017 年微信小程序的上线，使得众多更加复杂的功能性场景（如游戏、购物、问答、视频等），能够通过应用程序接口被简单地接入到微信当中，获取平台中的特定位置和与之相匹配的连接关系。在这样的过程中，人们很难寻找到一个屏障，来告诉自己，屏障内是微信的空间，而屏障外则不是。这是一个相互渗透的多重区域，空间感如石子入水的波纹，随着平台的互动与权力不断延伸。

当然，大多数平台其实并不会放任自身的"空间"无限制地拓展。因为与空间所绑定的资源以及权力的有限性，决定了尽管创造作为虚拟存在的空间很容易，但是作为行动场域的空间，却是需要持续投入并对于资源进行不断争夺的[①]。即便整体上看没有实际的边界，但任何空间对于其中的个体来说，都存在一个只关乎当下的、体验的"边界"；同时在平台整体性之内，不同区位（在虚拟空间中更多地映照着连接关系、传播效应等）的"土地级差"也会永远存在。

这种特性，也就使得移动互联场域内的虚拟空间，再次拥有了和曾经围绕人类千年的实体空间相仿的权力逻辑。它不仅仅是一个静态的土地级差，同时还包含了某种动态的权力运作过程。在《巴黎，19世纪的首都》中，本雅明曾经考察过巴黎的大规模城市空间改造。本雅明称，当时负责巴黎城市规划的奥斯曼将自己称为"拆毁艺术家"。他不仅把工业资本从城市中心迁移到了边缘，连同工业系统所笼罩的工人阶级以及其他关联的底层社会成员也被迫转移。"巴黎人疏离了自己的城市。他们不再有家园感，而是开始意识到大都市的非人性质[②]。"现在的移动互联平台，借助着低廉的成本为每个人提供着专属的空间，但当空间与空间之间进行交互、碰撞乃至争夺的时候，权力的不平衡仍然会被凸显，而空间的"非人性质"也难免再次被提及。

平台对于空间的掌控，往往会比奥斯曼来得更加容易。我们确实被赋予了看似无限的空间，正如第一章中提到的"我的淘宝""我的优酷"一样。然而这种个人空间，实际上也是一个相对于真正的公共空间的边缘化迁移。平台用公共领域的私有化赋予了每一个人独立的

---

① 例如 QQ，作为一款入口多、空间大的产品，给团队微创新的空间和机会也就相对较多。加之 QQ 的平台文化本就鼓励创新并且愿意给创新团队更大的自主决策权，故而，QQ 历来有"腾讯试验田"的说法。然而，这个试验田，却并不是免费的，即便是面对同为腾讯旗下的其他产品也是如此。以腾讯自主开发的游戏为例，当游戏借助 QQ 的平台成功上线（或者获得其社交网络层面的支持）并且获取收益后，通常收益的 30% 会由腾讯公司扣除，交给 QQ 团队作为"空间"以及其背后价值的租赁费用。与此类似的，如果游戏通过腾讯旗下应用商店"应用宝"进行推广的话，将会有 10% 的利润被分给应用宝。除此之外，游戏上线之前，腾讯内部也会对其进行评级，并且根据评级结果在腾讯系统内给予相应的空间以及流量支持。

② 本雅明（德）:《巴黎，19 世纪的首都》，刘北成译，商务印书馆，2013，第 26 页。

空间，但是这种空间是无法形成对于公共领域本身的拆分的。那些最为核心的地段，永远不会被某一个固定的个体所占据，而是依照平台自己的意愿被安排。此时，人们便会突然想起，无论这个虚拟的空间看似多么地广大，它"地理位置"的丰裕都不代表着个体权力的丰裕；面对这个庞大的虚拟城市，我们也不过是其中一个无法拥有房产的租客而已。

互动机制制定者

正如同现代城市中，在空间之内，或者说内生去定义空间的，是社会过程一样，在移动互联场域里，这种空间依旧被参与方的互动以及存在所锚定。而在一定程度上与之不同的是，如果说城市中的核心互动规则，被政治、经济、文化、历史等逻辑共同左右的话，那么在移动互联场域中，起码在明面上，互动规则可以由平台本身作为绝对的"话事人"进行制定。在社会理论之中，社会互动通常被描绘做基于情境定位的互动，而对于"情境"本身有着深刻掌控的平台，便也就能够将自身的影响力轻易渗透进参与方互动行为的时空路径之上了。所以，顺延着空间提供者这一基本功能定位，平台也在扮演着一个互动机制制定者的角色。而所谓机制，便是规则。这种角色也就映照着在前言中提及的，平台如同曾经的政府一般，对于某种"秩序"的掌控。

2018 年 6 月，微信联合京东的"618"营销宣传，在搜一搜功能中开设了"商品"类目。这一入口调整最终的效果且不去看，单就搜一搜功能对商品的开放本身，就代表着微信能够引导的平台互动又多了一个重要的方向。用户能够通过点击搜索功能栏，在微信平台中搜索希望购买的商品，而原本这一互动行为，在微信上是不存在的。这个例子清楚地表明了，在所辖空间之内，平台不仅提供了多点连接的可能，同时也提供了具体的连接方式。平台的每一个功能和每一个操作模式都与一种互动相捆绑，这种互动成了人们应对和"役使"平台的整体表征，最终集合成为用户在平台中的一举一动。

尽管身处平台之内的用户可能很多时候并没有意识到，但实际上，从他们进入平台的那一刻起，其行为模式就已经被平台所左右了。每一个看似在平台中自由选择的个体，实际上都是遵循着平台提供的庞大行为路径，在已经被预设的、供求双方在交互中所采用的具体连接方式下，进行着可以被平台所预测和记录的互动，无论这种互动是用户和另一个个体，还是用户和平台本身。如微博中，其核心功能是发短博客，用户可以发布文字、视频、图片、音乐等多种形式的内容。以此为基础，微博进一步为用户提供了特定的互动方式，即用户可以针对他人发布的内容，进行点赞、评论、转发等操作，并且可以通过关注、好友申请、内部邮件等方式固化这种互动关系。那些随处可见并早已不再新奇的设计，无疑是一套套规则，但它们却总是以功能的形式出现。当人们掌握功能的同时，也就接受了规则。曾经，我们接纳的规则需要以惯例和共识作为基础，并辅以强制力的保障[①]；但今天，规则的渗透已经无比容易起来，因为规则和行动被等同起来，互动机制便是互动的规则，进而互动本身就是规则的不断彰显。它在自我指涉和自我重复中不断确证着存续的模式和内在的合法性，却令每一个经历它的个体都觉得理所当然。

对于平台来说，针对这种被"规划"出的互动机制，平台的设计者们通常会充分考虑到机制本身所能够衍生出的行为后果，比如有多少人会喜欢特定的互动模式，这种模式的重点是保护了隐私还是促进了交流，这种机制有没有可能被滥用，是否能够轻松地被用户所掌握，有没有贴合用户日常行为的基本习惯等。

Facebook 曾经在用户为他人发布的内容"打星级""竖拇指"等点赞类交互模式中摇摆不定，数次调整。然而，无论 Facebook 采用哪一种方式，其本质都在于希望促成一个用户能够根据自己喜好，以简

---

① 瓦尔登费尔斯：《生活世界之网》，谢利民译，商务印书馆，2020，第 83 页。

单方式对内容提供反馈的互动机制，并且在提供反馈的同时也建立用户和用户之间的连接关系。而在这背后，其更加深层次的逻辑运作则来自 Facebook 认为自身平台上的内容是"需要被评价"的，并且其优劣可以通过五角星的多少或者点赞的数量来进行比较。而平台的权力在于，它只需要单纯设计出这样的模块，就足以让用户同样"注意到"这一点，并跟随平台期望塑造的排序逻辑，表达自己的偏好。所谓存在即"合理"，在此刻显露无遗。更进一步，若五角星评分的模式被取消，甚至，在一些平台中，那些能够让用户表达不喜欢某个视频的向下的大拇指按钮统计被取消之后（即可以被踩但是不显示数量），视频内容的下方，便只剩下其不断被积累的被点赞数来粉饰太平。换句话说，平台甚至可以在互动机制设计的最一开始，便否定所有用户简单表达自己不喜欢某一内容的"潜在可能性"，仅仅保留用户对于内容的正向评价，将一切的不满意掩盖，进而规制出更加符合自身需求的用户互动模式。平台当然可以说这是为了营造一个更加友善的互动环境，然而人们也不能否认，这背后隐含着平台拥有的某种根本性的权力（将在本章最后一节具体论述）。

这种权力根植于平台对于自身空间的"绝对掌控"，并总是伴随平台对于自身价值体系和利益链条有意识的维护，正如有些电商平台如果不注册登录便无法使用搜索功能一样（因为这样平台就难以描绘一个有效的用户画像了）。而任何挑战平台对于互动规则的制定权的行为，在平台内部都会遭受猛烈地攻击。2020 年上半年微信封杀 Wetool（一个群管理软件）就是一个很好的例子。作为依托微信而存在的群管理插件，Wetool 支持群统计、自动接收好友、批量群邀请、自动踢人、多群转发、虚拟用户、聊天机器人等功能（许多功能都有违微信为用户交互进行的设计的初衷）。微信一开始坐视 Wetool 逐渐发展壮大（可能是出于观察其运作方式以给腾讯的企业微信提供某些参考的目的），而待其开始野蛮生长，并且同质化灰色插件越来越多的情况下果断下手将其封杀。这便是对于微信内部"主权"的最好宣示，宣示着微信的社群市场中，只能有一个基础玩法，那就是微信本身的玩法。

平台对于互动机制的控制并不一定都很显眼，实际上，它们早就已经习惯于在一些细微的地方动点手脚，在不惊动用户的情况下获取更大的收益了。例如 QQ 空间中下拉查看好友们的动态，通常下拉几条之后就会需要几秒钟刷新后面的动态，而此时用户就会发现，离刷新最近的那一条，一定是一则广告，而刷新的这几秒，就是用户不会将注意力它顾而可能更多地接受广告信息的几秒。再或者许多短视频平台都会在用户拇指向上滑动刷视频的时候，每隔几个视频嵌入一个广告的短视频，而有些平台的交互，就设计成了普通视频向上滑动一次即可刷新，而广告则要上滑两次，那么用户在滑动第一次发现页面没动的愣神的一瞬间，便又成了广告的绝佳切入口。从平台或者纯粹商业的角度来看，这样的设计甚至能够让领导拍案叫绝，然而从另一个角度来看，这种小心机却又不得不说，体现着一种新时代的蝇营狗苟。

有些时候，平台对于其互动机制的设定可能超越平台本身的纯粹使用功能，衍生出更广阔意义上的社会效应。例如，被众多平台所采用的点赞和转发功能在最近十年中就被屡次指出，很大程度上催生了网络社会中的"懒人行动主义"。Slactivism（懒人行动主义）这个词由 slacker（懒人）和 activism（行动主义）结合而来，用来形容网络时代的人们在支持某个主张或实践的时候，并没有做出什么实际行动，而仅仅做了一些执行成本很低的行为（如点赞或者转发），就已经自我感觉良好地认为对社会作出了贡献的现象。正如微信公众号中，很多社会公益类文章发布后，往往点赞者多、留言者少、捐助者无一样[①]。这当然并不仅仅是网络平台自己的问题，但却是网络平台所代表的整个移动互联时代的整体性问题。表面上看，民众进行社会参与的能力增强了，但是其参与行为的质量却大幅度下降。本来应该能够被凝聚下来并且持续推进的某些社会动员或者说社会资本，不可避免地被常规化、娱乐化甚至庸俗化了。普遍热情的背后，却是真正公共事件参与意识的衰落。

整体来说，平台所构建的互动机制很大程度上决定了平台的用户如何同其他玩家进行交流。毕竟，对于单一用户而言，平台拥有的绝对用户数量通常不是最关键的，有多少人能够和其进行有效互动，不同用户之间又是以何种方式完成这种互动才更为重要。对于平台来说，如何按照自己的需要打造一个能够圈定用户行为进而支持平台内部再生产的互动体系，往往预示了平台在自己所创造的市场空间中所营造的权力结构。

当然，在这种体系的框架内，用户同样在依照着平台设计的互动机制，获取自己的权力。正如福柯所说：

"权力不是一种结构，也不是一种制度，更不是某些个体或者群体天生具备的力量。权力是人们在既定社会环境中对某个复杂的策略性处境赋

---

① 2014 年，美国波士顿学院前棒球选手 Pete Frates 发起了 ALS 冰桶挑战赛。参与者需在网络上发布自己被冰水浇遍全身的视频内容，随后其可以指名他人接力这一活动。被指名者需要在 24 小时内接受挑战，否则就要捐出 100 美元对抗"肌肉萎缩性侧索硬化症（也称渐冻症，简称 ALS）"。冰桶挑战赛迅速风靡全球，传到中国后，雷军、罗永浩、鹿晗等知名人士也纷纷参与挑战，在中国网络社会上掀起了一阵关于冰桶的热潮。然而，与网络上活跃的转发、点赞相比，真正关注渐冻症本身的人却寥寥无几，更多的人仅仅是将其作为一个打着关心 ALS 旗号并且能够表达自身社会责任感的网络狂欢。

予的名称①。"

而平台内部所建立的一系列互动的可能，便是这种所谓策略性处境的基础。每一个场域都有着与之对应的自洽的实践逻辑，用户在平台里按照特定模式流动，权力也随之在互动中流动。它并不是一个纯然同质化、均一化的实体，而是随着用户在互动中不同的策略选择而逐渐积累的能量。在平台建立的基础互动网络中，各方根据这种规则或者说玩法明确每一个节点的划分以及关系的设置，权力的分布在这一过程中变得不平等，也变得愈发复杂。在互动中，群体的内涵和外延被明确，新的权力系统凭空出现，供人们在这个虚拟的场域中不断争夺。

主体价值赋能者

当然，基于互动的权力并不是平台能够赋予参与方的唯一能力。事实上，当下大多数的移动互联平台，都将自己描绘成为能够极大激发主体价值，满足主体需求的工具性实体，进而与参与方实现更加深层的捆绑。

对于平台内的参与方来说，平台类产品就像自己的一个房子，除了大小之外，是毛坯还是精装、物业管理如何、小区有没有配套的健身房游泳馆、周围交通是否便捷、地处一线城市市中心还是三线城市的城乡接合部，都直接决定了房子本身的价值。

《权力与繁荣》的开头，奥尔森提出了一个问题：什么是对繁荣最不利的因素？他给出了一个十分深刻的答案，即当存在刺激因素促使人们去盘剥而不是创造，去掠夺而不是生产，并以之作为获取收益的

---

① 米歇尔·福柯（法）:《性经验史》第一卷，佘碧平译，上海人民出版社，2002，第69页。

更好方案的时候，社会就会陷入低谷①。作者举了小偷和黑手党家族的例子来说明这一点，即尽管黑手党通常被认为是无恶不作的象征，但一旦一个黑手党家族控制了某一地区，他们就会对偷窃行为进行整治，甚至，黑手党们还会为当地居民提供一些必要的生产资料和公共物品，以保证整个地区生产能力上涨，进而自己也能够获取持续性的收益。

在移动互联平台中，其逻辑也是一样的。个体参与方在平台中所扮演的角色就像那些在黑手党控制地区的居民一样，当居民能够创造的价值更多的时候，平台能够获取的额外收益也就更大，平台的整体控制也就愈发稳定。所以，为平台的参与方提供稳定的内部环境以及创造价值的生产资料，就成了实现对于这一空间进行深度控制的前提条件之一。

在前文中不断强调需要将移动互联当作一种代理而不能仅仅视为赋能，那是因为我们需要寻找到一条能够指引人们真正终点，看到那新时代规定性原则的道路。是批判逻辑的诉求反向将我们的视角"逼迫"到这一层面的，然而如果抛开这种出于警醒之目的的咬文嚼字，单单将移动互联摆在我们面前，没有人会否认它究竟给我们带来了多少欣喜和多少新的能力，而这些能力，其实都可以被称为"赋能"。

赋能这一概念的范围本身就比较宽泛，如果从最广义的角度来理解的话，平台提供的空间、互动和后面需要讨论的标准和信用都可以被称为赋能。这种总体性的赋能实际上就代表了平台重构的连接关系自身，它指向的是在移动互联构建的新关系框架中，使得参与方交互得以发生的能力支持。然而在这一结构中我们需要讨论的赋能，却是广义赋能中的一部分，即"主体价值"的赋能。和广义的整体性赋能不同，主体价值赋能偏重于对于主体自身在交互中所提供的对价的赋

---

① 曼瑟·奥尔森（美）:《权力与繁荣》，苏长和、嵇飞译，上海世纪出版集团，2018，第 1—2 页。

能。这种赋能并不单单是针对参与方为其提供满足需求的内容以及服务，更包括了让那些内容与服务本身增值的能力。

例如，对于很多以内容生产为核心的平台来说，一个十分为它们所重视的问题，是如何帮助平台上的参与方不断创造新的内容，并实现产品触达，即"生产能力"方面的提升。在提供服务的过程中，平台希望利用人工智能、大数据等技术直接参与到价值创造的流程里，而不仅仅进行对价值的协调与再分配[①]。相比于可以依靠资本积累完成的补贴和流量引导，一个完善的生产赋能体系更加考验平台的底蕴以及所能营造出的竞争壁垒。

同时，对于平台来说，能提供给主要参与方的价值也并非一定要局限于平台内部赋能，平台在运营过程中，也可以引入更多的外部支持者，在平台的运营框架中为参与者提供更加多元化和专业化的服务。例如，阿里巴巴在搭建网购平台的时候，除了网购行为的卖家买家两端，还引入了种类繁多且数量庞大的第三方软件服务商、网购产业的意见领袖、代工厂、广告公司、代运营商、导购网站、返利网站等。以商品为核心，围绕购买行为对平台参与方提供多角度的增值服务，在赋能的同时，让服务提供方也深入到复杂的电商生态圈当中，从中获益。[②]

[①]　例如在百度的百家号平台里，创作者在输入内容时，平台能够依托大数据与人工智能算法对作者的写作意图进行智能识别，进而利用知识图谱功能向创作者推荐权威的资料和图片。成稿后还会向创作者推荐正版版权图片，并且自动纠正错字、病句等。最后再通篇检查，指出分段、配图上可以优化的地方。

[②]　与此类似的，2018 年 1 月腾讯投资了 SEE，后者是一个专门为微信中自媒体和微店提供服务的企业，服务内容包括技术供应链、交易前中后的电商相关服务、日常运营等。这一投资使得腾讯得以在平台自身和参与者之间建立某种"中转站"。SEE 的运作能够帮助腾讯直接控制和引导众多微信中自媒体的运作流程和落地成果，同时也能够凭借 SEE 和自媒体的合作关系加大自媒体在腾讯微信平台的整体投入，更稳固地把控优质的内容厂商。

在这里，平台的演进过程又可以与城市的发展策略对应起来。当一个城市需要招商引资的时候，便往往会给那些潜在投资者税务上的优惠、开放充满机遇的市场、维持稳定的政策环境、帮助其提供配套的投后管理、保证投资项目能够有足够的客群等。实际上对于平台来说，这样的模式是通用的，而这一套完整的策略，一方面通过更多层次的交互，实现了对来此平台的参与方的深度影响；另一方面，也可借助参与方被放大的能量，为整个平台系统提供更大的外部竞争力。当然，平台又或者城市的发展都不仅仅需要进行对于商业主体的赋能，同时也需要针对消费主体给出越来越好的条件。正如城市会不断提高对于弱势群体的福利政策、奖励那些"勤勤恳恳的"工作者、强化基础设施建设一样，平台在面对 C 端用户的时候，也会不断强调，自身的一切赋能中，最根本的就是对用户的赋能。而只要跟随平台脚步的用户，平台也从不吝啬，给它们越发优厚的条件和环境，让消费者身处其中，也不断获得更大的权力（会员等级制度就是一个很好的例子）。

但不能忽视的是，在很多情况下，平台对于主体价值的赋能也会衍生出不同主体之间的对立，这当然与平台引导的交互模式与权力关系相关，而其最为集中的体现通常是平台在"补贴方"与"被补贴方"之间的不断调整。

对于大多数平台来说，处于不同的发展阶段时，通常要针对参与方采取不同的态度，甚至部分情形中，需要通过"打压"一方来"讨好"另外一方。例如，亚马逊平台上，对于自营产品，亚马逊采用的是自动退货退款政策，用户能够通过简单的申请流程进行退换货。而随着亚马逊上商户的逐渐增加，以及平台市场话语权的扩大，亚马逊已经强制将这种自动退换货的模式延伸至平台内部的第三方商户当中。① 显然，在这样的规则设计中，买方的确被进一步赋能了，而卖方的权力则受到了很大的挤压。可这也并不仅仅是一个此消彼长的零和博弈，因为同时把握了买家和卖家的亚马逊，成为表面对立背后，能够最终创生新收益的主体。相信在贝索斯太空飞行前，那好几万联名请愿希望其"留在太空不要回到地球"的人里面，应该有不少亚马逊的卖家吧。在移动互联市场中，平台大多都处在这样一个制衡的关键位置上，其设计和偏向能够轻而易举地制造出参与方之间不平等的市场地位，就如同冷眼旁观党争的帝王一样控制着斗争的格局和走势。而一个深谙制衡之道的平台，也必定会促使参与方在强化自身竞争能力的同时，形成对平台赋能的进一步依赖。

　　所以，主体价值赋能的最终目标，是平台赋能的手段和参与方主体价值的"不可分"。当平台构建了一套完整的、支持主体价值升级的框架和流程之后，对于参与方来说，所要做的便是将自身嵌入这一套流程中，进而专注于"自己喜欢的事"就好。但是久而久之，对于任何参与方来说，当尝试将自身抽离出平台的时候，也就不是一个简单的连接关系的迁移了，而变成了自身和一整套能力系统的分割。在这样的逻辑下，主体价值赋能，就不可避免地在表面双赢的结构中，构建出了权力的隐匿单向影响。这就像古代的将士打仗一样，身着铠甲能够大幅度降低死亡率，铠甲因而成为将士的"赋能者"，但是那些有经验的老兵都清楚，打完仗之后，哪怕很累，铠甲也是绝对不能马上脱掉的。因为身着铠甲之人，已经习惯了铠甲给的压力和保护，一旦脱掉，免疫系统和机能系统来不及调整，就很容易伤寒甚至中风，死亡率极高。

　　古人称之为"卸甲病"，而这个病症其实可以被类推到我们对任何

---

① 2016 年 9 月，亚马逊上很多外部商户就收到了亚马逊官方的这样一封邮件："亲爱的卖家，自 2016 年 11 月 1 日起，美国的卖家在处理退货时将自动沿用亚马逊的退货政策，亚马逊将会代表卖家为顾客提供预付退款标签。"

一种异己的赋能者的偏执依赖之上。

市场标准整合者

早在移动互联时代到来之前，互联网大潮就已经成为了自由主义者认定的合法未来。这个虚拟的空间，往往被视作脱离传统大工业生产模式的全新市场。个性化、多元化等元素被反复强调，垄断和标准化成为了陈腐的叙述，成为了上一个时代资本主义生产过程和消费过程对于个体的全面压榨[①]。人们迫不及待地希望从现代性核心运作逻辑之一的"标准化"，往后现代那去标准的反权力生活过程中跃进。但是，当移动互联发展到今天的阶段，各类平台逐渐代替了那些以大规模生产为核心的企业，成为用户最为熟悉的市场主体的时候，我们却发现，个性化和多元化其实始终都被限定在了一个相对有序的范畴当中。未来再一次讽刺了我们的期许，因为人们看到，即便所谓的"千人千面"早已成为企业宣传的有力手段和企业发展的努力方向，标准化也从未消失，它仅仅是通过其"形态"的转变，以不再那么明显的态势呈现在用户面前。以往的标准化，很大程度上依托于现代化中高度精炼、趋向量化[②]的实践手段，而当"量化"被数字转型推向极致的时候，这种标准却升级到了一个我们几乎认不出的阶段，融化在整个多彩的网络世界中。它反向成为了移动互联平台面向参与方所能提供的一种非常重要的支持，并同时暗示了平台如过去大型生产企业一般

[①] 正如福柯曾经认为现代性是"一种独特的文明模式，它将自己与传统相对立，也就是说，与其他一切先前的或传统的文化相对立：现代性反对传统文化在地域上或符号上的差异，它从西方蔓延开来，将自己作为一个同质化的统一体强加给全世界"。引自：鲍德里亚（法）：《遗忘福柯》，道格拉斯·凯尔纳（美）、斯蒂文·贝斯特（美）：《后现代理论——批判性的质疑》，张志斌译，中央编译出版社，2001，第145页。

[②] 施密特：《历史和结构——论黑格尔马克思主义和结构主义的历史学说》，张伟译，重庆出版社，1993，第1页。

的强大市场权力。

　　平台主导的标准化实际上从电子产品的发展初期就已经被注意到了。1984 年，苹果的麦金塔电脑解决了一个很重要的问题。当时，以苹果操作系统为平台，不同的应用程序都根据自身设计理念推出了自己独立的键盘指令，使得用户在使用过程中需要耗费大量的精力适应不同产品的操作方式。针对这一问题，麦金塔电脑首次引入了一套标准的命令集，例如 Z 是撤销，X 是剪切，C 是复制，V 是粘贴，W 是关闭窗口等，并且要求每个在这个电脑上接入的程序都必须遵循这一套标准，极大减少了用户在使用不同产品过程中的困惑。至今，这套标准还能够在包括苹果、Windows 在内的众多操作系统当中看到，并且被每一个用户所熟知。

　　相对于传统大工业标准化运作导致的产品同质化、通用化，运营的系列化、流程化等表现形式；当前平台中的标准化通常指的是模块上的标准化，以及从"产品标准"延伸至"组织标准"的整体趋势。这种标准化没有特别地显而易见，但实际上无论用户多么个性化的需求，都不免在这种整体标准的大框架下被呈现。这种模块化的标准指向的并非是最终呈现的对象，而更多的是实体呈现的方式以及连接的过程，正如 1982 年欧洲各国电信机构制定的移动设备集成用户识别模块（SIM 卡），以及 1996 年 IBM、英特尔、微软、康柏、DEC 等公司共同制定的个人电脑的通用串行总线标准（USB）一样。面对日趋复杂的交互系统，标准化成了交互得以实现，网络特征能够被最大程度发挥的基础。移动互联平台中，这种标准化随处可见。以淘宝为例，这一购物网站尽管包罗万象，在虚拟空间中展示着十数亿的不同种类商品并容纳着千万级的商户，但却为每一个商户，都提供了一个统一的注册界面和标准化的认证方式，并建立了与标准化认证相匹配的商户赋能系统。认证结束后，在实际运营过程中，标准化也一直伴随在商户左右，每一个虚拟店铺中，店铺主页虽然能够充分展现店主的创造力，让不同店主根据喜好进行种种美化设计，但其商品却遵循着标准化的分类以及排列方式。[①]

在这样的标准化框架中，用户感知到的，是一种"有序的个性化"，即多样化的需求通过一种统一的方式进行编码和解码。每一个用户都能够预见到，在何处能够发起和处理自己的需求，会怎样接收到平台提供的信息并且对其进行理解，而平台又将会以何种方式对自己的需求进行回应，在充分熟悉这种标准化的平台组织架构之后，交易双方在平台内的互动成本将会大幅降低，因为尽管需求是多变的，但是解决需求的方式却是相对一致的。

更进一步，在搜索引擎的帮助下，甚至需求本身都可以被解码，用户个性的诉求会在系统中被拆解，成为标准化的，能够被平台处理的表达方式。例如一个希望参加公司并不那么正式的晚宴的中层领导，其购买衣服的标签很有可能会被拆解为："黑色—青果领—宴会—单西"等。而这样被解析出的诉求又可以被平台辅以数据方面的支持，使得个性化被标准化分离和处理，进而再通过平台进行还原，达到个性化的最终回归。

所谓标准化，其根本意义在于平台创造了一个完整的符号框架和规则框架。对于无数纷乱的虚拟符号，平台帮助每一个参与方进行了某种初步的审查与筛选，基本锚定了符号所处的位置和将会被调用的方式，进而保证无论参与者如何在系统内进行个性化，都在很大程度上，是在平台对于符号的管理系统内进行的微观调整和创新，而这样的标准应用，反过来也不断强化着平台所提供整个空间及符号架构的

---

① 如手机淘宝中，进入店铺后通常可以在页面下方点击"分类"按钮查看该店铺不同分类下的所有产品。此外，虽然网站上产品的形态各异、属性不同，但是不同产品却秉承着相似的展示模式，网页版本中，界面左边呈现产品图片以及视频，右边则提供产品名称、型号、数量选择等模块，进而，不同的用户在不同的产品界面中，采用同样的方式"加入购物车""立即购买""支付"。整个流程中，无不体现着标准化的用户交互模式。

稳定性与合法性。而在标准化为平台的符号控制提供助力的同时，很大程度上也减少了用户在使用平台时的困扰。这种被平台所规制的有序个性化更容易被用户所理解和接受。当初，Facebook 战胜 MySpace 和 Friendster 进而几乎统一个人空间社交媒体平台市场的关键点之一，就在于前者的系统中，设计了个人资料页面的标准格式，采用了半开放的个性化。而后两者过于强调个性化，导致用户在进入别人空间的时候需要花费较大的精力去适应那些自己不熟悉并且纷乱复杂的符号排布方式。类似的标准化逻辑，尼葛洛庞帝也曾从一个很小的角度切入进行过一段论述，却有很大的参考意义：

"能改变字体和字号的诱惑污染了现在许多大学和企业的文件，许多人浑然不觉地混用不同形态和大小的字母，一会儿用正常字体，一会儿用黑体，一会儿又用斜体，一会儿再给它们加上阴影。只有在对印刷版式有了更深一层的了解后，才会明白，坚持用单一字体反而更恰当，变换字号大小也只能偶一为之。'少'其实可能反而意味着'多'[①]。"

而回过头来看，难道 Facebook 没有为用户提供一个个性化的空间吗？并不是，实际上，对于社交来说，个性化的重点体现在内容而非形式上。就好比语言，无疑是充满个性的，然而它却是建立在一个巨大的标准化框架之下的。我们可以不断用同样的语言、音节、音量来述说完全不同的主题，但如果语言学的标准系统被挑战，如互联网早期的"火星文"或者许多由特定的梗衍生出的"黑话"，就会使得沟通存在一定的问题了。这种标准化追求的是降低社会成本，或者如前文所说的对于交互的"动员"。它的代价是人们需要顺从规则，正如每个人从小都需要花费大量精力去熟练掌握语言一样。但是同时，这种对

---

① 尼古拉·尼葛洛庞帝（美）：《数字化生存》，胡泳、范海燕译，电子工业出版社，2020，第 22 页。

于规则的承认，也是人们在掌握语言之后，构建起无数瑰丽的文学巨著和宏大思想的基础，规定性和个体性在这里得到了完美的统一。而对于其他类型的产品，实际上我们也面对着类似的逻辑，形式上的标准化往往能够成为实质上的个性化的温床。然而，也正是在这种对于标准的认同过程中，我们进一步接受了环境赋予的规则，并且强化了对于环境本身的依赖。久而久之，标准化就与其背后的平台规定性一起，成了不惧任何异议加身的信任对象了。

信任体系构建者

信任的含义较广，在社会学、心理学、经济学等不同领域中的应用都不尽相同；但总有一个起码的共识，即"信任"是个体在社会中进行各种互动的核心基础之一。信任使得人们在互动中能够拥有一种对未来的理性预期，以及对意义的客观共识。在《大断裂：人类本性与社会秩序的重建》中，弗朗西斯·福山表示：

"信任是构成社会资本的合作性社会规范的主要副产品。假如人们如所想的那样信守承诺、奉行互惠准则、拒斥机会主义行为，团体就很容易形成，如此形成的团体也更有能力达至共同的目标[1]。"

当然，我们也可以想象一个完全不存在信任的社会，或者说按照福山的比喻，一个"完全由满脑子想着欺骗和出卖同胞的恶魔组成的社会"。然而这种社会从逻辑上是难以存续的，因为当所有人都变成恶魔的时候，人们就会发现，如果与另外一个恶魔合作，反而能够获得相对于欺瞒更多的利益，这种纯粹的利己主义会反向推动"恶魔

---

[1] 弗朗西斯·福山（美）：《大断裂：人类本性与社会秩序的重建》，唐磊译，广西师范大学出版社，2015，第53页。

们"展开合作，并且最终成为某种意义上，信任他人并且被人信任的
"天使"①。

　　而人与人之间的信任实际上仅仅是信任整体范畴下的一部分而已，
从最广义的角度上看，信任是主体存在于世界内，和世界发生关系的
根本所在。当主体面对世界时，这个世界一定是流变的，是充满不确
定性的。这种不确定性使得"认识世界"成为几千年来人类哲学和科
学探索的最大动力。而面对不确定的世界，作为实实在在活着的我们
却必须要给出某种确定的行动，这样的矛盾便为人们摆出了两条道路：
一条是缩减不确定性，另一条则是承认不确定性但将其中的某些部分，
视为确定并进行操作。这第二条路便是"信"。

　　这两条路是很有迷惑性的，骄傲的人类往往不愿承认自身的有限
性，坚定地踏在前一条路上。科学的快速发展更让人们觉得这一条路
尽管崎岖坎坷，但却指出了一个正确的方向。于是第一条路上尘土飞
扬，行者看着第二条路，悲叹于它仅仅存在于人们的主观信念之中。

　　然而，第二条路却是我们无论如何都难以摆脱的，存在于世，我
们不可能将一切的不确定性消除，甚至人们可以说，我们不能进行这
种彻底的消除。就像启蒙时代经验主义者们所坚信的，一切确定的知
识都是可疑的，甚至连怀疑本身都是可疑的，那么怀疑论者们如果想
存活于世，就必须选择相信某些需要相信的。正如笛卡尔一定要从
"我思"推出"我在"的逻辑线，也会不断被后来人攻击，说他必须通
过推理而不是直接相信自己存在，其实是一种做作。而致力于沟通经
验论和唯理论的康德则在论述了知识的可能之后，通过其道德观的论
述为信念给出了一个新的存在空间，即恰恰是因为不确定性的存在，
我们才给自由留了一条出路，也就才给道德留了一条出路。因为一切
皆成定数的世界，是不存在自由的，便无所谓选择，进而无所谓道德，

---

① 弗朗西斯·福山（美）：《大断裂：人类本性与社会秩序的重建》，唐磊译，广西师范
大学出版社，2015，第 178 页。

无所谓人性。

所以，第一条路看似越走越宽但实际上越走越"窄"，因为人们越是往下深挖，就越是会发现无数被视为确定的东西，却来自某些我们必须相信的假定①；第二条路看似越走越窄但实际上越走越"宽"，因为人们越是往前推进，就越是会与更广阔的世界发生关系，也就越是需要借助信任和人类的自由意志来完成这种交互，而不是等待一切确定性事件的必然发生。

在这样的过程中，我们必须将许多问题悬置起来，不去追求其根本的确定性，而是将在具体社会实践中表现出的现象的确定性视为能够赖以参考的要素，即对其进行一个"还原"。而从不确定到确定的悬置过程，就是一个主体对于某些外部性规则或者实体进行承认的过程，进而也就是外部于主体的存在获得针对主体的影响——某种意义上的权力的过程。换句话说，信任和权力是不可分的。这二者所得以存在并发挥作用的场景，都是以维系社会交互过程为目的的；无论是信任还是权力，其证明自身的路径也都是对于社会过程的影响和对于社会资源的役使。信任所构建起来的社会系统中必然存在权力结构的表征；而权力谋求的投放过程中，也往往期待着某种与信任相互映射的承认关系。对于包括平台在内的任何大型权力主体来说，信任都不仅仅可以是其权力的来源，也是其权力运作的目标之一。

所以说，信任历来存在，也几乎不可能被消除，而随着社会交互范围的增加，我们对于信任的依赖或者使用也在增加。只不过由于我们对于许多不确定性的悬置，使得信任以一些其他的形态存在，例如对于权威的迷信，或者对于科学的推崇，再或者对于某些规则的习以

---

① 拉康认为"意识的确定性总是会受到某种别的东西的支撑：亦即被怀疑、未知或不可知的，亦或是弗洛伊德将其命名为无意识的东西所支撑。"参考：肖恩·霍默（希腊）：《导读拉康》，李新雨译，重庆大学出版社，2013，第 90 页。

为常，这是一个信任的转移，而不能够完全被视为不确定的消除。移动互联领域中，我们的互动边界从之前已经被极大扩展的物质边界一下子跃迁到了一个几乎无边无际的虚拟空间当中。而在这里，无论数字技术多么乐观地宣称着技术理性的有效性，我们都不得不承认，面对突然展开的全新画卷，我们对"信"的需求可能比以往任何时代来得都更加强烈。面对不确定的场景和参与方，我们必须选择一定程度的相信，而即便这种相信是依靠技术或者第三方的认证而被建立的，我们也需要对技术、技术拥有者和第三方给出信任。在支付宝声称解决电商中卖家和买家之间的某些信任问题的时候，实际上信任没有被消除或者悬搁，我们对于这部分信任的诉求恰恰被转移到了支付宝中，只不过此时的信任通常不会被提出并且放置在显眼的位置上。

这里先就一些表层的信任逻辑进行讨论以满足本节从结构分析角度出发构建平台的角色系统的目的。下一章将更进一步展开。

对于平台来说，平台的核心作用是提供连接关系，换句话说即是完成对于不同行为主体的聚合，无论这种聚合的规模如何，以及是否能够形成一个完备的社区。而在此过程中，对于参与方来说，平台所提供的一切，包括空间、标准、符号系统甚至另外一个参与方，是否是可信的，其价值是否是能够被广泛认可的，其互动模式和结果是否是可以被预期的，是至关重要的。从此种角度看平台，信任体系的建立不仅关系到平台所提供之场域的稳定性，也不仅关系到平台内部参与方之间互动的效度，更关系到平台是否能够建立一个相对成熟的，对自己有利的权力系统。

平台承载的信任，有狭义与广义之分。

狭义的平台信任，相对比较容易理解。如世纪佳缘，作为婚恋网站，其平台所连接的是"男方"与"女方"这一组互为需求和解决方案的参与者。在这个可能影响自己终身大事的平台上，如何让用户认定自己的配对者"可信"就显得尤为重要。因此，世纪佳缘会提供实名制、基本信息介绍、会员照片审核等多种标准来增加互动双方的可信度，使得互动更加理性和安全。这就是最为简单的狭义信任，即平台参与方能够认定与自己互动的对象是可以提供真实有效的"对价"的，解决的是资源对接全过程中的风险问题。又如大众点评上的餐馆，虽然用户可能无法直接进去试吃，但是其他顾客的评论和贴上去令人垂涎的照片却是相对可信的 ①。

这种信任实际上并不必须要借助平台才能够完成，但却可能因为平台的存在而拓展自己的应用范围。正如硅谷早期的投资中，收益较为不稳定，经常出现问题，创业者和投资人都容易因为错误的决定导致对方的损失。但是面对自身的损失，大多数人并不会提起法律诉讼（尽管事实上很多情况下诉诸法律也无法得到有效帮助），而是将这种违约或者损失公之于众，通过在社会共同体中信用价值的降低，来约束相关合作方拿出自己最好的表现参与到投资行为中 ②。而后来平台的出现，则是为这种信用价值的评估以及传播提供了一个更加高效的方式和更加广阔的空间，降低了信任积累的成本的同时，从侧面增加了失信的损失。如在硅谷中，当创业者给投资人以及投资建议书进行评分的网站 TheFound 出现后，众多的创业者就转向该平台，期望能够通过一个相对更加公允以及透明的评价体系降低自己寻找投资方的潜在风险。

而所谓广义的信任，则是指平台能够超出其包纳的任何一种单一互动，进而塑造出如卡斯特所描述的那种建构性的，群体对于共同意

① 与此类似，Airbnb 所提供的远在天边的房间，其上面经过认证的基本信息、以往住客的评价以及店主的联系方式等也会给私人房间在很多情况下提供一个几乎不弱于酒店品牌的背书；再或者天猫店铺上面显眼的钻石和皇冠（需要靠评价等相关互动累加进而获得），也都昭示着"本店铺与那些靠弄虚作假欺瞒用户的同行不一样"。
② 阿伦·拉奥、皮埃罗·斯加鲁菲（美）：《硅谷百年史》，闫景立、侯爱华、闫勇译，人民邮电出版社，2016，第 18 页。

义的创造，以及维系的"想象的认同"[①]，一种由平台本身的符号特征所代表的更加广泛且相对无形的信任系统。具体来看，它可能包括了用户能够认同平台本身的边界和价值；能够理解自身在平台上行为的有效性并且能够预见到行为的结果；能够信任平台构建的社会关系、等级系统甚至货币等价值流通网络的确定性等。

就像知乎的重度玩家通常都愿意相信知乎作为一个虚拟的平台是拥有其边界的，是能够将他们这样（起码自认为）有思想、愿分享的人与"他者"进行虚拟空间的划分的。用户相信知乎构建出的这样一个基于话语权互信的场域，也相信在这个场域中，用户的分享行为能够传递使用价值之外的信用价值，是能够展示身份、表达情感和信任的。这种共同的想象最终便催生出了"ZhiHuer"这一用来形容知乎用户的专有名词，以及由这个名字、这个网站和这群人定义出的虚拟领域。这一过程中，平台从最为宏观的自我定位开始，就有意识地将自己向"专业化""共享""无偿""趣味性"等符号上靠拢，同时在每一个回答者ID的下方都会以小字标注其职业、特长等[②]。而随着知乎问答系统的逐渐完善，"知乎"也完成了符号化意涵的转变，成了互联网领域中，普通民众（以及部分专业领域）知识以及经验的合法来源之一，被人们所信任甚至被部分人所崇拜。

除了对平台本身所代表的符号价值以及围绕它的一系列社会实践形成信任之外，使用者对于平台的功能或者说提供的工具性价值同样会产生某种信任。近年来，网约车软件市场发展十分迅速，经历了声势浩大的补贴战之后，滴滴与快的合并，基本统一了国内网约车市场，

---

① 曼纽尔·卡斯特（美）：《认同的力量》，曹荣湘译，社会科学文献出版社，2006，第7页。
② 该标注实际上不限定职业描述，但是知乎的标准化设计向主要用户提倡标注职业的叙述方式，且成功引导大多数用户接受，并借助每一个职业符号本身指涉的专业性为互联网的问答背书。

并控制着无数已经在补贴战中被教育好的用户。而在教育网约车用户的过程中，最为关键的问题，其实并不是用户如何操作以完成打车流程，而是让用户相信，只要通过这个软件，输入起始地点，就能够叫到车，并且能够清楚地知道行车的路线、预期的价格、大致的时长。这种信任和习惯的潜意识培养相对于熟悉一个移动互联软件的操作方式更加困难，但价值无疑也高出许多。只可惜，对于打车软件来说，这种信任并非是指向平台本身，而是针对整个行业的。即当用户被教育之后，所信任的并不仅仅是滴滴这个名字，而是打车软件这种商业模式。因此，当 2018 年美团打车突然进入市场的时候，其相似的操作流程实际上明白无误地告诉了用户，"你来我的平台，也肯定能通过简单的操作，打到回家的车"。

对于平台能够提供的关系、等级、货币等系统，一个优秀的平台能够让用户去认可这种被共同想象出的价值，并且从整体上承认这种价值体系存续的合理性。就像 QQ 那个耳熟能详的例子所表现出的，作为中国互联网领域中最为年长的社交平台之一，其变现初期却基本只能依靠着 QQ 秀这种虚拟产品。为何这样的虚拟产品能够成为腾讯千亿帝国累积资本的第一桶金？ QQ 秀的价值固然在于美观，或者说成为当时为数不多的个性化的出口。但是归根结底，其成功的关键在于，QQ 秀在玩 QQ 的人群中，连接着空间的个性化装扮、黄钻、QQ 成长特权等，共同构建了一个能够被广泛承认的价值体系。黄钻也好、QQ 秀也罢，都在于其背后蕴含的所有者的特征能够被其他参与方简单地获取并认同。QQ 秀让人们在充满了虚拟、不确定性的网络当中，找到了一个相对具有固定价值的符号意义，甚至一个完整的序列（正如腾讯不断将 QQ 秀的系统复杂化，为用户提供处于同一个大框架下，相互之间存在微弱指涉关系的庞大符号池）。此外，在 QQ 所构建出的这种信任系统中，个体所展现出的 QQ 秀特征能够一部分的被内化成其自身的特征，从而完成虚拟对现实的价值投射，一个具有高符号价值 QQ 秀的孩子，能够一定程度上被他人认为是"有钱的""有个性的""酷的"。

QQ 秀的例子引出了信任系统的一个重要特征，即信任的最大价值一定在社会化中体现。当个体身处于一个场域当中的时候，这种社会化的信任以及对于实际行动和价值的承认，便如上文所说，成了资源的对应物。于是，信任便在一定程度上成了保障场域内个体所积累的资本的认证系统。正如某些崩盘的货币不再能够代表有效的价值一样，资本的积累在此时因为信任和承认系统的崩溃而翻转了其原本所代表的价值。实际上这样的例子在我们身边（如果以年为单位的话）随处可见，就像潮流的变迁能够轻易使得原本"值钱"的东西"不值钱"。如在几十年前，当"集邮"成为一种潮流的时候，邮票的价格也就水涨船高，而如今，这样的社会活动已经不再有曾经的价值认同作用，进而也使得和其绑定的资源本身的价值不断下降。

所以对于平台来说，其所塑造的符号和秩序需要被信任，进而获取稳定的（最好还能够不断增长的）虚拟价值。且除了个体自己需要相信它们是有意义并且能产生价值效应的，同时个体也需要能够预测这种价值是普适的，是能够被平台中的其他参与方所承认的。这种信任并非是一个人的狂欢与自娱自乐，而是很多人的肯定和众口铄金。就像在银行卡系统中，如果用户拿出一张罕有的黑卡进行支付，但是黑卡这一符号背后所代表的个人财富以及社会地位却不被广泛承认，反而会被所有人嘲笑卡片没有旁边高中生的游戏联名卡好看，那么这个平台所提供的信任系统，一定是不完善的。在这样的过程中，平台所有者如何通过自身对于规则和符号的控制、解释、传播，构建更加有生命力的信任关系，便尤为重要了。这是一个关乎平台权力，乃至生死的大事。信任体系构建者，便也成了平台在移动互联市场中所扮演的众多角色里，最为顶层的一个。

总的来说，平台在移动互联市场中扮演的五种角色里，第一个

"交换空间提供者"和最后一个"信任体系构建者"，和其他三种角色有本质上的不同，前者是一切的基础，既是我们感知平台的先验基础，也是平台能够连接参与方并且构建自身权力逻辑的客观基础；后者则是一切的目标，即平台的权力最终将具象地体现在信任体系的构建和运作过程里，信任也因此成为贯穿于整个平台的一条隐含主线。而这五种角色之间，正如之前的论述中已经表现出的那样，也有着相互支撑、相互影响的关系，就像对空间的掌控往往能够引导赋能的方式，而互动模式一旦被建立，实际上组织的标准化就也几乎同时被明确下来了。

前文说过，移动互联中的平台并不仅仅纯粹地连接着这个新的世界，而是将主体与世界原本的许多牵连切断并且重建。而当世界重新在我们面前组装完成之后，虽然我们看到的表象似乎仅仅是一个线下到线上的迁移，但在这背后，世界的每一个零件，都被重新设计了。空间和信任是这个新世界的"实体与精神的本源"，以此为基础，平台五种角色组成的稳定结构慢慢呈现在我们面前。

需要注意的是，这五种角色并不专属于平台，也并非每一个平台都能够扮演好这些角色，平台更不是仅仅拥有这五个角色。但是它们终究代表了平台在市场中重建连接关系过程中难以绕开甚至需要努力追求的五个较为常见的切入点，故而不可不察。

但是，讨论一直进行到这里，我们实际上都是在从一个静态的角度去看待平台，即从一个给定的成熟平台的视角出发，去看待它的角色。然而，任何一个移动互联的平台，都不会像呈现在凡·高美术馆里的《向日葵》一样，静待人们驻足品评；它们就是向日葵，活生生的向日葵，向着太阳转动、生长，自由地展现自己的生命力和可能性。平台必须被这样看，看作一个动态的、具备能动变化能力的场域和玩家。忽视了这种动态的视角，仅仅从一种既成的平台模型出发，便没有办法针对平台的存在逻辑给出一个真正完整的讨论，甚至，不能够对平台本身给出一个完整的认知。

　　平台在不断生长，这样的生长是一个辩证的过程，也是一个"斗争"的过程，当我们说平台在重构中以主体意识为出发点构建权力边界的时候，这些边界是在斗争中被构建完成的。而这些通过斗争获得的角色和能力，绝不会随着平台竞争的趋缓而稳定或者消失，反而会成为平台对内维持自身活力进而对外谋求扩张的重要手段。换句话说，平台给出的"重塑"，是一个完整的社会过程，是一个黑格尔辩证法意义上的"从潜在展开到现实"的过程①。我们不能够仅从结构主义的角度去审视，将之视为某种静态的给定系统，而是要深入到平台的具体斗争和辩证过程当中，从演绎的角度去寻找平台从无到有、从小到大的来龙去脉，并最终完成对于平台本身生长模式直至权力结构的梳理。

---

① 黑格尔（德）:《精神现象学》，贺麟、王玖兴译，上海人民出版社，2013，第57页。

第三节 / 行动着的大玩家：开端

从对于平台本身的定义和特征出发，我们很容易将讨论的思路延伸到结构性分析的逻辑中，而接下来三节的论述，则会在这条路上刹车，跳转到一种辩证的视角上去。之所以称其为辩证，是因为平台的发展和一切其他事物之辩证发展一样，是克服一系列原有条件的产物，包含着不断的，对前一个状态的否定和超越。我们说平台是一个独立的实体、一个统一的场域，但这种统一一定是动态的统一，正如人身体的细胞一样，新陈代谢聚合为活动的一体，反而，不变了、不动了，主体才会消失，正如细胞僵死一定会导致人出现问题一样，只有坏死了的东西才是不变的东西。所以，我们至今没有看到什么平台处在"静止"的境地中；要么成功，不断推出新的东西，调节新的关系，要么被市场淘汰，销声匿迹。

这是一个平台被时代推动着进行辩证发展的过程。这样的发展是必然的，进而斗争也就是必然的，而随着斗争产生的权力和压迫便也是必然的。平台的建成非一蹴而就。在这一辩证过程中，平台会一步步发觉自身的特有市场价值，利用移动互联场域本身赋予它的能量，并且尝试逐渐将价值和能量转化为权力，最终形成前文五个角色中，某些既定结构层面的权力表现形式。

其实多数时候，对于平台成长过程的研究才是移动互联领域里面备受重视的话题。而不少研究者和创业者也都期待着通过对于淘宝、微信的学习，去开创自己的"移动互联"神话。在这里当然不能否认针对成功平台所能带来的指导意义，但是仍有些问题需要在继续讨论之前进行简单的说明。

我们毕竟难以对每一个成功的平台进行一个系谱性的研究。在多变的市场环境中，除去平台本身的发展之外，还会有众多复杂乃至随机的外部因素影响，使得并没有哪个单一平台的成功是可以被完全复制的。而任何一个尝试从单一平台出发进行的研究，可能都难以避免地陷入某种对于逸事和戏剧性冲突的痴迷之中。更有甚者，有一些平台，当它成功的时候，就已经天然地封死了大多数竞争者对其自身的复制，例如社交网络，因为我们判定其成功的标准之一，本就是它对于特定社交行为的垄断能力，这种能力本身，便反向阻却了后来者的纯粹模仿。正如不可能有人按照腾讯的发展路线再发展出一个腾讯一样，当"腾讯们"出现并发展的时候，整个移动互联场域都在跟着调整，甚至可能当它们迈出一步的同时，促使并支持它们迈出这一步的前提环境就已经被这一步踏平而不复存在了。所以，如果不从平台的某些本质入手，而仅仅跟随平台演进的步伐，摩挲着那些足迹，是没有办法追踪到自己的目标的；足迹会在某一处突然消失，因为留下足迹的平台在那里一飞冲天，只剩下追踪者环顾四周，不能理解平台何以能够猛地展翅。

于是，在下面关于动态、发展的平台的论述当中，不会针对特定平台进行系统的分析，而是会尝试通过前文对平台本质和角色的讨论所积累的经验，来帮助设定一些多数平台发展过程中可能经历的共同过程，以完善我们对于移动互联平台这一新生抽象概念的把握。把握斗争中的成长过程，并非仅仅是抽离出它们的所谓差异化竞争能力，聚焦于平台和平台之间的对抗策略（尽管在实际表述时，确实将更多地从个体平台出发，以市场竞争为核心展开讨论）；而是试图简要地分析，当我们说平台成长为一个权力中心的时候，是何种关键要素给了它们不断前进的动力的。为何连接关系、网络效应、平台的内部结构、外部的生态扩张等，会成为它们展开市场竞争的核心切入点；而这些切入点又如何带着对于规则的窃取、对于符号的渗透，以及对于权力的热望，将平台推向移动互联时代的巅峰。

最后，需要注意的是，在接下来的论述当中，秉承的大前提，即"平台的许多能力和特征在运动过程中体现并扩展"并不可以被单纯理解并推演为平台成长的过程是一个不断运用权力并且针对参与方"加深压迫"的过程。从本质上来看，它实际上是一个平台与个体"（重构并）加深连接关系"的过程，只不过这种加深的连接关系，可能给潜在的压迫提供温床。而对于这种潜在风险的系统性考量，将会在后文逐步分析。

必要的本质主义视角

谈到平台，我们往往会直观地将其和网络等同在一起，并且顺理成章地把网络本身庞大的连接范围移接到对于平台的认知上。而平台自己，也总是乐得彰显其身为平台的某些得天独厚的"网络"优势，这难免便使得许多人愤愤，暗想着要不是微信已成气候，自己做出一个大型社交网络想必也不是什么难事，而那些做成大型平台的企业，也不过是网络化整体大环境挑选出的幸运儿。

事情当然不是如此，尽管大型平台的网络化规模总让人在面对它们时有种生不逢时且望尘莫及之感，但网络价值从来都不是平台的核心价值，哪怕网络效应能够帮助平台更好地发展，哪怕网络扩张能够让平台参与方获得更大的收益。

平台的核心价值，在于其促成交互的特有能力和方式。

任何平台都可以催生网络效应，甚至必须催生网络效应。因为具备网络效应是我们将某个实体定义为平台的先决条件之一，否认一个平台拥有网络效应就像否认"外星人是从外星来的"一样，从逻辑上首先就错了。但是，毕竟并不是每个平台都能把电商做得如亚马逊一般游刃有余。对于绝大多数平台来说，其发展都遵循着一个 S 形的成长曲线，即在创立的初期成长相对缓慢和平稳，而平台发展到一定阶段的时候可能因为激发了网络效应而迎来飞速的增长，并最终在市场愈加饱和的情况下重新放缓扩张的速度①。而在这一过程中，平台解决了什么样的问题，而非平台拥有多少活跃的用户，才是贯穿始终的重点，亦是平台价值的核心所在。无论是传播能力，还是变现能力，都在平台本身聚合了什么、连接了什么、提供了什么之上被慢慢组织成形。这种本质主义的视角，无论是对平台自身来说，还是对那些希望对平台进行深度了解的人来说，都是必不可少的。

所以，细细看来，绝大多数成功的平台，其事关生死存亡的第一个任务，其实并不是想尽办法让更多的人进入平台，而是如何做到，即便只有寥寥数人，平台仍然能够为其需求提供有效的解决方案。所谓只要有了人就能够"万世不朽"的时代，已经随着 MySpace、人人网这些巨头的谢幕而悄然结束②；而有了用户就有了变现的潜能这一命题，实际上从一开始也并不是一个必定成立的推论（甚至可能是极为有害的）③。在网络社会兴起之初，纯粹的网络效应尚且可以在一定程度上被组织所完全依赖，但是在当前已经相对成熟的移动互联时代中，

———————————

① 所以，相对合理的描述应该是，一个平台，会因为其所直面并且所解决的问题而聚拢最初的一批用户。在经历可能很长（如 QQ 的数年），抑或很短（如抖音的横空出世）的时间之后，平台有机会在其基础功能之上，借助网络本身的传播效应实现用户数量的激增。在这整个过程里，又会有时不时出现的变现手段，以及最后随着用户饱和而必须逐渐加深的增值服务不断夹杂其中。

② 可以设想一个场景，即当前微信的用户数量已经几乎等同于中国的移动互联网用户数，进而难以再单纯依靠使用者的增加而进行网络效应的扩大。只能坐等其他的社交类软件，慢慢扩张用户数量，逐渐逼近自己早就已经触摸到的国内用户天花板。而不难想象，当另外一个社交软件，其用户数量已经达到足以催生出能够自我进行"再生产"式推广的级数的时候，微信最为有利的竞争手段，一定不是相对于新软件，那多出来的几亿个用户，而是在促成人际互动这一领域，微信是否能够做到更加无缝、更加人性化、功能更加强大，微信这一产品本身，作为符号，能否承载人们对于社交的期望和情感。

③ 单纯寄希望于网络效应会形成一种错觉，即无论何种连接方式，其真正的价值是通过规模而非本质而体现的。也正是因为这样，我们能够看到当下平台型企业前期的"烧钱"扩张反而成了一种常态。烧钱当然也能烧出一个大型平台，但是平台成型后获得的高回报却可能仅仅是因为垄断而非因为平台本身，更有甚者，对于平台来说，初期越是烧钱，后期便也越是有可能因为成本回收的压力而偏离自身原本的设计路线和准则。

一个平台已经不能够幻想着自己的价值一定要通过庞大的参与方才能够实现了，而是需要从一开始就拥有冷启动的本钱。换句话说，平台更需要解决的是，在没有海量用户之前自己需要怎么办，万一没有那么多用户了又要怎么办的窘迫困境。

在很多情况下，一个平台冷启动的能力往往对应着其成熟后所承载的核心业务。而这种核心价值，则从同质化以及差异化两个层面对平台不断提出着考验。

所谓"同质化"，是指平台在试图打造差异化竞争优势之前，需要通过与其他产品在某种程度上"同质"，以获得最为基本的，在市场中博弈的资格，而不是在踌躇满志的时候就直接被同行踢出局，这是平台崛起的必要非充分条件。毕竟，对于大多数希望构建自身连接内核的平台来说，其切入的连接关系和提供的服务都难以做到是完全崭新的（那个时代已经过去了），而往往会在自身不同的业务条线中与已有的众多平台产生重叠（如熟人社交、商品交易、内容投放、共享服务等）。在移动互联时代，用户能够轻而易举地知道平台的竞争对手所能够提供的服务，以及获取这些服务的方式，尤其当这些服务已经成了行业的标配，甚至用户曾经在其他平台上使用过的时候。而对于用户来说，这种与平台打交道的体验，一定是由俭入奢易，由奢入俭难的。因此，多数移动互联平台在明确自己有什么别人没有的东西的同时，通常也会先确认，是不是别人有的好东西，自己都有了。就像当大多数共享服务都可以通过二维码进行认证和支付，如果一个后来者需要短信以及银行卡证明，那么又凭什么来让用户对自己多瞧上一眼呢？

甚至有的时候，平台不仅仅需要看同业的竞争对手，还需要看相关行业以及产业链上下游的参与方正在做出的改变。正如在近几年，家用电视的操作界面以及外观设计的调整，不仅仅是电视产业内部竞争的调整，同时也是因为苹果手机、亚马逊的 Kindle 等智能产品，早已经提升了用户对于硬件交互使用的阈值。曾经相隔甚远的产业，在移动化和数字化的进程中渐渐并肩，于是一个手机柔美的线条就可能成为对一个电视机笨拙棱角的犀利嘲讽了。而一旦确定了服务的阈值，就像前文说的，用户的要求就不会再下降回来，如果自身平台不能够满足这些基本需求的话，从一开始，这个平台就会与其竞争对手，处于两条不同的起跑线之上。移动互联的"整体性"在此亦得到了很好的体现。

借助着同质化提供的基础，平台通常会以差异化为武器，明确自身在市场中的专有位置，并稳固自身能够超越网络效应而存在的特定连接能力。这种能力对于移动互联平台来说并不容易获得，因为平台在寻求差异化的过程中往往会面临一个难以避免的悖论。

相对于传统制造业来说，互联网平台提供的是一种连接方式，以及随之而来的服务。但这种以某种"连接方式"为核心价值的"产品"，却也是最容易被复制的。这种现象可以用一组比较句式来表述：平台越是希望构建一个普适性的场域，其游戏规则便也需要能够被更多的人所接受，而越是被众人推崇的连接方式，也就会越简单，相应地，更加有可能被轻易复制。因此，很有可能越是成功的、具有巨大潜在客群的连接方式，也就越是开放的和弱壁垒的。这种弱壁垒，在BAT等大型综合移动互联玩家手握资本、技术、场景的多维度优势的时候，便更加成了新兴平台发展的困境源头。平台冷启动或者说差异化的能力，也就愈发难以被构建起来，进而为平台提供一个万无一失的屏障，因为往往屏障刚刚开始动工的时候，就被庞大的猎手发现了这边的尘土飞扬。

具体来看，在同质化的基础上，平台差异化大多从"实质性"的差别与"程度性"的差别两个角度切入。对于前者，根据平台所连接的标的不同，通常有不同的呈现方式。如连接熟人的社交平台和以陌生人为核心连接方的平台之间，就会存在这种差异。有时候，这种差异可以被视作其中一个平台在自身规则构建时存在的"固有规则劣势"，即某些平台视为立身之本的特定连接方式的对立面，成为寻求差异的平台的核心连接方式。如对微信实名、即时互动这一特点发起"攻击"的匿名互动平台，其针对的就是微信的"固有规则劣势"，即熟人社交本身，在这种情况下，微信难以在不改变根本连接关系的前提下，针对差异化的攻击手段作出完整且有效的回应。再或者针对天猫和京东（当前都以官方、正品为卖点）构建的充斥着仿品的拼多多等，也是利用着类似的逻辑。它们直接针对竞争对手的固有规则劣势展开布局，使得帮助平台获取市场权力的规则反过来成为平台容忍差异化竞争对手存在的原因。

对于程度性的差异化，相对来说则更加容易理解。它不需要平台提供一个规则或形式上的差异，而偏重于内容。尽管这二者之间并不一定那么泾渭分明，但我们仍然可以尝试做一个简单的比较。例如，斗鱼以游戏直播作为核心连接关系，酷狗繁星以主播演唱作为核心连接关系，二者连接的主体和对象都有一定区别，这就是形式上的差异。这种区别看似是"内容"的，但实际上却涉及了一整套的特有规则。例如繁星直播针对主播打造的"发单曲""对唱 PK""录制 MV"等模块；而斗鱼则会举办各种电子竞技赛事。而反观斗鱼和熊猫 TV 之间的差异，则更多地直接从内容体现出来。双方竞争的重点不在于模块的设计上，而在于对于同质的头部主播的争夺上。谁签下了更多有影响力的主播，谁就可以在接下来的竞争中获得更大优势。与此类似的，在视频平台的竞争中，当流媒体技术已经普及，网速能够支持在线的高清视频，并且播放器的操作功能大同小异的情况下，用户究竟是上爱奇艺还是上优酷，可能恰恰就是因为某个综艺只有优酷能够播放，而爱奇艺则拿到了特定电视剧的版权。这看似是一个"质"的差别，但它并不是形式的而是内容的，因为其框架和受众是同一的，所谓的差别并不触及"A 之所以是 A"的本质主义意涵。

从程度性上的差异入手，平台也可以通过自身的运作，将其巩固为某种实质性的差异。依旧以内容平台为例。在内容平台中，版权能够提供程度上的差异性，然而这种差异归根结底是外部性的，即从外部交易而来的版权难以算作是让一个平台成为"平台意义上的平台"的最核心的筹码，因为它将聚合的一边转化为了单纯的交易。此时便需要平台寻找自己真正安身立命的根本了。如网易云音乐，在移动化发展的很长一段时间里，都因为版权内容的有限而被用户诟病。然而网易云音乐对于自己的定位却并不仅仅是一个听歌的工具，而是一个"玩"音乐的平台。在其他音乐软件陷入购买音乐版权的恶性竞争的时候，网易却在尝试将听歌的人聚拢在一起。最终，网易不仅在构建音乐社区和文化这一层面吸引了一大批忠实的用户，还通过对于 UGC 内容的鼓励而挖掘出不少有潜力的音乐人，而那些人的作品，自然也就成了网易云音乐新的核心连接内容了。当然，围绕着这种核心差异，网易云音乐也不断增强自身杜比、无损音质等程度上的差异点，进而形成围绕核心竞争力的一整套差异化平台交互系统。

值得注意的是，很多时候，一个平台赖以杀出重围的差异点甚至不需要很大。例如 Tinder 以及 Snapchat，相对于传统社交的连接方式，最为核心改变的就是前者加入了向左滑和向右滑的筛选逻辑，而后者则以阅后即焚为主打功能，仅此而已。但恰恰是这种微小的差异，就足够它们在社交平台的大市场中分得自己的一杯羹了。

总的来说，我们可以将网络效应看作一个"不动"的基础，而这里被强调的连接内核则是平台发展的"第一动因"。一个成熟的平台对于规则和符号的强控制，往往是通过连接内核构筑并且推进的。网络效应并非无效，但是它更强调当平台内部的秩序与符号系统被建立完成后，如何经由社会性的过程使之进一步加强并在更大的范围内获得承认。而内核所暗示的，则是平台必须从一开始就寻求某种更加内生性的，属于自身的"控制"系统；并基于这种系统，去填充平台通过互动的不断促进而渐渐勾勒出的想象意义的空间。这种内生性的系统对于平台自身的认知和定位也是至关重要的，即无论平台在整个移动互联市场中扮演着何种角色，从本质上看，它毋庸置疑就是一个将某些关系打破，又将某些关系重构的"连接者"。

在网络中成为网络

尽管网络效应弥散在整个移动互联场域以及其中的所有平台中，并非是任何一个平台专享的价值；也尽管一个平台立足之本并不能仅仅依靠它能够聚拢多少人，而是它如何连接这些人并且能够让这些人做什么，网络效应仍然是每一个平台都绕不过去的高山，横亘在每一个心有大志的平台面前，翻过去了，一马平川；翻不过去，便只能在半山腰结茅而居偏安一隅，这与前文，并不矛盾。

为什么网络效应如此重要？一个简单得甚至有点诡辩意味的解释会是：因为整个网络社会都是建立在网络效应之上的。

网络效应早在网络社会诞生前就已经出现了，它并非专为某一个或者某种企业量身定做的商业模式，也并非仅仅在当下这个时代，以移动互联平台企业为载体才如此显眼。相反，它具备的社会学意义早就被发现并重视了。我们总是习惯性地使用"网络"这个词，反而在很多时候忘记了它与"系统""结构"等概念一起，都是描述人类最宏大、最复杂的社会过程的趁手工具。

早期电话产业的扩张，所依托的就是标准的直接（同边）网络效应，当拥有电话的人多了，对每一个有电话的人来说，其交流的可能性都会增加，电话的价值也就越来越高。而 DVD 的发展则是标准的间接（跨边）网络效应，即虽然第一个用户拥有 DVD 不会影响到第二个用户，但是当使用 DVD 的人多了之后，DVD 另外一端，也就是视频内容产业也就会因为日渐增长的市场而快速发展，并最终将这些价值回馈给拥有 DVD 的每一个人 [①]。这种逻辑，至今未变，完整延续到了移动互联时代，并通过多样化的技术和市场创新被不断发扬光大。

相对于以往，网络社会的兴起，的确使得网络效应能够最大化地被利用，成为网络公司扩张的有力武器。如上文所说的，其基础原因在于网络技术以及虚拟产品的普及使得激发网络效应的成本迅速降低，并且传播能力大幅度提升。不仅与网络效应相生相伴的平台型企业在各自的层面不断挖掘网络社会本身的价值，连那些前文所描述的"具备平台性质"的企业乃至传统企业，也都在尝试借助这得天独厚的历史条件，扶摇直上。

越来越多的商业实践向我们证明着，无论在扩张阶段还是成熟阶段，网络效应都在被企业有意识地激活和维护。这并不仅仅来自前文所说的对于网络效应的迷信，而更像是一种实践中总结出的经验乃至本能。

具体来看，网络效应可以被分为"整体的"和"局部的"。

所谓整体的网络效应，指的是网络效应的表现模式和平台的核心连接形式是同步的，或者说，此时对于网络效应的描述，是建立在对平台本身特征的描述之上的。例如前文举的电话网络、DVD 网络，再如当我们说微信建立了一个庞大的社交网络的时候，我们是将这个平台作为一个"网络"，描述其本身存续所依靠的"效应"，是一种作为性质的效应。对于另外的一些具体商业实践来说，更加常见的网络效应则是一种局部的，作为目的的效应。即这种网络效应的概念应用，是建立在对于已经构成的网络的性质的利用之上。它和平台连接关系本身并不一定有直接关系，而是经由这种连接关系构建起来的网络，

---

① "同边网络效应指的是，当某一边市场群体的用户规模增长时，将会影响同一边群体内的其他使用者所得到的效用；而跨边网络效应指的是，一边用户的规模增长将影响另一边群体使用该平台所得到的效果。"引自：陈威如、余卓轩：《平台战略：正在席卷全球的商业模式革命》，中信出版集团，2013，第 22 页。

进行一种有意识的"效应"制造。例如，对于互联网企业的营销来说，其区别于传统企业最大的特征，除了在既有的平台中以相对低的成本进行投放之外，就是想方设法，将原本单点对多点的伞状辐射结构，调整为能够充分利用网络效应，激发网络中参与方二次传播能力的网状结构，或者说，病毒式传播。

病毒式传播是网络社会学兴起伊始便被关注到的现象，对其的挖掘和利用在当前的市场中已经较为成熟。在很多情况下，它并不直接影响平台构建的连接关系，而是对现存的连接关系进行开发。其中的重点，便在于通过平台以及产品的设计，促使用户自发进行二次传播。早在电子邮件时代，这样的实践就已经展现出其市场价值了。2004年，一个描述如何通过各种沙拉的叠加盛放更多自助沙拉进而"吃垮必胜客"的邮件在用户之间疯传，并进一步"出圈"，被新闻媒体报道且在现实社交网络中传播，而其背后的始作俑者正是必胜客自己。必胜客利用网络效应的例子中，所选取的是一个完完全全的外部性的网络，甚至必胜客自己本身都不是一个互联网企业，但是它仍然能够通过"局部的"网络效应，达成自身的营销目的。

病毒式传播作为一种被观察的结果，一种可被描述的社会现象出现在我们的论述中。但对于平台来说，更加重要的却是如何激活二次传播的方法与手段。内容本身的优质固然可以被视为一个必要的途径，但除了利用有趣的内容进行引流之外，平台必须把更多的精力放在通过自身机制和符号的设计来刺激用户以寻求病毒式传播的效果上[1]。而这对于控制着互动规则以及符号系统的平台来说，并不困难。

---

[1] 如滴滴平台在早期发展的时候就曾经制定过成功邀请新用户注册后，新老用户都可以获得20元打车券的营销策略。这种拉新方式实际上是传统"分销"的变种，当用户作为"下家"完成下载、注册、填写邀请码等各种动作后，"上家"便会得到相应的佣金或奖励。这种分销模式随着移动互联产品本身的多样化，不仅仅局限在电商、代购等消费品行业中，还应用到了媒体、金融、招聘、在线医疗、在线教育等产品的推广中，只是根据场景的不同，出现的频次或高或低。

不同行业或者说不同平台中，网络价值的大小以及构建的模式不尽相同。如社交平台对于网络的价值要求相对于内容平台来说就要高很多。因为在内容平台中，并不存在较强的直接同边网络效应，即用户数量的增长并不会直接导致个体用户在平台中获得价值的增加，而更多的是基于跨边网络效应的对于内容生产者和消费者的网络支持。但一个优秀的社交平台则最好二者兼备。另外一些平台中，网络效应则可能主要被用来维护老用户的活力（如游戏平台的定期活动）、促使用户加大投入（如直播平台的打赏 PK）、提高壁垒避免用户离开平台（网易云音乐的社区建设）等。甚至在有些平台中，可能还会出现刻意的反网络效应的运营行为，因为绝大多数情况下，用户实际上并不需要无限的资源（被连接的人或物）供他们选择，而仅仅是希望能够以更加便捷的方式，寻找到自己需要的解决方案。正如网易严选通过少量但是号称物美价廉的产品在电商平台市场中打开了缺口，就是在一定程度上对野蛮生长的网络效应进行限制。一方面，这种限制有效阻却了平台某一方参与者在网络效应的作用下以超过平台控制能力的速度扩张，进而导致网络效应的滥用以及对网络化红利的消极榨取；另一方面，平台对于反网络效应的寻求某种程度上也映射了平台本身对于内部场域的控制，即这种控制能力可以直接同网络社会本身最为根本的某些力量或者特征相抗衡。所以说对于大多数平台来说，并不存在一个真正意义上完全开放的"网络"，而仅仅是一个个在平台默许下，依照其制定的规则被筛选的特定玩家。因平台身处于移动互联网之中，就认为其必须要依靠网络效应，是一个刻板的印象。实际上在平台存续的过程中，完全可以通过对于规则的灵活运用，任意扩大和缩小对于网络效应的借用，其根本目标，在于使平台内部的场域能够在一个合理的范围内有序扩展。

在实际的市场竞争当中，网络效应就更不能够被神化了。

尽管网络效应的"攻击性"很强（恰如 1908 年 AT&T 主席所认识到的，当一个地区的大多数居民都铺设了他们生产的电话系统后，哪怕竞争者拥有更好的产品，也不会轻易被大多数人所接受进而拆除原有的系统），但对于移动互联平台来说，网络效应从来都不是一个能够一劳永逸防御对手的落脚点。归根结底，这是因为在当前的移动互联市场中，愈发强大的连接能力非一方所独有，用户的尝新成本越来越低。相对于一百年前铺设一个电话系统，今天的用户所需要做的可能只是下载一个软件并且注册。在这种情况下，平台利用网络效应所建立起来的优势和打下来的疆土，完全有可能被同质的竞争对手用类似的网络效应模式重新席卷一遍。对此时的平台来说，"最大的防御手段"同时也就成了竞争对手"最好的攻击策略"。所谓网络效应带来的先发优势和垄断地位，正如上文说的，其实并不牢固；它更多地将落脚在锦上添花的作用中，而当真正根本性的挑战被提出的时候，网络效应难以独自形成有效壁垒。不仅如此，网络效应在这种时候可能还会催生出某种反作用，那些完全构建在网络效应上的优势一旦被挑战，便可能引发另外一种连锁反应，我们可以姑且称之为"网络式塌缩"。即可能一个平台中，只要有 20% 的用户不再活跃，整个平台的网络架构便开始松动，如同它当年飞速的自增长一般自行崩溃。此时的平台，如果说还指望着剩下的 80% 的受众利用自身网络效应重新补齐那流失的 20%，显然是如同那句经典的比喻"揪着自己的头发把自己拔起来"一样，是绝不现实的。

这也再次说明了为何本节中要将连接关系放在比网络效应更前的位置，因为网络效应不依靠移动互联存在，移动互联平台也并不一定都要对网络效应形成依赖，即不需要有意识地催生局部的网络效应（但必会被动形成整体的网络效应），而连接关系却一定是平台永远的第一动因与核心。

我们可以说，所谓移动互联平台，就是从网络社会的系统中提取一重构连接关系并将其外化成为一个实体，然后嵌入回移动互联网络的社会过程。连接关系和网络效应之间不存在普遍的因果关系，但这二者的相互支持和结合，往往能够被用来解释大多数移动互联平台的发展模式，成为动态的平台内，无可争议的开端之一。

第四节 / 行动着的大玩家：克己

站在开端上，平台们放眼望去的，是移动互联的无限可能性。

网络社会是开放的，这种开放性，正如前文说的，让任何移动互联平台相较于它们的前辈来说，其扩张都要来得更容易。这是一个一眼看不到边的场域，它的增长简直可以被称为无限的，平台们也就如同池塘里面的小浮萍，总是盼望着能够以几何级数快速繁殖，最终一夜之间遮蔽整个水面。

然而，在平台扎根于移动互联的场域中，肆意吸取营养壮大自身的时候，却仍然有一个命题，时不时地跳出来，尝试打断它们一往无前的节奏和势头。这种命题并不一定是对平台有害的，因为它有个很传统的名字——"克己"。

克己并不是一个单一的概念，对于平台来说，在其发展过程中，克己可能表现在多个方面。在这一节的论述中，将会集中在三点上。第一是平台自身主观战略层面的克己，例如面对能够不断扩张的业务条线的时候，平台如何保持自身的核心定位；第二是平台实践层面的克己，例如面对能够不断轻易加强的对于参与方的压迫，平台是否可以将其控制在一个相对合理的节奏和程度上；第三是平台对于内生的对象的克己，例如面对不断增长的用户自生成内容，平台是否有魄力拒绝不健康但是快速的增长模式，保持平台内部的稳定性。

克己对于平台来说，当然不是一个必不可少的东西。很多平台因为没有克己而渐渐退出移动互联的舞台，但同样也有很多平台因为没有克己而野蛮生长，并且生长得很好。从平台的角度来看，是否克己当然是一个就事论事的策略选择；然而从本书的视角出发，看待克己的时候真正试图看的，其实是平台对待手中权力的态度。

定位：兼济天下的诱惑

第一章中重点描述过，当下的移动互联时代是一个碎片化的时代。在这里，不仅仅个体的经验被打碎，移动互联产品也愈发难以保障自己呈现方式的整体性。尤其是对于身处碎片风暴正中心的平台来说，围绕着它们的碎片很可能会令平台相较于个体而言，更加无可适从。平台自是有其核心连接关系的，然而更为广阔的网络社会却喜欢将许许多多其他的东西揉碎了丢到平台的面前。食之无味、弃之可惜，平台面对着那些伸手便可触摸到的碎片，察觉到满足于自身构建的核心似乎越来越难。最终，在这样流变的碎片场域中寻求一个稳定的位置，便成了一个难题。

这一难题，是由移动端产品的封闭性和开放性共同提出的。

所谓"封闭性"，是指移动端的产品多以需要用户下载、安装、注册的 APP 的形式呈现，产品使用者和非使用者的界限、自有内容和外部内容的界限、内部数据和公开数据的界限、可控行为和不可控行为的界限都非常明确。APP 之间也慎重地保留着自己的独立性，而不像当初 PC 端网页以及门户网站作为半垄断入口能够让用户自由进出于各类页面当中。

当然，在这里实际上存在一个误区，即对于曾经电脑浏览器时代的"追忆"。这种追忆常见于对当下移动互联平台所做的"拓展性尝试"（如微信小程序）与传统浏览器"通过一个网址链接一切"的对比当中。进而许多人略带悲哀地提出浏览器 HTML 技术所支持的全面开放的逻辑在如今的移动互联时代根本没有被继承，那些"忘本"的新贵们将互联网早期的自由理念丢得一干二净。

但实际上，这里的问题其实和浏览器没有直接关系。浏览器的开放性不是自己创造的，而是互联网发展初始的特征创造的；浏览器的定位始终是一个接口，它能够让人们以更加有条理性的方式进入网络，但是网络本身的聚合，并不是浏览器给出的，而是在于网络自始至终都没有被分开过。今天的"封闭性"，也不是由于浏览器的衰落而造成的，而是网络本身，被切割了。

切割它的，自然有移动互联的新技术，能够在网络社会的整体中，完全圈定出只属于自己的地盘并且拒绝一切不服从既定规则者；同时也有新的权力逻辑，面对着能够全然被自身掌握的用户账户、行动、内容、数据，平台们看着这种天然封闭性的同时，也觉得自己没有义务将这些资源释放进整个移动互联场域这个大池子中。封闭性便开始蔓延，用当下很流行的一个词，可以称之为"内卷"。所有的平台都在参与切割，因为如果不主动排除别人，就会被其他人联合排除。于是，手机操作系统要拦一刀，应用商店拦一刀，软件也拦一刀，一刀一刀下去，高墙就起来了。

在这样的背景下，过度的封闭以及内向型的强大权力，可能映照着一种自我保护，但也可能隐含着一种掩耳盗铃，形成所谓的"加拉帕戈斯化"现象，即在孤立的市场环境下进行的最适化发展，丧失了与外界环境的互换性。外界的竞品进入"本土"时毫无抵抗力，而自己的东西拿到大环境中也难以生存。然而移动互联的用户们，接受新事物的机会总是多的，速度总是快的，于是那些过度封闭的平台就成了新时代倒下的第一批。

但封闭通常不会那么绝对，不仅因为平台自身总是会将视角放得更开一些，还因为从另一个角度看，移动端的"开放性"同时存在并且显著。

一方面，"开放性"是指，随着前文提到的 SDK、API 等应用程序接口功能的不断拓展和完善，在任何 APP 中嵌入数据分析、地理位置、社交关系、人工智能服务等功能模块的门槛都比以往更低，从而使得 APP 能够以较小的成本扩展更加多元化的内容。换句话说，如果说 PC 时代强调的是信息流转的自由，那么移动互联则更加偏向于功能共享的自由①。企业能够通过 API 等接入模块在原有的系统框架内不断添加内外部的新插件，这种插件不仅可以由企业自行研发，同样也可以选择白标外包开发或者直接采用其他互联网产品的模块，调用其服务。那些开放领域的先行者们，便也试图利用 API 带来的全新连接模式，拓展自身产品体系，并强化对外输出服务模块的能力，利用这种生态层面的广泛覆盖获取更大的市场话语权。另一方面，开放性则顺延着前文所说的移动互联平台拓展自身业务的便捷性和低成本，当核心连接关系被建立起来之后，那些被聚拢起来的关系背后的用户，便成了平台无限扩张的最大动机和底气。手握这么多的用户，如果不多拓展点业务，似乎总觉得有些对不起自己。

这其中对于"定位"的影响便是，由于 APP 的封闭性，强化了平台的边界意识和主体意识，使得很多开发者将"放在 APP 里的就是抓在自己手里的"这一假定当作了事实。并认为基于已经拥有的用户，平台可以依靠产品本身的封闭性不断拓展自身内容，将单一产品扩张成一个完整的生态体系，因此通过各种方式努力在 APP 中添加新的功能和入口。

而 APP 的开放性，则为这种狂想提供了实践的可能。

在这样的背景下，市场中可以看到很多的移动产品，无论自身条件允许与否，"基因"是否合适，都在努力向着多元化的方向发展。有道词典打造了文章、新闻、问答社区为主的信息流系统，以及在线授课等服务类功能模块；陌陌从认识附近的人转型成了集直播、短视频、群聊、游戏于一体的综合移动娱乐平台；而以网易云音乐、虾米音乐、六间房等为代表的一众内容平台也纷纷增加好友推荐、弹幕留言、主

---

① 这并不是说浏览器时代就不存在 API 了，事实上，浏览器对于外部程序的引入早已经非常成熟了，如浏览器视频展示插件 Shockwave，以及动画播放插件 Flash player 等都曾在很多浏览器中被采用。

播大赛、视频交友等功能，试图营造一个更加宏大的内容集散地。这种扩张仿佛成为一种执念，推动着产品不断地为自己加码。单从每一个拓展来看，似乎平台们都有着充足理由去实行这样的布局，但可以想象，当一个词典软件和一个音乐软件最终在网络社交上会师的时候，不仅用户会混乱，软件本身恐怕也会略微迷茫。当前多数用户通常只会记得那些经常使用的头部平台，然而在任何一个分支市场中，只要我们稍微多看几眼，就能够看到一排一排长得几乎一样的后来者，争先恐后，模仿前人，肆意扩张并最终"死于非命"。

而对一些已经占据市场主导权的大型平台来说，即便明白自身无限填充的弊端，并有足够的理性去抵制这样的冲动，也往往难以经受住另一个相对"温和"的诱惑，即以"打造旗下产品"的方式，尝试新开辟出一个能够与原有平台相互支持的新产品。例如在陌生人社交领域，我们既能够看到陌陌、Soul 等相对独立的玩家，也能看到京东推出的"盼汐"、网易云音乐推出的"心遇"、百度推出的"听筒"、腾讯推出的"回音"等。

而在这一串大多数用户根本不知道的名字后面，移动互联产品们还面临着一个更为根本的诱惑，即新技术的不断涌现。史蒂文·霍夫曼在《让大象飞》中曾描述过：

"有时候硅谷会喝下它自己的迷魂汤，这通常是当一种新的技术出现时，这种技术是如此诱人以至所有人都会喜欢上它，但最终却发现任何的迷恋都是短暂的[①]。"

就像近几年的区块链技术和元宇宙概念一样，无论是否与自身业务有着直接的联系，企业都倾向于去了解，甚至去投资相关的技术或

① 史蒂文·霍夫曼（美）:《让大象飞》，周海云、陈耿宣译，中信出版集团，2017，第3页。

者商业应用，然而那些商业实践中的大多数都是昙花一现，仅仅留下并不漂亮的投资记录乃至一群被欺骗的使用者。当然，也不能否认，在一些时候，这种对于拓展性的尝试确实能够为产品本身提供帮助[①]。然而，总是有更多的案例显示，在移动互联产品封闭性和开放性的共同作用下，这种缺少边界的扩张可能影响产品自身的定位甚至导致产品的死亡，只留下虚拟的野心和一地鸡毛。

在移动端产品的封闭性和开放性共同提出的难题背后，我们需要看到的，是名为"稀缺性"的隐藏题干。

所谓稀缺性，主要以两种方式呈现。

一方面，作为产品开发团队，其拥有的资源是有限的。这种限制首先自然出现在对于开发成本的争夺上，当产品架构内的模块增多的时候，对于开发以及运营的压力也会大幅增长，甚至影响到主要功能的体验和运营模式[②]。同时，产品团队能够获取到的外部资源也是有限的。就像当下的移动互联社会中，大型平台掌握着"入口"，而这些入口对应着新时代的某种准入型权力。它们并不稳定，而是处在一种动态的，被不断争夺的过程之中。互联网的无限性从不意味着入口的

---

① 例如通过交友以及分享功能，产品能够获得更多的内容传播机会；同时，随着功能的增多，产品的盈利点也可以更加多样化，精品付费内容、会员资料查看权、积分商城等都可以为移动产品带来新的盈利空间；此外，当新生的功能质量足够好的时候，用户本身也会因为对新功能的使用而在产品中停留更长的时间，并且在一定程度上增加用户黏性。

② 例如今日头条本来是以人工智能为主要卖点的信息流推送软件，但是随着其用户数量的增加以及用户黏性的积累，今日头条开始迅速多元化扩张，先后上线了短视频、"微头条"用户原创信息流、问答社区、连载小说阅读、漫画阅读、体育点评和直播等功能，与微信、微博、快手等行业领军者同时开战，几乎重现了当年腾讯以一己之力对抗整个互联网的画面，这其中需要调用的资源和承担的风险很有可能会对整个头条生态产生反噬。尽管今日头条的产品系列并不像当年的乐视一样需要大规模的软硬件同时投入，而更多的是将自己的核心技术以及 AI 分析模型移接到其他条线中，但多条战线的同时进军仍然会给企业带来很大的系统性压力。

无限性，反而这种入口一定会存在某种对价，成为"资源"①。这样的现象从"商业的本质就是流量"之类的粗鄙口号中便可看出端倪；可这个逻辑成立的前提，却绝不仅是所谓的商业本质（尽管内容的爆发赋予了平台快速生长以足够的底气，内容和入口这两者也可以看作一组供求关系而被加以考量），而更多的是移动互联或者某些传统媒介对于个体与世界交互关系的拆解和重构。正是因为有了这层代理关系，流量和入口才能够变成资源，而在任何平台成为"合格"的代理者之前，流量为王不过是一句空话。于是，一旦入口被当下的权力逻辑转化为了某种资源，那么便必然涉及资源的合理分配问题了。此时，可能反而越是精悍，且能够突出专业性与核心功能的产品，或可因其所需要的支持更加单一或者资源与资源之间的匹配更加精准，而更容易受到市场各类主体（包括用户、平台、服务机构等）的欢迎。所谓不求在一千亿的市场中占据千分之一，但求在一亿的市场中占据百分之百的说法，也就因为这种入口权力的作用而变得合理起来。此外，受限于屏幕、软件大小等硬性限制，产品对外呈现的界面是有限的，这种限制也会很大程度上影响产品本身的结构和组织方式②，就像前文论述的土地级差一样，在空间呈现的同时，就已经表现出权力的不平衡了。

　　另一方面，产品面向用户时，用户自身的"资源"同样是有限的。也正是因为用户有限的时间、资金、注意力和耐心等，使得产品端的

① 百度曾经给"宜生到家"（上门按摩 O2O 创业企业）提供了平台内部的下单页面，每天免费给宜生到家价值 100 万元的广告展示，并给了一千多个与按摩相关的关键词。这些流量每天转化为两三千个订单。然而，这种创业者们梦寐以求的流量却并不是百度免费提供的，宜生到家需要付出的代价是，将成本价超过 120 元的服务，以 9.9 元的超低价格出售。

② 如 QQ 作为腾讯多年的核心平台，在移动互联领域拥有着难以比拟的黄金窗口，但即便是腾讯内部的创新产品，如果想要获得 QQ 软件中的快捷键和较好的图标位置，也要经过企业内部各部门的层层筛选和考核。腾讯终究不会坐视 QQ 来者不拒，最终使得自身平台变成一个无一不有却让用户头晕目眩的大杂烩。

资源竞争愈发激烈。前文提到，与基于网页的全开放式网络不同，当前的移动互联网，尽管能够接入越来越多的内容和功能，其本质仍然是一个封闭的、内循环的结构，拥有特定的使用方式并解决特定的用户需求。这种实用功能的特征也反向塑造着用户对于产品的认知，即无论是在用户下载 APP 的时候，还是在使用 APP 的时候，其任务导向性都会更强。换句话说，每个用户都会首先本着"通过产品的工具特征满足特定需求"这一根本目标来进行和产品以及产品之内其他用户的互动。当然，也有很多产品其满足的需求本身就是"漫无目的"，大量的信息流类产品便是如此，而即便是某些本应具有鲜明目的性的平台，也在尝试通过"无目的性"来增加自身的流量，正如打出"没事逛京东"的京东商城一样，对抗空虚的声明成了平台扩张的号角。但即便是这些平台，如果用户对产品投注的注意力、时间和感情，并没有随着产品不断新增的功能而协同增长，就必然会因其冗余而影响到使用产品主体功能时的体验。

当然，现在的移动互联市场中，通常积极扩张自身模块设计的平台们，对于底层服务的构建，也确实大多具有相当的竞争力。这种市场特征就导致了那些占据着市场优势的产品能够较少在意用户对于冗余设计的情绪，且有底气，也有资格以更加大刀阔斧的态势去添加新的业务模块以及广告。这种借助自身市场地位而对用户开展的某种"胁迫"尽管在短期内并不一定会引发用户对于产品的弃用，但从更大的视角看，却难免为企业留下了应对新形态竞争的隐忧。当新的竞争对手采用"化繁为简"的方式从细微的业务突然切入市场的时候，庞杂的业务模块覆盖就会成为原有产品的固有劣势，令其难以回旋。

回到单一平台框架下，冗余设计的另外一个风险，在于它们在一定程度上模糊了用户对于每个 APP 不同的认知和期待。当用户使用 APP 的时候，通常会在一定程度上将其视为某种能够在其中寻找自身社会形态和位置的舞台，并在脑海中构建一个存续于虚拟空间的自建角色。也就是说，随着移动化本身的深入，用户使用的 APP 不仅能够部分地被用来描述用户的社会行为偏好，也能够在很多时候成为用户进行自我认知和识别的通道。就像戈夫曼在其著作中描述的，个体身处于不同社会过程中会根据外部环境调整自己的"角色"一样①。只不过，过去可能是在学校中的教师角色以及在威士忌俱乐部中的老饕角色之间不断切换，而现在可能是在简书中感性的文艺青年以及在 Steam 游戏平台中富有侵略性的竞技游戏玩家的角色之间切换。在这样的过程中，产品依靠其所承载的用户的固定行为模式、固定互动群体、固定沟通内容来打造用户身处其中时一个相对稳定的对于产品以及自身的认知，而产品本身规划的混乱则可能弱化产品传递给用户统一身份定位的能力，进而使得用户使用产品过程中很大一部分基于自我认知的认同难以生成，但这种认同，恰恰是移动互联平台渴望去构建的。

　　从更大的视角来看，产品所处的市场环境乃至时代背景其实也给它们预设了另外一种天然的"边界"。这种边界并不是移动互联产品专属的问题，任何产品都有可能被这种边界拦截，并且死于"与时代脱节"②。在现代社会当中尤是如此，因为越是现代的乃至后现代的，就越是杂糅的、有机的，越是离不开时代背景下社会其他参与方的支持与确证的，从这一点来看，移动互联的玩家尤其需要重视这种边界。

① 欧文·戈夫曼（美）：《日常生活中的自我呈现》，冯钢译，北京大学出版社，2016，第 17 页。
② 苹果早在 1993 年的时候就推出了名为牛顿个人数字助理的智能终端，但是由于定位在计算机和通信设备之间，工程师们给这款机器增加了硬盘驱动器、红外网络技术、原矩阵液晶屏等一系列很多情况下并不必要的固件，导致其售价高达 900 美元，并最终天折。

互联网时代，盛大网络因其与时代性相脱节的战略定位而盛极转衰便是一个经典的例子。21世纪伊始，当淘宝、腾讯等后来的移动互联巨头还都在大肆拓展的初期，并为生计发愁的时候，那时的中国首富，盛大网络的掌舵人陈天桥就已经开始布局完全不属于那个时代的产品了。那是一个定位于家庭一体终端的综合娱乐产品（硬件），其形式很像当下的小米盒子，而名字也叫作"盛大盒子"。陈天桥希望借助这个"盒子"产品的鼻祖，打造一个"网络迪斯尼"，以"盛大盒子"为核心，包揽PC、电视、手机、电影、音乐、游戏、广告、预付费和电子商务九大业务。2004年，手握大量现金的陈天桥开始放手收购全球的各种内容生产商以及主流IP，试图将大量的外部内容填充进自己构筑的蓝图当中，这样的设想比腾讯提出内容为核心的战略转型早了整整10年。

然而，问题在于，当时的中国家庭，无论是从消费能力来看还是从消费习惯来看，都没有办法很好地接纳这样的内容枢纽，对于硬件加内容的商业模式也是不甚明了；同时，从整体产业环境来看，UGC（用户自主生产的内容）在那时还未成气候，而信息传输的速度也仅有后来者的百分之一。这种情况下，第一章中所描述的所谓整体性的"生态基础"实际并不存在。在所有人还在满足于2D网游以及聊天室带来的消遣的时候，以"大内容"为愿景的"盛大盒子"仿佛从2020年穿越回去一般，格格不入，兜售着理念却无法将梦想变现。正如后来的一位评论员写的，"陈天桥跑得太快了，快到四周没有敌人，也没有路，当时的各种条件，都承载不下他的雄心"[1]。最终，这个体形巨大，售价奇高的黑科技（与当时的一台高配电脑价格相仿），并没有牵引着当时的中国人走向一个新的生态，而是被大家熟知的那个生态牢牢捆绑，死于创新。

---

[1] https://news.pedaily.cn/201603/20160313394384.shtml.

于是，新的问题产生了，即当那些资源的限制都显而易见，同时产品超前布局的风险也被知晓的时候，为什么在当下的移动互联时代，仍然有那么多大型的互联网企业，尝试将自身的业务条线不断扩展，乃至全然不用顾忌传统公司的运营边界，直至形成某种庞大的生态网络？这种执念，甚至从它们的名字中，就不避讳地被体现了出来，如谷歌源自"googol"，这个词汇被用来形容无法想象的巨大数字，而亚马逊 A 到 Z 的箭头以及热带雨林包罗万象的意象，也暗自昭示着自己的野心[1]。即便是腾讯，在深耕于 QQ 和微信这两个顶级的移动互联平台的同时，也手握重金在各个领域不断投资开拓新产品和新服务。其中原因自然很多。例如对于真正头部的移动互联平台来说，扩展服务所带来的内部协同支持和潜在收益要远超试错成本，只要保持一个较为统一的节奏，大型平台就能够很好地消化扩张带来的定位层面的不良效应；再或者，大型互联网平台在进行扩张的时候，往往不会局限在特定产品条线，不断将之填充并最终形成冗余，而是一直尝试跳出去，抢占其他产品的业务范围和生存空间等。但在这其中，通常有一组最为关键的要素，决定着大型平台的特殊性，即其核心连接关系和账户系统的深度整合。

正如前文提到的，对于业务条线拓展的执念是普遍的，甚至越是那些市场地位较高的平台，也越有底气和野心进行这种扩张。然而，随着移动互联市场本身成熟度的不断提升，我们反而越来越难以看到真正巨型平台因为扩张而导致的内部问题了。这样的现象其实不难理解，回到这一结构段的标题即"定位"二字，就能够看出其中的逻辑。即真正对移动互联大玩家的发展产生关键性威胁的实际上是定位的模糊或者缺失，开放性和封闭性带来的大肆扩张仅仅是定位问题的主要原因之一，但并非一切条线扩张都会衍生"定位出现问题"这一

---

① 富兰克林·福尔（美）:《没有思想的世界：科技巨头对独立思考的威胁》，舍其译，中信出版集团，2019，前言第 1 页。

必然结果。而对于大型平台来说，之所以能够把条线扩张对于定位的影响控制在一个相对安全的阈值之下，就在于它们一方面大多十分明确自身的立足之本，即最关键的连接能力是需要被精心保护的；另一方面，它们能够通过账户系统将这种连接能力"升级"成为某种更为根本性的要素，即个体意识的要素。

移动互联的大玩家们通常喜欢抛出一个"用户黏性"的概念，作为衡量自身与用户之间"牵绊"的标准，然而更为根本的运作，却恰恰不是让用户"黏"在平台这一主体上，而是让平台进入用户的主体性中。换句话说，大型平台之所以能够大刀阔斧地实现多个条线的普遍扩张，是基于平台在进入用户意识这一环节中打下的良好基础。这种基础来自平台重建的连接关系，但是在这里明显要更进一步。就如前文多次出现的"我的淘宝""我的微信"之类的概念一样，当平台挖掘到一个核心连接关系之后，会构建一个与之相匹配的账户系统，进而借助账户系统完成外部性到内部性的转变。即当个体承认了平台核心连接能力的有效性和账户系统时，平台就不再单纯是承载用户活动的空间，而是被压缩成了用户自身的一部分。在这种意识状态中，"我"的这一部分被淘宝代理而具备了某些能力、"我"的那一部分被百度代理而取得了另外一些能力，但是它们本质上都是具备同一性的"我"的一个个片段。

这种同一性认知积累到一定程度的时候（通常小规模平台并不具备），便会形成一种底层保障，进而削弱不同产品服务条线对于个体在不同环境下的体验矛盾；即前文所说的平台内部割裂的环境对于主体自我同一认识的影响被部分抵消。在大型平台扩张的过程中，当然也会遇到冗余和部分条线的全面失败，而此时这种同一性认知便必然会再次帮助平台形成一个保护屏障，使得某些条线的失败愈发难以让整个平台"伤筋动骨"。

当然，更具备实践意义的，是这种账户系统通过对于身份、信用、资金、社会关系等的统筹定位，使得平台新拓展的业务能够与原本业务中用户积累或者动用的资本较为无缝地衔接在一起，成为跨越各种功能乃至产品的桥梁，而这种桥梁，也会被用户感知为自身能力的延伸。如阿里信用对于骑行、租车、退款等业务条线的支持，或者如腾讯中社交关系对于各类游戏以及分销场景的助力。这种账户系统已经演化成了一个权力体系，因为它提供了权力体系中最为关键的要素，即"承认"。用户将这种认证内化，与自己的主体性以及生活实践过程牢牢绑定。而这种绑定，必会为大型移动互联平台颇具野心的"定位策略"打上一层保险。

"超越一切限制"，这样的野心终究是难以抑制的，而真正希望"兼济天下"的平台们也压根没打算令自己束手束脚。从一开始，他们就在自己的企业愿景中明明白白地表现出来了，完全不在意头上的帽子有被风吹掉的风险。阿里巴巴"让天下没有难做的生意"，百度"用科技让复杂的世界变简单"，360"引领中国互联网开放潮流"，新浪"一切由你开始"等。那些帽子在很多人看来可能有些许"假大空"，然而就是在这种空幻的愿景和目标当中，大型平台正在利用对于生态圈内强大的影响力，利用一切的规则和符号，步步为营，将其野心变成现实。

利益：杀鸡取卵的诱惑

所谓克己，往往对应着一个显而易见的"好处"。当平台在战略发展的角度进行考量的时候，这种好处可能是更多的用户、更多的功能、更大的覆盖面和影响力；然而在实践过程中，这种克己便可能对应着种种具体的好处或者目标了，比如，金钱。

平台从来不缺少赚钱的机会，相对于传统产业模式，平台本身的多元化和碎片化就对应着其变现的更多可能性了。而平台在移动互联市场中所扮演的角色，所提供的空间、关系、赋能、标准和信任等资源，更使得平台能够轻易将这些资源或者角色转化为权力，再进一步将权力转化为收益。毕竟平台能够提供市场价值的地方往往也正是平台能够赚取"剩余价值"的地方。这些诱惑，便催生出了平台另一个层面的"克己"。这里面的克己，说白了，就是握着自己的左手，去制止右手的某种"杀鸡取卵"的冲动。就像前文提到的有经验的黑手党团体一样。

在实际运作层面，平台不仅仅可以依托不同的能力构建不同维度的盈利模式，在很大程度上，多元的盈利手段还是一种必需。换句话说，即便并不是平台所有的价值点都会被挖掘成为能够获取商业收益的模块，大多数平台仍是会从多个角度寻找能够变现的切入点，以防在市场竞争中，一种盈利模式被对手攻击，平台便难以为继[①]。毕竟在移动互联中，平台的扩张维度太多，相应地，不同平台之间的交叉点和竞争点也就越来越多。

对于大多数平台来说，基于空间的盈利模式是一个比较基本的，也是牢牢和平台本身市场定位相绑定的变现途径。

平台的展示空间总是值钱的，因为它内含的"土地级差"直接决定着对于用户引导的机会的多寡，这也是为什么包括搜索引擎在内的众多以"内容"为核心互动标的的平台，都会采用竞价排名[②]、贴片广告等方式来对展示空间进行变现。毕竟，只要是平台，就一定为供求双方提供了一个能够吸引注意力并进行交互或交易的空间，而只要涉

①　例如 bilibili 弹幕视频网站 2017 年 83.4% 的收益来自手游，一旦热门手游走向下坡路，整个网站的收入将受到重创。其创始人曾承诺"永不加视频贴片广告"，即主动去除视频广告这一巨大变现来源，也使得 bilibili 的盈利能力大打折扣。

②　这种竞价排名时常因为其非公正性和误导性而被人们诟病，如魏则西事件中百度和莆田系医院的合谋在很长一段时间成为人们唾弃的对象。但可悲的是，即便是当初因为该事件信誓旦旦宣称放弃一切消费者医疗商业推广业务的 360，在随后的几年中，也被频频发现，借公立医院之名，对民营医院广告进行竞价排名。参考：http://field.10jqka.com.cn/20210315/c627772985.shtml。

及注意力的吸引，在有限的空间内，就一定会存在对展示权、位置、时长等"资源"的争夺，而把握着这种争夺的游戏规则制定权和解释权的平台，也就因此能够拓展相应的收益。至今，广告收入都是包括 Facebook 在内的很多大型互联网平台的核心收入来源（我们也便能够从其收入结构中察觉到许多互联网企业的"本质"）。随着移动互联网的发展，这种展示也变得愈加多样化起来。从最基本的，网页或者说 APP 首页存在的众多广告位，到微信朋友圈里时不时跳到用户面前的广告推送，再到求职网站中用户购买 VIP 服务将自己的简历置于顶层（也算是一种另类的广告变现模式），这类被利用起来成为某种引流通道的空间以及场景，正在不断增加。甚至当下流行的直播带货，也正是将人本身作为广告位，作为土地，因为那些直播者所承载的，是消费者们的饥渴目光。

　　空间的价值交换并不单单限于广告活动的空间归属，实际上对于其他参与方来说，当平台扮演着一个虚拟场域的"统治者"的时候，它就已经开始具备了塑造如同国家税收一般的，对于空间本身的租赁权的能力了。最为简单的，便如当下很多云平台类产品需要用户付费进而获取更大的云空间。而相对复杂的，可以苹果为例。当平台将自身视作促成交易的空间时，便可以对其内部的商业行为"征税"。如前文提到的 Apple Store 的交易中间费①。同样，在中国，淘宝、大众点评、滴滴等交易平台也都会收取一定比例的代理费，作为平台内某一边的参与方进入空间从而获取相应交互资源以及保

---

① 当前监管机构已经注意到苹果所拥有的巨大征税权，并开始尝试限制这种权力，2021 年 9 月 10 日美国加州地方法院判决勒令苹果不得强迫开发商使用应用内支付，直接让苹果股价一日闪跌 843 亿美元。除此之外，印度、韩国、欧盟、俄罗斯都在 2021 年展开针对苹果的垄断制裁。

障的代价 ①。而这也引出了平台的另外一种盈利模式，即基于服务的盈利模式。

　　基于服务的盈利模式和平台所扮演的赋能者角色密不可分，即平台将促进平台参与方（更好地）交易和互动的能力进行变现。如前文所说的内容平台帮助内容生产者快速撰写文章并且提供纠错、版权购买等服务，皆可被平台利用成为此类变现的切入点。

　　对于用户端来说，常见的一种变现类服务是会员制度，一种以权利差异为核心的等级体系。例如电商巨头亚马逊就为用户提供了Amazon Prime 会员系统，Amazon Prime 会员可以享受多项专属服务，包括专属折扣、免费两日快递、免费音乐等服务。2019 年，Amazon Prime 美国会员数量已经超过 1 亿（成为会员的门槛是每年 119 美元的费用），平均每年消费 1400 美元，非会员人均消费则仅为会员的二分之一 ②。当前中国的大型平台也开始通过类似的赋能模式增加自身变现途径并且从一定程度上提升用户黏性。如 2018 年 8 月阿里巴巴推出"88VIP"会员计划，筛选出一批付费意愿更高、付费能力更强的用户，并为其提供天猫超市 9.5 折，天猫国际部分商品 9.5 折，赠送优酷、虾米音乐、饿了么年卡会员等服务，打通阿里系多个应用的会员体系，

---

① 如美团曾经在线下餐饮场景中大肆扩张，在其急速推进的关键时期，美团 1.5 万名员工中有超过 1 万的地推人员。这些员工以提成来获取工资，因此在与门店签约之前，地推人员会竭力彰显美团平台的流量价值以及优质的服务能力。然而，签约之后，大多数的商家便开始渐渐体验到美团所拥有的"空间"权力了。相对于大多数团购企业 5 天的账期来说，美团的账期可能长达 10 天，对商户的资金流造成不小的影响。部分地区以及行业中，美团可以宣布实施"独家合作"，也就是商户只可与美团一家团购企业合作，并且由美团制定扣率（部分商户的扣率被美团单方面从 2% 提升至 12%，美团外卖的部分扣率甚至可以达到 20%，并且不计算用户使用红包缩减去的总价）。然而大多数商户却无法与之对抗或者决裂，因为随着美团将它们纳入自己空间的同时，实际上也宣告了与这些商户相生相伴的传统空间，在移动互联领域中的"渐渐消亡"。

② 亚马逊并不是这种模式的开创者，美国连锁超市品牌 Costco 早已凭借会员模式成为世界顶级的零售企业，2018 年，Costco 仅收取的会员年费就超过 200 亿美元。

实现多层级、多场景的赋能。

而用户之所以在很多情况下承认平台"赋能"的有效性，在于这一类赋能往往直接和用户获取平台内容的效度相挂钩，而内容本身，作为对于用户需求的直接回应，也有其变现能力。

基于内容的盈利模式是另一种传统的变现方式。但近年来，由于各国对于知识产权保护意识越来越高，平台借助内容变现的方式便又开始了新一轮的转型升级。其形式之多样，远非前辈可比。比如，国内音频分享平台喜马拉雅 FM 进行了战略调整，将平台运营重心转移到了内容付费，邀请马东、郭德纲等名人入驻，提高内容的质量并打开平台内容的知名度。内容生产由 PUGC＋ 独家版权构成，内容丰富度和专业性得到保障。同时通过和线上线下版权机构的合作，开发原创 IP，加强平台内容生产能力。与此类似的，知乎也联合知名答主，尝试通过网络论坛以及课程的方式变现。同时，在旗下发展出了"值乎"付费问答模块，尝试将免费问答互动转换为付费模式并从中获益。这种模式并不是值乎首创。早在 2014 年，一个名为"靠我"的一对一付费问答平台就已经兴起。2015 年，果壳网推出了"在行"付费问答 APP，并与线下咖啡厅等合作，提供线上提问，线下现场咨询的差异化服务。随后，果壳调整策略，走向娱乐化，并最终推出了"分答"平台，并依靠王思聪、章子怡、周国平等公众人物参与的影响力，快速占领了市场。

和"分答"借助名人效应一脉相承的，则是众多博客、短视频、直播平台上对内容提供方的打赏变现功能。这种"打赏"并不仅仅限于直接互动的"送礼物"。2018 年前后，微博推出了一项会员服务，如果某个用户希望成为一个明星的专属会员，并且看到"只属于会员的照片以及视频"，可以花费 60 元人民币开通会员（半年内有效）。当然，这样付费才能够查看照片的模式并不是受到每个微博玩家的欢迎的，毕竟查看明星照片、评论、转发曾是微博成员"默认"的权利之一。

　　在所有付费场景中，潜藏着一个特别需要被注意的现象，它代表了一种和其他变现模式完全不同的类型，这可以从游戏充值中窥得一二。

　　当很多游戏玩家在游戏内充钱购买装备的时候，我们可以声称他们是在为游戏的内容付费，然而当这种购买的花费以上万元乃至数十万元计的时候，这种购买行为就没办法完全用和内容的对应关系来解释了，而是和平台内构建的竞争关系密不可分。新形态的盈利模式已经悄然产生，它们可以统称为基于社会互动的变现路径。换而言之，便是利用人际互动中本身所具有的种种需求（尤其是竞争并且获胜的需求），通过将回应需求的方式与产品的设计绑定进而实现消费转化。当下众多网页游戏圈钱的核心手段，就是激发玩家之间的竞争，并且通过将更强的竞争力表达为可供交易的道具和权限来进行变现。一旦人们在这一方面的竞争欲望被挑起，"充钱给游戏平台换取装备的需求"就被"充钱来压制另一个玩家的需求"所覆盖了，而平台仅仅需要拉长等级系统，增加装备种类，持续制造冲突，就可以赚取可观的收入。

　　这种模式当然不仅限于游戏，应用的社会互动范畴也不仅仅在直接竞争中。正如前文提到的 QQ 秀，这个看似不起眼的小插件，却满足了当时的互联网玩家渴望展示个性化虚拟身份的需求。腾讯建立的符号系统帮助用户将彼此之间的身份认证与权力竞争具象化，并且成了能够通过消费来获取的"商品"。换言之，对于任何一个群体来说，内外部的划分以及内部的排序都是存在乃至必要的，而平台作为汇聚或者说创造群体的组织，其优势在于，仅仅通过设计出引导区分的"框架"，就能够不断吸引用户自己向里面投注自己的资源去填充这个被创造出来的社会空间了。平台们早已认识到，用户并不认为单纯基于连接关系进行收费是一个合理的选择，但是为了满足自我展示的需求、为了提高社交的广度以及自身影响力的塑造，付出一定的代价却通常是可以接受的。

由此可见，实际上平台的变现方式，逃不出三个大的方向。其一是"税收"，即针对平台提供的空间和交易通道而产生的收益模式。在这个方向中，参与方交易的实际标的并非平台内部的东西，而平台仅针对其对于交易的促成而扣除一定比例的费用。其二则是与传统交易无二的交换行为，如购买，无论是购买内容还是购买服务，都属于此列。它可能由于移动互联的无限复制而一定程度上脱离了传统供求关系构建的商品逻辑，但是本质上仍然是按照等价交换的规则不断进行的。其三则是平台利用自身场域控制者的身份，通过激活参与方之间的社会性互动而获取衍生出的收益。从这一点上看，平台有点像"二战"初期的美国，既给同盟国提供武器，也不会切断和协约国的贸易往来，在中间赚个盆满钵满。然而平台却能够做得比美国更多，因为从本质上看，整个"战争"都是它们挑起的。平台能够凭空创造规则和玩法，而只要身处于这种玩法之中，个体就可能不会意识到平台对于规则的控制本身，而眼前只有和自己在同一个玩法框架下进行竞争的对手们。实际上，这才是移动互联大玩家最为本质的变现能力，因为它将"互联"的逻辑，发挥得淋漓尽致。

而在我们已经列举了平台种种的变现模式之后，却要明白，并不是说平台每一个价值点都需要被转化为赢利点，而是通常由平台根据自身定位进行取舍，以最大化自身价值点的影响力。例如360杀毒核心的用户价值在于杀毒服务，但是周鸿祎却在核心价值点上打出了免费的招牌，来拓展用户面并且打击竞争对手。当然，对于平台来说，即便其有心使得每一个价值点都能够产生收益，市场的运作和参与方之间的博弈也不会允许这种情况发生。究其根本，平台从其提供的空间一直到最后塑造的信任系统，尽管都可以看作是某种程度上的市场价值，但是并非所有参与方都会为任何种类的市场价值买单。就如同社交媒体的估值可能随着其用户达到一亿而水涨船高，但是单一用户绝不会仅为了平台上庞大的用户总量而交钱。这里便存在着一种对于平台所提供资源的价值判断的视差甚至说冲突，而任何参与方对于特定价值付费的过程，就是化解冲突，令参与方承认其定价的过程。正如搜索竞价承认了某种"模式"上的定价；开通黄钻查看 QQ 空间访问者承认了某种"权限"上的定价；而因为看一个电视节目去充值爱奇艺会员则承认了某种"内容"上的定价等。平台能够依靠这种定价来规制"好与坏"、用户也能够依靠对这种定价的反应来表达"喜爱与不喜爱"、商户同样能够依靠对这种定价的利用来表达"有价值和无价值"。

这其中存在的克己，便是平台需要跳出自己的独断逻辑，即利用既定权力换取一切收益的普遍可能性，去寻找那些能够与各类参与方实现协调并获得承认的某些特定可能性。因为唯独在实际商业运作这一点上，平台和参与方的关系最接近零和博弈。一味地强调多维度的盈利能力，便将自己强行堕落为了那些并不指望回头客的奸商一样了，而平台的用户们，却往往是常住居民。

但更值得注意的是，许多时候，平台并不仅仅是在"获取利益"，而是在"想尽办法获取一切利益"，毫不避讳地利用自身对于场景和数据的控制，挤出所有能够被挤出的金钱。就像爱奇艺在《庆余年》等电视剧中针对 VIP 用户推出的超前点播服务（用户缴纳费用以便可以提前看到后续剧集）便被用户鄙视，称其吃相难看，为了盈利不择手段，甚至被告上法庭。另一种常见的典型则是人们所熟知的"大数据杀熟"。例如旅游平台上，对于一些消费能力较强的常客，平台给出的酒店定价可能反而高于直接在酒店下单的价格；而某些打车平台，则可能根据用户的位置（如在机场），调整定价策略，对同等距离的订单，收取更高的费用；再或者一些外卖平台上，可能会员的订餐配送价格还要高于非会员以便吸引新的用户。在这里，移动互联技术提供的数据处理能力给了它们的"精打细算"以有力的支持，还美其名曰

"差异化定价"。然而，这些平台却忘记了最关键的一点，与正常商业实践中的差异化定价不同，在这里，用户根本不知道自己被"差异化对待"了，它们在做的，是一种有意识的恶意欺瞒。好在，这种信息不对称带来的权力不对称以及不公正待遇，已经被监管机构所关注，并将对大数据杀熟的规制纳入到了《价格违法行为行政处罚规定》当中。然而，我们必须承认，如果没有监管方从中调控，当前平台的使用者，可能没有任何一种有效的手段，去阻抗平台为了获得更大的收益而进行的这一切。

自净：野蛮生长的诱惑

苏轼与佛印的禅宗论道中，曾有一段趣事。在二人骑马同行的时候，佛印曾对苏东坡说，"尔在马上十分好，似一尊佛也。"而苏轼则打趣道，"尔穿一领玉袈裟，在马上好似一堆牛屎也。"对此，佛印并没有争辩，反而微笑着说，"我口出佛，尔口出屎"，众人皆大笑。也另有演绎佛印所说乃"佛由心生，心中有佛，所见万物皆是佛；心中是牛屎，所见皆化为牛屎"。但隐含的意思基本上是相同的。

千百年之后，短视频软件快手 CEO 宿华的一席话与上述禅语不谋而合："我们更希望快手是这个世界的一面镜子，照出这个世界最完整和准确的样子，不想因为精英的话语权更大，就让镜子里出现更多精英喜欢的画面[①]。"话之所至，一片禅心，一片悲天悯人。然而，遗憾的是，道业和商业，终究是两种东西。

从十几年前，QQ 好友相约自杀的悲剧中，腾讯应该站在何种伦理位置上被其他人审视就已经成了被激烈争论的话题了。而如今，平台所扮演的角色中，是否应该加入对平台内容以及参与方的"正确引导"则显得愈发关键。这是一个"外部性"的克己，强调的不仅有某

---

① https://tech.qq.com/a/20171110/005869.htm?winzoom=1.

些"疯狂追逐",还包括了许多"视而不见"。

头条系的掌舵人张一鸣曾在面对财经杂志采访时说:"我们做技术的时候没有说要模拟人性,也没有说要引导人性,你们文化人给了我们太多深刻的命题。[①]"言辞之间,将平台从自身产品可能衍生的社会风险中择得干干净净,抖音的"推荐算法"甚至拿了 MIT 的年度十大突破科技大奖。然而,张一鸣没有意识到的是,"做技术"从来不是忽视人性的托辞,更不是平台肆意生长的借口。这不是文化人给他的深刻命题,而是当一个平台触及了几亿的用户,占用着人们每天大量时间和精力,影响着他们的行动和思想的时候,技术,便已经和社会性紧紧绑定在了一起,容不得它不深刻。更何况,在很多情况下,科技垄断企业反而"比以往任何公司组合都更加雄心勃勃,渴望把人性塑造成它们想要的样子"[②],我们则无从判断这种主观的念头是否一直没离开过平台创造者的脑海。所以,哪怕技术并未触及一个值得批判的边界,我们也不能够将其视为一个纯粹中性的存在,而时时要将技术放进实践逻辑中进行讨论。甚至,我们可以说,网络技术从一开始就不是如同纯粹科学一样指向真理,而是指向某个具体的、世俗化的目标。网络本身,就是一个拉图尔意义上的杂合体[③],人类和非人类、社会和技术在这里交织,形成一个整全,任何想完全将其中一方排除出自身之外的举动都是可笑的。当技术的拥有者在宣称自身出于价值中立而做某事的时候,我们尤其需要注意,因为在行动过程中,他实际上就已经对做某事和不做某事之间给出价值比较了。正如一个医生在手握治病救人的能力的时候,不会说年轻人需要好好医治而上了年纪的人就无所谓了,在此时却不能从医生的角度说这是一种技术的价值中立,

①　https://www.huxiu.com/article/174510.html?f=member_article.
②　富兰克林·福尔(美):《没有思想的世界:科技巨头对独立思考的威胁》,舍其译,中信出版集团,2019,前言第 2 页。
③　拉图尔(法):《我们从未现代过》,刘鹏、安涅思译,苏州大学出版社,2010 年,第 3 页。

因为此时的价值比较不在年轻和年老中间进行，而实际上是一种生存和死亡之间的比较，我们的价值体现在承认每个生命都是有价值的这件事本身。

　　随着平台表现形式的不断演化，平台参与方在平台内部能够获取到的资源范围也在不断拓展。平台给用户的持续赋能（如从文字聊天到图片、语音、视频再到直播等）使得 UGC 内容快速增加。而这种平台参与方自身创造能力的扩展，如果不加以规制，便有可能会被滥用。因为即便是不断鼓吹"真实"反映世界的宿华，也难以保证，当其用户陷入一个由平台提供的 UGC 盛宴，以及随之而来的对于"人气""眼球""猎奇"的追逐的时候，这种"真实"，有没有可能成为一个非理性的群体狂欢、有没有可能演变出一种劣币驱逐良币的尴尬。

　　恰当的引导，对于平台来说，始终都是必要的，这种引导不仅仅体现着对于参与方的规制，同时它也代表了平台本身的一种"自净"能力，亦是平台克己的集中表现之一。

　　平台的自净，大多体现在两个层面，一是对违规行为的反制，二是对潜在风险点的化解。对于前者来说，表现形式出现在平台的内部监管当中①。从注册审核开始，实际上平台就已经在"自净"了。几乎所有大型平台都给出了自己的准入标准，以保证平台的参与方具备基本的，与其他参与方互动的资质，并且建立有迹可循的账号系统，提高违规行为的成本。在平台具体运营过程中，无论是微信对不良公众号的封杀，还是淘宝对卖假货商户的罚款，都是平台自净的标准表现形式，以维护平台所谓信用系统提供者的基本角色。就如同经济领域

①　当下，对于平台内部的自净其实已不仅是平台自己的事了，对于平台所可能衍生出的社会问题和风险，监管机构也适时修改了法律。并规定，网络平台应该尽到合理的审查义务，采取必要的、合理的、适当的措施防止侵害知识产权的行为和不正当竞争行为的发生。如果知道或者明知侵权行为的发生而未采取必要措施的，应当承担连带责任。

对于柠檬市场的反感一样，平台必须具备相应的自净能力，以使得平台内部，同时包括垂直领域的各个子市场都相对健康。因为在极端情况下，"次品"的猖獗会使得用户甄别信息的成本急剧上升，进而导致整个子市场的萎缩[①]。然而，很多时候，前面刚刚提到的平台对于利益的执念，却有可能成为平台纵容参与方的理由。2020年，扬州警方破获了一起在短视频平台上出售假牛肉的案件。可售假团队却交代，它们每卖一斤59.9元的假牛肉，利润竟只有一元钱。这当然不是因为其成本过高（假牛肉每斤成本只有20多元），而是因为每卖出一斤假牛肉，售假团队就需要给平台支付33元的流量费，超过交易额的50%[②]。最终，所有嫌疑人带着他们发财的梦想和微乎其微的收益锒铛入狱。而短视频平台所要承担的，可能仅仅是一个"加大审查力度、绿化平台环境"的声明，作为二类电商的短视频平台，甚至不需要费神去帮助用户退货退款、维护权益。

　　在另外一些情形下，我们还会发现，当前需要被"净化"的用户，已经不单单包括在网络散布谣言、发布不良信息的个体，可能包括的，还有大量的"非人"。所谓非人，指的是网络中由计算机生成的"僵尸"账户。这种僵尸账户由来已久，从最早的批量发送垃圾邮件的"好友"，到社交网络中顶着美女头像诱惑年轻人点击色情连接的"用户"，再到在大型公共事件中自动发表意见，试图左右公众舆论的"智能水军"，各类平台中由"非人"顶替实在的主体来构建连接关系的现象越来越多。甚至借用当前的AI技术，僵尸账户的拥有者可以大规模生产与真实人类长相无异，但是却又并非是任何一个真实的人的"照片"作为不存在版权风险的头像。

---

① 2014年阿里巴巴成立了闲鱼二手商品交易平台。这个仅用一年的时间就汇聚了超过1亿用户的大型平台，自其诞生之初就面临着平台内欺诈、质量问题、交易纠纷、盗版、色情等灰色地带的挑战。闲鱼则需要不断通过关键词搜索屏蔽、反垃圾系统、内容审查以及处罚等系统进行反制，以保障自身的持续、稳定运行。

② https://www.sohu.com/a/456587387_121344.

与此类似但更挑战人们伦理底线的，是一些平台中，甚至存在利用已经去世的用户账号发布商业信息的行为。每天全球都有上万名社交媒体的用户离世，而他们的账号却有可能被别有用心的人通过不同手段获取，利用他们生前拥有的社交网络接手运营。

平台们当然明白这些僵尸和"复活"用户的存在，然而是否会下大力气去进行整治则又是另外一回事了。对于大型平台来说相对还比较容易，而对那些在融资的阶段挣扎，努力达到百万、千万级的用户量的发展中的平台来说，事情便会复杂许多。它们甚至会默许那些被称为"网赚"的投机者，利用技术撰写脚本，注册账号以获取平台给出的新用户奖励金，来快速提升自身的用户注册量以便进行更大规模的融资。这是一个合谋的骗局，为平台构建良好交互环境的愿望很多时候就这样被虚假繁荣背后的短视所取代。

对于平台上潜在风险点的处理，则相对更难。

就像对于快手或者火山小视频这类以 UGC 为基础的内容平台，如何能够在保证高质量的内容输出的同时不让平台上的内容陷入"抓眼球、秀下限"的怪圈，是关系到平台命运的大事。2017 年年底，"快手极限运动第一人"吴咏宁失手坠亡成了一时的焦点。这个"90 后"的武术替身，在极限运动录制时失手，从高空坠落。而在这令人揪心的新闻背后，我们除了能看到他伤心欲绝的亲人和未婚妻，更能够看到平台的鼓励、有意识的怂恿，观众的亢奋、点赞，同行的竞争、比拼是如何一步步，让一个开始只是发些搞笑视频的年轻人，发展成为最后为 10 万元平台的奖励，在身体不适的情况下依然从事危险运动，并最终失手的悲剧人物的。

有人会说这是平台审核政策的一时松懈，但实际上，这却是一个缺乏自净能力的内容聚合体无可避免的旋涡式下沉。内容的核心，就在于注意力的吸引以及消费，而对注意力的争夺历来都并不会是一个自始至终阳春白雪的过程，尤其是对于快手一类立足于聚集海量"平凡人"的泛社交平台。就像随着吴咏宁从事的项目越来越危险，其获得的关注、收益也就越来越多一样，这样的"正向"反馈既逼迫着从业者不断进行新的冒险，让无数"平凡人"突破自身的底线，向着"不平凡"迈进，同时使得其他人陷入同样的"流量黑洞"，在一声声喝彩中，搜寻着下一个吸引注意力的爆点，看它将会以何种形式诞生。一时间，骂警察的、虐猫的、飙车的、跳脱衣舞的都会从各自的"业务角度"出发，越走越远，最终不仅走向伦理道德的天花板，也让一些平台走向了其商业模式的天花板 ①。

　　UGC 的优质内容，毕竟是少数。用户参与平台的时间越长，也就越容易发现内容的优质程度会呈现阶梯下降趋势。就像对内容平台"一刻"的评价中，越来越多的用户质疑为何不达标的内容却会被平台推荐出来，而简书也在风靡一段时间后迅速被无聊的段子和心灵鸡汤占领。当然，部分平台自身的运作机制也会侧面鼓励劣质内容的产生，如按照点击数量进行奖励的平台机制必定会指引着标题党们大行其道；而强调点赞和分享数量的算法模式也会倒逼各种营销号针对社会问题发表华而不实但却颇具煽动性的言论。

　　梳理到了这里，就可以集中看一下，平台的克己真正意味着什么。平台内部发展的失控（可能是战略定位层面的缺失，也可能是某种逐利的杀鸡取卵，亦可能是对于整体环境的放任）实际上和整个现代社

---

① 　这种下沉不仅仅会对用户造成影响，当它累积到一定程度的时候，可能事关平台的生死存亡。当年盛极一时的人人网，尽管对其衰败的原因剖析有很多角度，如没有进行流量变现、没有开发流畅的移动端等，但是几乎所有的分析都会触及一点，即人人网作为一个网络平台，其内容的不断低质化和同质化。而这也和人人网自身对内容的粗糙控制密不可分，对抄袭者的放纵也好，对灰色内容的容忍也罢，这些粗放式的内部管理导致其平台上广告和低俗内容的泛滥，从而逼迫越来越多优秀的内容生产者离开；与此同时，作为早期 SNS 平台，人人网虽然率先开放了第三方插件类产品作为内容的补充，但是由于缺乏相应的审核制度而导致推向用户的产品质量水平参差不齐，极大影响了用户体验并降低了用户期待，最终失败。

会的一种病态追求一脉相承，这种追求可以被称为"无限的增长"。

　　戴利在《超越增长：可持续发展的经济学》中描述了一个被现代资本推动出来的发展误区，即无论是资本还是政府都认为发展或者说增长是解决一切问题的最佳手段。贫穷、债务、人口、环境、犯罪、离婚、吸毒等一系列社会问题都能够通过经济增长这一灵丹妙药去治疗，增长就是最大的善，是每个社会个体以及群体的责任[①]。而对于平台来说，问题也是一样的，服务范畴、盈利点、用户数量、使用时长、UGC 内容的不断增长，就被视为是平台的成功（或者最起码是资本的成功）。"无限"的功能可以用来掩盖核心能力的衰弱；"无限"的盈利模式可以抵消大量的资本投入；"无限"的内容可以用来治疗内容平均质量的低下；"无限"的推送可以治疗实际互动人数的减少；"无限"的点赞可以治疗用户对于平台整体评价的下滑。只要增长存在，就给了平台在很多情况下进行追逐和放任的充分理由，乃至唯一的理由。这种增长就像时间之箭，它坚信自己能够划破长空，撕开黑暗，在没有标靶的旅程中永远向前。

　　正如快手和抖音所呈现出的，对于很多平台来说，实际上它们并非是出于能力的限制而放弃对平台的自净；反而，对于窥探增长良药的它们来说，平台的野蛮生长恰恰是其所期待的结果。正是在这种野蛮生长下，平台能够宣扬并调集越来越大的市场力量，且对于这种力量的后果并不在意。就如贝索斯曾经说的："守门人就算心怀好意，也会拖创新的后腿"[②]。那还要克己何用呢？只有不断地创新、不断地突破和增长，才能够刺激它们的血液流速。他们所吞噬的每一滴能量，都在驱动着他们吞噬更多。

　　在这种增长背后，平台一方面利用中立的规则和组织架构聚拢

---

① 赫尔曼·E.戴利（美）:《超越增长：可持续发展的经济学》，诸大建等译，上海译文出版社，2001，第 37 页。

② 富兰克林·福尔（美）:《没有思想的世界：科技巨头对独立思考的威胁》，舍其译，中信出版集团，2019，第 86 页。

用户的动能和权力，另一方面也在这种中立规则的旗帜下将自身从某些道德义务中剥离出去。而尽管平台的克己也许能够帮助平台进行商业模式上的不断调整和升级，在大多数移动互联网企业看来，这种升级相对于进步主义的诱惑，可能仅仅是一种于伦理有益却于商业无用的自缚手脚。没有人会记得茨威格曾在《断头王后》中写的那句话："那时她还很年轻，不知道所有命运赠送的礼物，早已在暗中标好了价格。"

但是在平台的商业价值之外，这种进步主义却可能存在更大的风险。因为物质没有办法真正无限地增长，而平台中的符号却可以。

换句话说，当下对于进步主义的执念，仔细想来，其实只有不断喷涌的符号才能够满足。当我们希望通过消费拉动内需的时候，我们不会鼓励人们去购买基础的生活必需品，而是希望消费不断升级，不断在原有的消费逻辑基础上，增加新的符号价值。所以，奢侈品永远都是消费领域的领头羊，因为它们总能提供最大的符号溢价，总能够提供超越物质限制的巨大繁殖力和想象力。于是，平台们理所当然地利用着当下内容生产与传播的强大工具，以愈发低廉的成本拉动内容批量化生产，释放出越来越多的符号，仿佛这样就能够堆积出意义和价值。却不知这样恰恰会使自己回头坠入虚无主义的迷梦当中，怎么唤都唤不醒。

所以，低价值内容泛滥的背后，并不仅仅是平台和内容生产者本身的问题，而总是包含着更大的背景，对此，可以借助赵毅衡对于符号与意义的关系的分析，来予以进一步说明。即，一方面，平台难以自净是移动互联时代在符号丰裕的大背景下，所存在的"真正"意义的缺失，符号的泛滥"反而使我们失去寻找意义的能力和愿望[①]"，而只能目眩神迷地跟随它们不断前行。另一方面，这也是整个现代性中

---

① 赵毅衡：《符号学：原理与推演》，南京大学出版社，2016，第374页。

虚无主义盛行后意义缺失而反向导致的符号的进一步丰裕，即人们越是寻找不到有效的意义，就"越是希望通过符号的扩张创造意义"①。这两条逻辑相辅相成，并聚合在一起释放出更大的能量。

最终，平台的污浊，内容的喷涌和下沉，成了对于已经死去的意义的无声追忆；而进步主义的执念，成了我们反复强调自身价值的最后的救命稻草。

---

① 赵毅衡：《符号学：原理与推演》，南京大学出版社，2016，第365页。

^{第五节 /} **行动着的大玩家：野心**

　　回过头来看，是不是那些秉承着克己理念，抵挡进步主义侵蚀的平台，就放弃了扩张呢？

　　当然不是。因为身处于移动互联场域当中，平台天然就带着扩张的基因。是移动互联本身给予了那平台以无限的可能性，在这种可能性的围绕下，克己哪怕被发挥到极致，也只不过是某种修正性的条件罢了，一个移动互联意义上的平台，其"野心"是无法控制的。

　　这种扩张可以分为对外的拓展和对内的深耕。对外的自不难理解，正如前文不同章节中都曾提到过的移动互联和平台的开放性，使得平台在进行生态化拓展时实际上并非存有多么高的门槛。而对内扩张则可以用一个类比来说明。移动互联平台就好像一个国家一样，并不是说一个国家的强盛一定要体现在攻城略地之上，能够让自己的居民安居乐业，生产力不断发展，社会交往日趋紧密，反而可能是某种更好的"扩张"。即控制住平台的边界，进而对平台内部蕴含的价值不断深挖。对于那些踏上扩张之路的平台来说，单纯的连接关系显得太过肤浅了。我们通常说平台手握多少多少用户，而用户也就真的被它们使劲地攥在手心了。哪有大型平台不期望自己的用户永远围着自己转呢？抬头是它、低头是它，平台将自己的网张得愈发大，裹得愈发紧，伏在用户耳边跟他们说，跟我走吧。

垂直领域的深耕

　　随着平台人数的增加，平台价值的提升是毋庸置疑的，但是一个社交产品的数亿用户也好，一个游戏的几千万用户也罢，不同的平台终归会遇到自己用户端增长的阻碍乃至天花板，或者说网络效应已经扩张到产品所涉及网络群体的覆盖上限。而这也逼迫着平台，不断寻找新的模式去深挖自身价值增长点。换句话说，平台用户和连接范畴的纯粹增长并不一定是平台运营的核心目标，很多时候，用户结构的调整以及用户间互动方式的升级反而更为重要。而没有做到深挖参与方之间的连接价值的平台，所聚拢的人，也不过是一群"乌合之众"。

　　之所以说是"乌合之众"，是因为许多平台并不能够为在其中活动的用户提供一个群体所应有的自我认知以及相对统一的行动方向，也缺乏一个系统的、能够得到广泛承认的符号体系。用户在平台上是散乱的，而不沿着某些特定的路径流动；也是无根的，因为每个用户与其他参与者乃至和平台的关系都非常薄弱。[①]他们仅仅依靠连接关系和网络效应进行聚合，却难以将这种聚合转化为具备社会动能以及相互认同的"群体"行为（当然，对于群体心理学家们来说，可能即便人们真的被聚合在一起了，其所包含的群体极化、群体非理性等现象也只能让研究者将之称为乌合之众，但这并不是我们在这里需要讨论的问题）。这种杂乱的模式，在网络社会初期，可能会被视为某种新时代的征兆，然而当移动互联愈发深化的时候，在大玩家的控制下，内部结构的有序性和不断复杂化便成了一个核心命题[②]。在开端中所描述的平台，描述的出发点，是平台内的任意参与方停留在将其他参与方视为纯粹的客体的阶段上（当然这个阶段可能根本不存在，但是前文的论述所关注的视角并不在内部参与方的深度交互上而是更偏向于结构主义的）。到了"成熟"的平台，那种"无机"的连接关系就变得"有

---

① 这和现代性产生的人与人之间的区隔一脉相承，我们可以回想一下阿多诺所说的以进一步理解这一点："个人暂时地赫然耸立在盲目的社会联系上，但在他的闭塞的孤独中，个人只能更有助于再生这种社会关系。"引自：阿多尔诺，《否定的辩证法》，张峰译，重庆出版社，1993，第 215 页。

② 正如新地域空间理论"反对将地域空间视为僵死、刻板、非辩证和静止的绝对空间，而在开放社会的条件下将地域理解为多重力量参与建构的结果，并赋予地域空间延展性和穿透性的能力"一样，对于平台的虚拟空间来说，场域内部的深化是强化其控制过程的重要手段。引自吴越菲："迈向流动性治理：新地域空间的理论重构及其行动策略"，《学术月刊》，2019（2），第 89 页。

机"了起来。就像人类社会必须发展出主体间性的概念一样，平台上的参与方逐渐开始承认其他参与方的主体性并与之进行属于主体之间的交互；进而，通过参与方之间的牵连加深，平台和参与方之间的牵连同样也变得更深了。

其实，从最广义的角度看，平台演进过程中，这种对于具有内部凝聚力的群体深化的追求，并不仅仅出于平台为了强化对于参与方的控制，或者为了寻找更多利益增长点而进行的刻意设计，在很多情况下也代表着人类本身在汇聚过程中，深度或者说垂直聚合的必然出现。

在《文化认同与全球性过程》一书中，弗里德曼提到过资本主义文明全球化扩张的过程中对于社区、亲族关系所形成的冲击。其分析过程便可在一定程度上为当下平台内的群体演进提供某种参考。即，尽管传统社群（权力）结构在全球化构建的超范围连接的冲击中遭受了一定程度的危机，如全球性的同质化、局部话语结构的瓦解、传统文化的衰弱等；但随着时间的推移，即初步冲击过后，民族认同和族群化却会以相对不那么绝对、不那么中心化的方式再次回归，与全球化并存，但仍然保持自身在意识形态中的重要位置[1]。网络化的聚合过程实际上也存在着同样的趋势。如果说网络化初期的匿名化、自由化、平台化的存在形态就如同早期资本主义意识形态一样在全球蔓延，将一切碾平、杂糅在一起，那么对于在网络中浸淫已久的人们来说，寻求更加差异化的自我认同、更加细化的行为模式，以及更加深入的群体交往则是成熟期的网络化所必然达到的状态。原本的区隔会再次被提及，原本的社群会重新被建立，扁平化的网络逻辑是一个外置的框架，能够代表某种基本的特征，但是终究难以渗透到群体以及个人每一个具体的行动当中。即便是当下的移动互联平台，也很难为每一个"传统需求"都提供一个统一的

---

① 乔纳森·弗里德曼（美）：《文化认同与全球性过程》，周宪、许钧主编，郭建如译，商务印书馆，2004，第 143 页。

出口，越是大型的平台便越是如此（就如购物是一个整体的需求，但它是"空"的抽象形式，购物的行动一定要和具体的内容相结合才能构成一个实际的需求）。这时，垂直领域就会浮现，成为依靠着巨大的普适性平台的纵向延伸，在满足平台整体协调性的同时，于具体的需求内部生长。移动互联时代给我们的广泛连接和愈发碎片的环境结构，此时则成了加快催生这种垂直领域形成的核心诱因。

多数平台所追求的纵深价值，是仍然立足于平台能够提供的空间，通过改变和升级平台参与方互动的方式，来增加其自组织的活动场景和衍生出的相应变现模式。尤其是对于已经触达网络效应天花板的平台来说，既然总"人口"无法增加，起码平台可以改变"人口"聚合与互动的结构[①]。在平台松散的初级群体系统中，平台通过机制、符号的设置，让身处于其中的参与方依照自己认为合适并且有意义的方式形成一个个次级群体，进而通过参与方在次级群体中形成的互动关系以及归属感，强化参与方对于平台本身所能提供的价值。

可以具体考察一下百度的例子。百度贴吧，是百度旗下的社区类产品，它以共同话题为核心，形成围绕着特定词汇的一个虚拟群体（并且是一个有等级制度、有权力争夺的群体）。借助百度搜索，用户在检索到一个关键词的时候很容易就会被引入相应的贴吧，并且认识更多对相关话题感兴趣的人，因此而聚合，产生搜索平台本不可能产生的用户深度互动。同时，贴吧也能够很好地反哺搜索引擎，贴吧里的信息能够被搜索引擎检索，大量的用户原创内容成了搜索引擎本身的养料并不断激发用户们新的创作热情。不仅如此，值得注意的是，尽管搜索不需要账号，但是在贴吧发言回帖，通常是需要一个虚拟身份的，而这种身份也自然而然地很快从百度自行分配的编号或者 IP 地

---

① 如许多网络游戏，开发公会、战队、军团系统，如视频网站围绕热剧以及明星开发论坛或者线下活动，便算是踏入了平台对内部用户进行"重组升级"的门槛。

址转为了需要注册的，使用周期更长且能够与个体形成更加紧密关系的账户系统。基于账户系统，百度进一步完善了用户的个人主页，在各个贴吧推广其设定的等级制度，鼓励用户发布图片、长文等优质内容，进而完成了从粗糙的划分用户，到构建完整的细分生态与黏性系统的转变。

除此之外，百度还发现了在信息流那些冰冷符号背后潜藏的感性共鸣。实际上对于普通用户来说，在百度上提出一个搜索请求之后，除了寻找到自己想要的答案，另外一个很重要的体验是，用户能够发现原来世界上还有很多其他人与自己有着同样的问题，或者同样的经历。这是一个能够跨越时空壁垒的共鸣关系，一个由共同思维过程所引导出的无形的"群体"，它们可能只在信息获取的事实发生的一刻产生，转眼又幻灭，进而在百度提供的庞大平台上忽明忽暗。但是，无疑每一次个体身处其中的体验，都会在无形中强化百度本身作为这种虚幻的群体的提供者（一个可供移情的对象）在其心中投射的影响力。而百度抓住了这一契机，适时推出了"百度知道""百度经验"等产品，为用户之间依托内容的交流提供了更加情感化和个性化的出口。

而与百度贴吧、百度知道、百度文库、百度经验等一系列产品相对应的一条统一的暗线，则是百度建立的一整套信任系统。那些回答问题被采纳的、那些贴吧中贡献内容多的、那些乐于分享自己经验的、那些喜欢上传文档和知识的人，都会被平台所奖励，拿到更多的经验值或者"虚拟货币"。而那些等级更高的用户，他们针对问题给出的答案以及在社区中的发言自然而然也就有了更大的"合法性"，用户们愿意去相信那些高等级的人，因为那代表着他们的"经验"和"资格"。但是用户却通常不会深思，无论是高等级和其背后的权力，还是低等级和其背后的不信任，都是百度作为平台赋予身处其中每一个人的符号化标签和身份定位，一切权力的源头，是百度本身。它就像一个权力的银行，吸纳着储蓄、调整着利息，并发放贷款期待着更大的回报。

当前，很多移动互联平台尽管能够设计出用户的互动机制，通过各种有趣、刺激的话题引导用户相互转发、点赞、评论等，但是其塑造出的许多社会关系，仍然只能停留在相对浅层和低质量的虚拟关系上。而因为本身就处于偏娱乐化的虚拟社交关系网络中，用户自然而然也不会在意，甚至不会有意识地维护这种互动，以使之成为能够支撑一段严肃关系的基础。此时，细化的垂直社群就能够很好地帮助平台进一步撮合陌生人之间的关系，将其固定化、常态化，并且在一定程度上，通过频繁的互动培养和沉淀用户对于他人、社群、平台的感情，其中佼佼者，甚至可以通过组织线下活动来进一步强化垂直领域中的黏性[①]。

当然，这种垂直的用户细分也自有其"度"需要平衡。不仅仅是程度，也是维度。当一个聚合平台在垂直领域渗透时，它可以选择功能上的细分，如 Facebook 推出 Poke 来对标 Snapchat；也可以选择业务内容上的细分，如阿里巴巴区分淘宝和天猫；再或者在同一平台内依据群体本身的划分，如人人网按照学校对用户进行划分并建立社群。划分的方式多种多样，但需要注意的是，并非所有的平台都适合在各个层面强调其"分"而非其"合"。例如豆瓣，在移动化的过程中，就因为过度细分而走了些弯路。在移动化伊始，借助着网页版豆瓣的风靡，豆瓣迅速将其旗下阅读模块、笔记模块、小组模块等移动化，试图将互联网豆瓣平台的聚合模式完整的复制到移动端。然而在此过程中，豆瓣并没有尝试将所有的垂直组群进行统一的管理与聚合，即并没有打造一个能够很好覆盖众多聚合场景的综合性平台，而是将其板块拆分成了"一刻""东西""豆瓣笔记"等独立 APP。这种细分虽然

① 例如，微信中的骑行群，就能够以自行车的交流为切入点，聚拢爱好者，进而圈定地理位置相近的骑行玩家，组织骑行活动，围绕骑行、自行车这一场景，嵌入广告营销、赛事运营、电商等更加完整的生态结构。

在一定程度上可以算作是对已经实现大规模覆盖的用户群的一次重组，但其问题在于，在重组的同时，豆瓣也将其用户一层一层地打散。而在此过程中，却又由于前文提到过的 APP 之间跳转的不便利，出现能放不能收的窘境。毕竟，豆瓣用户，无论是使用笔记还是阅读，其兴趣点都有一定的交叉性，而 APP 之间的频繁切换却使交叉性的需求被满足的成本陡然上升，加之平台的运维成本也随着独立 APP 的增多而随之增加，最终并没有形成一个拥有强大竞争力的移动互联平台生态网。

从根本上看，平台进行垂直领域布局，可以看作是平台自身不同存续方式之间的对抗和补充。当我们以宽泛的眼光看待平台的时候，往往会感受到一种哈耶克曾经描述过的庞大架构：

"我们所服务的人，我们几乎全不认识，甚至我们不在乎他们的生存。同时我们的生活，也要依靠不断接受另一些我们一无所知的人所提供的服务。这些事情之所以成为可能，不过是因为我们处在一个巨大的制度和传统架构——经济的、法律的和道德的——之中，我们通过服从某些并非由我们制定、从我们了解自己制造的东西的功用这个意义上说我们也并不理解的行为规则，使自己适应了这个架构[1]。"

这样的架构，无论哈耶克多么崇尚它，对于一个有血有肉的个体来说，它都是某种外置的、冰冷的存在；但在许多时候，我们不仅需要这种看似理性的框架，同时也需要那种被哈耶克搁置在历史中的所谓"休戚与共"的情感。对于移动互联平台这种虚拟的连接架构来说，实际上人们更容易体会到的，总是那种对于对象的"一无所知"，而这样的感情，即便能够用平台打造的信任体系予以支撑，它也难以更进

---

① 　哈耶克（英）：《致命的自负》，冯克利等译，中国社会科学出版社，2000，第 11 页。

一步催生那些以人性本身为核心的社会性价值。于是，垂直领域成为必需，它在一个普适的大框架下帮助平台，也帮助个体以一种更加人性化的方式重新卷入这个世界。

不仅如此，对于平台来说，垂直领域的探索并不单意味着自身客群结构的深化，同时还映照着平台规则以及符号系统的升级。一方面，从平台构建的规则和玩法来看，平台整体连接关系下，这种规则必然因为要照顾到最普适的客群而难以被细化为更为复杂的结构，从而也就缺失了由于特定规则而衍生出的社群内部交互过程。而在垂直深化的进程中，必定会有与之相匹配的"新规则"以支撑群体的深度交互，从这种规则出发，也就为平台依靠新的秩序生成引导性的权力打下了基础。正如百度搜索的规则是一个普适的规则，而百度贴吧内部的等级系统，则是一个相对"下沉"的规则，甚至很多对于贴吧内垂直群体的管理权，百度会直接下放给贴吧的"吧主"。另一方面，在相同的垂直规则下，当平台内的群体试图进一步区分的时候，这种区分往往体现在符号的层面，即群体的核心交互主题的层面上。我们经常说群体是被符号区隔的也正是这个道理。这个符号可能是共同的主张、共同的爱好，甚至是更为松散的共同的表达方式（例如弹幕网站上刷相似结构弹幕的用户就可以被视为一个临时的小群体）。但无论如何，平台内部承载着的众多符号给了参与方经由符号在规则框架下继续划分的根据。而在平台开始加快垂直领域的渗透时，平台构筑的符号系统，也同样有了更大潜力向着多元结构演化。甚至更进一步，平台进行群体切割的符号本身，成了某种身份上的标识，而参与方对于这种标识的认可，便会引申至对于垂直群体乃至平台的承认，进而也为平台构建了一个愈发明确的"强边界"。

但是，当我们看到平台对于强边界，或者说平台进行内部深化的种种过程和方式的探索时，我们同时需要再次注意到移动互联本身的弱边界，或者说移动互联作为大生态的"整体性"。这种"整体性"是会被平台不断借用的；平台也不得不随时在这种整体的视角下考虑自身的发展。每一个单一平台就像是移动互联大生态下的垂直领域，而平台在向下延展这种深度交互逻辑的同时，也在尝试向上扩张，即将自己层面的规则、符号和权力系统拓展到更大的范围，在移动互联大生态内划定区域，构建越来越多盘根错节的小生态。

生态的权力隐喻

在社会学研究中，一直存在着众多生物学的隐喻。诸如"竞争""共生""同化""演替"等概念被第一代芝加哥学派广泛使用着。而"生态"的概念，也在这种隐喻的频繁使用中被逐渐采纳，以自然界中共存、生长、更替的特征性表述来映照我们对于社会结构的理解。一直到20世纪七八十年代，生态理论在组织形态的分析中已经逐渐代替了传统将物理性空间边界作为描述社会形态的方式，转而寻求一种抽象的空间概念来圈定某个研究范畴。

在这种语境下，从生态角度出发的分析通常不会将社会空间视为行为主体理性活动的静态结构条件。而是更加侧重于对生态系统内的历时分析，并描述主体之间相互依存而产生的社会轨迹。这一路径与布迪厄的场域理论有些类似，但场域理论更加倾向于从权力以及资本争夺的过程来审视内部的各种主体，这在下一节将会重点论述。

如今，生态概念的应用也被拓展到了移动互联领域，成为描述在这一领域中特定的企业组织形式，或者说商业发展态势的概念。尽管"从平台到生态"这一说法预设了某种程度上的拓展，但实际上平台不必然是生态的前奏，市场的历史和经验也没有确认过企业一定要先将自己打造成平台化组织，才能去染指生态化的更大部署；但由于移动互联参与方的开放性，这两个概念往往会同时出现在对特定企业的描述当中。归根结底，并不是因为其孰先孰后的逻辑关系，而是这二者都代表了某一产业链条或范畴中，扮演关键角色进而获得特定权力的组织。毕竟，并不是任何组织都需要且有能力将自己打造成平台、构建出生态的。实际上，在当前的消费社会中，可能只有几万分之一的概率能够让一个企业得到这样的标签（当然，在纯粹的移动互联领域中，成为平台的比例会明显更高），而余下的大多数，都是注定要"被平台化""被生态化"的，需要加入别人的平台，融入别人的生态，遵循别人的游戏规则，认同别人的符号价值。

在多数情况下，平台和生态，可以被视为从不同角度描述同一个组织的词汇。对于这种概念的深入讨论，也会让我们对平台本身所具备的一些能力有更加清晰的认识。

所谓平台组织，其审视的角度更注重组织内部包含的连接关系，以及连接标的，注重平台通过何种规则为参与方解决了什么需求，它更多的是一个基于社会功能的描述。

而生态则相对侧重于对组织内部与外部相关一切参与方依存关系的考察，即组织除了连接参与方之外，还能够利用参与方以及组织内部能够分享的其他资源（例如数据）去扩展何种新的价值，而不同价值系统之间又可以如何联动、协调，如何去创造并消费同样的符号系统，建立怎样的权利义务关系等，这是一种基于整体状态的描述。

当我们在描述平台的时候，这个平台是需要具有主体意识和权力意识的，而对于我们描述的平台语境下的生态来说，这样的意识同样存在。当然，若将视角放到作为一个整体的移动互联"大生态"上，则权力逻辑就已经足够，任何人都没办法给它找出个主体意识，这是需要被区分的。所以接下来说的平台和生态，其背景都是以"作为企业的平台"为主体。固然，有些平台可能永远无法被生态化，它们所要做的只是连接，仅此而已，但是本质上看，对于多数为构建连接关系而存在着的企业来说，平台与生态二者没有明确界限，不存在一个组织从平台到生态的一步跃迁，而只有描述上的偏向[①]。

当我们谈及那些被称为塑造出生态的平台的时候，我们往往会承接着移动互联开放性的特征将其理解为一个和谐共存的抽象领域。但这是一个常见的误区，就像人们在说某个事物是一个"有机整体"的时候，仿佛就给这个对象赋予了一种难以替换、不容修改的合理性一般。然而，我们必须铭记，一个生态圈环环相扣的结构并不能够证明它的合理性和稳定性，对控制权的持续争夺，而非和谐，才是生态圈内的日常活动。

对于平台所构建的生态来说，根据其权力运作的大致模式，可以被分为内生型生态以及外向型生态。例如很多人在描述苹果的时候，都会下意识地在脑海中勾勒出一个属于苹果的"生态圈"。这个生态圈便是一个完全内生的，也是相对封闭的场域。苹果手机与手机中的软件、苹果手机和苹果的平板电脑、苹果的电脑与苹果账号、苹果账号与苹果构建的支付系统之间的连接等都在苹果整体的制度设计中存续并且相互支持。当用户拥有了一个 Apple ID，即一个在苹果营造的庞大虚拟世界中的身份证之后，苹果的内生型生态就已经笼罩在他身上了，这样的闭环生态，强调的是更加完整的、全方位的控制和赋能，使得单一平台能够在自己的业务领域中满足用户的普遍需求并且切断用户对于平台构建的生态圈之外的玩家的依赖性。

然而，这种内生型的生态，往往都是从特定的参与方的视角出发去被发掘的，正如苹果系统中的普通用户一样。而从产业链的整体视角来看，实际上并不存在绝对的内生生态。生态化的建设尽管在当下的移动互联巨头手中被运用得十分熟练，但这种思路早已存在。强生集团对于快消品行业的"横扫"就是最为典型的例子①。而在瓦伦丁执掌红杉资本时，也曾采用过一种"航母式"投资策略，即寻找一个核心的目标公司作为被投资的主要对象，并围绕"航母"的产业链相关节点，投资其他企业，以形成拱卫之势来辅助核心投资标的的主要业务，如同一个航母编队中的驱逐舰和护卫舰一样②。航母公司和其他一些从事服务和防卫的公司组成一个被投资的舰队。如苹果公司就是一个航母，围绕苹果，有 13 家公司被一并投资，以保证苹果在产业链合作中有更大的回旋余地，如 Tandon 公司专门给苹果电脑做磁盘驱动器等。此时，在瓦伦丁的眼中，苹果的内向型生态就不再是重点了，它被投入到了更大的开放的生态中。

可以说，在绝大多数的情况下，即便某个平台有心将自己打造成一个全然内生型的生态结构，但是由于商业行为（尤其是互联网商业）本身的离散性，单一企业注定难以独自为所有的用户提供一个"生态"系统下所应该具备的全部服务。所以，外向型的生态（尽管这种生态通常也具备一个最为核心的权力主体）是大多数生态系统的常态。正如腾讯（尤其是与 360 大战后的腾讯）的战略板块中，在不影响其自身平台稳定性的前提下，腾讯提供的 API 接口、参与方数量、黏性、数据等成为其对外扩张的最大保障，直接决定了外部机构入网的方式与能够获取的资源，进而以自身社交平台为基础，聚合并打通了游戏、视频、出行、商户公众号等多种消费场景，形成了更加完整的生态

---

① "1995—2004 年间，强生收购了 51 家小公司。目前，强生经营的独立子公司超过 200 家。它们不是部门，而是独立经营的小公司而且他们收购的胃口越来越大。这是为什么？扫一眼强生最畅销的药品，你就明白了。在盈利前六名的药品中，只有两种是强生本部开发的，其他四种都是从小公司里收购来的。"引自科斯塔（美）：《守夜人的钟声：我们时代的危机和出路》，李亦敏译，中信出版集团，2017，第 253 页。
② 阿伦·拉奥（美）、皮埃罗·斯加鲁菲（美）：《硅谷百年史》，闫景立、侯爱华译，人民邮电出版社，2014，第 135 页。

结构①。

　　然而，尽管生态化（无论内生还是外向）对于企业来说，是一个构建自身平台壁垒的重要手段，但是正如之前所说，并非所有企业都能够将自己生态化。甚至说，即便是那些有潜力构建生态的企业，仍然要认识到自身的业务特征以及发展阶段，不能盲目扩张，为了生态而生态。例如乐视，其企业的理念和愿景可能没有什么致命问题，也许踏踏实实去做好自身平台，逐渐扩展内容、终端、应用等每一个环节，便真的有可能让"乐视帝国"的梦想成为现实，但是随着乐视渗透的方向越来越多，沉溺于"生态化反"的概念中盲目横向扩张，把目的当作手段，在资本和崇拜者的怂恿下不断画饼圈钱，它自身反而忽视甚至不在意对已经牢牢抓住的资源进行深度整合，最终很大程度上为后来失控的场面埋下了伏笔。

　　在众多中国投资者陷入乐视的旋涡中的时候，美国的亚马逊则是秉承着内生型的基本方向，步步为营，有序推进。亚马逊并不排斥外部的开放合作，但是在其业务推进的每一步上，也都在力求亚马逊始终保持对于平台和生态的完全控制权，将外部性的功能模块逐渐用内部性的所代替。围绕着能够"更好解决消费者需求"这一核心目标，亚马逊以电商平台为基础，不断向产业链上下游延伸，并且以自身账号系统为主，将各类消费场景牢牢把握在自己手中，形成了一个庞大并且具备稳定权力关系的生态链条，涵盖了包括智能硬件、新零售、云计算、电商平台、线下门店、内容消费、大数据服务、物流、金融、支付在内的多层业务范围。

　　底层服务方面，亚马逊利用其早期在电商领域积累的计算机网络

---

① 与此类似的，阿里巴巴以淘宝为基础平台，通过一系列并购和投资，在微博、陌陌、UC、虾米、优酷、华谊兄弟等多个外部企业中扎稳脚跟，并且渐渐将其融入到阿里巴巴最为核心的电商业务中，或为其导流，或为其提供内容等。

的优势打造了 AWS（亚马逊云计算服务）系统，对外直接提供云计算打包产品，保证了亚马逊在零售行业的领先服务能力，为自身其他层面的生态扩张提供了最为基本的竞争性壁垒。基于底层技术，在零售消费场景模块中，亚马逊构建了线上和线下的零售消费场景，即其核心的零售平台业务。在这一部分，亚马逊生态化扩张的整体趋势一方面实现了从线上到线下的延伸（如开设 Amazon Go 无人超市、亚马逊快闪店等），另一方面实现了从自建平台到对外收购的扩展（如完成对 Whole Food 超市、中东 Souq 电商平台的收购等）。很大程度上增强了亚马逊零售平台的场景范围，形成了从书城到综合电商到内容平台再到线下超市的立体零售布局。

在布局这些场景的同时，亚马逊也逐渐构建了自己的用户零售端入口模块。从阅读器 kindle 开始，亚马逊就有意识地为自身的平台型产品寻找更加稳定的入口。而最为稳定的，必然是某种实体性的入口而非纯粹网络的（这不禁让人想起，乔布斯在苹果手机发布会的时候，引用过 Alan Kay 的一句名言：任何真正重视软件的人，都应该自己造硬件）。于是亚马逊选择从掌握用户手中的阅读器开始，去掌握用户的消费方式、改变用户的阅读习惯。当前，亚马逊的 Echo、Vesta 等硬件也都对应着各自的内容平台。因此，相对于大多数平台型产品，亚马逊对于用户入口的掌握更加稳固，其入口被竞品替代的可能性更小。同时，亚马逊对外投资了众多新兴的智能硬件企业，如智能门锁、监控摄像机、对讲机等。可以预见，未来，这些智能硬件都可能会开始支持亚马逊的账号体系，并且成为其零售布局中新的入口和生态化中向产业链上游延伸的重要一环。

在亚马逊的整个消费生态中，资金流、信息流和物流的布局起到了纽带的作用。利用上述三者，亚马逊对其闭环生态的掌握更加完整，保证在用户触达、购买结算、商品配送等各个消费环节中，不过多依赖于外部企业提供的服务。例如在亚马逊电商平台中，用户可以通过自有钱包产品 Amazon Pay 完善支付体验，商户可以通过 QuickSight

智能数据分析系统加强营销效果，进而再通过 Prime Now 的物流体系完成最终的商品快速配送。通过这些服务，亚马逊能够成功给平台内的各类参与方赋能，并以此为基础进入到金融、物流等新的生态领域中。

无论是产业链上下游延伸的入口布局，还是资金流、信息流等连接关系布局，亚马逊的最终目标都是为了强化其在零售产业中的闭环模式以及优质的服务体系，而其账号系统则保证了亚马逊能够将自身的主要模块串联起来，形成统一的用户体验模式，并不断强化用户对品牌的感知。同时，利用亚马逊的账号系统，亚马逊还能够进一步根据账号权限（如 Prime 会员）提供差异化的服务，为平台找到新的盈利模式。

亚马逊的内部生态模块之间，协调性很强，各个业务条线往往能够相互支持。例如，其 Music Unlimited 音乐内容平台就可以很好地和 Echo 智能音箱结合，Echo 作为智能硬件又可以很好地与亚马逊 Alexa 人工智能助手系统匹配，而这整个一套解决方案，又能完整地嵌入亚马逊的智能汽车跨界合作布局当中。再或者，收购 Whole Food 之后，亚马逊可以依托超市大量的网点优化其 Prime 的配送服务，以及 Pickup 到店取货系统。同时，线下的场景也为其推广 Amazon Pay 等移动产品提供了应用的空间。更进一步，利用 Whole Food 的地域覆盖优势以及硬件设施，亚马逊或许能够推广其基于 AWS 以及 5G 应用的边缘云计算解决方案。所以说，一旦平台真正开始将自己定义成为一个巨大的生态之后，平台内参与方与资源就会开始互相"串联"和支援，为平台本身贡献更大的市场价值。

而当我们感叹于亚马逊庞大的生态化布局的同时，需要注意到的是，绝大部分的移动互联平台（也包括亚马逊在内），当人们对其进行"生态化"的描述的时候，实际上试图勾画的，是一个"功能"的生态，是一个"产业"的生态，而并不是一个真正意义上完整的生态。

这样的生态，本质上是平台权力和控制范畴不断拓展的副产品，而不是像社会学领域中那样真正相互依存并且演绎的抽象空间。平台自身的权力永远在生态中占据着最为重要的位置，而生态结构的其他组成部分，无论在口头上是多么的被重视，在权力冲突中，它们始终是处于下风的那个。当然，我们可以说在自然生态中，也有着身处于食物链顶端的存在，然而，当人们对围绕着某个企业的一整套产品、服务、场景、用户施加以生态性的描述的时候，实际上企业自身已经被定义成为生态，而并非生态结构中的某一个组成部分了。换句话说，平台所塑造的生态化，是一种有限的生态化，在生态结构预设的依存性背后，真正的权力主体，仍然需要被重点考量。

扩展的斗争状态

平台野心的马蹄所向，往往是另一个平台。

对生态的讨论实际上已经为我们在平台的整体视域下开启了一个新的考察方向。即当平台走出自己构建的空间，从业务角度或者从产业链角度延伸开去的时候，便已经形成了超越某一个特定平台的组织结构，让平台之间的关系成了不容忽视的议题。这是一个被拓展的斗争状态，但是它指的并不是单纯的平台之间的竞争，而是试图描述已经具备明确内涵和外延的平台（也包括"准平台"）之间才会有的某些特殊存续状态，所以才会将其放在"野心"这一部分进行讨论。这些状态和平台的生命捆绑在了一起，可能见证着平台的诞生与消失，也可能见证着平台们从合作走向分裂，又从斗争走向协同。下面的讨论中，将会选取三种成熟平台之间除直接竞争之外的交互模式，进行简要的叙述。

第一种交互模式可被称为"平台分离"。

所谓分离，描述的是当一个平台体系内的大型玩家在成长到特定阶段后，可能会倾向于尝试部分脱离平台进行独立经营，或者成为新的平台的过程。这样的过程中，对于新生玩家与原有玩家的互动来说，权力，始终是围绕两者的核心话题。

实际上，自平台诞生以来，平台和平台上重量级玩家之间的博弈便一直没有停过。平台能够给大型玩家一个更加广阔的入口，而大型玩家也能够帮助平台建立竞争优势甚至完善生态结构。但是，当平台中重量级参与方的发展达到特定阶段的时候，不仅仅会挤压平台内其他参与方的生存空间，甚至可能影响整个平台的稳定性，对平台本身的存续造成威胁。[①] 当然，由于大型互联网平台在移动互联世界中的独特角色，这样的反客为主并不容易，所以，那些不断借助平台成长的参与方，大多不会形成一个完整的颠覆，反而更有可能为了自己更大的野心以及为了寻求更好的生存环境而自立门户。

这种自立门户的考量首先来自对入口的需求。对于平台参与方来说，进入平台进而获取流量实际上并非一劳永逸的。对平台所提供的展示空间的争夺有时可能还要更甚于自己和竞品在其他战场的斗争。正如上文提到的，大多数平台内，由于空间资源的有限性，获取最佳的展示位置以及消费引流永远都是平台拉动参与方互相竞争并且从中获利的重要手段。而对于参与方来说，很多情况下，在将自身业务嫁接到平台，获得了无与伦比的入口的同时，实际上也陷入了另一个层面的战斗当中，而参与方很快就会发现，尽管这是一个崭新的虚拟空间的争夺，但是与自己同台竞技的，仍然是那些"老对手"，各方斗争所采用的，也仍旧是那些"老策略"。

在这样的流量—营销悖论中，不是所有商户都只能被动接受平台所给出的竞争游戏。因此，那些自己便具备一定流量的大型参与方将自身转化为入口甚至平台，就并非是一个难以想象的事情了。正如耐

---

① 　如在银联的银行卡支付平台下，工商银行和招商银行就曾经尝试通过银行自有收单端的打通而开展另类的支付清算业务，最终被人民银行叫停。

克在淘宝 APP 首页上斥巨资投放广告的同时，自己也在积极拓展私有化电商业务以及移动服务一样。

对于很多企业来说，入口背后所隐含的"换汤不换药"的竞争模式并不是唯一的问题。"逻辑思维"在开设微信公众号运营了一段时间之后，就逐渐尝试脱离微信平台，将流量引入自己开发的 APP"得到"上。这其中，并不单因为有众多同质化的内容账号同时存在于微信中进而对其形成竞争压力，与之同样重要的，是微信公众号本身服务能力的局限性。正如在平台所扮演的角色中提到的，微信作为一个大型平台，其公众号模块会遵循着平台所谓标准制定者的角色而设计。换句话说，身处于公众号中的参与方，在很大程度上需要遵循微信制定的技术标准以及运营规则，并以此为基础，服务于自身客户。这样的限定，就使得很多企业的个性需求没有办法得到最好的解决方案。如电商功能、客服支持、社群建设、会员制度等方面，在公众号的覆盖下，都需要被架构在微信提供的框架上。而对于大型商户来说，这种同质化的解决方案显然没有办法帮自身扩大差异化竞争优势（反而可能会将其缩小）。换句话说，微信对平台内部参与方的要求和参与方自身要求在此往往表现出某种天然的对立。作为平台，需要的是参与方在同一的标准和规则系统中进行可预测和可控制的有序竞争，而对于参与方来说，反而是越突破常规、越不可被预测的创新才能够帮助它们获得最大的潜在收益。于是商户部分地脱离平台，建立服务能力更加全面的自有 APP 也就可以理解了。

不仅如此，正如"克己"一节中讨论移动互联产品的开放性与封闭性时所涉及的，对于开发者来说，自己拥有一个 APP 往往能够满足某种"落袋为安"的需要，这代表着产品提供方对自身的感性认知。而反过来对于用户来说，这种感性认知其实同样存在。即从用户的情感角度看，当一个大型平台做到足够深入人心的时候，是可以一定程度上影响身处其中的参与方们在用户心目中的认知价值的。就像当前支付宝在进行支付的时候会有意识地弱化银行卡的标识，即无论资金是从哪个银行的银行卡中被提取出来，支付宝为用户呈现的都是一个统一的、以支付宝标识为核心的二维码界面，进而削弱银行品牌在消费过程中的曝光；相对于展示银行卡的等级，如金卡、白金卡等，支付宝展示的反而是支付宝账户的等级，如铂金账户。类似这样的意识转化过程可能会发生在各种平台之内，这也是为什么很多创作者在某一内容平台上拥有数百万订阅粉丝，但仍有一种不安全感，总觉得那些并非是自己的用户，而是平台的用户；用户对内容的黏性，很大一部分也会分享给更高一层的平台。而即使那些具有极高品牌价值的企业，如前文提到的耐克，在入驻平台之后，其品牌营销所引导出的用户情感价值在一定程度上也会被平台的整体性设计所影响。简单来说，用户对于大型参与方的情感到对于平台的情感的移情，并不是所有参与方都希望看到的。对于任何一个有进取心的企业来说，这种行为就像某种根植于原始领土意识的圈地运动，被认定只有通过圈地盘来建立分界线，才能保护"食物、水、配偶以及幼崽"[1]。而越是需要被强力保护的资源，其地盘的分界线也就越清晰。

平台分离实际上从一开始就因平台本身在市场中所扮演之角色的特殊性而埋下了伏笔，它诞生于平台以及平台参与方天生的权力对立当中。在这种权力对抗下，无论参与方的权力愈发强大或者愈发削弱，都有可能导致平台模式的塌缩和失效。

有时候，参与方自身的独立性较强，其内部的服务流程和产业链都较为完善，就可以在很大程度上减少对于平台的依赖，甚至自己将自己打造成为某种意义上的平台。例如，大多数的酒店集团，在移动互联入口的争夺上，面对平台就可以丝毫不落下风，诸如希

---

[1]　科斯塔（美）:《守夜人的钟声：我们时代的危机和出路》，李亦敏译，中信出版集团，2017，第 144 页。

尔顿集团、洲际集团等都可以在接入携程、Booking 等平台的同时，保持自身业务运作的独立性。在美国等市场中，用户反而可能更倾向于直接通过洲际集团的网站或者 APP 预订酒店而非通过互联网平台。这一方面，源自大型酒店集团为优质用户提供着良好的忠诚系统并且有着较广的地理覆盖面，使得用户在大多数出行计划中，都能够选取集团旗下的酒店并累积自身在酒店中的积分等礼遇；另一方面，在线上服务以及沟通环节，酒店也能够更加灵活地保持与用户的连接，而无须借助平台的中介系统来维护这一消费关系。换句话说，移动互联平台核心的代理角色在大型酒店集团面前并未真正建成。这样的业务特征，就使得大型互联网商旅平台只能够成为酒店集团入口的一个补充（或者先导，以便让不熟悉酒店的客户初次预订），而一旦进入到核心客户领域，酒店集团就可以依靠自身的"网络"，形成一个完全闭环的"平台"，圈定优质客户，与商旅平台分庭抗礼。

我们要知道，发生这种情况并不仅仅是因为权力本身的不平衡，而在许多情形下是权力主体碰撞之下长期对立和发展模式的不协调的结果。以淘宝和百度的矛盾为例，在淘宝发展的早期，百度搜索通过爬虫技术截获淘宝的商品流量，即用户在搜索如"阿迪达斯女装"的时候，在百度的信息平台中会出现淘宝上阿迪达斯女装的链接。然而，当大多数机构可能会为百度引入自己的信息流而欣喜若狂的同时，淘宝这样的大型平台却并不那么感激，因为百度的引流对已经成为平台的它们帮助并不大，百度却并未对这种信息流的引入提供足够的对价。于是淘宝等许多大型互联网平台在一定程度上关闭了数据的共享模块，减少了搜索引擎对于自身信息流的渗透，将自身从百度构建的庞大信息流平台中"分离"了出去，依靠本就已经十分成功的网页端及移动端产品，构建着自己的生态系统。而百度自然也不会坐以待毙，依旧是耐克，它与百度一拍即合，将自己的网上商城直接嵌入了百度的服

务型搜索结果中 ①。淘宝的"上下游"，在于它分别独立的情况下，找到了新的合作模式。

另一些时候，我们也能够看到，由于大型互联网平台话语权过大而导致的分离。此时的平台分离，对参与方来说，更像是一种被逼迫的流浪。在微信小程序快速发展的时候，有很多创业公司将自身筹码压到了小程序的身上，并且也推出了众多的爆款产品。然而，随着小程序日趋成熟，这些公司反而开始转而研发自有的 APP 了，其原因并不仅在于小程序赋能方面的限制，更在于微信对于小程序的"下架"权，让众多开发者不安。这是一种另类的政治正确，即在微信小程序中上架的产品，需要很大程度上满足腾讯"科技向善"的整体价值观（其中或许还夹杂着小程序需要符合腾讯的整体利益并且能够在一定程度上补充其生态圈）。当然，这并不是什么错误的事情，只不过从结果论，这种权力的对抗难免使得一些小程序的拥有者被迫另寻他处来实现自身的扩张，前文 Wetool 就是一个很好的例子。

总的来说，平台分离实际上映照着一种竞争模式的根本性不平衡。即便是那些尝试分离出去的参与方，其目标也并非总是希望颠覆或者放弃平台这种组织模式，反而更加可能在深切了解平台模式本身的强大和难以撼动后，希冀自身成为一个新的平台。换句话说，当前大多数的案例都显示，无论是从平台的角度看，还是从参与方的角度看，存在的共识一定是，不管到什么时候，平台都能够在竞争中，利用自己对于空间、规则等的先天控制而在很大程度上占据先机。这当然也涉及我们对于平台的前置定义，即从逻辑上看本就是那些能够运用更大权力的主体才有更多机会成为本文讨论范畴内

---

① 即用户搜索之后得到的不仅仅是链接，而是包括耐克官方网站的主要导航，如 Banner 广告、主菜单、折扣商品等。

的平台，但这种循环论证并不妨碍我们从这一视角出发加深对于平台的理解。

第二种需要被考察的平台成熟形态的斗争，可以被称为"平台覆盖"。

连接成本的降低和连接规模的扩大，加之用户需求和市场环境的多样性，使得形形色色的平台不断涌现，让移动互联市场日趋复杂。而在这样的过程中，平台和平台之间的业务，实际上无法做到一种明确的切割，它们就如同用户需求的随机性与模糊性一样，其本身的边界也是在不断波动与试探中被界定的。而对于某个特定平台来说，也并非只要将自己打造成平台便能够长久地或者说在任何竞争中享受着平台模式带来的优势。正如前文所说的，实际上在这个市场中，能够成为平台的只是少数，而市场中的大多数，只能是"被平台化的"，然而，即便是那些已经构建了平台商业模式的组织，在很多情形下，其实也存在着"被平台化"的风险。这背后，是平台话语权和连接结构的斗争，亦是一种平台和平台之间的相互覆盖。

平台覆盖最为直观的理解，可以是"平台的平台"。即某一个特定平台扮演着连接多个平台的市场角色。正如卡组织的平台覆盖了此前各个银行以及收单机构自行铺设的支付网络，而面对移动互联对于卡组织的冲击，VISA作为全球最大的卡品牌，又通过斥巨资收购全球账基汇款集团、与本地快速支付系统合作等模式，将自身打造成支付网络的网络。需要注意的是，当我们在提及平台覆盖的时候，指的并不总是在同质化竞争中一个平台对另一个平台的吸纳和压制，在多数情形下，所谓平台的覆盖描述的是基于平台连接的特征以及差异化市场定位形成的功能性的覆盖或者说跨界的入侵。①

在所有"平台的平台"中，有一个非常强大但却不甚扎眼的参与方，即网络运营商。它们实际上拥有完全不弱于大型互联网企业的能量，因为它们在某种意义上掌控着"网络"本身。但也正是由于其影响力太过广泛，使得这些网络运营商必须戴上某些超越商业竞争的"枷锁"。例如在美国，2015年奥巴马政府立法承认了"网络中立原则"，即禁止运营商封锁网站、禁止减慢加载速度、禁止为加速额外付费、必须增强服务数据透明度和监管无宽带的无线网络。这个法规实际上暗示着一种覆盖的可能，这不是业务的覆盖，而是权力的覆盖，它相较于其他的覆盖来得更加"铁血"，既可以用来获取商业利益，也可以用来实施政治制裁。2018年，特朗普政府废除了这一法案，便使得全球的互联网平台都不得不多出一个令其忧心的隐患。尤其是每日需要消耗大量流量的流媒体网站，取消网络中立原则有可能让它们直接受制于网络运营商的全新定价策略和流量规则。

平台覆盖并不一定指一个平台所有的业务均被替代或者置换到后台，而可能仅仅是平台的部分功能。例如当前抖音以小视频分享为基

---

① 例如当下基于二维码支付逐渐兴起的"第四方支付平台"。当第三方支付（如支付宝、微信等）越来越多的时候，商户便面临着一个与21世纪初相同的困境，即支付平台之间并不互相联通，故而为了满足用户的支付需求，商户必须在柜台上同时摆放数个扫码机具。而第四方支付便应运而生，尝试通过统一的扫码软硬件，为用户提供包括支付宝、微信、银联等在内的综合支付解决方案，进而从某种意义上形成了一种"覆盖"。通过这个例子也能看到，平台覆盖，尤其是功能性的覆盖，并不一定代表着对于原有平台的打击，第四方支付在面对第三方支付时，实际上话语权并不会很大，原有的大型支付平台仍然保有面对商户时最大的控制能力。当然，这样的权力结构并非完全无法调整。假如第四方支付利用商户处铺设的智能终端，设计集成忠诚度管理、商户流水管理、库存管理，乃至战略咨询服务的一体化解决方案。进而利用这一商户端的黏性再转战用户端，让用户下载其集成软件，成为新的支付大平台也并非没有可能。而这种策略也是当前不少第四方支付解决方案提供商所采用的，或者至少这条通路是它们所幻想的。毕竟面对移动互联的庞大市场，没有人会甘当一个纯粹的连接技术工具。

础，尝试染指移动互联社交，但许多抖音用户在同他人发展长期互动关系的时候，都会选择询问对方微信号，进而通过微信加为好友。从这个角度来看，就可以说抖音平台的社交功能部分很大程度上被微信的社交网络所覆盖了，仅仅能够起到引流的作用，却留不住真正的社交关系。

与此类似的，还有和电商们关系暧昧的导购网站，如"什么值得买"就连接了众多电商平台，通过自身的评价系统，为用户推荐合适的产品以及购买链接；再或者如诞生之初并不依靠自己卖酒店和机票赚钱的"去哪儿"网，通过给诸如携程、艺龙等网站的导购，进而凭借广告费赚取利润。而可以肯定的是，这种"平台的平台"一旦发展壮大，必然会对原有的平台生态产生巨大影响，因为当更高一级的平台已经成为核心的流量入口之后，进一步下沉，染指原有平台的具体业务时，这种"降维打击"所面对的，就不再会是多么不可逾越的壁垒了。此时平台之间所比拼的，便是对于规则的控制，谁的规则能够在更大层面影响用户并且让更多参与方接受，谁便拥有了更大的竞争主动权。

所谓新平台对旧平台的覆盖或者替代，不仅限于两个平台直接的往来上，这种覆盖同样体现在大型平台对旗下某一部分平台业务的控制中。例如，当阿里巴巴开拓"飞猪旅行"业务板块的时候，将其作为一个旅游平台，但却直接将其业务镶嵌在了整个淘宝大生态的框架当中。此时的淘宝，虽然没有直接与携程等老牌旅游平台交互，却经由对自身旗下同质化业务的天然覆盖，在一定程度上形成了对携程等旅游品牌的另外一种层面的"覆盖"。当阿里巴巴手中不仅仅捏着飞猪旅行的机票，还拥有机票目的地旅游景点门票、商户购物折扣、饭店推荐以及线上点单等场景的时候，不同平台权力场域的碰撞与优劣就十分明显了。当然，在很多情况下，由小平台逐渐扩张成为更大的平台，抢在别人之前，自己"覆盖自己"，实现多个平台类型的用户共享，塑造生态，也并不是一件坏事。

　　我们要知道，平台塑造的连接关系永远是在不断演进的，随着每一个平台空间内参与方的日趋复杂，任何平台都存在"被覆盖"的可能。例如，在互联网领域中，早期的平台覆盖发生在操作系统和浏览器的对决上。1994 年，网景公司推出了 Netscape 0.9 浏览器，并大获成功。网景开创了用户以浏览器作为人机交互核心的先河，但也让当时的微软看到了一种潜在的危险，即浏览器作为平台，对操作系统以及伴随着操作系统扩张的应用软件的覆盖。基于这个考虑，微软在 1995 年前后开始探索自己的浏览器系统，并最终从望远镜娱乐公司手中买下 Mosaic 浏览器（也是网景浏览器的前身）的授权，进而在此基础上开发了 Internet Explorer，即后来的 IE 浏览器。而面对实际上还并未形成真正覆盖能力的网景，微软则利用自身的操作系统对其进行了"反向覆盖"，即通过在操作系统中的垄断性权力直接在新发售的机器中添加内置 IE 浏览器。这一招釜底抽薪冷酷而有效，就像微软内部邮件中写的：让我们切断他们（网景）的氧气，碾碎他们。

　　而到了 2007 年，另一个新的玩家出现了，它便是 Facebook，那一年，Facebook 活跃用户已经超过了 2000 万人，扎克伯格推出了开放式软件设计模块，"Facebook 平台"。包括 Zynga（社交游戏）、Pencake（在线小测验）、JibJab（在线贴纸和贺卡）在内的超过 80 个应用程序入驻了这一平台，将自身的软件架构在 Facebook 的应用框架内。于是，应用程序不仅不再纯粹为操作系统开发，甚至也不再为浏览器开发，而是为一个特定的平台去开发了，使得 Facebook 成了新一个历史阶段的"覆盖者"。而到了 2008 年，当 Facebook 推出了 Facebook Connect 技术，允许用户使用自身账户登录其他企业网站的时候，这种覆盖便已经悄然延伸到了更远的层面（这与当下安卓平台一定程度上被微信系统上的小程序模块覆盖如出一辙）。

　　总的来看，对于平台来说，被覆盖的威胁可能来自各个领域。就像前文各种例子中提到的，这种威胁可能来自昨日还和自己称兄道弟的垂直互补行业，如电商和物流；有可能来自平日里就势同水火的竞争对手，如电商和电商；也有可能来自曾经对自己施以援手的产业链同僚，如电商和厂商；甚至可能来自和自己八竿子打不着的其他行业，如电商和社交媒体。归根结底，平台的覆盖并不一定有什么显而易见的原因，如果说只有一个最本质的推动力，就是无论任何平台，面对的都是基本上同一群扎根于移动互联世界中的人们。所有平台的目光所向，也不过就是这些人。甚至还有一些覆盖，仅仅是因为对方注意到了这个市场或者说场景，顺手而为罢了，没什么道理可讲。

第三种值得考察的平台交互方式，可以被称为"互为平台"。

让我们设想一下，如果 Siri 在发展之初没有被乔布斯一眼看中并收入囊中的话，可能会如何在市场中扩张。作为一款语音交互系统，Siri 也有自己的 API，并且能够接入诸如地图检索、天气查询、音乐播放等外部服务，在一定程度上成为一个音频版的微信小程序，形成对于操作系统的一种覆盖。然而，这种覆盖并不是绝对的，因为 Siri 这种立足语音交互的系统很难独立存在，用户在大多数情境中仍然需要一个能够实际操作的可视化界面来完成整个交互过程。而不被苹果独掌的 Siri，自然而然也能够利用自己的开放性，在硬件端与各类厂商展开合作，甚至开发跨平台 Siri 账号系统，使得用户在进行不同操作系统手机硬件切换时，仍然能够保留其在 Siri 内形成的私人化服务系统。于是，智能硬件为 Siri 提供了自身赖以生存的基本空间，Siri 在这一空间上与其他软件一样，扮演着内容以及服务提供方的角色，而同时，Siri 也在聚拢着自己系统内的参与方，并将不同的智能硬件厂商引入进来，成为 Siri 生态中被连接的一环。甚至，Siri 成为与用户身份连接最为紧密的智能工具，而手机反而来来去去都不再重要了。

这也就引申出了基于平台之间分离与覆盖这两个相对绝对的交互逻辑之上的，但同时也更为常见的平台间交互，即互为平台。互为平台实际上与前两者并不冲突，也并不代表一种非此即彼的分类。但对于平台覆盖以及分离的描述更多地会放在一种连接功能的替代和消失之上，而互为平台更加倾向于描述两个平台的连接功能都保持着自身的完整性，并且能够提供相互支持的协同状态。

在实际市场中，尽管每一个平台都有其自身的规则，但没有任何平台能完全不受外部影响、成为一个绝对的内生性空间；可这种影响并不一定代表着永远难以调和的矛盾，或者说"所有平台对所有平台的战争"。移动互联的快速发展，以及用户碎片化的需求使得没有任何一个平台或者说一个生态圈能够保证自己一定可以在面对所有即时性需求时，给出快速且完整的反馈；于是，在这种高度复杂的市场中合作乃至妥协是一种必然。互为平台的形态进而萌生，各大平台从自身的优势连接模式出发，与其他平台进行交互，同时为对方提供内容，也为对方提供入口乃至数据，形成一种相对"和谐"的发展态势。每一个平台都在将另一些平台纳入自身网络的同时，成了另一些平台内部的普通参与方。

早期"网上冲浪"的用户都还会记得，在很多网站的下方或者侧边的空白处，通常都会提供"相关网站""兄弟网站"等链接，而点击进入的新网站里，也会有原来网站的网址，从而形成了一个原始的、互为平台的共赢格局。后来，在社交媒体领域，因为各个平台所面对的都是同一群用户，但却为用户提供着不甚相同的社交服务，互为平台的模式就愈发普遍了起来。从微博到微信对话界面及朋友圈的分享端口、从人人网到 QQ 空间的分享端口等，自诞生开始就在被用户频繁地使用。这种相互引流甚至依存的形式，构建起了基于社交关系的集内容流通、社群、资金等于一身的庞大网络实体。差不多的道理，从相似的服务出发，平台也能够寻找到协同发展的空间，形成某种互补。

对于大多数平台来说，其相对开放的边界给"互为平台"这种合作模式提供了基础的契机。然而这种交叉却也仍是有其限度的，当互为平台的范畴触及平台所构建的根本连接关系的时候，在协作基础上竞争的一面就转而凸显了，就像微信在很长一段时间都在自己的平台中给淘宝和其他社交产品的外链设置障碍一样。2021 年 9 月，工信部约谈大型平台，集中讨论了开放外链的问题，在未来便可能逼迫平台进一步被动地"相互支持"。可假使有人认为开放了之后，腾讯、阿里、字节便会共同形成一个"社交属性 + 交易属性 + 娱乐属性"的产业协作形态，腾讯放大资源效能，阿里提升交易覆盖，字节跳动强化算法推送的话。那未免有点过于天真了。

不过，无论如何，互为平台这一现象，都代表了当前针对用户和服务跑马圈地的过程中，很多大型平台之间呈现的一种相对稳定的状态。各大平台都在加快布局着内部的连接模式和外部的生态扩展，也都承认着其他平台的存在，并心照不宣地认同当下的某种格局，毕竟从很大程度上来说，它们其实都已经算是移动互联中的胜利者。

我们可以看到，平台成长的一路上，总是试图在角色的扮演中站稳脚跟，拥有更具边界感的权力场域，成为代理的整合者（谁都不想被代理）。平台借助着移动互联的庞大场域与其他的平台展开各个层面的竞争并尝试触及永恒的扩张。但在这整个过程中，我们必须要看到平台斗争中隐含的一个关键点。即平台在斗争中表现出的手段，其真正的作用点，其实不是另一个平台，而是和另一个平台共享的无数用户。换句话说，表面上看，平台在市场中总是指向竞争对手轮番出牌，但实际上，每张牌都打在了一张名为用户的牌桌之上。

叙述到这里，我们可以集中梳理一下前文的讨论。

当平台在切断已有连接并且重建社会交互的时候，它们并不是直接打造了一个普适的、稳定的角色体系，而是在一个动态的展开过程中，逐渐完成这种构建的，这是重建的第一个二元结构，即静态—动态的二元结构。

但实际上，在平台的拓展过程中，我们能够觉察到的是，无论是

从平台尝试扮演的各种角色角度看，还是从平台从开端到成熟一步步
通过斗争获得生存空间的角度看，它们统一指向的是平台如何利用自
身资源、围绕自身的交互网络，建立某种代理"模式"的过程。同时，
平台会依托移动互联本身赋予的开放性原则，不断试图将越来越多的
社会实践纳入到自身的模式中。它可以是互动模式、商业模式，也可
以是运营模式，盈利模式等。而哪里有模式，哪里就有价值规律的强
制，就有规则和秩序背后的权力。

　　换句话说，当我们将平台的发展描述为一个切断并重建的过程时，
这种重建还存在第二个二元结构，也就是在平台发展的静态—动态逻
辑中，不仅仅我们体验到了一个被慢慢构建的新的社会交互体系网络，
在重构交互的同时，平台还重新分配了价值，并重组了权力结构。这
是重建中，实体—抽象关系的二元结构。而正是后一种二元结构，将
会成为下一节，以及下一章论述的重点。

第六节 / 超越权力场域

正如前文试图描述的，平台在当下已经成了我们移动互联生活中无法绕开的重要代理人。在第一章里所描述的移动互联对于个体社会实践和解释权的代理，很大程度上是经由平台提供的一系列产品和服务而被落实的。借助移动互联提供的技术便利，平台型的组织在当下的时代如虎添翼，获得了在以往任何时代都难以吸取到的巨大能量，并且在移动互联社会中扮演着越来越重要的角色。

当人们提到移动互联的时候，立刻就会在脑海中浮现出微信、淘宝、大众点评们的身影，正如一百多年前法国人提及进步时脑海中浮现出的游轮和电灯一样，这是一个时代烙印给我们的整体印象。然而与游轮电灯不一样的是，如今的平台们绝不是一个纯粹的科技进步或者工业发展的产物；波德莱尔会认为仅仅把握游轮和电灯的法国人是单纯的，而当下的我们，却只要通过平台，不断深入，就能够触及移动互联的某种时代性本质了。

而之所以我们需要详细讨论平台所扮演的各种角色，以及平台发展的某些辩证状态，正是因为在不断生长进而稳固自身角色的过程中，平台实际上也完成了从纯粹代理性工具向权力实体的转换；将对于社会过程的代理，逐渐固化为了一种稳定的、系统的权力关系，并且塑造了一个围绕着这种权力关系而形成的权力场域。而只有从权力场域的角度出发，将权力斗争的视角引入对于解释权的单纯让渡的讨论中，我们才能够继续进行对于移动互联真正规定性的上层建筑运作模式的讨论。

过去的误解

场域的概念在第一章中已经简要介绍过，指的是一个具有边界

（社会性边界）与规则，各方在其中争夺资源，寻求更好的相对位置的社会领域。布迪厄在《国家精英》[①]中便分析了知识场域里，机构、学科、个体的位置以及运动模式。如知识场域中存有的规则之一，是教育系统给出的具有等级次序的"认证"网络（例如：博士、讲师、副教授、教授等）；而个体会根据这种认证规则尝试获取自身的资源（例如：被评为教授）；这样的资源从本质上看可以视为一种符号资源，形成必要的文化资本；而后这些资本又成了个体通向政府、商业、艺术等诸多其他场域的动能基础。

而所谓网络社会中的权力场域，或者说平台构建的权力场域，实际上与其他的场域有所相似。平台所提供的空间为场域的形成提供了边界的基础，并聚拢了参与场域实践过程的群体（布迪厄一开始也是从对群体的研究入手，逐渐将其范畴扩大到场域之概念的）。这种过程并非是完全无序的，而是永远遵从平台所构建的互动规则和标准；平台同时塑造了一个具有级差的位置逻辑，事先在最为宽泛的层面定义了每一个参与方之间大致的位置关系。在这样的背景下，参与方于场域当中"竞争"，这种竞争不是时刻凸显的冲突，而是指在平台内部各类参与方进行互动的过程里，各方都在尝试争夺某种"文化资本"，即对于特定话语权和符号资源的获取与承认（最为简单的例子，短视频网站上的播放量和点赞数就是一种可以被争夺的、以承认为目的的符号资源）。而个体在权力场域中的每次活动，每次竞争，都会不由自主地一方面受到场域整体环境的影响，另一方面也受到场域中与所有其他参与方相互关系的影响。

移动互联以及平台塑造的场域并不是绝对的或者孤立的。场域中存在着层级关系，一个大的场域可能包含着众多更小的场域，正如布

---

① 皮耶·布尔迪厄（法）：《国家精英——名牌大学与群体精神》，杨亚平译，商务印书馆，2004，第 92 页。（布尔迪厄即布迪厄，本书正文中统作布迪厄。）

尔迪厄曾经强调所有文化场域都是经济场域的次级场域一样①。在移动互联场域中，所有的平台便都是"移动互联"这个大型场域中的次级场域，而很多大型平台内部，还有着更低一级的子场域（如平台内的垂直社群，或者大型平台生态圈中的小型平台型参与方）。这些最小的场域跟随着大型平台场域中的游戏规则组织场域内的行动过程；而任何大型平台的场域也都难以逃离移动互联场域本身提供的更高级、更广泛的互动逻辑。

为什么在这里一定要在对于平台的静态—动态二元过程的基础上，以平台重构连接关系为出发点，勾勒并强调出一个内生的、具备权力系统的场域概念？是因为网络社会在过去几十年里，许多时候都是以一个离散的、自由的方式呈现出来的。使得人们通常对于平台甚至网络社会存有一个普遍的误解，即将其中承载的"自由"逻辑看作是一个权力分解的社会过程，而忽视了其权力聚合的一面，以及其权力斗争场域的本质。

这种误解早在互联网普及之前就已经存在，并且代表许多人对于未来的某种构想。1977年出版的《延伸的城市——西方文明中的城市形态学》作者万斯，描述未来新型城市是没有中心和没有明确定位的。它们将无顶、无底、无形、无际。它们会是随机的、迷乱的、未加计划的。它是不定型的，而在这种流动性当中所凸显的，是前所未有的野心和进取②。这样的语言在网络时代于某种意义上成为现实。早期互联网的玩家都曾经庆祝过这个无中心的时代并且认为这是对于权力的一次全面重组（事实上一直到今天仍有不少人持这样的观点）。那美丽的新世界将是一个毋庸置疑的事实，激进者甚至认为公司这样的组织

---

① Bourdieu, P: "In other words: Essays Towards a Reflexive Sociology", M. Adamson (trans). Cambridge: Polity, 1994. P144.

② 万斯（美）：《延伸的城市——西方文明中的城市形态学》，凌霓、潘荣译，中国建筑工业出版社，2007，第448、482页。

未来都不会存在，留下的，只有被网络牵引着的无数自由职业者，将自己的力量投注在这个"民主"海洋中，令其波涛汹涌。

这当然是对于网络的一种认识偏误，而这种偏误并不难理解，因为它与人们直观世界的方式挂钩，即与前文不断提到的互联网以及移动互联对于时空的挑战是相关联的。

《权力论》中，罗素写道，每个国家的权力，多少都与地理有关，通常从一个中心向四周辐射，距离中心越远，权力也就越弱[1]。中国也有"国权不下县，县下唯宗族"一说，来描述封建社会以亲缘关系补全国家权力来维系最为底层或者说边缘的社会稳定的政治结构。空间作为权力的核心载体，在人类社会活动以及地理位置挂钩的社群存续关系当中扮演的角色是不容忽视的。而随着互联网的出现，或者说随着互联网对于传统空间结构的挑战，那些被距离绑定的部分权力关系便开始表现得飘忽了起来。以距离为权力丈量标尺的模式被打破，控制级差被消磨；任何信息都能够在极短的时间内跨越地理位置的限制被传达。

然而在这种扁平的背后，我们经历的却绝不能简单被归结为一种弱化的空间控制模式。继承着万斯对未来城市的幻想，移动互联的空间，实际上接手的，反而仅仅是那"野心和进取"的一面，而那些杂乱的、无形的、无中心的，却并不能够真正成为描述当下平台的关键词。换句话说，当我们对于移动互联平台内的权力结构进行深入讨论的时候，就会发现，在这里，被解耦的空间限制不但没有导致场域内权力的削弱，反而从整体上增强了权力；我们可以声称从中心向外辐射的权力结构解体是一种权力的离散，但更为贴切的是，这种解体代表的是权力能够轻而易举渗透进每一个角落和每一个社会过程。曾经古代中国中央集权法律系统难以覆盖到县城、乡镇，只能依靠儒家礼

---

① 伯特兰·罗素（英）:《权力论：新社会分析》，吴友三译，商务印书馆，2012，第131页。

法构建的宗族权力系统填补空白。而如今在平台的场域里，同样的一套规则却能够被低成本、无差别地套用在几乎任何地方。无论处在移动互联空间中的哪个位置，我们在面对空间背后的权力主体时，体验到的都是同样的强势管理。在移动互联平台的空间中，我们面对的绝非是未加计划的扩张，而是每一步都野心勃勃并有理有据地迈进。它可能没有一个互动中心，甚至没有一个"可供观察"的权力中心，但是权力本身，是普遍存在的。

这种对于互联网带来的权力革新的认识偏误并不仅仅限于互联网使用者们，实际上早期的网络社会学者，在网络权力的研究主题中，关注点也大多在于网络社会"反权力"的征象上，即将网络社会孕育的权力视为公民权利的延伸和对传统权力体系的消解，从一个对抗性的角度将其描述成为新时代的一个发声源头。

这样的视角同样容易理解，很多直观的例子都能够为网络社会孕育的反权力提供丰富的研究材料。下面，将会以推特作为案例进行一个简要分析。

正如曼纽尔·卡斯特所说，"社会中的根本斗争实际上是对人类意识的争夺"[①]。人类的认知和思考方式决定了社会的规范和价值，而信息传播又是影响意识的最主要方式之一。因此，当随着网络社会的到来，传统媒体被新的媒体组织形式（如自媒体等）所改变或者替代的时候，实际上也为整个社会的固有形态，带来了强有力的挑战。就像 2010 年伊朗选举时推特所展现出的，连接底层社会网络进而挑战传统权力中心的现象，被那推崇移动互联自由能量的人们称为"推特革命"。

在推特革命中，140 个字符的微型博客以及与之相对应的网络社群，利用自身动态性强、传播速度快、入网便利等特征将人们迅速连

---

① 曼纽尔·卡斯特（美）："网络社会里的传播，权力和反权力"，叶涯剑译，《国际传播杂志》，2007（1）。

接在了一起。在伊朗选举的全过程中，人们用它来结社、发表看法、传递最新的消息、讨论政治权力、抨击当权者。原本需要很大力量才能聚集的"反权力"组织行为变得成本更低、范围更广。普通人获得的一手信息能够没有门槛地被快速投放到社交网络当中，来自不同地方的用户也随之会聚在一起，成了一个即时的社会性组织。这种组织打破了原本的地域框架，不仅仅伊朗的民众，连美国的"看客"们（或者说某种程度上的始作俑者），都加入了这场狂欢。那些看客将之称为网络带来的民主胜利，一个美国式民主政体及其代表的政治符号通向世界的窗口，一个扁平化，真正去中心、去集权化并且能够打破时空限制的"理想"时代的开端。

然而，故事并不总是那么顺理成章。

前文描述的走向会使得许多人激动地认为，网络社会不仅仅自身在解构权力，甚至还能够将这种解构延伸到更广阔的社会空间当中。但实际上却恰恰相反，不仅这种解构对于外部社会权力结构的冲击是存在限制的，就连在网络社会内部，权力的解构也绝不会是一个长远的状态。简单来说，伊朗人民即便有一丝可能通过这种解构逻辑挑战一个政府，也永远没办法通过这种解构逻辑建立一个政府。

在墙倒众人推的抗议过程中，分散化的组织形式可能往往很有效，没有人能够对其他人投射出稳定的权力，因为反抗的唯一合法来源，可能就在于它根本不需要"合法"。自发的、任意的、无规则的行动才是反权力最为有利的武器。但是，当反抗的阶段性目标被实现，同时建设性的需求被提出的时候，事情就不再那么简单了。人们会发现，在网络上熙熙攘攘、愤世嫉俗的大多数，他们并不是在讨论问题，而仅仅是宣泄情绪罢了。慢慢地，意见领袖必然会在散乱的抗议声中逐渐脱颖而出，因为他们往往为集体行动提供了一个汇涌的方向，新的组织会渐渐成型，为的是让意见领袖的影响力被保护并被扩张，而后另一个权力中心被构建出来，为对抗原有权力提供一个统一出口。这些都是可能的甚至在很大程度上是必需的，那并不是因为网络社会的性质存有某种局限性，无法支持一个"彻底的革命"，而是因为人类活动本身的特征就是如此。在人类的大规模动员中，持续性的有序互动是必要的，因为它为动员提供了一个理性公共空间的基础。而在这个空间内，对于话语权争夺的尘埃落定必然渐渐推动权力的流转和定型，新的标准会被制定，新的规则会被写就。

这样的事情，早已在历史进程中循环往复许多遍了。正如资本主义拓展伊始，大型企业的诞生一样。那些被认为是挑战了传统封建主义社会权力体系以及私人生活空间而崛起的企业（它们那种先进的运营模式在当年同样被寄予了如同互联网在当下被期待的能量），成了新的庞大机关，代行着传统权力结构渐渐失去的被哈贝马斯称为"社会学意义上"的公共性质[①]，成为新的，如同一个巨大城市的市政府一般运转着的权力实体。

在平台内，反权力和权力的发展逻辑也难逃这样的宿命。

可以想象一下，如果平台以及背后移动互联的特有权力并不是通过推特革命展现出来，并不是针对着一个"压迫"的政权，而是对于其他事物的挑战，是对于平台中其他参与方的排斥、对于某个社会行为的抵制乃至是针对平台自己的反抗；如果民众并不是在推特上面实现这种组织过程并构建这样的传播网络，而是在百度贴吧，或者在Facebook 的活动板块，再或者在微信群、在知乎的问题下面、在新浪微博的热搜当中，那么这种权力过程还能够被体现吗？答案是肯定的。因为平台呈现的核心功能，就在于依托移动互联的宏观场域，切断并再造社会连接关系。在这种迭代的过程中，一定伴随着资源的分配和规则的生成与承认，故而也就一定催生着新的权力逻辑。移动互联中的大型平台，也就由此成了当前时代，权力重组的核心承载者。

---

① 尤尔根·哈贝马斯（德）：《公共领域的结构转型》，曹卫东译，学林出版社，1999，第 181—182 页。

当原本相对离散的网络实体通过平台这一新玩家聚合在一起之后，在其营造的虚拟场景之中，重组的权力必须超越纯粹的反权力而寻求某种稳定的结构。也许在脱媒化的描述中，包括推特在内的平台已经被视为是网络民主的助力者，是帮助普通人获得更广泛权力影响的最佳桥梁。但是网络平台在发展的过程中却越发不将自己视为"无主之地"，这并不仅仅出于它们"克己"的考量，而更多的是为了回应有序控制场域的需求。越来越多的线上平台业务开始完善自身的审查和组织机制、接纳传统行业的资本渗透，甚至直接与政府监管系统对接，以求建立更稳定的平台组织形态。它们不再采用"互联网"式的意识形态来规制自身业务方向，而渐渐转型，成了新的一批迈着整齐步伐、有序推进、开疆拓土的正规军。如 Facebook 从 2014 年开始要求用户进行实名认证，尽管期间遭遇 LGBT 抗议、用户信息泄露、德国法院反对等波折，但整体来看依然卓有成效。2018 年年初，Facebook 还收购了 Confirm（一家拥有驾照认证技术的公司），进一步强化了自身认证系统 [①]。久而久之，平台本身，在一定程度上，替代了原本的权力中心（如推特之于主流媒体），成了一个新的权力中心，并且因为其场域中的参与方数量更多、涉及的产业链更长，其权力场域反而可能更加庞大，权力关系可能更加复杂。就拿美国特朗普总统喜好发推特（甚至被称为推特治国）的例子来说，当一个国家的首脑开始公开使用移动互联媒体来表达自己的政治看法（很多时候能够直接引发政治—经济—社会后果）的时候，卡斯特语境下的新媒体与传统媒体，反权力与权力之间的界限，显然就已经在加快消失了。

网络社会的确代表了未来，但是其代表未来的方式，一定不是表面上为推特革命摇旗呐喊者所宣扬的反权力自组织。当前网络里仍然显得散乱的权力关系，从根本上来说，来自网络群体作为一种新组织

---

① https://www.sohu.com/a/218677536_313745.

的模式，其构建初期的混乱与充斥其中的无政府主义（这个凭空被建造出的新场域具有一个天然的屏障，即虚拟和现实之间的屏障，使得原有的权力场域的运作逻辑很难快速被投射或者在其中重塑），并不能视为网络社会发展的常态。从更长远的视角看去，一定程度上的中心化和平台提供的集成化仍是人类社会的落脚点，这是出于人们对于秩序和理性的天然追求，就如前文所说，平台的出现是一种必然一样。

毕竟，平台诞生的初衷，是为了聚合而非离散。

网络中所谓的每个人都是传统意义上具备一定权力的"中心"很难成为现实，因为每个参与方能够提供的价值和连接关系都是不同的，并且都是有限的。这种差异，无论平台采用多么卓有成效的无限复制和私有化空间都没有办法从社会交往的层面进行抹除。因为平台内能够激发最大能量的绝不是主体性而是主体间性。

随着网络社会和现实社会之间的鸿沟逐渐缩小，越来越多现实中的非对等权力也就会投射到互联网上，以及互联网的平台中。这些权力可能来自穷人和富人这样资本的不对等，可能来自普通职员和政府官员这样职别的不对等，可能来自大众与明星这样影响力的不对等，甚至可能来自子女和父母之间这种伦理关系的不对等。它们在不同的维度尝试让人们重回过去，迫使大众再次将自己安置在消极的旁观者的位置上，看着真正"重要"的人们表演。而所谓网络社会赋予民众的去中心化，严格意义上来说，也并非是消灭一切中心，而是给予个体更多自由选择中心、自由决定中心的机会（当然，这种自由也可能仅仅是幻象）。从传统社会中由中心化结构决定节点的权力投射，在一定程度上转化成了节点即便离开中心也能够生存，同时节点也有机会成为中心的双向选择，虽然权力仍然不平等，但是由于网络社会本身的流动性，权力中心的流动性不可否认的，也比以往更强了。

但实际上，移动互联重构权力的过程中，还存在着影响更加深远的一面。对这一面的讨论其实贯穿于此前的所有篇幅中，但是在这里必须给出一个较为系统的论述。

一方面，当平台开始成了新的权力场域，供养着不同的权力中心的时候，我们必须看到一件事，即平台所塑造的能够不断激发反权力的环境本身，可能，甚至必然也会对自己造成威胁。正如推特营造的自由话语的文化同样能够激发并承载对于推特本身的抨击和嘲讽。而另一方面，即便这种威胁并不存在，平台也会基于其对空间、互动、标准等要素的控制，天然地具备能够不断调整自身策略以保证平台收益最大化，并持续攫取平台内流动的资本的能力。于是，这种风险与机遇的双重叠加，让平台不得不谨慎考虑自身的定位。平台不仅仅需要构建这种场域，同时需要能够充分利用这个场域成长，在和外部竞争者对抗的同时，也和场域内部的参与方展开"斗争"，并在斗争中学习、成熟，使自身能够永远端坐于平台权力场域内的最高王位之上。

换句话说，一个有效的场域内部，权力是必然存在的资源，它只能够被争夺却不能够被彻底消除，因为场域本身就是由于参与方之间的深度交互而被构建和圈定的，参与方交互的目的即是寻求共识、施加影响、获得承认。网络平台基于广泛的连接关系，一方面使得其内部催生新的权力主体成为一种必然；另一方面，随着这种状态的逐步发展，平台自己，也会成为其圈定的场域内的众多权力中心里最大的一个。因为场域内的底层资源本身，就是源自它的创造，若我们认为平台不对自身内部的资源声称权力，那未免太过天真。平台当然可以成为反权力的代理，但也可以成为权力的代理，更可以成为权力自身。

我们并不是在当下才幡然发现移动互联平台背后潜藏的巨大权力的，很多大型平台自发展初期就面临着外界对其权力的控诉，那些代表着网络自由灵魂的主体，随着平台权力的不断转型和扩展，逐渐成了端坐在高台之上，进而被其他参与者抨击为垄断者的"邪恶"一方。依然以 Facebook 为例，几乎从诞生之初，它就面临着产业和政府从合规、垄断等方面施加的巨大压力，至今，Facebook 在部分市场中仍然面临垄断指控。2019 年，Facebook 计划推出与美国主权信用绑定的数字货币 Libra 更是让许多国家如临大敌。且不论数据本身的安全性以及其中潜藏的洗钱等风险，单就 Libra 能够与美国国债绑定，再加上 Facebook 本身在全球庞大的适用范围，就足以让其他国家的政府不敢随意打开允许 Libra 在本国使用的政策缺口了。因为承认 Libra 在本国的交易，就相当于进一步承认美国主权信用在自己国家的交换价值，从而极大影响本国货币的独立性以及稳定性，将数字货币领域的先行权通过对于场景的认同拱手让出。

不仅仅是各国政府，实际上多数网络使用者自身，也能够清楚地看到那些大型平台所逐渐积攒的权力。只不过在大多数时候，个人使用者并没有合适的出口去制衡这种权力（甚至无法做出彻底放弃平台的决定），所以便只能退而求其次，以戏谑的方式对其进行调侃（如游戏玩家对于腾讯模仿其他游戏，并且利用其平台优势迅速反客为主，占据市场份额的行为表达出的又爱又恨的态度[1]），试图撼动那些看似坚固的霸权系统，或至少传达出一种对抗的精神。

而从这个角度来看，就会发现，实际上平台构建的权力场域已经和布迪厄最开始描述的场域概念不再完全相同了。当布迪厄研究诸如"时尚"场域、"文学"场域的时候[2]，时尚与文学（以及大多数布迪厄讨论的场域）本身并不是一个有效的"行动者"或者说能够执掌权力并且依照自身意志发起互动的主体。或者我们可以说场域自己，没有

①　腾讯曾仿照第一视角射击游戏 CS 推出 CF；仿照早期社交网站开心网上的开心农场推出 QQ 农场；仿照韩国 NEXON 的跑跑卡丁车推出 QQ 飞车等，均因其庞大的社交用户基数而获得巨大成功。
②　皮埃尔·布尔迪厄（法）：《艺术的法则：文学场的生成和结构》，刘晖译，中央编译出版社，2001，第 182—182、302 页。

一个"大脑"，来指挥场域中的一切参与到自身建设当中①。我们可以用下棋做个比喻，原初语境下的场域不是下棋的人，也不是裁判，而是围棋本身，它是一个纯粹异己的、外部性的"概念"。但当我们将移动互联平台称为场域的时候，却已经把"场域"从一个抽象的概念延伸到了以实体为核心的组织环境当中了。平台自己，不仅仅代表了场域，同时也代表了场域中最核心的权力主体，因为相对于创造者缺失的场域，平台的空间内，有着明确的规则架构，以及一整套可以被设计出的玩法秩序和符号系统。这是对于原本场域概念的扩大，但同时也是场域概念从抽象到具象的转型。正如苹果总裁库克在面对议员指责其没有保证商业公平和充分竞争的时候，能够表现得很委屈，认为 IOS 平台早就给那些 APP 的开发者以良好的环境和公平的规则，而完全忘了双方其实聊的并不是同一个层面的问题。换句话说，平台在这样的游戏过程中，从来没有明目张胆表现出自身的全部角色，甚至还会有意识地遗忘。这是平台自己和自己唱的双簧，在前面，有一个手舞足蹈的平台，它总是会告诉你，实际的内容并不是它来控制的，它只不过是一个形式、一个框架，跟随着冥冥中的声音行动罢了。而在后面，则有一个默默发声的平台，它言出法随、深入局中，却总是躲在一个自己的幻象之后。

　　就像前文所说的，场域的概念与平台的某些特征可以很好地对应起来，甚至可能是我们能够借用来，去描述平台所构建的充斥着权力斗争的虚拟空间的最好概念。但是我们不可以仅仅停留在场域的原始概念当中，因为平台早就从中立而抽象的社会空间范畴走出来（或者说狭义的平台从来都不是这样的范畴，只有广义的平台可以在某种程

---

① 对于布迪厄来说，"一个场域就是一个创造者缺失的游戏，而且相比于原初的游戏设计来说，场域游戏的流变与复杂程度要远甚于此"。然而在当前平台塑造的场域中，创造的痕迹却随处可见，平台自己，就是一个兼具设计能力和参与能力的实体。引自：Bourdieu, P. & L. Wacquant: "An Invitation Reflexive Sociology", L. Wacquant (trans), Cambridge: Polity, 1992. P.104.

度上被这样理解），而成为一个如前文所说的，具备主体性和权力意志的实体了。而超越场域的概念，意味着我们需要一方面沿袭场域理论所包含的权力斗争的内核，用其解释围绕着平台所产生的权力关系的特性；另一方面也必须意识到平台兼具"选手"和"裁判"（乃至制定规则的人）的特殊定位，这会赋予其与以往场域所具备的抽象规则（或者由参与方共识和博弈逐渐生成的规则）所不同的更多互动和斗争手段。了解这些手段，将是从完整的角度认识平台权力的关键起点。

所以，总的来说，在这一部分，我们尝试解决过去对于移动互联以及平台的两个比较老套的误解。

第一层误解是将移动互联的平台看作一个反权力的摇篮而忽视了它实际上是一个权力重组的实体。从而难以看清平台，以及移动互联中普遍存在的权力架构。

第二层误解则是将这种实体看作一个外部性的权力框架，而忽视了实际上它早已化身为参与方，渗透进了权力场域的每一个角落，进而超越权力场域。平台通过不同的权力运作手段，在构建连接关系的同时，保持自身成为这些连接关系的绝对所有者。

平台权力的三面向

平台超越场域的一面赋予了围绕着平台的一系列权力关系以极大的复杂性。因为平台既能够从一个凌驾于自己所构建之场域的视角出发去左右场域的发展方向，也能够深入场域内部，乔装成一个普通的玩家，实际参与到场域内对于权力的争夺过程中。而只有将平台当作一个实在的权力拥有者进行分析，才能够对平台所构建的权力场域有一个符合事实发展逻辑的看法。这种看法，也将会是之后我们从平台再次走出去，探索移动互联整体规定性原则的基础。

在描述平台作为参与方所构建的带有明确主观意识的权力时，我们可以参考卢克斯在描述现代社会权力主体和运作逻辑的过程中，所提出的"权力三面向理论"，并根据他为权力模式所做的层级上的区分，来对平台的内部权力结构进行一个简要的梳理[①]。

在这个虚拟符号场域内部，平台的权力有三个层次（对应卢克斯所描述的权力的三种面向，大致可分为：左右议题的权力、阻止议题被提出的权力和使得议题不能够被识别为议题的权力）。每一个层次都源自前文提到的平台在整个网络社会中所扮演的角色和发展过程中展现出的能力。

第一个层次，对应权力的第一种面向，在此指的是：在普通的内部权力冲突中，平台能够占据更大的主动权。

前文提到过，在平台的内部场域当中，平台所扮演的角色是一个"绝对"的设计者，它能够有意识地通过对于规则的设计、解释和贯彻，引导场域内的权力流动。而这种设计、解释、贯彻的过程，如果做一个通俗的类比，则可相当于孟德斯鸠所提出的"三权"，即立法权、司法权和行政权。然而相对于孟德斯鸠三权分立的理论框架，在平台的内部，这三权却是统一的，被掌握在同一个意识主体手中，成为它第一个层次权力的最初来源。

平台的权力首先源自有意识的对于规则、符号、价值观的设计上。这种设计当然是必要的，因为它决定了用户在场域中的行动规则，使得互动在很大程度上得以有序展开。然而在很多时候，一个被设计出的规则实际上指涉着某种对于行为的直接引导，在这种直接引导背后，权力的存在是必然的。

例如，新浪微博上，设置了一个名为"超话榜"的模块，供粉丝通过多种形式支持自己喜爱的明星，为其"打榜"进而让明星能够排到更高的名次。而对于刚刚出道的明星来说，新浪微博却专门为他们

---

① 史蒂文·卢克斯（美）:《权力：一种激进的观点》，彭斌译，江苏人民出版社，2008，第17—18页。

设计了一个超话的"新星榜"，只有那些在这一个榜单中每月排名前三的明星，才有资格被转入真正的榜单。这一筛选过程被粉丝称为"搬家"。"搬家"的考核并不简单，需要互动值（微博转赞评、阅读量、搜索量等）、正能量值（明星本人发微博带正能量 Tag，自评等）、爱慕值（两元钱可购买一朵玫瑰花以提升爱慕值）三个维度的数值累计。从规则设计上看，这可以称得上是赤裸裸的金钱以及流量的比拼，但是为了"搬家"，或者说为了"搬家"之后所拥有的"流量认证"以及更好更多的资源，明星和粉丝都必须接受这种玩法。而玩法的背后，则是整个榜单上所有的参与方，每一个人，以及榜单本身，都成了平台获取收益的重要工具。他们不仅仅承认了这样的规则秩序，甚至久而久之内化了在这个秩序之下构建的符号系统，以更高的排名、更多的玫瑰花以及多样化的 Tag 为荣，并再基于这种荣耀投入更大的资源[①]。

在平台的虚拟场域当中，实际上处处充满着类似的设计，它们有一些可能以某种相对直接的形式被投射出来，如滴滴在与快滴合并之后迅速提高了针对司机的抽成；另外一些，则可能更加隐晦，看似无关权力，正如上文超话的例子一样。但无论如何，当平台具有某种其他参与方难以干涉、左右的对于规则的设计能力的时候，利用这种能力获取权力和利益，就变得容易了。

当然，建立规则远远不是平台主体性权力的终点，因为平台同时拥有对于这种规则的"最高解释权"（类似司法权）。很多时候，当平台参与方之间产生冲突的时候，平台能够利用自身的权力特征，扮演仲裁者的角色。较为常见的是当下各类电商网站中，在买家与卖家产生纠纷时，平台有能力依据其定下的规则进行裁判。当然，这种裁判

---

① 值得注意的是，2021 年 8 月，国家网信办已经开始有意识整顿这样的乱象，包括禁止明星艺人榜单、优化作品排名规则（降低签到、点赞、评论等指标权重，增加作品导向及专业性评价等指标权重）、强调不得设置 PK 等形式诱导粉丝消费等。

并不总是十分强有力的，在特定的行业中尤其如此。平台会根据前文提到的对于"补贴方"和"被补贴方"的角色判断来进行可能存在偏颇的裁定。就像众多家装类网络平台，它们连接装修公司与用户。鉴于装修的重复消费周期过长，大多数的装修公司并不指望同一个用户成为回头客，所以大多倾向于在装修过程中偷工减料或者不断加价以获取更大收益。而面对装修公司的强势以及不完善的服务的时候，实际上普通用户很多情况下是无能为力的。此时，平台提供的仲裁、监理、咨询服务则变成了用户们仅有的几根"救命稻草"，哪怕平台能够做的最多仅仅是调停，甚至成为装修公司的代理人，并不断劝说用户接受装修公司对服务合同的瑕疵履行，但平台作为唯一一个能够在这市场中代表用户发声、沟通的机构，其话语权依旧会以一种不平衡的方式逐渐增加，并且不断索取着用户更高的依赖性。

而当平台内的参与方与平台本身存有某种冲突的时候，这种裁量权就显得更重要了。例如，2019 年 1 月 15 日，罗永浩、王欣、抖音同时出手，分别发布了名为聊天宝、马桶 MT 以及多闪的社交软件，试图分割微信在移动社交领域的庞大市场。但一开始在网络写手笔下呼声很高，被描述为"微信危险了"的进攻，并没有持续几天，很快便销声匿迹了。这其中固然有这些软件本身的内部问题，但是微信的一个简单动作，实际上也起到了很大的作用，即关停这些软件在微信中的推广链接。其理由也非常简单，因为这些链接涉嫌恶意推广分销、传播不良信息，与微信的价值观不符。马化腾还亲自下场，凌晨 4 点钟在他人为三款软件鼓吹的微信朋友圈下留言："负能量的匿名社交是旗帜鲜明地反对的，没的说。"结合腾讯从之前一年便已经慢慢调整的公司战略，即"科技向善"，这样的裁量虽然略显粗暴，但是却让人难以挑出毛病甚至会为腾讯鼓掌叫好。在这一个例子中，腾讯当然不能算是"恶"的一方，毕竟一方面那三款软件确实存在腾讯指出的问题，从本质上来说便不能够被称为一个优质的互联网平台；另一方面，面对一个想挑战自己的外来者，对其进行反制也是无可厚非的，腾讯也没必要大度到让对方在自家的平台上肆意扩张的地步。

　　这里试图强调的，仅仅是当平台在面对这种来自参与方的挑战的时候，往往能够通过对事先早已确立的规则系统的解释，来让自己站在不败的一方。正如"科技向善"的旗帜一出，任何不符合其包容在内的价值观的新玩家，都会有面临类似打击的可能。

　　对于平台来说，正如微信封杀的例子中提到的，这种仲裁并不是平台权力的完成，而是平台真正行使权力乃至"暴力"的开端。即微信并不仅仅停留在"声称"这些软件违反绿色上网的规则，而是可以直接无视对方的任何抗议和行动，对其进行封禁。换句话说，平台在自己的地盘上，在不将"居民"赶走的前提下，手握单方面的、全部的"暴力机关"。在现实空间中，如果权力主体试图对其他参与方进行驱逐和强制控制，不可避免会涉及实在的对抗和博弈，然而在移动互联平台中，这种"暴力"却可以通过对后台权限的控制而轻而易举地做到。由此便催生了移动互联平台中最为常见的权力，即面对平台与参与方的对立时，平台依靠其对于空间的技术控制所能够占据的更大行动权（暴力）。

　　在百度贴吧的历史上，曾经发生过多起用户集合起来恶意向其他贴吧发垃圾信息从而使得对方贴吧瘫痪的事件（俗称爆吧，现在这样的现象反而少了，因为大家被太多的娱乐吸引，已经没有时间做这种"无聊"的事了）。在这种事件中，百度作为平台，能够利用自身管理者的身份，通过对部分账户进行封禁，并对垃圾信息进行强制删除等手段控制参与方的行为。而被攻击的贴吧的管理者，也可以通过设置只有超过特定等级的用户才能够发帖的标准，来削弱其他人对自己贴吧的攻击。虚拟场域中，技术带来的强制性前所未有的容易，以至于平台如果愿意，可以直接"抹杀"任何主体在平台内的数字化存在（甚至美国前总统特朗普的账号都可以被各类平台轻易封杀）。这种最为表层的执行权，与规则的设计权和解释权一起，构成了平台权力的第一个面向，即直接权力的面向。

值得注意的是，这种权力并非总是和直接的对抗挂钩的。

我们可以说，冲突是显性的，权力是隐性的；也可以说冲突是隐性的，权力是显性的。很多时候，我们能够看到的是主体的对抗，但实际上潜藏在对抗后的，是一个既定的权力体系；而另一些时候，即便实际的对抗没有发生，也存在着可以被识别的、用以维持这种紧绷状态的权力结构。就像生活类推荐平台 Yelp 会根据餐厅的"赞助"来调整餐厅在页面中的位置，甚至帮助餐厅删除部分负面评价。这都是平台在其空间中，利用后台所创造出的资源，它们被外放出来，成为其他参与方争夺的对象。在这样的过程当中，对抗并没有时时凸显，但是平台拥有的对于空间级差的控制权，却是恒定存在的。

在平台第一层权力，即对于对抗性的直接掌控的背后，平台权力的第二个层次，则是指平台有能够将权力对抗的可能性本身扼杀在摇篮中的权力。

在平台与参与方的对抗中，权力确实产生并被运作。而在另外一些情况下，当平台利用自身的符号系统，以及其包含的价值倾向和制度框架去影响参与方的互动模式与决策议程的时候，权力同样被运作了[1]。也就是说，平台从最一开始，就在努力尝试消除可能对其发起挑战的种种隐患，当平台规定入网的许可条件、可以被交易的标的、应该被鼓励的互动方式的时候，实际上其权力早已开始运作。这同样是

---

[1]　异轨自卢克斯对巴卡拉克和巴拉兹权力第二面向的描述。卢克斯原本的叙述中，这一种权力特指某些权力主体能够拥有"制定议题"的权力，即对于那些可能对自己不利的议题，这些主体可以让它们根本无法登上"台面"被讨论，进而杜绝了讨论过程中的任何对抗的可能。举个例子，如果说某次联合国大会中，美国针对全球变暖的问题迫使印度承担更多的义务，这是第一面向的权力；而如果印度通过运作使得全球变暖这个话题根本没有在联合国大会上被讨论，那便是第二面向的权力了。史蒂文·卢克斯（美）：《权力：一种激进的观点》，彭斌译，江苏人民出版社，2008，第10—11页。

规则的体现，然而这种前置的规则，无须激发对抗，反而以阻却后续的对抗为目的。与显而易见的暴力不同，此时的平台更像一个平和的霸权主义者，它不与自己内部的参与方对抗，甚至不赞成参与方之间的对抗，他的权力体现在一片祥和之中，而和谐背后，那些被过滤的不和谐，才是其权力的所在。

在这里，一些符号甚至没有被生成的机会和被展示的位置，或者说，无法被拿上"台面"，进而参与方对平台的挑战可能也找不到任何一个有效的出口，反抗从一开始在平台中就不存在生存空间。伏尔泰的名言，"我坚决不同意你的观点但我誓死捍卫你说话的权利"，在今天只能是一个虚伪的空泛口号。

就这样，平台天然拥有将某些节点排除在网络之外的权力，从而阻隔对网络有威胁的人，甚至收取过路费。可想而知，如果将视角反过来，那些进入网络的人，作为先天的"被承认者"，实际上便在很多情形下，并不能感受到网络之外的人所感受到的霸权主义，因此也就更加难以维系一个针对这种暴力的有效抗争。从某种意义上来看，在平台中的一切参与方都已经算是既得利益者了。

在平台内部，平台则可以轻易地利用其自身对于展示空间、信息流的控制等，去塑造平台中的话语权，平台管理着内容存在的方式，通过自己任意的排列组合，让内容能够呈现出平台希望呈现的样子。那些被认为是对的、和谐的、有益的内容能够获得最大的认可。就像门户类平台能够凭借热搜排行来引导用户关注的方向一样，这些权力都要比在冲突中展现出的权力更为深入，这是一种新形态的"政治正确"，而其正确与否的现象分界点，乃是"存在"本身。

在推特革命当中，美国政府曾经因为要"照顾"伊朗民众的反政府行为，与推特的高管说要将其原定的系统升级时间推迟一周，以防止推特上不断涌现的信息链的断裂。换句话说，若是推特想要破坏伊朗民众的反抗活动，也许只要把自己的服务器暂停一天就可以了。这是一种绝对意义上的暴力，然而只要它不那么显眼，就能够维持表面上的光鲜与太平。

问题的关键，就在于确定"台面"，台面隐含着空间的意象，是行为的基础，争点的前提。而当登上台面成为争点的机会被封闭的时候，权力的第二面向便暴露无遗了。这是一场不对等的斗争。

不过值得庆幸的是，在很多时候，人们并不是全然放弃抵抗的。事实上每一个时代的人都有他们自己的方式，尝试让自己期望表达的态度越过台面的封锁，重新被人们所注视。过去几十年里风靡全球的涂鸦运动便是其中的典型。那些生活在城市底层的人们，不仅自己不被其他群体所注意，他们所代表的争点同样不在"正常"的话语体系当中。于是，他们选择了最为直接的方式去登上台面，即对"台面"本身直接发起进攻。他们越过一切的媒体或者话语框架，以城市为画布，以那些无处不在的墙壁、地面、桥洞、车厢为战场，在原本圈定权力范围的框架之上，自己定义出一个全新的权力的载体，即框架本身，让那些被掩盖的重新浮现，让那些被禁声的重新呐喊。

然而，事情到了移动互联时代，在平台权力的展现形式中，却并不再那么乐观了。在这里的隐忧，让我们不得不回到平台权力的第一个面向。即当对空间从实体的控制转为虚拟的控制时，控制就削弱了吗？并不是，它反而增强了，就像在第一面向中描述的平台拥有的操纵后台的暴力一样。在这里，连台面本身，在很多情况下都不再存在了。除了黑客手段，我们很难想象任何人能够轻而易举地在平台所构建的空间内，在那最显眼的地方，大大咧咧地表达着自己叛逆的情绪。遑论如果这种叛逆本就是针对平台而发起的——淘宝的首页可有任何空间给用户拉横幅控诉无良商户吗①？而如果说对于一个平台权力的反

---

① 甚至，当下拼多多、蘑菇街、天猫旗舰店等许多平台都在有意识淡化"差评"标签，采用"偏大""有点咸"等个性化、情感词汇进行评价描述。这是一个语言的陷阱，也是对于台面的直接控制，原本同属于台面的"好评"与"差评"的对立被单方面地撤销，而仅仅留有好评的产品界面，显然是商户更愿意看到甚至为此付出一定代价的。

抗，只能通过另一个平台来规划和推进（就像利用微信或者微博去声讨今日头条一样），那么不得不说这将会是整个移动互联的悲哀。"所幸"，大多数情况下，这些平台对于这种权力行使的粉饰是如此之好，以至于那许许多多没有登上台面的争点，真的就被遗忘了。

因为平台权力的第三个面向。

平台权力的第三个层次，实际上是从平台权力第一个层次中的"立法权"逐渐演变出来的。在于平台能够通过自身的规则设计，让参与方即便不满意平台的运作模式，但是由于"顺从"能够让他们获得更大的收益，便仍然选择跟随平台的安排去行动，久而久之，使得对抗本身变为了"承认"；更进一步，平台可以通过自身对于符号的控制，让参与方根本感受不到自己实际上正在被平台的权力所影响和引导。

哈贝马斯曾指出，现代社会里，公共领域和私人领域的界限有时候会变得模糊，其中一个重要原因就是大企业的出现。它们削弱了社会劳动的私人特征，并减少了个人对于生产资料的支配，进而使得大企业理所当然地承担起了越来越多的社会功能[1]。而在这样的社会权力运作下，原本应该对权力产生监督或者补充的公共领域，由于统一的市场逻辑的渗透，逐渐被转化，批判的价值越来越小，并最终让批判性的公共领域转化为了认同的公共领域。身处其中的人们所沉浸的，不再是思辨，而是某种可以被塑造的安全感。

在移动互联时代，这样的结构性转变实际上正在以另一种方式重演。泛娱乐的符号元素取代大企业，成了当前变革的主要推手。网络成为新的私人与公共交界相互碰撞的场地，而提供场地的平台，显然也不可能以打造一个批判性的环境为自己的目标，反而迎合着最为大

---

[1]　尤尔根·哈贝马斯（德）：《公共领域的结构转型》，曹卫东译，学林出版社，1999，第 180 页。

众化的消费群体的喜好，将对权力的挑战，软化在无形的影响力渗透当中。

这其中最为关键的，就是承认"顺从"的价值，以及对于控制本身的无法感知。

对于前者，比较典型的例子是天猫"双11"的优惠活动。当前，阿里巴巴平台所推出的优惠越来越复杂，用户需要花费大量的时间、精力去理解优惠的选项并且组合出自己"最优"的购买策略（如满2000减200，叠加第二件7.5折，外加前一百名用户减50，再加预收款翻倍等）。这种设计对于很多对价值敏感的用户来说，是又爱又恨的，因为毕竟只要遵循天猫设计的活动规则精打细算，自己就能够以更低的价格买到心仪的商品（尽管因为优惠的冲动消费和所消耗的精力却又时常令他们后悔）。因此，用户出于对自身利益的考量，在并不喜欢平台规则的前提下，仍然一边抱怨着优惠的非人性化，一边按照平台的意愿去行动。而当这样的模式被固定下来，成为人们的习惯后，它反而可能会被期待了起来，彻底从规则变为被广泛认同的福利。

类似的情况在外卖平台的骑手身上可能体现得更加明显。对于大多数骑手来说，外卖平台的规则设计，包括送满特定单数给奖励金，获得区域排名给奖励金，收到差评进行罚款等，不能不说是一套明明白白的控制体系。而外卖平台不断利用大数据优化配单路线更是竭尽所能加快骑手的节奏，使之成为外卖系统上最为忙碌的一环。2020年下半年网络媒体发起了一波对于外卖平台压榨"骑手"的讨伐。骑手被描述为"被困在系统"中的人，自媒体们用犀利的笔调抨击着平台暗中压缩送货时间，利用算法驱使骑手成为新时代的工业螺丝钉的过程；饿了么试图修改用户订餐界面，让用户选择是否同意给外卖骑手多几分钟时间的操作，也被嘲讽是一种对矛盾的不负责任的转嫁，以逃避自己的道德义务。而在其他地方，事情也并没有什么变化，Uber的骑手工作没有工时上限。在Netflix的纪录片中，一名骑手说道："老实说，我的生活就只剩下Uber了。所有时间，所有精力，把一切都给了 Uber 了。我不是为自己而活，是为了 Uber。"更为无奈的是，他们送餐过程中不断给 Uber 系统回馈的位置信息，是 Uber 在为将来取代他们的无人驾驶送餐车收集数据，优化路线。

　　然而，这还不是我们讨论所要推及的尽头，因为在平台和参与方之间的对抗中，最令人忧虑的，可能反而是在对抗不凸显的时候，是在平台没有被痛骂的时候。换句话说，我们总是能够发现，在很多骑手抱怨平台不人性化的规则的同时，却在认真履行着平台向他们投放的义务，甚至在特定情况下以此为荣（如获得了更高的排名）。这就使得平台的规则，无论多么地"不人性化"，都可以利用其自身的设定，建立一种认同机制，更在认同机制内促成人与人之间的某种对抗，并在这种对抗下，让被规则笼罩的人自行分层、对比，进而形成对于前置的规则本身的默许。这样的现象曾经在《制造同意》一书中，被布洛维认为是资本主义不会崩溃的重要原因之一，因为同被压迫的人们在彼此之间互动的过程中，自行生成了某种对于竞争和排序的追求并同意了创造这种比较序列的规则的大前提。作者"卧底"一个生产工厂，描述了他所见到的工人们竞相追求更高的生产效率并以此为荣的过程，甚至还叙述了自己内心的转变，即当自己的生产效率提高的时候，也体验到了某种由衷的自豪感，而在那一瞬间忽视了自身扎根于生产流水线的非自由，而这样的心理转变，会呼应着统一斗争的衰败，使得"反抗的力量弱化"，令"自由解放成为空想"[①]。

　　就这样，当一个相对不合理的符号以及规则成为某种固化的结构之后，人们在面对它们的时候，第一个反应反而不是对抗（事实上平台也并没有为人们提供反抗的有效途径，参考第一面向的执行权和第二面向对于台面的控制），而是目睹其他人通过承认这种符号传递出的价值，遵循这样的游戏规则使自己得以存续甚至获益，进而衡量自身

---

① 布洛维（美）：《制造同意——垄断资本主义劳动过程的变迁》，李荣荣译，商务印书馆，2008，第 5 页。

反抗的风险是否能够平衡自己被规训而获得的所谓收益。往往这种衡量之后的结果，就是用户虽不情愿，却还是接受平台的规则，并以平台提供的逻辑为出发点和行为方式，谋求自己的利益，唯恐落后。长此以往，最初的不情愿反而被遗忘，人们眼前，便只剩下规训之后获益的沾沾自喜。

而更进一步，权力会变得愈发透明，利用着规则的设计、符号的投放、意识形态的引导乃至人性的弱点来达到规制平台内参与方的目的。比如淘宝的营销活动就还有其另外一面，即"来之不易，自当珍惜"。当用户花费精力好不容易凑齐了自己需要的东西，并且自认为获得了最高的优惠的时候，不仅从加入购物车到购买的整体流失率会大幅度降低，用户甚至会主动相信这种优惠是真实的，以达到一种内心的自洽和对自己行为的合理解释。那么，淘宝提供的优惠系统，其内含的符号，那些飘着红色的"双 11"标识、鲜明的满减字样、天猫的 Logo、店铺打出的折扣标签、购物车上统计的节省总金额等，也就都变得合理甚至可爱起来，成了用户加入购物狂欢的重要组成部分，不再会被过多挑战。

事实上，很多隐形的权力都来自平台设计的，在用户感知中似无不妥的符号系统，如大多数平台都会推出的等级制度等。当平台成功塑造出一种信用或者阶级体系的时候，这种体系一定是构建在一个符号组合之上的。用户需要充分了解平台试图塑造的符号价值进而接受这样的秩序；而符号的权力也就通过参与方的这种认可应运而生。更高的等级可以被等同于"更高的地位""更多的经验""更大的话语权"，或者说"更强的能力"，用户接受这种符号序列从低到高的指涉关系，并且认为这种关系是合法的并且值得去追求的。这种追求甚至在某些条件下可以超越平台的框架而延伸到更大的社会空间中，就像很多游戏平台中的虚拟道具被认为是具备实际货币价值的一样。平台为这些符号赋予了含义，给了那些符号以价值，以及合适的安放之地，那些金灿灿的皇冠或者四个半被点亮的五角星标识都在催促着平台的参与方积累得更多一些，攀爬得更高一些，彰显得更明显一些。而用户在这其中所需要做的，只不过是接受平台以符号营造出的价值系统，按照符号的价值阶梯向上攀登，并以平台建立的符号价值映照自身。

　　而即便并不依靠这种包含着明确秩序规则的符号系统，平台也在很多时候潜移默化地对人们施加着影响。谷歌在英文中成为一个动词就是很好的例子，当无数人将在网上查询信息称为"Google it"的时候，谷歌的符号价值就已经在更大的范围内被明确下来了。这一企业，也就成了一种特定社会行动中，先入为主的选择。这样的过程我们很难将其直观为权力，但是它确实具备着某种广泛的社会意义，也代表着前文所说的，对于人们内心的"直接进攻"①。

　　平台所具备的这种种权力面向，是一种运作过程中的必然。因为无论平台标榜自己如何的以人为本，作为一个聚合中心，平台存在本身就在尝试给予千变万化的社会实践某种具有一致性的出口。为了达到这一目标，通过规则以及符号渗透于所有参与方身边的价值关系就成了必要的手段。这其中，平台最乐于见到的结果，自然是经由对于规则的承认以及对于符号的反复使用，平台不断尝试培养参与方的惯习，最终使得参与方无意识地接受场域的支配性价值；平台的参与方认为自身的行为逻辑是天经地义的、是随心所欲的，因为他们可能看不到任何一种替代方案，或是任何挑战这种惯习的必要性。

---

① 有意思的是，在几十年前，当施乐公司几乎垄断复印机市场的时候，却极力反对用户将其公司名 Xerox 转化为动词，唯恐这样会削弱其自身的品牌特性。这样的区别，归根结底是因为两个时代的企业竞争模式已经不一样了，如果说施乐还停留在产品层面的竞争，那么谷歌早就已经进入了权力和符号价值的竞争层面了，故而其追求也会有所不同。

走出平台

从第一章开始，当对于平台的讨论进行到这里的时候，我们可以回过头把前文所有论述的整体逻辑进行一个辩证否定的排布。在第一章确定了我们面对移动互联的整体视角之后，进行了两个层面的展开：

第一层，我们不能把观察到的现象和特征直接视为上层建筑，而是需要将其看作从经济基础到上层建筑的中介。

第二层，我们不能把这种中介仅仅看作移动互联带来的赋能，而是需要将其看作一种全面的代理。

而第二章的核心目的，便是将这种代理具象化，再回过头从具象化走回整体性。遵循着和第一章相仿的辩证逻辑，第二章进行了更多层面的展开，即面对移动互联的全面代理时：

我们不能把这种代理仅仅看作是一个时代的抽象特征，而是需要将其看作一个拥有明确对象，即"大玩家"的具体实践；

我们不能把大玩家的实践仅仅看作社会连接关系的纯粹增强，而是需要将其看作连接关系的切割与重塑；

我们不能把这种重塑仅仅看作一个既定呈现的静态结构，而是需要将其看作从潜在展开到现实的辩证逻辑；

我们不能把这种展开逻辑仅看作社会交互体系搭建的过程，而是需要将其看作权力以及价值生产的过程；

我们不能把这种生产过程仅仅看作框架性的权力场域的打造，而是需要将其看作一个平台将自己投入其中成为"此在"的大型游戏。

在这样的背景下，我们才能够更进一步，通过对于大玩家的具体考察，从另一个维度，走回对于时代的整体性诊断。

这一套论述逻辑的核心目的是对移动互联进行一个"对象转移"，而本章就是那个关键的中转站。当我们试图寻找移动互联的根本逻辑的时候，我们的出发点是能够被直观的移动互联的现象，而以第一章整体性现象为基础，第二章试图将视角深入到具体的对象，即平台当中。相对于整体性现象，第二章的平台，作为具体的现象，其核心运作逻辑更容易被抽离出来，进而在这里完成了具象层面的现象到本质的初级还原。第三章中，则将会在这两章的基础上，再次"还原"，从平台的具象走出，把本质推回到移动互联的整体性中。此时的关注点，已经不再是此前从整体到具体的现象逻辑，而变成了以平台为核心形式，从具体回归到整体的抽象逻辑了。所以其理论进路应该被视为"整体现象"→"具体现象"→"具体逻辑"→"整体逻辑"的展开—回归的模式。

之所以这种模式能够成立，在于作为移动互联时代最大、最典型的代理者——平台已经在某种程度上"成为移动互联本身"了。从我们的经验出发，再难去想象一个不存在平台的移动互联世界。不仅如此，平台的成长和运作也早已不仅限于平台的规则，它可以跳到更广的社会实践当中，结合整个社会的话语体系、消费意识形态、文化工业的渗透而形成对于个体的全面影响。这样的过程中，最终诞生出的力量，是平台将自己的权力逻辑，外化成了整个移动互联的权力逻辑，或者说这二者从本质上来看，已经难以进行区分。

所以，本章讨论平台的根本意图，就在于最终走出平台，以继续寻找移动互联的上层建筑和规定性原则，进而给出关于移动互联某些本质的分析。

那么回过头看，平台是上层建筑吗？当然是，而且还是上层建筑的集中体现。然而平台却并不是全部的上层建筑，它能够成为移动互联时代规定性原则的某种承载者，但我们不能简单说平台或者平台型企业就是这种新的规定性原则本身。

可正如前文所说的，在寻找整个移动互联的规定性原则和上层建筑之前，我们必须对当下时代最大的玩家有一个相对完整的叙述。因为这个玩家的权力、运作模式、所扮演的角色等，都和时代的规定性直接相关，甚至相互引导；和平台不同，移动互联的整体场域不存在主体意识，然而它的构建过程，却是建立在包括平台在内的所有参与方的能动实践中的。这其中的问题便是，在具体的社会过程中，前文所说的拆解—重组的痕迹并不总是清晰可见；人们在面对平台的时候，除了矛盾激化时候的愤然，实际上在绝大多数的时间里，是"享受"的。移动互联平台确实做到了许多以前人们幻想但却没有办法完成的事，没有人能够否认平台的进步和其带给社会的巨大价值。

　　然而也正是在这种承认当中，一种危险正在潜伏。就像美剧《硅谷》里面的反派所说的："我的愿望是通过技术创新让世界变得更美好，但这件事最好只有我来做。"

　　要看到这种危险的关键，就在于我们决不能够仅在权力斗争凸显的时候看到权力斗争，而是要比以往任何时候都警醒着，明白权力是时时围绕着我们的隐形的存在物，哪怕在我们盯着它看的时候，无论怎样努力都只能看到美好。正如前文所说的，平台的权力绝不停留在市场竞争的直观表象中，平台一切稳定的状态都建立在既定权力的平衡和暗自角力之上。这种权力斗争，自是没有硝烟，甚至称不上是"商战"。它呈现着多重的形态，是系统的、又是凌乱的；是实在的、又是虚幻的；是特殊的、又是普遍的。它来自我们透过平台的代理，以某种特定的目光看到的整个世界。在前文的论述中，这个新世界的面貌已经隐约浮现了，它被平台的一切空间、规则、内容、数据、标准、形式所引导着，那些元素汇聚成了一个个符号，从平台向外扩散，并在整个移动互联场域中肆意流淌。

　　于是，借着本章对于平台的基本了解，我们接下来必须走出平台。
　　也只有走出来，我们才能够抬眼看到那时代的大幕在所有人面前，真正缓缓拉开。

第三章

六朝事

第一节 / 大玩家即新天使

"六朝何事，只成门户私计。"

——（南宋）陈亮

有些人心安理得地放弃，有些人如饥似渴地索取。

第一章中提到的，那些普通人大多不那么在意的对周围环境、规则以及符号的整体解释权，成了第二章中以平台为首的移动互联新贵们梦寐以求的东西。它们将之化作利刃，裁剪开旧有的世界，并编制新的时代。

当然，这并不是说移动互联时代中，平台是唯一能够自己给出解释且对外投射价值的主体，而是指相对于大多数网络中的行动者来说，平台所拥有的机会和影响力，都大得多。当前的消费社会中，逻辑构建已经如此复杂，场景再现已经如此庞大，私有转移已经如此真实，在这样的背景下，那些被每个人有意无意地让渡出去的权力，究竟被以何种方式暗中接手？这便是对平台，以及围绕其存在而不断产生，同时不断幻灭着的内容、设计、数据、互动去进行分析的目的所在。然而这种技术—权力的结构和逻辑却并不是止于平台的框架的，它能够从具象推回到宏观，成为普适的移动互联的结构，甚至暗示着整个当下时代的逻辑和原则。所以在接下来的论述当中，平台尽管仍然会因其是移动互联特征的集中体现而处于最为中心的位置，但实际上下文将要讨论的许多主题，都会超越平台作为某种商业实体的范畴，进入同时是更微观的以及更宏观的文化—社会领域。

展开来看，当下时代，人们放弃的那些解释权，被分散在移动互联场域中的各个角落，在一个个惯常的行为中被让渡。它们被让渡给了上海陆家嘴地铁站广告上的金融产品，因为那些广告跟我们说，投资可以如此简单，你不需要理解经济规律、金融杠杆，甚至无须阅读金融产品详情界面，只需要选择这一款被精心设计的移动互联软件，就可以获得稳定并且可观的收益；解释权也被让渡给了 360 安全卫士上那些建议删除某软件的按钮，因为按钮旁边的通知上显示，有 99%的用户都删除或者禁用了该软件，似乎并没有任何不好的事情发生，群体已经帮我们作了看上去最为完美的判断；解释权更是被让渡给了微信里面的时尚公众号，因为上面清楚地写了男士衬衫的领口究竟有多少种样式，对应了何种领带类型，这不仅帮助我们解释了符号，甚至还教会了我们将这种解释转化成人际互动里面的谈资，以显示自己的与众不同。

归根结底，在移动互联的场域当中，我们轻易地将对外部世界的解释让渡给了一种被加工重组的"真实"，它通过自身对于世界之意义和价值的锚定给个体的行动提供了某种实在的指引。当下，这种"真实"往往掌握在能够创设最多规则、承载最多产品、汇聚最多用户、生产最多内容、采集最多数据的互联网平台或是其他具有类似权力的机构手中，我们在利用它们获取便利的同时，也将决定的过程授权给了这些外部机构。在我们不熟悉的领域，我们承认着它们对于给定事实的解释权，在看似平淡的叙述中，逐渐沉淀出一种难以名状的权力网络。我们不熟悉或者不想去深究的领域实在是越来越多，多到这种解释的代理在大多数人眼中都称不上是平台的越俎代庖，反而成了某种可靠的帮助手段，为我们削去了生活中那些碍眼的、支棱着的分叉。

更何况，在多数移动互联场景中，平台实际上并不那么"活泼"，或者说它们运作的方式更加倾向于让人们将注意力置于其他同类参与方当中，而将平台视为一个相对冰冷的客体，一套外置的规则，让我们能够轻松地放下戒备与之交互。

然而，正如前文所描述的，平台，尽管承载着各种各样不同的参与方，但它自己实际上也是一个有血有肉的行动者；平台不仅仅是中立规则的显化，同时也是创造规则的主体乃至规则本身。在这一点上，它就如同国家一样。国家有特定的领土，承载这片土地上的一切社会行为，然而民族国家通常却在研究实践中被视为某种行动者，而非结构一方。因为国家构建并管理了自身内部的社会关系网络；它操纵着领土内所诞生的监控系统与暴力机构；它需要不断承受来自其统辖之地其他参与方的挑战；它身处于更大的社会中，并享有着独特的权力角色。类似的道理，在承认平台身处移动互联场域中拥有结构性特征的同时，平台相对独立的发展状态以及其有明确意识方向的行动能力同样不能够被轻易忽视，它不仅仅是一个技术产物，同时也是一个社会过程的有力参与者。

将平台视为行动者，便更容易看到，平台的叙事方式早已经超越了技术的"实然"叙事而进入到了"应然"的价值叙事上，这同样是本章需要进一步考量的。在上一章中实际上已经多次提到过，平台并不能够把自己摆在某种价值中立的位置上，而是需要从社会的上下文中来考察自身所扮演的角色。这种逻辑，如果扩展至整个移动互联场域，同样适用。尽管科技发展作为互联网发展的底层基础，每每跳跃到人们面前都能凭借其革命性拓展而吸引全部的目光，但是对于互联网的研究却从不局限于网络技术的创新，而是随着技术在宏观社会中的应用，拓展到社会科学的每个角落。正如，那些颂扬着当前移动互联带给我们的低成本和强连接能力的人们，往往也容易顺应着这个角度，推演出移动互联市场本身的低门槛和去中心化社会关系，并赋予其某种价值意涵；更不用说那许多亲身经历着大型互联网公司带来的成瘾性、空虚感、盲目消费、群体极化等副作用的网络原住民了。在遵从技术引导的发展逻辑的同时，分析或反思这种技术以及新互动场景可能带来的影响，必然是社会科学中需要不断讨论的问题。

所以，接下来，我们能够在许多情形下，看到平台存在的各种问题，在一个更广的范围内，以某些更加本质化的方式重现；它反复地向我们揭示着自己的秘密：平台的逻辑，便是移动互联的逻辑，我们看到的大玩家，其实就是那个新天使。

　　移动互联赋予时代的连接能力，在平台接手并加工利用的过程中，渐渐打破了我们对于新时代的某些幻想。平台用自己的行动明明白白地告诉了人们，移动互联从来不是一个垄断行为难以为继、平等博弈成为必然的"良善"市场。行动者们对于权力的渴望并不因为时代表面的"自由平等"而有任何的消减，每个主体对于权力的争夺，也绝不会因为环境的改变而有丝毫停顿；相反，那种渴望还会因为行动者所触及的社会范畴的快速扩大而愈发膨胀，那种争夺也会因为联动的快捷与低成本而不断加剧。所有身处移动互联的人都必须清楚，当时代将某些全新的逻辑均质化地笼罩在每一个人身上的时候，大的权力实体所斩获进而可以利用的，一定比其他人更多，并能够利用权力的盈余回过头改变逻辑本身。

　　所以，平台的斗争所演绎出的，恰恰就是这个移动互联时代的主线剧情。而对于时代的诊断，也便必须以对这种权力斗争过程的分析为线索，予以展开。上一章中，已经对这种权力的某些具象的基础结构进行了铺垫，本章将秉承大玩家即新天使的思路，给出一个更加体系化的讨论。

　　这个体系，始于秩序、关乎符号、终于意志。

第二节 / 守夜人到大家长

当群体走向组织

涂尔干曾在《社会学方法的准则》中写道：

"社会并不是个人相加的简单总和，而是由个人的结合而形成的体系，这个体系则是一种具有自身属性的独特的实在。毫无疑问，如果没有个人意识，任何集体生活都不可能产生，但仅有这个必要条件是不够的，还必须把个人意识结合或化合起来，而化合还要有一定的方式。社会生活就是这种化合的结果。因此，我们只能以这种化合来解释社会生活[①]。"

与涂尔干类似的，在马克思的分析语境下，社会结构也是一种不以人们的意志为转移的客观实在，马克思以此为基础，展开了其以阶级斗争为核心的社会结构宏伟蓝图。对于这类立场，如不将其视为某种先验的前提，则问题的关键便在于，当承认社会生活是一种"结果"的时候，我们需要探寻化合的过程或者说化合的模式。

对于滕尼斯来说，这种模式是和历史发展阶段相匹配的一种形态变化。他在 19 世纪末期提出了"共同体"这一概念，并把"共同体"的完善形态赋予了传统社会，滕尼斯认为在相对稳定并且简单的社会结构中，个体的结合能够更加地全面、透明、可预见。然而，随着社会交往关系的持续加深，以及市场经济的不断发展，传统"共同体"赖以生存的基础渐渐被剪除。不仅仅在"共同体"中慢节奏的悠闲被快速运转的忙碌所取代，那些由"共同体"所提供的安全

[①] 涂尔干（法）:《社会学方法的准则》，狄玉明译，商务印书馆，1995，第 119 页。

感，也被流动化、碎片化、专业化的不确定性瓦解[①]。这种不确定性，逼迫着共同体逐渐演化至其最终的归宿，即转变为经由契约构建的"社会"[②]。当然，滕尼斯视域下的"社会"，实际上更多的应该指现代性以来渐渐演变出来的现代社群，或者更进一步，现代"组织"。现代的人们通过这种组织试图寻找一种确定性的回归，然而这种回归却是经由现代理性役使下的种种"重构"和"代理"来被完成的。这样确定性源头的根本性改变，也就给代理背后的新型权力留下了生存空间。

不仅如此，这种确定性可能仅仅披着一个稳定的外壳，实际上代表的却是交互和信任模式的某些决定性变化。即从那些单一的、局部风险的到复杂的、系统风险的变化。只不过这种风险被掩盖得太好了，以至于我们早已习惯，以确定性的视角审视当代的大多数社会组织。

尽管这种转换显然是一种长期演进的结果，但却仍然能够看到一条模糊的分界线，牵动着现代性背后的组织渐渐走上历史舞台。

当原初共同体内的行为逐渐呈现出多样性的趋势，当在共同体中相互博弈的参与方不再以同质化的模式存在且表达，当共同体逐渐扩展进而囊括了不同的利益诉求和权力争夺方向的时候，共同体内的行为系统以及权力系统就会被分割，形成数个统一结构内的子结构，以保证每一个子结构内的互动仍然是有效并且可控的。而在这种分隔越来越多、越来越庞杂，并最终导致某一个子行为系统难以甚至无法理解、影响、控制另一个子系统的时候，现代化视域下组织的基础模型就必须要诞生了。子系统无法逾越其他子系统之间的鸿沟，只能诉求于组织本身进而与之互动。久而久之，这种互动信号转接的路径便逐

---

① 滕尼斯（德）:《共同体与社会：纯粹社会学的基本概念》，林荣远译，商务印书馆，1999，第54页。
② 张国芳："滕尼斯'共同体/社会'分类的类型学意义"，《学术月刊》，2019（2）。

渐演变成了一种权力的路径，最终，组织中成员的相互依赖也成了对于基础架构之上的组织本身的依赖。

这种转变（当然远远比这里描述的复杂得多），虽无所谓好坏，但其存在却彰显了一个客观事实，即传统的、在共同体之间起到稳定作用的互动手段，包括那些支撑互动的道德和信任（即那些为成员互动提供必要理性和感性基础，并且维系这种互动长效存在的信任），越来越多地被托付给了以组织为首的外部性的机构，而传统的交互模式在现代性场域内构建的复杂性中，反而愈发被认证为某种混乱的产物。人们能够看到这种外部性的机构在其构建和运作过程中采用各种方式去加强组织内部的交互关系，然而这种由外而内的连接与信任系统的投射，其运作的前提以及逻辑出发点，却是组织内部关系由于组织本身的庞大所生成的弱连接和不信任。一个最为简单的例子，就是电商平台给商户和用户的评级系统，在这个系统让人们去"信任"的同时，实际上假定了未进入评级系统中的参与方的"不可信"。而当内部关系被假定为"不可信的"，我们便只好进一步依赖组织打造的中立交互和认证工具，为自己提供基本的信任保障；从而反过来强化组织所塑造的依赖系统，以及组织本身的可信性和理性。这是一个难以化解的信任和交互悖论。但无论如何，在传统共同体交互模式已经没有办法通过构建完整的信任体系以提升交互效率并降低交互风险的当下，现代性组织成为"化合"的核心手段，并让群体在这种化合中成了一种超脱自身的存在，最终使得这一外置于自我的结构转化成一种庞大的权力实体。

这样的过程，并不仅仅只在组织自身中展现，实际上对于"融合"于组织中的个体来说，割裂与重建同样存在，这样的幻变与组织的成长发展同步，见证着人们在其中实践模式的不断演进。

中国网络平台的始祖之一，马云建立的"中国黄页"，即汇聚了中国主要网站信息名录的平台，实际上与 20 世纪 90 年代在中国各个城市风靡的城市黄页，一本厚厚的，记录着众多电话号码、邮箱和网址的书籍，并没有本质差别。没有人会把它和当下能够在多个层面影响中国人消费生活的阿里巴巴联系在一起，尽管从运作逻辑上看，前者已经满足了阿里巴巴成为平台的原始雏形条件。

从书本一般的城市黄页，到网络上的中国黄页再到当今的阿里巴巴帝国，三者的区别依然是显而易见的，即便是底层连接关系的相似性也不可能弥合其中的巨大差异，而这种差异，正是在于"化合"的模式（当然不仅仅是规模方面的和技术方面的）。人们在使用黄页的时候，那种平台概念构建出来的"化合"是直观的，它提供的是一个单向的信息通路，引导参与者构建一个"传统"的交互（如打电话、发邮件、实地拜访等）。而待到阿里巴巴经由淘宝等大型平台构建出一整套移动互联生态系统的时候，我们会发现实际上我们与平台其他参与方进行交互的时候，必须要通过平台，即组织所赋予我们的某种媒介展开。这种媒介可能是阿里旺旺一类的聊天软件，也可能是淘宝商品标准化的呈现和购买界面，还有可能是每个人在支付宝商户中的信用额度。它们成了我们与其他一切参与方进行交互过程的代理，尽管组织本身试图弱化这种代理的实际存在感并将其描摹成一种赋能。

在这种新的化合模式中，"我"不再与"你"互动，而是被平台认证和代理的"我"在与被平台认证和代理的"你"进行互动。就这样，黄页到阿里巴巴，人们尽可将其价值归结为连接买卖双方的虚拟"市场"，然而在多个层面的代理中，却早已完成了从工具到组织的转变。在庞杂的现代社会中，这种组织是必要的也是有效的，当阿里巴巴集团承载的社会交互行为远远超越信息的查询而渗透进越来越多的分支当中的时候，统一的组织逻辑是每一个分支或子系统得以内洽的前提以及保障。这是复杂现代性背后必然会出现的组织的胜利。

然而，在组织已经取代了共同体，成为当下宏观社会的核心构建逻辑的时候，组织本身的问题，便必须被认真考虑了。

左派思想里，时常出现并且被推崇的三个观念——"自由、组织、平等"中①，"组织"较于前两者似乎更能落到实处。"平等"与"自由"的概念终究包纳了更多理想意义上的追求，而"组织"听上去则相对更容易通过某些具象化的规则设计而被呈现出来。作为左派众多执念的一环（实际上不少新保守主义者也遵从同样的理念），以（现代）组织的合理性取代传统或者私人关系的"混乱"这一目标，便被确立下来并不断强调。组织的理性被相信、组织代表的真实被确立。这样的背景下，组织，就像前文提到的，将互动路径渐渐转化为权力路径，进而成了社会权力的合法来源之一。

组织将自己置身于整个现代性的话语框架中，以寻求全方位的保护，一直到今天。在这里，质疑被消解、攻击被反击，让所有人想当然起来：那一个个没有情感、完全中立，并且基于理性构建起来的组织，怎么可能犯错呢？而那些重视组织这些特征的人同时也明白，只有组织才能拥有最大的权力，提供最大的空间和资源，构建最为高效的连接关系，进而推动自身的纲领并控制组织框架下所包含的一切符号、规则和秩序。就这样，交互代理和信任控制帮助组织聚拢权力，而权力则反过来帮助组织拥有了更大的动员能力。

面对具备这样特征的组织，人们其实也并不总是以执迷的态势沉浸其中的，而总还会在感知着组织越来越强的能力的时候，对其保持警惕。比较典型的，就像我们多年来一直尝试对最大的组织，即国家或者政府进行限制一样。我们承认组织乃至政府的有效性和

---

① 雷蒙·阿隆（法）:《知识分子的鸦片》，吕一民、顾航译，译林出版社，2012，第29页。

必要性，但是怀疑其绝对理性的保证和潜在的权力滥用①。对于其他类型的组织，人们大多也抱着相似的态度，体验着他们控制规则以及信任的完整过程，如人们面对现代企业、工会、学校等机构时所感知的那样。

可这种警惕，到了移动互联时代，当组织的形态随着空间一并开始"虚拟化"或者说组织呈现的方式并不再依靠某个具备完整边界的实体的时候，便也相应地发生了一定的变化。

移动互联时代最为典型的组织，就是平台型企业。和传统企业不同的是，当我们在说传统企业的组织时，我们将更多的目光集中在生产组织过程，即将企业当作一个生产者，其"化合"的重点在于企业内部条线的组织架构生产关系，压迫最集中的表现形式通常出现在企业和员工之间；而到了平台型企业，尤其是互联网平台这里，组织的外延便被扩展了，即企业这时的主要角色，就如同上一章中所描述的，是一个连接者，并且提供了连接所需要的一切空间、规则、能力、标准、信任等要素。也就是说，除了生产端之外，消费端也是永久在场的，并成了组织本身的一部分甚至是最为重要的一部分（当然，这并不是说平台型企业不具备传统企业中的内部压力关系，正如亚马逊利用 AI 监控仓库工人上厕所的时间来计算考勤一样）。此时的平台组织，与其应该被以现代型企业的视角审视，实际上更像是在自己的场域内，扮演着一个类似政府的庞大行动者的角色。

然而，在很多人心中，平台与其说是呈现为一个不断施加强制手

---

① 在《无政府、国家和乌托邦》中，诺齐克便引入了"守夜人"的功能比喻，来对应其认为国家政治应该宣扬的合法性以及理性。在这样的政治语境下，国家应是所谓"最低限度"的，其合法性职责仅限于"承担制止暴力、盗窃、诈骗和契约的履行等十分有限的职能"。简单来说，国家的角色在于对不良因素的限制，而并不在于对良性因素的引导。诺齐克假定，任何政府，乃至支配性的组织，如果拥有比守夜人更多的权力的话，则它一定会侵犯到身处其中的特定个体的某种权利，如由集中权力主导的经济再分配活动等。引自罗伯特·诺齐克（美）：《无政府、国家和乌托邦》，姚大志译，中国社会科学出版社，2008，第 134 页。

段的对抗性实体，不如说在扮演着类似自由主义者梦想中，政府或者大型组织应该扮演的"守夜人"的角色（恰如诺齐克在其《无政府、国家和乌托邦》中所描述的那样）。人们当然可以说这是因为移动互联平台通常秉承着所谓移动互联的"精神"，以宣扬自由的内核构建自身的规则系统。然而从某些更加隐蔽的角度来看，却有许多深层原因，使得守夜人的比喻到了平台这里的时候则变得暧昧了起来。

正如前文的例子中提到，移动互联平台作为一个日益复杂的组织，自然而然地承载、代理着人们进行互动的连接关系，并且成为人与机器之间组建交互信任系统的合法来源。但相对于其他大型组织（如守夜人指涉的政府）来说，平台自诞生的一刻起，就存在一种义务的缺失。因为一方面，平台没有将自己的组织概念局限在传统企业内部性当中，而是将其外延扩展到了更大的层面，那一环套一环不断延展开去的组织范畴，便使得组织内外参与方的区别以及平台内外参与方的区别渐渐模糊。另一方面，平台却不需要如政府一般对自身的存续以及子民的安全秉持类似契约精神延伸出来的义务。相反，平台强调的是一种所谓的奉献以及服务。平台内的行为并非源于一方水土与历史传承，以及随之而来的某种保境安民的责任，而是和外界行为不断交织的弱边界场域中，貌似自由的个体被放纵而肆意生长的结果。在这样的前提下，平台和平台内参与方相互之间的责任和义务都十分薄弱。于是，起码从表面上看，在大多数情形下，平台的姿态很低，它们往往习惯以近乎渴求的态势寻求用户的进驻，此时的平台，连守夜人都称不上，而是一个乞讨者。

正如在移动化的讨论中所提到的，平台用"场景的复制""场景的召唤"以及"永久在场"最大程度地减小了用户之间的冲突。人和人仍然被关联，但这种关联却是经由一个自动化的组织系统被贯彻的；人们在本质上被重构的系统所孤立，包围他们的，是当下组织框架打造的种种赋能。这些赋能让用户拥有了表面上的极大权利，而与这种权利相对应的，便是平台的不断迎合以及"用户至上"的呼声。平台作为看似中立的机构，利用对虚拟场景的控制分割用户，进而能够在每一个单一的用户面前摆出一副全身心为其投入和服务的态势，卑微且和谐。上一章中所描述的平台的暴力，实际上在绝大多数的情形下，并不会被感知到。也正是这样的赋能，使得被平台代理的交互过程以及由平台所认证的信任系统，被理所当然地接受。

　　然而，这种表面上的其乐融融并不能掩盖一个现实。平台型的组织，即便在很大程度上，是相对于"守夜人"来说更加隐性的控制机构，其"控制"行为仍然存在并且不容小觑。甚至可以说，正是由于平台对于用户的乞求和赋能，才使得平台在运作过程中，无可避免地"进化"出了一套针对用户的、全方位的完整控制系统。而其根本原因，就在于平台中，超越守夜人的那部分角色，早已经借助平台在自身场域内，能够自由制定的规则和对于信任乃至"正确"的控制，蔓延了出去。

　　张一兵在为居伊·德波的《景观社会》作序的时候写道："景观乍看起来是去政治化的，'景观的最重要的原则是不干预主义'，然而，也只有不干预中的隐性控制才是最深刻的奴役。[1]"其语义所指，也正是同样的问题。只不过现代性初始之时，这些手段通过资本主义营造出来的消费景观而落地，现在，则通过移动互联平台这种新时代的巨型组织对于场景的控制和内容的无限复制完成而已。但它们二者都深知，在群体化合成为组织的过程中，面对不断增长的群体内部交互的复杂性和潜在风险，只要掌握着对于规则和信任的认证，就能够安全地掌握秩序，甚至掌握正义。

---

[1]　居伊·德波（法）:《景观社会》，张新木译，南京大学出版社，2017，序第15页。

当秩序代表正义

其实很多时候，平台等组织对于规则的控制，来自人们的默许。福山的《大断裂：人类本性与社会秩序的重建》中写道：

> "人类天生就会为自身计而创设道德规范和社会秩序。规范丧失的状态——涂尔干称之为失范——引发我们强烈的不适感，于是我们试图建立新的规则取代业已朽烂的旧规则。如果技术发展令某些形式陈旧的社区难以为继，我们就会找寻新的形式，会发挥我们的理智来商讨达成不同的约定以因应我们的基本利益诉求和情感需要[①]。"

任何一个给定的互动场所，人们都在吸引和利用不同种类的资源，以追求特定的目的。而在这过程之中，人们同样在认同并且遵从着各种规则和惯例，在共识之下的玩法框架里，有迹可循地向着目标前进。对于人类来说，秩序和资源同样重要，是流动在场域之中、引导人们进行各种社会活动的动能与准绳。相对稳定的秩序和资源关系，是相对稳定的场域乃至时空背景的重要基础。

正如"法律"这一概念相对于"国家"这一概念来说，更能够让人们联想到对于行为的规约一样。在这里，对组织的依赖被进一步具象化，组织成为一个形而上的客体、一个后置的框架，而秩序则前置成了框架中能够对主体进行役使的部分，扮演着规制组织内参与方以及组织自身存续形式的角色。当然，即便秩序已经成为组织的代理者，在不存在直接冲突的大多数情况下，规则和秩序仍是相对"隐形"的，它呈现出多种多样的存在形式和不同特征，被内化成人们互动的准则，成为一双新的"看不见的手"。

---

① 弗朗西斯·福山（美）：《大断裂：人类本性与社会秩序的重建》，唐磊译，广西师范大学出版社，2015，第140—141页。

这里的问题在于，尽管接受这"看不见的手"的存在是必要的，然而并非在所有情况下，我们都需要全然承认组织背后的秩序所宣称的合理性。布莱恩·巴利在《社会正义论》提出过一个观点，即社会实际上是一个生产"社会不义"的机器①，而其生产过程中的一个重要手段，便是精致并且环环相扣的（资本主义）制度和规则。书中，巴利列举了一个咖啡豆的案例，来证明这种即便跨域甚广，却仍然可以相互依赖和作用的规则是如何创造可以被视作非正义的社会不公的。国际市场中，肯尼亚种植的咖啡豆非常受欢迎，并且占到了全球咖啡豆进出口市场的很大份额。但肯尼亚本地种植咖啡豆的农民，却只能获得非常少的收益，因为他们出口的仅仅是低溢价的咖啡豆原料。一旦当肯尼亚的工人试图自己进行加工，以增加咖啡的附加值的时候，便会面对美国和欧洲国家非常高的咖啡加工品进口关税，导致当地人的加工咖啡即便能够出口，其利润空间也被大幅度挤压，进而被迫只能重新选择出口初级咖啡产品②。

在这里，规则并没有体现在直接的否定或者禁止之上，但是规则却引导出了一种行为的选择，一种在资本主义市场规则下看似理性的行为选择。如果说在这个案例中，从规则到行为，再到结果的逻辑线还较为清晰的话，那么若将这个规则一步步后置，让规则到对于最终行为之影响的路径变得愈发长、也愈发模糊，直至隐藏了自身全部的奥妙，成为人们的一种惯习的时候，我们是否依旧能够针对这样的规则，提出它"义或不义"的有效讨论？

这种对于否定性的深埋，在互联网领域中无时无刻不在发生，控制不仅仅通过规则被后置，同时也在横向拓展，不断交织，使得每一条控制的暗线都不再那么明晰。在日趋复杂的社会交互环境下，当人

① 布莱恩·巴利（英）:《社会正义论》，曹海军译，江苏人民出版社，2007，第17—18页。
② 布莱恩·巴利（英）:《社会正义论》，曹海军译，江苏人民出版社，2007，第41页。

们在面对移动互联领域中围绕着我们身边的组织的时候，事实上很少受到单一规则的影响，而是发现自己正置身于一个完整并且复杂的规则之网中。其中的任何一条线被抽离出来，可能都是某些看似无伤大雅的约定，加之平台不断强调的对于个体的馈赠，使得这种秩序网在很多时候，不仅不被挑战，反而成了某种正义的代言。这种代言将秩序等同于赋能，并转移了对抗发生的逻辑和过程。

这种转移，使得移动互联平台中的个体在面对很多否定性规则的时候，往往感受不到冲突，因为平台的规则更多地通过凸显出"人与人"之间的差异性来隐匿"平台与人"的影响关系。换句话说，当平台告诉一个人"你不能"而另一个人"能"的时候，人们的关注点就会集中在能与不能的区别上，而不是平台控制能与不能这一事实本身上了。这一点，与前文提到的平台利用场景和内容的无限复制扩展个人能力，削弱对抗性，并不矛盾。因为无论是平台对于人们之间空间的拉大，还是平台引导人们关注人际之间的差异，实际上宗旨都是一样的：尽量在平台中消除任何对抗的土壤，并保证即便对抗出现，也被限定在与平台自身无涉的领域之中。

平台进行这种冲突转移的时候，必须要面对自身对"应得权利"的天然控制。

"应得权利"的概念，通常被用来描述一种主体与客体之间存在的关系。这种关系表明了个人合法进入消费市场并且合法占有和控制消费客体的权力。个体身处的场域权力结构决定了"应得"的水平，并且通过秩序进行内化，将其某种程度上转变为了进入特定市场或者社会关系网的入场券。换句话说，通常人们总是认为"供给"的无限增长是解决对抗的根本手段，但其实人们面对的，还有一种系统性的权力，它站在供给的外面，决定的是个体面对"供给"之时，能够获取资源的资格而非能力[①]。

　　而当下的问题便在于，这种应得权利的获取，与对移动互联平台所定制规则的顺从牢牢捆绑在了一起。理论上来说，移动互联领域中每个人的应得权利都是与移动互联庞杂的"供给"高度统一的，移动互联本身并没有给身处其中的玩家过多的限制，人们对于网络资源的获取直接与自身的实际资源挂钩；应得权利从表现上来看，被移动互联的特征无限地放大。然而，对于平台来说，却不能如此，因为平台在构建自身权力场域的过程中，必然存在对于各类参与方的规制，这种规制也必然导致其应得权利的重新分配。所以，尽管平台并不直接禁止，但却往往会在"应得"上面设置了某种规则的阶梯。正如阿里88会员推出后，人们讨论的根本不是"买不买"的问题，而是有没有资格买的问题。信用支付、评价功能、实名认证、用户等级、会员专享等一系列的规则使得限制产生，也使得平台的互动设计通过其与应得权利的对应，而成了实际意义上的禁止以及引导。

　　所以，如果说从前的应得权利暗喻了其拥有者的社会及市场地位，那么当下的应得权利则映照着个体对于平台型机构的"顺从阶梯"。

　　而在对应得权利进行一系列规定的过程中，平台必须隐匿禁止、控制和冲突。这种隐匿可以通过冲突转移的方式进行，引导人们的关注点，将之放在个体与个体之间的差异之上；也可以通过给每一个个体在其应得权利范围内最大的供给来减少他们的边界感和冲突感。

　　但是，这些都不能抹消平台本身利用其对于内部规则的控制，实现对于应得权利的影响的事实。而可能终有一天，当个体与平台的冲突真正来临的时候，个体就会恍然发现，自己所要面对的，其实从来不是眼中所见到的其他任何一个与自己存在差异的个体，反而是那一整套外置的规则与秩序；自己权利范围内的一切赋能，背后也不过是

---

① 拉尔夫·达仁道夫（英）：《现代社会冲突——自由政治随感》，林荣远译，中国社会科学出版社，2000，第31页。

平台可有可无的边际成本罢了。

到了这样的时候，人们才会惊醒，可供自己回旋的空间原来早就已经在一次次对于应得权利的了解与追寻，对规则的让步和内化中被压缩殆尽。每一次面对规则以及作为其某种意义上的结果的秩序的时候，我们都承认了它的合理性，以及其背后试图维护的价值关系。就像 QQ 号从法律角度上实际是腾讯"租赁"给用户的，腾讯有权随时回收；而微博也可以在它"自认为合理"的情况下解除用户将自己微博账号和任何其他平台账号的绑定关系；微信同样有资格判定用户在微信上的任何分享，是否属于"诱导用户分享"这一需要被禁止的范畴。这些规则在单一出现的时候，或者说夹杂在一堆其他的规则中让用户承认的时候，我们大多不会因为它们的存在而拒绝使用平台的服务，甚至在很大程度上认为它们是合情合理的，是应对着我们应得权利的一部分；而当分歧和对抗真的来临的时候，我们才会发现，过往的让步使得我们并没有给自己留下任何反过来挑战秩序的余地和能力。已经被承认的秩序成了在实际市场交互中最底层的准则，应得权利的每一环，都以一种以前罕有的方式，套在我们自己身上。

回到前文的讨论，冲突的隐匿和应得权利的利用，都是为了构建更完善的平台秩序而服务的。在它们的帮助下，平台秩序的意义被不断强化，平台秩序的范围被不断扩大。这种秩序并不仅仅是平台白纸黑字写明的用户须知，同时也是那些平时感觉不到，但是人们却都在遵守的行为方式，以及一旦出现问题时对于问题的解决路径。从某种意义上看，"秩序"这两个字本身，就已经成了一种独立存在的价值符号，秩序的贯彻和追求，则成了"秩序"这一符号与其他权力的直接碰撞。

当秩序符号投放在场景中的个体身上时，我们实际上很难逃脱，不仅如此，有时甚至人们也有意识地向着秩序符号靠拢，在接受秩序管理的同时，还试图寻求秩序的庇护。正如在莎士比亚的《一报还一报》中，安杰洛对伊莎贝拉说的，"判你哥哥有罪的不是我，而是法律"。克尔凯郭尔也曾表示，在当今时代，人们总喜欢说自己是按规则办事，他们倾向于认为自己的行为所遵循的准则来自纯粹外在的或者客观的权威，而与行动者本人的偏好并没有关系，我们可以按规则做事进而逃避个人责任[①]。很多时候，所谓依托规则而产生的"合法性"并不天然地暗示着一个"正确"的源头，规则和行为之间的指涉是明确的，然而规则与场景、与个体的思考是否吻合却有待商榷。脱离了对于规则本身应该抱有的质疑，规则便成了一部分个体手中的剑与盾，被挥动、被格挡、被用来与自己的同类争斗。

如果莎士比亚和克尔凯郭尔离我们还相对遥远，那么对于平台客服经常通知用户的"对不起，我们有规定的"一类言辞，想必就会熟悉很多了。而此时的用户纵然想进一步反抗，但总归难以寻求任何有效的出口，一句"有规定"便封堵了无数尝试突破秩序的可能。一切似乎与移动互联宣扬的"放肆"并不完全一样，曾经承诺的自由以及权力，反向卷曲成为一张规则之网，甚至是一张正义之网，而每一个人，包括那些客服人员，都以不同方式成为抽象秩序符号网络中的鱼。

当规则超越原则

《人的权利与人的多样性——人权哲学》一书中，米尔恩对规则和原则进行了区分。他认为"法律和道德正是通过他们所包含的规则而成为行为的指南"，但是在规则之外，我们还应该承认普遍原则的存在[②]。尽管原则并不具体规定人们应该做什么或者不做什么，但在各种社会实践场合中，原则为规则乃至理性行为本身提供了一个相对底层

---

① 帕特里克·加迪纳（英）:《克尔凯郭尔》，刘玉红译，译林出版社，2013，第37页。
② 米尔恩（英）:《人的权利与人的多样性——人权哲学》，夏勇等译，中国大百科全书出版社，1995，第25页。

的依据，原则画下了一条线，标志着行为必须满足的起码要素。① 而对于原则和规则的相对关系，米尔恩认为，原则所能起到的一种重要作用，恰恰就是证明违反规则的行为的正当性。这也是原则的意义所在，当我们现在说到公平正义原则、自愿原则、公序良俗原则的时候，将其套用在具体的行为或者场景当中，我们也能够很大程度上在行为中体现其特征。

然而，可以想象一种情形，即当组织以及组织所营造的秩序系统成为最被人们所"依赖"的理性源头的时候，实际上我们可能反而会缺乏一个原则的层面，对规则及其结果进行规制和避险（如果仅就组织内部的权力场域来说）。移动互联中的平台，就是最为典型的例子。组织的秩序本身就在某种程度上承担了原本属于"原则"的社会角色，这个原则可被视为某种对于"机械理性"的推崇。组织以自身以及背后的理性与所谓的中立性作为最高价值，并构建下属的一切规则。即，此时的"原则"便是对于"规则"的承认和尊重，而平台内部的规则，已经成了衡量平台正义性的唯一指标。而跟随这种规则体系的我们，也就变得像《复活》中托尔斯泰借聂赫留朵夫的口蔑视着的那些官僚一样了，执行着僵死的程序而逐渐丧失人情味（更不用说爱和怜悯），把不应该当作法律的东西当作法律，却忘记了上天赐予我们的某些心灵上永恒的、不应背弃的戒律。

规则对于原则的僭越，集中体现在人们对规则本身的认同上。

人们在使用平台之时通常已经默认了平台的构建程序和组织规则，因为这种规则往往是和平台提供的赋能相互连接的，在多数情况下，规则并非规定不可为之事；而是恰恰相反，平台的规则致力于去明确

---

① 哈贝马斯也曾讲过："我区分开了规范和原则。所谓原则，就是我用来建立规范的元规范。"引自尤尔根·哈贝马斯（德）：《合法化危机》，刘北成、曹卫东译，上海人民出版社，2009，第93页。

可为之事的具体方法（即不可为之事本身在平台上便"不可为"，这便是上一章中所提到的对于行动的垄断）。移动互联社会中，如前所述，平台作为一个交互代理，以及可以同个体沟通的独立参与方，却以非人性作为存在的首要依据，以组织为模型，以秩序为化身来驱动场域内的实践，其中的一个结果就是当个体在和平台进行对话的时候，它愈发不是在和一个"行动者"在对话了，而是和"规则"本身在对话。平台把一切互动都改造为某种规则，而后将这些规则如同剧本一般编排起来，以求面对每一个给定的参与方行为，都能够如出牌一般按部就班地给出回应，这种组织模式是互联网大规模社会参与以及社会动员的必然结果。

当个体与平台在不断互动中，愈发强化了这种秩序理性的时候，高于规则的原则便也愈发缺乏出口了。相对于规则来说，原则并不偏重于在具体的场景下，对个体行动的方式进行把控，而是对行动背后的伦理逻辑给出某种价值判断，尝试在冰冷的规则中寻找一种普适的正义性。然而，这种判断，却难以避免地正在被规则消磨，因为平台围绕着规则设计了整个人机以及人际交互系统，其潜藏的目标之一就是将自己打造成为一个价值中立的主体，以减少在面对冲突的时候，参与方能够直观感知到的规则上的不平衡。

不仅如此，对于平台来说，其运营范围和承载的社会行为已经远远超过正常社会交往中的所谓需要被法律规制的范畴了，因为平台对于个体之间交互和信任的代理，使得几乎任何基于平台的有效互动，都需要建立在对于规则的承认和遵循之上。而这些互动是如此丰富，以至于最具经验的设计者都难以提供一个完美的系统（如谷歌的搜索系统已经复杂到连系统的工程师都无法观其全貌，而只能在功能上渐渐优化的程度了）。故而面对复杂并且多变的规则要求，其正义与否，必须通过结果来进行佐证（因为程序性的预判过于庞杂和不可知），即规则带来的秩序，以及规则构建的完整程序，一定要充分体现出对于结果正义的尊重，才能够在较大的程度上规避可见的系统不义之风险。

这也就使得如诺齐克一般，宣称程序正义可以保证结果正义的论断[①]在移动互联平台上尤为危险。因为很多时候，规则必须被反复调整才能够使之适应当下的组织正义需求，绝对正义的程序，在这里是不可能存在的。"规则即行为"，这是平台阻却原则的关键所在。

　　平台当然明白这种场域内生的规则的有限性，但是它们通常的做法却不是想办法突破这种有限性，反而更加倾向于将规则进一步抬高，以给自己的行动留下越来越大的空间。一方面，平台的规则和程序大多并不具备一个反复博弈的过程，进而也就相对缺少了程序失灵时对于风险的规避。这种单方面的投射一旦出现问题，结果的"不义"便难以找到程序性的补救。在这里，重复博弈当然不仅仅是指诸如淘宝上买到假货，进而投诉这样的事情（相反，遇到这种情况的时候，不少平台可能会处理得远比我们期待得更好，尽管类似外卖平台在消费保障和赔偿条款上预设障碍来限制用户维权的事情同样屡见不鲜），而是针对平台常态的互动规则提出质疑。如果不借助平台主动的退让，那么即便这种挑战出现，它对于平台行动的指导也仍是有限的。

　　另一方面，原本社会体系中的原则当然还是会被承认的，然而平台的运作却可以使得这些开放、普适的原则在一定程度上被场域内封闭、专断的规则代替。进而令用户很难在平台的场域中超脱规则，寻求原则的保护或者实现对于规则的反攻。正如当下面对任何一个平台用户须知下被高亮的"同意"二字的时候，试图宣称自己掌握着"自愿原则"的个体是多么的渺小。为什么大多数用户并不会去阅读用户须知？这既是因为那些文本被设计得日益复杂，使得用户付出的时间成本大幅增加；同时，亦是因为用户自身也明白，阅读文本并不会对自己与平台所提供的服务之间的关系形成影响，这是一个不同意即

---

① 罗伯特·诺齐克（美）:《无政府、国家和乌托邦》，姚大志译，中国社会科学出版社，2008，第 121 页。

全部放弃的决策场景，因为平台并不会给出任何循环博弈的通道。于是自愿原则在移动互联的平台中，并不被用来实施对于其自身规则的阻抗，反而被平台利用，以自愿为旗号，本末倒置，把原则划在规则之内。

出了问题么？你可是在用户须知下点选了同意的。

当信息成为知识

对于波兹曼来说，新的技术往往能够摧毁传统的知识垄断，造成一种新的知识垄断，即由另一群人来把持的知识垄断[①]。随着移动互联新技术的不断推陈出新，我们也确实可以发现，知识的逻辑，出现了许多微妙的变化。

在组织的整体框架下，除了规则作为组织原生的一种信任系统，执行着对个体的直接役使，并不断发起着对于原则的挑战，当下的移动互联平台实际上还通过引导其中流淌着的次生性内容，来获得个体对于其所在环境的依赖。即互联网已经成了一种知识和真理的源头，并通过对于知识和真理的把控拥有了新的权力。

成为源头的论断并不完全精确，因为互联网的范围是如此之广，成了我们获得信息和进行互动的核心场所之一；所以这种说法，就像说古代人的知识源头是整个外部现实世界一样，其实是没有切实意义的。更加准确的表述是，我们相信的并不仅仅是信息，而是"未加确证的信息"，我们相信的并不仅仅是互联网，也是互联网中的大玩家们。在大型互联网平台中的许多信息，放在现实生活中可能并不能激发相应的信任，然而正是由于它们选择了平台作为承载自身的主体，依照平台的规则和秩序构建了自己存在的形式，才逐渐让自己成为一种即便会被质疑，但却仍然难以逃离的思维抉择。而承载它们的平台，

---

① 尼尔·波兹曼（美）：《技术垄断》，何道宽译，中信出版社，2019，第 7 页。

也受益于那些借助平台投放在所有个体面前的"知识"，它们反过来强化了平台本身作为值得人们托付信任的地方的合理性。进而，平台成了利奥塔尔所说的，"知识的机构"①。这些机构拥有了某种针对事实的垄断，但这样的垄断所创造的价值却是可疑的。与传统机构多多少少还留有的对于知识本身的敬畏不同，平台总是在娱乐和逐利中展开从信息到知识的转化。它们令信息越来越多，令思考越来越少，进而信息便慢慢取代了知识的位置，信息的机构与知识的机构二者，也就渐渐重合了。

正如尼科尔斯在《专家之死》中写道：

"当你搜索某个信息，出来的结果是由这个搜索引擎的算法决定的，搜索引擎的背后是以盈利为目的的公司，使用的标准往往都是对用户不透明的。一个年轻人对"二战"时期的坦克充满好奇心，于是到互联网去搜索，结果出来的很有可能是电视名人比尔·奥莱利愚蠢的——但最畅销的——《刺杀巴顿》，而非20世纪最优秀的军事历史学家的著作，虽然难啃，但更为精确。很遗憾，互联网世界和现实生活一样，金钱和名气很重要②。"

不仅如此，移动互联场域的知识，往往还与规则相互牵连。当下众多问答网站或者博客下面的赞同数，就是在以规则来为知识增加筹码，让更高的赞同映照着更加"正确"的信息，并渐渐完成如鲍德里亚在《符号政治经济学批判》中所描述的那种平凡的知识向神圣的知

---

① "从古典主义时代到我们今天，知识的时尚一直拥有自己的机构：宫廷、沙龙、报纸、杂志、电子媒介。"引自让·弗朗索瓦·利奥塔(法)：《后现代性与公正游戏：利奥塔访谈、书信录》，谈瀛洲译，上海人民出版社，2018，第95页。
② 尼科尔斯(美)：《专家之死：反智主义的盛行及其影响》，舒琦译，中信出版集团，2019，第120页。

识的升华过程①。当一个充满主观意味的评论文章下面有着数百万的阅读量和数十万的点赞量的时候，它的主观性就在向着客观渐渐偏移了。勒庞的主张仍在耳畔，数量即正义②。

与大型互联网企业作为新的信任来源相对应的，是社会中，传统信任来源的衰弱，这如同一场革命，在原本的信仰之上席卷而过。传统社会结构下，来自家庭、朋友、师长的信息合法性受到挑战并开始衰亡。

这种衰亡并非当下才逐步凸显，福山曾写道：

"19、20 世纪之交形成的诸多古典社会理论相信，随着社会的现代化，家庭的重要性会减弱，取而代之的是形式上更加非个人化的社会连接。这是滕尼斯所说的社区与社会二者间最基本的区别。现代社会中，当人们需要借贷或聘请一名会计师时，不是依靠他们的叔侄，而是去找银行，或从广告、黄页中找寻"③。

在移动互联时代，这种衰亡愈发地显而易见起来，相信多数人都有面对朋友所说的一个消息或者知识的时候，去搜索引擎搜索一下进而证伪或者确认的经历。传统信息权力结构的劣势，从它们与移动互联世界中存在的"中立"且"庞大"的知识相左而受到质疑的那一瞬间便开始凸显了。

在新权威建立的过程中，那些先被其影响的人们自然而然调转枪头，成了排头兵，借助着新权威赋予的能力去对抗传统的权威。就像

① 让·鲍德里亚（法）：《符号政治经济学批判》，夏莹译，南京大学出版社，2018，第154 页。
② 勒庞（法）：《乌合之众》，冯克利译，中央编译出版社，2011，第 23 页。
③ 弗朗西斯·福山（美）：《大断裂：人类本性与社会秩序的重建》，唐磊译，广西师范大学出版社，2015，第 41 页。

那些反反复复围着父母转，告诉他们别的小朋友都在用某个公司生产的某种款式的球鞋的孩子一样。球鞋企业为孩子们建立了一整套的说服机制，除了款式之外，穿上之后能够跳得更高、保护脚踝等说辞，成为子女用来游说父母的有效武器，而在父母最终妥协时的"你懂，你自己定吧"声中，这种权力转移就已经在很大程度上完成了。

　　传统的信任系统固然不可能全然正确，但是它们的价值在于那些糅合着经验以及科学的信息在绝大多数环境下都能够为个体的行为提供足够的理性支撑。这种支撑伴随着人类走过了漫长的岁月，但是当前却开始动摇，因为它最大的生存条件，如同所有的外在权威一样，便是不能受到切实的审查和频繁的质疑。当移动互联平台上的信息被确认为虚假的时候，人们怀疑的是信息本身，因为承载信息的"他者"实际上并不在知识交换中实时出场[①]；然而，当传统权威来源所蕴含的信息被确认为虚假的时候，人们却由于发出信息的人的真实在场而将这种质疑转嫁了作为信息源头的那个个体[②]。平台的组织特性在这种不对等的竞争中，成了切割人性与非人性的手段，形成了维护自身权威的护城河。尼采说，"对非常聪明的人士，人们是在他们被难倒时开始不信任他们的。[③]"然而当下的平台却根本不给人们难倒它们的机会，因为即便出现了这种情形，那在平台中的人们，往往也只会认为是自

---

① 波兹曼也曾经感叹过：常常使用"它"或"它们"，就像是"据新闻说……"或者"据它们说……"。有了电报之后，没有具体的个人需要对新闻承担责任。如同报纸一样，电报面向的是全世界，而不是某个个体。引自尼尔·波兹曼（美）：《童年的消逝》，吴燕莛译，中信出版集团，2015，第98页。

② 实际上不仅因为这样的质疑，传统权威才处于劣势，而是在人际互动中，人们本就很难对各种专家产生好感。因为正如尼科尔斯所描述的，专业化往往是排他的，当这种排他产生的时候，人们面对的不是如平台一样的中立机构，而是另一个鲜活的个体，是一个直观的"权力主体"，那么人们就多少会对这样的主体产生某种抗拒或者不喜。参考尼科尔斯（美）：《专家之死：反智主义的盛行及其影响》，舒琦译，中信出版社，2019，第33—34页。

③ 尼采（德）：《善恶的彼岸》，赵千帆译，商务印书馆，2015，第104页。

己没有找到正确的答案，而不是平台的知识结构本身可能存在问题。

　　平台的"中立性"在这里又一次地显现。这种中立，或者说主体的缺失并不仅体现于信息发布者的不在场，其实同时也体现于信息受众的"不在场"。当然，这里所谓信息接受者的缺席并不是实际意义上的，即受众当然会在每一次信息流传之中存在，而是说移动互联平台的信息传递，相对于传统社会场域中的交互，通常更容易营造出一种"面向所有人"的态势。换句话说，此处的不在场，指的并不是受众，而是一个特定的"我"。社会心理学的研究早已证明，人们往往认为那些并不针对他们个人而发布的信息具有更强的说服力。常见的场景如一个人的朋友向他推荐某只股票，这个人并不一定会购买；然而若是他在吃饭的时候无意中听见邻桌上，某个人正在向同桌的人推荐某只股票，则他反而有可能会更加相信这只股票的后续发展。当人们自身不在一个信息交互网络中的时候，以一种"旁观者"的视角去看待那个交互过程，便容易丧失自己身处其中时应有的某种警惕性，并将之视为一个中立的对象，而这种"中立性"，往往令人难以将之与"确定性"进行区分。这便是当下的问题所在，移动互联场域所推出的大多数信息，实际上在我们看来，都是更加公共性的，这种特定阅读者的缺席，让那更多的"非特定者"，对其接收到的内容，放弃了提出问题的本能。

　　于是，网络信息交互过程中主体的部分缺失，不仅让网络知识权威在与传统权威相对抗的情形下具备优势，还能够不断加强其自身面对每一个受众之时的说服力。而这种能力，不单体现在客观信息上，在对于人们主观判断和或者说偏好的影响上，它同样显著。

　　在不同判断和偏好之间出现冲突的时候，除了被胁迫的顺从，还有一个常见的冲突处理方式，即将那些不容易被接受的偏好转化为认知上可以被接受的信息，如某种意义上的客观知识。一旦一种偏好成了知识，它便在人们想象的层面上成了凌驾于任何偏好之上的符号，

"中立性"再次出现，遮蔽了偏好的原本社会特征。最直观的例子，就是那些需要被学习的"品位"。例如众多的自媒体从业者从自身的偏好出发，勾勒出都市女性应该具备的穿着习惯，进而通过公众号、电子杂志等方式将这种偏好塑造成一种基于知识乃至常识的正确选择。而在这一过程中，如公众号、谷歌、维基百科一样的大型平台，则成了"知识的知识"，一个本就以中立角度呈现，承载那些伪装成客观信息的内容。

这是一种貌似纯粹理性的幻觉，人们通过自身行为创造出了一种"自然发展规律"，这种规律就是"以网络信息提供方作为获得可靠信息来源的触点"。而当行为变成了规律，当规律变成了习惯，也就自然而然地不会再被质疑。在这全过程中，作为信息和互动的集散地的平台，也就享有了最大的、意识形态所带来的红利以及随之而来的权力地位。

这可以被视为对于知识的认证和控制，并且这种控制将会在移动互联平台的竞相逐鹿中被渐渐地集中，面对着能够左右网络空间的"正确性"的诱惑，无人可以真正置身事外。当"知乎上有人说"成了某种真理的来源的时候，网络知识和组织之间的戏码就回到了人类历史上所有时期都会存在的，对于知识那遁藏式的控制模式当中了。人们大可以说这种对于知识的控制是历来就有的，只不过从过去的祭司、教皇、资本家手中，移交给了平台。那么再回想一下，过去千百年来的人们，花费了多长的时间、付出了多大的代价，去挑战祭司、教皇、资本家们手中捏着的"正确"，难道到了移动互联平台以及其他组织的时候，便因为它们表面上的中立和"去人性化"就能够对其听之任之了吗？

在剥除了主要生产关系之后，平台以表面上没有直接利益冲突的一面与个体建立联系，借助"知识"本身的理性塑造属于平台的理性，从这个角度上看，平台看上去比资本主义生产关系明显更加友善，但是这种隐蔽的知识权力并不应该被坦然接受。正如贝尔所认为的，信仰的土壤是长时间的经验积累[①]；当平台成为我们经验世界核心代理的时候，经验积攒下来成为知识，知识簇拥在一起堆积出信仰的过程就不难理解了。

很多时候，我们相信，是因为相信的成本太低。

说服一个人去买一辆兰博基尼而非特斯拉，远远要比让一个人相信苹果可以预防疾病来得困难。因为后者的相信，对于我们来说几乎不需要成本。网络中的命题太多，我们根本来不及辨认，在这种情况下，我们为何不选择相信那些即便相信了，也无损自己利益的内容？历史上一定有屈打成招者，在认罪的时候编了一个漏洞百出、荒唐无比的犯罪经过，然后惊讶地发现所有人，尤其是那些和自己没有什么关系的看热闹的群众，都相信了。

为什么不呢？家里的孩子还等着我给他带回去一串糖葫芦呢，那才是要紧的大事。

然而，这种微小的相信背后，却总有着更大的隐忧。

第二章曾试图指出，个体身处于社会之中，难免对外界产生依赖。而在移动互联场景下，尤其是在平台内部，去除个体对平台提供的功能、黏性体系等显性的依赖之外，个体对于组织框架、秩序规则、知识正确的隐性依赖同样需要被注意和考量。正如前文所说，这种对于组织、秩序、知识的信任和对其权威的认可在任何时代都会发生，而在移动互联时代中，这种认可便可能被转移到了那些能够化合组织、塑造秩序、承载知识的平台当中。进而让平台更容易地，在人们面对扑朔迷离的信息和令人眼花缭乱的内容时，成为一个隐形的权威缔造者；让人在不知不觉中将其作为认识和实践的重要准则和标尺，代替我们消化内容、给出判断。"权威所要求的信任度总大于权威所能产生

① 丹尼尔·贝尔（美）:《资本主义文化矛盾》，赵一凡、蒲隆、任晓晋译，生活·读书·新知三联书店，1989，第 302 页。

的信任度 ^①"，对于这种信任差的忽视，将是权威化作某种潜在风险的最大机会。过去我们对于这种权力主体从未放松过警惕，当下，这种警惕却在平台以赋能为底色、以中立为口号、以理性为骨架的控制系统中，节节败退。

这其中，尚且不包括平台出于恶意去左右用户的信息以及思想，也不包括可能存在的"天真者"对于平台以及互联网上的一切都尽然接受。这里描述的，是那些哪怕最理性的人、面对着最温和的平台，仍然可能产生的，不由自主地，对于自身权力的让渡。

对于这种现象，可以姑且称之为"平台盲信"。

① 汪行福："意识形态和意识形态批判"，《学术月刊》，1996（10），第 12 页。

第三节 / 文化工业的自我重复

　　平台盲信的背后，是一种关乎权力的，有意无意的控制，以及一种有意识和无意识的被控制。

　　正如上一章中提到的，"权力是阻止人们实现自身需求的能力"这一类命题，其实并不能代表最广泛的权力面向。因为催生和引导需求的能力在很多场景下，可能要比役使或者阻止行为的能力更能够表现权力的社会作用。如果我们将权力的概念延展到一个最为全景化的状态之中，那么一端将是绝对的暴力，而另一端则是绝对的对于心神的掌控，众生被安置在中间，举手投足整齐划一。

　　暴力并非我们在此处讨论的重点，尽管如上一章所描述的，平台在面对与参与方之间的冲突的时候，"暴力"往往是它们解决问题最为直接的方式，但在这一部分的论述之中，更加侧重的，将会是那些即便没有暴力，也能够使控制成为可能的状态，如在权力的第二与第三面向中所表现出的那样，但还会延伸到更广的范畴中。

　　讨论之前，我们需要说明一下暴力与权力之间，两种温和而常见的关系。

　　在第一种关系中，暴力仍然存在，并且显眼，但是它止步于实践之前。从霍布斯①乃至马基雅维利②开始，人们就已经注意到一个现象，即拥有权力并不意味着你必然要使用它的全部；在很多情况下，将暴力作为一种威慑，就已经让权力所有者达成自己的目标了。在暴力的影子中，人们倾向于将暴力所期待输出的权力关系常态化，故而建立了规则。此时，人们对于规则的反映，仍有着类似法律领域中"主观故意"和"客观行为"的二元划分，即遵从规则的客观行为并不一定

①　霍布斯（英）:《利维坦》，黎思复、黎廷弼译，商务印书馆，1985，第249页。
②　马基雅维利（意大利）:《君主论》，徐继业译，西苑出版社，2004，第116页。

代表了一种主观的承认，而主观的反抗背后，可能依旧是暴力的威慑，其有效性的关键，在于保证反抗规则的损失要大于顺从规则的损失。

就像缴纳物业费一样。人们可以因为物业公司质量欠佳的服务拒绝缴纳物业费，但是却没有办法无视后续而来的司法机构强制执行文件，因为这些文件的背后，是包含了法院、公安乃至监狱系统的一整套暴力机构。换句话说，在社会生活的每一个层级中，规则和暴力都是互相指涉的，一个层级的规则指涉着更高一个层级的暴力，这才是一个立体的社会控制系统，在个体考量行动的时候，想到的并不只是当下的对抗，而是突破规则之后的对抗；进而在更高一个层级的威慑下，调整自身在本层级的社会行为。在权力贯穿始终的背后，权力的一个极端形态——暴力，即便存在，也可能仅起到一个监察者和威慑者的作用。而当可预见到的暴力层级都无法去抵消人们遵从规则带来的损失的时候，积极的反抗就会发生。正如农民起义的时候所表现出的那样，人们揭竿而起，因为遵从规则的损失是他们的生命本身。

而另外一种关系，则越过暴力以及暴力的威慑，直驱而入，触摸到权力的另一个端点。我们在第二章的最后已经和它打过照面，在这一个端点的玩家，早早就已经发现，暴力往往只是一种手段，真正核心的冲突却通常超越暴力行为而达到了更加深远的层面。那么如果需要摒弃（当下越来越难以实现的）暴力，便不如索性直接在那些"深远"的意识层面上实施影响力的投放，也许反而能够使得控制来得更加容易。毕竟被暴力强加的意识控制在很多情形下遭受的痛恨甚至要强于暴力本身（如果将暴力视为手段而非目标的话，更是如此），而在这种痛恨下，一切的获益都只能成为镜花水月。于是，另一种玩法被千百年来将权力玩弄于掌中的人们不断完善。那是葛兰西所说的文化霸权，是从历史走来的隐性控制，以自由为名。

文化霸权

相对于"慑之以力",文化霸权更倾向于"诱之以利"。

当然,诱之以利并非表面意思上的给出可见的好处,而是包含了之前所形容的种种个体对权力主体之影响的主动承认。文化霸权自葛兰西提出之后,主要被应用在对于国家权力或者大型群体内部权力的描述当中。他的理论基点来源于一个问题,即如果说一个统治机构并不使用公然的武力压制来规制其所管辖的个体,那么统治是否依然存在[①]?

答案是肯定的,即便武力并不被行使,民众仍然会接受乃至主动支持可能在某种程度上损害其自身利益,或者对其施加外部强制性影响的统治机构。形成这种现象的路径之一,便是被称为文化霸权的优雅控制手段。而文化霸权,或者更为广义的霸权概念,也正是从这里出发,走出了和传统语境中粗暴的"统治"之概念不同的道路。

正如鲍德里亚所说:

"统治可以经由其对立面、力量关系和内在矛盾得到定义。它经由否定性得到定义。主人的存在依赖于奴隶,正如奴隶的存在依赖于主人。霸权则不再需要对立项,它不再需要依赖相反面而存在。这就是为何霸权不像统治那样拥有定义(这也是为何"解放"这个概念对霸权来说没有意义,它只有在统治体制的范畴内才有意义)[②]。"

霸权的核心逻辑正在于此,即强调利用权力制造某种认同而非对立,并且催生出个体对于权力所投放的社会结构的自发性追求。这在很多情况下更加有利于对于群体的控制,甚至也更加地高效。对于权

① 艾夫斯(加):《葛兰西:语言与霸权》,李永虎、王宗军译,社会科学文献出版社,2018,第5页。

② 让·鲍德里亚(法):《为何一切尚未消失?》,张晓明、薛法蓝译,南京大学出版社,2017,第24页。

力的承认，尽管往往被视为权力施加的对立面，但实际上这二者在权力催生社会形态的维度上是高度统一的。权力可以被视为某种动能，而承认则是这种动能的结果。当暴力被隐藏的时候，来自文化霸权的权力投放，往往能够利用现有的规则或者知识，静待在自己审视下的认同如何在一个群体中慢慢发酵，最终弥散在每一个角落，包括个体的心中；超越暴力，相对温和地去代表一个阶级团结和凝聚广大群众的能力。就如在印度，轮回的概念很好地支持着种姓制度，统治者用希望代替暴力将所有人整合进同一个社会分层框架当中。

从某些角度来看，文化霸权的表现形式往往就是一种"无表现"，因为霸权之所以能够被区别于普通的暴力控制，其根本就在于霸权的意蕴来自一种全方位的符号渗透。它告诉着我们，生活中那些哪怕最为私人化的一面也有可能是某种权力运作的对象，那些人们接受的思想、身处的组织、追求的品位、宣扬的理念，甚至对于人、生活以及周围一切事物的理解，都能够被霸权的符号系统所捕捉、转型、投放。在这样的过程中，人们难以再为这些范畴"设想任何与之对立或对抗的极点"[1]，故而霸权得以在暗处不被察觉，泰然自若。

这并不是什么新鲜的社会现象，而是一直存在于人类社会中的元素。所谓"君要臣死，臣不得不死"，除了君王手中握着的暴力机器之外，难免同样有着为臣者，当成君之命，死而后已的慨然。然而这种慨然，在后世者看来，无论多么地像是一种值得被赞扬的人性光辉，都不可避免地同时也让人产生唏嘘叹惋之感。同样地，那些中世纪的骑士们，吟诵着宗教的词句冲锋的时候，没人会说是暴力逼迫他们狂热地赴死，侵略和屠杀在某种程度上也都成了荣誉。而在最近的历史剧本中，消费主义的幻象也不曾借助枪炮的力量，让消费者成为被胁从的无助之人，反而是通过文化工业，使得消费成了一种政治正确

---

[1] 让·鲍德里亚（法）：《为何一切尚未消失？》，张晓明、薛法蓝译，南京大学出版社，2017，第25页。

（正如 20 世纪 70 年代美国政府宣扬的：消费就是爱国）。人们难道不知道盲目地炫耀型消费并不会真正对自己产生多大的实际价值吗？但文化霸权让这种看似愚蠢的行为带有了一丝自欺欺人的合理性。这其中，以那种"我知道开豪车确实是炫耀性消费，但是很多时候你就是需要炫耀一下才能够寻找到人生的机会"式的，貌似看得通透的言辞为最。

　　文化霸权的出现，形成了一个双线并行的社会控制范式，即霸权加暴力的结构。这里是说，并不是在一个文化霸权高度发达的社会中，暴力就完全不存在了，相反，暴力往往是文化霸权最初得以发轫的基础所在，只不过随着时间的推移，暴力的位置逐渐由前端走向后端，并最终让自身成为隐形；霸权同样如此，在作用的过程中，由于符号和规则的内化而逐渐变得透明，当所有个体认为自己才是主导着这一切的主体的时候，霸权的手段就也可以和暴力一起，进入休眠的阶段，而让那种余热自行燃烧。

　　正是基于二者之间的关系，约瑟夫·费米纳对文化霸权进行了一个程度上的分类。即完美的霸权，指的是绝大部分被统治者对于统治机构存有几乎无条件的承认的情景，其成立条件在于集团不仅能够保障内部的稳定性，还能够满足超越被统治者自身提出的利益需求；堕落的霸权，指的是统治双方的对立和矛盾已经开始凸显，对权威的绝对承认和归属感正在被削弱，从而导致整体霸权结构中出现了细微的裂痕，暴力作为最终手段的身份再一次被人们想起；最小的霸权，指的是在社会当中，没有任何一个群体愿意相互妥协并且承认其他群体存在的独立性和专属利益，获取权力的群体将会采用各种形式加强自身对于他者的控制能力，哪怕这种能力需要用暴力不断维持[①]。

---

① 艾夫斯（加）：《葛兰西：语言与霸权》，李永虎、王宗军译，社会科学文献出版社，2018，第 59 页。

事实上，在绝大多数的社会场域当中，最小的霸权才是一种常态。这并非必定代表了一种不正常或者坏的状态，社会的多样性本就需要在不断对抗和承认中被延续，无论是构建一个"完美世界"的过程还是结果，都不一定会如很多人所想，真的指向纯粹的和谐，暴力作为稳定社会的另一股力量，在必要的时候自有其存在的价值和意义。

但无论如何，在文化霸权的影响下，一个完整的世界观逐渐形成。这个世界观使得暴力可以不被显化，而日常的行动规则被各种宏观或微小的符号所占据，究竟哪些符号能够在规则的框架中拥有着最大的权力，则是在整个文化霸权施加于个体的全过程中渐渐被确定下来的。在这里，秩序和符号开始汇聚，共同决定着权力的归属。

这种决定性便赋予了对于文化霸权进行不断讨论的必要性。正如弗里德曼在研究全球化的时候所声称的，"如果不考虑霸权、抵制性的认同、支配性的和从属性的话语这些现象，就不能理解全球体系中的文化过程。①"同样的，在移动互联社会中，如果我们试图深入到时代的底层结构，寻找其权力构建的某些根本逻辑，同样需要考察文化霸权在当下的表现形式。

在当前的移动互联市场运作逻辑中，文化霸权的各种手段被轻松升级。正如前文所说，移动互联的大型玩家，尽管拥有自己构建出来的权力场域，但通过纯粹的暴力对其空间实施控制，实际上并不符合平台期待与用户共存并且获利的根本目的。这样的特征也就迫使玩家们，尤其是移动互联的平台们，从一开始就秉承着完美霸权的思路，利用场域内规则和符号的设计，采用全方位的隐性控制以及引导，将自身不断发展壮大。

在这里，超越守夜人的热望再一次出现，让那种"引导"，更进一

---

① 乔纳森·弗里德曼（美）:《文化认同与全球性过程》，郭建如译，商务印书馆，2003，第 41 页。

步，逐渐变成"迎合"。因为单单引导还不够，平台不会允许自己落入教条式的讲授中，只有不断降低姿态的迎奉，才能够把平台完美霸权的理想变为现实。

权力拥有者对于权力施加对象的迎合实际上在消费历史中早已出现，在资本主义大生产时代里，任何一种商品都与其背后的整套系统结合在一起，不仅仅作为物的交换，同时还作为精心准备的"服务"投放给消费者。就像鲍德里亚曾在《消费社会》中提到的，哪怕是一块香皂背后，都是很多专家耗费了上百个小时研制而成，就是为了"给您的皮肤更好的享受"[①]。而在《致命的策略》中，他则提到，"大众根本不是压迫和操控的对象。大众不必被解放……每个人都试图诱惑、恳求、邀请他们"[②]。在这里，商业性的追求，或者说普适性的行为被个体化，包装成了应对某一个具体的人的投入（起码，消费社会让我们在某种程度上如此感知着）。而在更大的层面，这样的逻辑早已渗透至每一个话语框架中：它是"您"的国会议员，"您"的公路，"您"喜爱的杂货铺，"您"的报纸；又如，它是"为您"而生产的，它邀请"您"使用，它感谢"您"光临等[③]。实际上，任何需要权力运作的场域，这种基于消费的迎合都能够被权力拥有者逐渐习得，并成为隐性控制的有效工具，一切被强加于人的东西，都能够通过这种迎合的过程，被"正名"。这种迎合具有远远超越单纯交换价值的社会意味和广泛性，就如哈贝马斯在谈及政治领域中的摇摆区选举问题时提到的，"所有的政党都竭力从这个'没有明确意向'的后备大军中争取尽可能多的选票，它们的手段不是启发这些人。而是迎合他们中特别流行的

---

①　让·鲍德里亚（法）：《消费社会》，刘成富、全志钢译，南京大学出版社，2014，第156 页。

②　让·波德里亚（法）：《致命的策略》，戴阿宝、刘翔译，南京大学出版社，2015，第132 页。

③　马尔库塞（美）：《单向度的人：发达工业社会意识形态研究》，刘继译，上海世纪出版集团，2018，第74 页。

那种非政治的消费态度"①。曾经，电视也因为其对于人们的"迎合"而被批评家们抨击，波兹曼认为"电视只能给予观众他们想要的，电视是'客户友好'型的，要关掉它实在太容易了。只有在呈现动感的视觉形象时，电视才能对观众产生最大的吸引力"②。

这种趋势，随着移动互联中公有场景的无尽私有化，愈演愈烈。

移动互联的权力拥有者，投放自身权力的方式通常与以往不同，这很大程度上是由网络社会中人群的组织形式决定的。脱离移动互联权力场域的"成本"，相对于脱离现实权力场域（如学校、企业、国家等）要小得多，因为后者不仅在空间上有着更加明确的、可被感知的界限，同时在内部也有着经过多年积累下来的等级权力系统以及这种权力系统对于实际行为的切实影响。抛开这种权力系统，移动互联的玩家需要从头开始构建一个新的世界。而这个世界遵循的组织规则相对更加散乱、汇聚的参与方相对更加独立、彼此之间的必然依靠相对更加薄弱。这样的形式便天然地，没有给移动互联平台们留下过多的选择空间了，它们必须祈求、必须迎合。

所幸，移动互联平台有着属于自己时代的武器，那些对于场景的召唤以及对于场景的复制，使得每一个个体的权力被放大。似乎每个人的需求都能够被迎合，并且是以一种极端个性化的态势去迎合，进而被服务。个体之间以及个体与平台的碰撞由不断被激发并且满足的需求所取代，而这种取代自然而然地也就消解了原本使用暴力的必要性和先决土壤。于是相对于传统的权力场域，移动互联高举着个人主义的大旗将用户奉为神明。前者告诉你不能做什么，而后者一直告诉你，其实你还能做得更多。

诱惑取代了强制，终成社会控制和整合的最佳方式。

---

① 尤而根·哈贝马斯（德）：《公共领域的结构转型》，曹卫东译，学林出版社，1999，第248页。

② 尼尔·波兹曼（美）：《娱乐至死》，章艳译，中信出版社，2015，第144页。

　　马尔库塞文化批判中的一个关键词叫作"额外压抑"，用来形容在社会存续所需要的对于人类某些本性的基本压抑之外，存在的由特定历史机构和统治利益所催生的附加控制①。这种额外压抑历来便在人类身边徘徊，也很难被消除，因为归根结底它是社会权力建构过程中必然会产生的"权力差"，即只要存在权力的让渡和汇聚，其背后就会产生使得行动主体在某些意义上偏离既定行动模式的额外的命令。然而，在移动互联时代，这种额外压抑，却处在一个被"额外快感"冲击的伪解体过程中。即压抑的提供者，在制造压抑的权力场域的同时，通过释放大量的快感而让人们对这种压抑的耐受性提高。而之所以说是伪解体，是因为额外快感的存在并不是对额外压抑之存在的抹平，或者简单来说负负得正，而是让它们在同时存续的过程中，由前者掩盖了后者的一套完整系统。额外快感形成了一个庞大的遮蔽，额外压抑被盖起来，偶尔透过缝隙显露，于是人们看到的终究是不完整的压抑，进而竟然满心欢喜地认为那一个个管中窥豹的碎片代表了某种实际性的解体。

　　而当压抑以及其背后直接相关的禁止性规定和原则被掩盖的时候，沉浸在额外快感并欣喜于信息化进步的我们，却可能衍生出自我之边界的问题。即禁止行为作为一种边界的存在感，随着互联网本身带给我们的破界而被淡化。在亚当被禁止吃果子的时候，实际上正是"禁止"这一信号本身让亚当有了对自由之概念、行为之边界的认知的可能，而无数的"禁止"则以明确的权力投射描绘出了个人社会拓展的边界。即便是传统的文化霸权，也不过是使得人们身处边界内，碰壁而不自知。但现在，移动互联网络中，在许多层面，边界却已经被额外快感拉扯开来，比我们的想象力走得更远。

---

① 赫伯特·马尔库塞（美）：《爱欲与文明》，黄勇、薛民译，上海译文出版社，1987，第27页。

想吃果子吗？可以；想走出伊甸园吗？可以；想把那条蛇抓了炖成蛇羹吗？似乎也没什么不可能。

面对这样的平台，人们难道还会轻易质疑它的合法性与控制的本质吗？平台为自己披上了迎合者的外衣，它们如同最敏感的猎手，捕捉着每一点能够被探寻到的需求，将其放大，将其视为突破口。过去我们总坚信，人们需要存有一种否定性的、乌托邦式的冲动，那是对现存社会状态的反应并试图超越和改变那些状态以达到理想状态的尝试。然而，随着平台设计本身的超越性，乌托邦早已经呈现在我们面前，这就是现实和想象之间的新型差异。平台创造的一切令人惊叹的成果，让身处其中本应话语权和能力都最大的那群人，都对乌托邦的概念表示冷漠，因为移动互联带来的众多成果早已经超越了他们的想象甚至超越了需求本身，使得任何对于未来乌托邦的畅想都成了缺乏新意的自言自语。而此时，大卫·哈维所描述的，乌托邦概念的真正效用，即对于当下不合理的审查的现实性功能，便必然在很大程度上被放弃了[1]。

因为质疑平台，早已变成了在质疑我们自己的"主观故意"。

所以，以一个身处组织中、被秩序和知识环绕的不自觉为起点，辅以崇尚迎合个人的外部环境，平台营造了一个极为先进的文化霸权。它更容易地通过迎合，通过每一个人的认可与被认可，描绘出一个近乎完全和谐的图景。此时，即便并没有一个"邪恶"的主体，尝试通过控制心神的运作引诱人们步调一致的行动，但每一个共同创造这个图景的人，却也都只是画中人，缺少了那一份跳脱出画卷进而观之以全貌的超然。迎合通过每个细微的符号渗透进来，这种隐形暴力无处不在，我们不需要向任何邪恶的势力宣誓才会成为它的帮凶，因为它本就会明目张胆地以遵从我们自身利益，甚至被施暴者的利益的方式进行表达。

---

[1] 大卫·哈维（美）:《希望的空间》，胡大平译，南京大学出版社，2006，第186页。

人类的本质是复读机

这样的图景，无意之中代表了一种被合法化的集体倾向。一切的迎合，归根结底都被建构在所谓对于"用户需求"的回应之上。平台使得特定的行为方式被"正常化"，而这种正常化的模式，却又预示着一种基于集体认同，产生文化霸权的可能性。如前文所说，这种认同并不仅仅有个人对于平台规则的认可，还包括了第二章中提到的，我们从共享象征符号中所获得的群体认同到对于外部平台认同的移情。每当用户察觉到，原来关注某网络事件不只是"我"的兴趣，而还有太多和"我"一样的"我们"的时候，这种共鸣就会逐渐积累成为更大范围的一种社会认同。尽管单一的共鸣十分不稳定，可能只是短暂地依靠事件、产品、人物而存在（如短暂呈现于某个网络事件爆发的几天或者几个月的时间中），但是蕴含在认同中的价值移情却是极其稳定的，它们在那些小的共鸣尘埃落定后，总能积累一部分，到用户对于平台的感知之上。

移动互联平台成了新的集体主义的代言人，并且由于其符号的丰富性和互动的多样性，人们在这样的场域中能够轻易寻求到无穷无尽的共鸣。有一个戏谑的说法，叫作"人类的本质是复读机"，这句话并不仅仅调侃了在互联网上广泛存在的跟风现象，实际上也点明了在大范围的混乱博弈中，个体所能够采取的最好策略，便是"跟从策略"。在复读机这一比喻的背后，是整个移动互联时代带给我们的安全感和确认性，"随大流"和"个性化"同在，竟然相处得极为和谐。人们颂扬着同样的口号，分享着同样的快乐，这种心理感知让人们进一步确信，权力主体，即平台们，所迎合的是一个真实的、并且广泛存在的"用户需求"。哪怕这种需求实际上和个体的需求并不完全重合，但"复读机"的同化本质却让我们对此视而不见。这是一个被标榜出来的群体价值，以迎合的姿态降临，让人难以闪躲。

不能否认的是，用户需求在如今的移动互联社会中，仿佛已经成了一种政治正确，颇有几分大家长制下，做什么都是为了你好的味道。换句话说，你觉得你有某种需求，是因为平台和移动互联社会"觉得"你有某种需求，并且有意识地引导你有这种需求。这样的逻辑下，需求不是某种内生性的向外喷涌着的生命冲动，而是成了木讷接受着的外部命令。

这种用户需求，且不去深究它甚至必然会存在的虚假性，单就其产生的过程以及投放的方向，就足以使人们警惕了。曾经在《资本论》中，马克思集中讨论了资本主义生产过程的种种问题，但却并没有用很浓重的笔墨去探究需求本身如何产生。而马克思的后来者们，秉承着他对于生产过程的批判，进一步揭示出，实际上资本主义的权力系统早就已经超越单纯的生产，而渗透到了对于人们认知以及需求的根本塑造中。接下来的论述，也将围绕着这一话题继续展开。

吹泡泡的人

对用户需求以及塑造过程的反思，可直接回到法兰克福学派的发展脉络当中探寻。

法兰克福学派第一代学者霍克海默和阿道尔诺创造并且解释了所谓"文化工业"的概念①。其中"工业"二字并非是机械制造一类的工业生产，而是被拓展到了文化构建和传播领域中的一切过程。因为在当时的资本主义文化框架下，文化的生产同样的"理性化""机械化""控制化"，使得其自身具备了传统工业符号所拥有的意象，故而有此比喻。文化工业通常将重点落在一种与消费相结合的符号生产过程上，在这一过程中，不仅仅物品是同一化的，符号也是同一化的，其最为集中的表现形式，便是被大众所普遍接受和消费的文化产品，

---

① 马克斯·霍克海默（德）、西奥多·阿道尔诺（德）：《启蒙辩证法：哲学断片》，渠敬东、曹卫东译，上海人民出版社，2006，第121页。

是那些从文化工业的流水线上遵从明确的生产思维被塑造，并且按照资本主义内核的权力投射关系进行传播的"内容"。在这种投射下，按照法兰克福学派的基本逻辑，所谓"大众"便不单单代指"最广大的普通人民"，而是凸显了一种在文化工业塑造的生产—消费链条中，处在下游的、长相一样的消费符号接受者的意涵。

曾经的个体，于马克思勾勒的生产体系当中，面对自身的劳动过程丧失解释权和控制权。而在法兰克福学派的语境下，随着文化工业的崛起，这种对于解释权的丧失和整体的异化已经渗透到了生产之外的闲暇时空当中。在文化工业的运作下，闲暇不再是对于劳动的补充或者逃避，而是在对于快乐和自由的许诺中，消弭个体最后一丝对于当下现代化经济模式的反抗的动力以及否定的可能①。

当资本主义经济系统将劳动和个人的直接关系阻隔之后，人们往往通过其他的形式寻找存在的意义。此时，对于大多数人来说，塑造一种志趣或者进行消费已经成了他们定义自身以及寻求社会中相对位置的主要方式。而文化工业的力量则在于，在个体寻求志趣之前，便已经早早通过自身对于符号的控制塑造了无数种志趣供人们选择。这些志趣是如此地具有吸引力，以至于任何脱离劳动的人，都难以避免地会陷入到文化工业编织的消费网络当中，而甚至身处于劳动之中的人，也难免被其影响。在这个网络下，不仅金钱被消耗，时间乃至我们的生命力同样被消耗。曾经在人类精神生活领域中看似十分没有烟火气的艺术和那狄奥尼索斯一般的狂放精神，已经不再需要通过专注凝神的方式被理解乃至崇拜，却转而成了被流行、广告、新媒介、机械复制所重塑的娱乐消遣的对象。

---

① 张一兵写道："绝望因此油然而生，景观统治的实现不再主要以生产劳动时间为限，相反，它最擅长的，恰恰是对劳动时间之外的闲暇时间的支配和控制。在景观的奴役之下，连原本应该能充分发挥创造性能力的闲暇时间也充斥着一种表面主动、内里消极的被动性。"见：居伊·德波（法）：《景观社会》，张新木译，南京大学出版社，2017，序言第38页。

文化工业的野心却不止于此，它不仅想让伟大的变得渺小，还想让热烈的变得冷淡。有些时候，它甚至能直接渗透进人类最本质的领域，即我们的情感中，代替我们，与我们所关切的人以及这个世界对话。小红书、知乎这样的内容平台，竟可以将"给你的朋友圈提供灵感"作为广告的一部分，为希望在自己朋友圈展示情绪的人提供精美的配图甚至忧郁而不失文雅的文案。这是对人类自我表达的最本质的侵犯，它不加掩饰地在某些应该仅属于主体性的领域中展现着自己的力量①。而在其背后，这个社会的每一个分支，都在被攻占；我们的整个存在模式，在那文化工业污水的滋养中，结出妖异的果实。

这一脉相承的文化工业，以一种深远的方式改变了我们。现在，若再让一个小孩描述他的父亲，他不会说他父亲是一个高尚的人、勤劳的人或者善良的人；而是会说，他父亲是个工程师，喜欢足球和汽车，能赚多少钱。当然，再过几年，回答就可能成了：我爸爸抖音上有很多粉丝，我爸爸王者荣耀是钻石段位这样"自豪的宣言"了。在这里，人的主体性实际上是被批量生产出来的，因为文化工业提供的一整套符号系统使得我们习惯于经由这种符号标识去定义自身的特征。但无论文化工业营造的志趣是多么的丰富多彩，与人本身个性的天性多元相比，这种丰富多彩都是有限的，不过是如同劳动过程一样被精确控制着的图式化幻想。而当人的主体性、人对于幸福和志趣的定义，渐渐和文化工业提供的一切符号与范式联系在一起的时候，反对文化工业的符号，实际上就已经变成了反对我们自身。文化工业外衣下的意识形态已经不再是一种思想上的宣传，而变成了真实的生活方式和人类存在方式的最佳确证，亦成了人类社会过程的全部需求和全部目标。

---

① 而如果这是小红书等平台刻意为之，目的就是希望通过这种看似美妙但实则空虚的内容填充破坏微信朋友圈本来的交互环境，那么便又是另外一回事了。

更进一步，文化工业并不仅仅是"文化的"，在这里，仍然可以看到对于进步和技术的迷恋，我们对技术的相信已经超越了使用技术去解决问题这样简单的逻辑链条了，而是上升到了对技术在消费社会里几乎无所不能的角色的痴迷当中。当马尔库塞在描述现代社会中单向度的人的时候，技术实际上是这种社会现实的重要基础之一 [①]。因为技术不仅仅满足需求，它还创造需求。还记得硅谷的迷魂汤吗？每一次技术的革新，最为核心的问题，便是这样的技术如何能够引导新的消费方向。就像当下快速发展的 VR 技术一样，很多时候，大笔的资金被投下，并不是因为 VR 技术已经发展得如何成熟，而是掌舵者们仅仅凭借着对于技术的嗅觉，跟随着试图分一杯技术之羹。而消费社会的反馈往往竟十分积极，丝毫不在意自己已经一遍又一遍地交过智商税。如果说需求是一个消费社会在其运作下不断产生的泡沫，那么技术就是形成泡泡，并在阳光下散发着彩虹一般光芒的肥皂水。那些绚丽的泡泡是值得被欣赏的，并永远能够像玫瑰花一样激发着人们对于美的共情，即便这种共情和其背后的需求是被刻意塑造的，源自一种自上而下的投放，源自一个人工创造的符号的链条。

而文化工业，就是吹泡泡的人。

过去，人们认为文化工业本身的架构能够吸收并且消解一切的批判，通过无限的文化供给和对需求的培养形成一种对大众的教化和蒙蔽。现在，在移动互联世界中，被符号和场景所包围的我们，尽管看似无所不能，但实际上却也在经历着一种差不多的过程。甚至我们可以说，文化工业从没有像今天这样，借助着泛娱乐化的风潮，势大力沉地锤击着人们的内心。且不说那些崇高的东西在这里被肆意调侃，就连天灾国难这样沉重的话题，都可以被溶解在"一切皆可玩梗"，故

---

① 马尔库塞（美）：《单向度的人：发达工业社会意识形态研究》，刘继译，上海世纪出版集团，2018，第68、127页。

作潇洒态度的小聪明中。轻内容平台皮皮虾推崇"神评"，那大多是用一句言简意赅的荒诞之语来嘲弄其他用户发布的内容以博人眼球。然后发布者便在一群人的会心一笑中沾沾自喜，并将之视为自身批判性思维的高光时刻。

　　除了在内容本身上，文化工业画下了浓墨重彩的一笔，在用户身处的大框架下，文化工业同样处处彰显。当用户在平台上的每一次点击都不仅仅能够被计量，并且能够被计价的时候，我们就能够深切地理解，哪怕是在我们娱乐和消遣的过程当中，实际上也在进行着另一种层面的可被剥削的劳动。我们被安置在沙发上、电影院中、酒吧的高脚凳上，程式化地完成着这劳动全过程的最后一个环节，在消费的同时，生产着价值①。而就像当劳动者在承认经济事实的真实性的时候，就已经变相地承认了操纵生产过程者的权力和地位一样；在我们承认着当前所有令人愉悦的文化符号的真实性的同时，也变相地承认着文化工业本身的巨大权威。如同贫富的差距被装扮成了一种自然界中的必然，消费能力的差异、品位的差异也同样变成了定位个体的客观现实。这同样是一种对于秩序的盲目追求。

　　这种追求无处不在，其中很有代表性的一种伪秩序可以被称为，风格。在文化工业的视域下，风格的背后实际上是一种对于古老社会区隔的暗暗推崇。当文化不再像法兰克福学派的学者们看到的经典艺术那样通过艺术性的自我否定来创造出堪称伟大的作品的时候，风格就落入了帮助文化符号快速确定自身位置并且以极低的成本被复制、被传播、被感知的窠臼了。这种风格，可以叫作法式袖钉，可以叫作英式下午茶，可以叫作地中海式装修，但无论名称为何，它们都在文化工业的框架下，通过制式符号的堆砌以及一整套社会规则的限制而形成了一组组能够被所有消费者统一拆解并且掌握的"符号模块"，并

────────────────

① 正如鲍德里亚所说，"消费力本身就是一种生产力的结构模式"。见让·波德里亚（法）：《符号政治经济学批判》，夏莹译，南京大学出版社，2018，第92页。

将这种模块的范畴不断明确，尝试形成一种对于符号的体系化切割。不仅如此，曾经确实具备某种意义上"风格"的艺术品在现今的拍卖场中被拍卖，而那些看似远远超越工具价值并且通过自身占有的符号而获得的巨大溢价，在"价高者得"的拍卖逻辑中却被贬低成了另一个陷入普通商品交换系统的"工业产品"，以更高的价格简单地对应"更强的需求"。长此以往，人们看待艺术的眼光也不会和看待工业产品的眼光有任何的不同了。

这种风格的转变和机构的运作往往也脱不了干系。在摄影技术快速发展的 20 世纪 90 年代，众多博物馆和艺术展览馆大量高价收购大型彩色摄影，一幅 4 平方米黑白照片的视觉冲击力足以媲美那些优秀的名家画作，而展览馆的收购也为这种作品形成了最为坚实的定价基础，部分摄影作品的价格足可以高过百年前的传世绘画作品。新的载体孕育的新的风格就这样被传统机构收编，被赐予了自己的一片领土，并且最终在这种看似突破时代框架的新艺术形态标签中，被定型在了那一亩三分地之上，很难逃离了。

这就是文化工业的力量，它能够创造出一个随机性极强，甚至带有一丝荒诞的"价值世界"供人们追求。每个人都伸手试图捕捉那漫天肆意飘荡的肥皂泡。人们也许或多或少知道，泡泡破裂后，一无所有，但这并不影响我们现在痴迷地欣赏着无数泡泡折射出的五光十色。

筐里的螃蟹

文化工业是法兰克福学派乃至绝大多数对现实社会持批判视角的人们所集中思考的领域。这里，文化工业概念的边界，相对来说是非常广泛的，几乎所有的社会过程都可以被包含在内。而其中的重中之重，则是狭义的文化，尤其是和资本主义消费艺术形态与市场规则存在交集的文化，它们成了最为核心的"众矢之的"。

这种攻击，最初来自狭义文化，尤其是艺术，和"工业生产"这一社会过程在直观感知上的巨大矛盾。在马尔库塞于《单向度的人》中所援引的怀特海关于理性功能的定义下：

> "'艺术'一词含有决定性否定的要素。理性在其社会应用中，早就同艺术相对立：与此同时，艺术则被授予十分不合理的特权——不属于科学、技术和操作理性的特权①。"

曾经为社会正义所奔走的人们，很容易寻求到的一种自我安慰，便是哪怕资本的洪流可谓无孔不入，但至少在整个社会系统中，艺术和文化还能够被或多或少地看作是一块资本主义生产方式难以企及的伊甸园。一方面因为艺术和文化本就带有着一定的反思性与批判性，导致很多情况下人们反而是利用文化来阻却工业生产的侵略，它被视为是社会中的虚幻一面，是用来映照现实问题的乌托邦；而另一方面则是神性的艺术，天然地站在冰冷理性的生产的对立面上。艺术的自主性就是精神的自主性，尽管这种对立随着摄影、录像、打印等技术的不断升级以及民众对于"大幅照片"等基于科技的艺术的愈加推崇而被弱化，但艺术始终代表了人类诗性的一面，即便无法洒下光辉照亮无数心灵，至少也应尝试遗世独立，纤尘不染。

从另一个角度来看，这种对立（即实际的、功利性的和艺术的、非功利性的）实际上也代表着生产与消费，工作与闲暇的辩证关系。这些词汇聚拢在一起，占据着每一个个体乃至整个人类世界最大块的时间和精力。而当突然有一天，人们发现生产和消费的逻辑正在重合，工作和闲暇的权力正在被统一，它们之间的界限已经不再明显，并且没人知道这是源自生产和消费之间主导关系的转变，还是因为工作和闲暇的相互入侵的时候，这种惶恐而来的思考，思考而来的批判就很

---

① 马尔库塞（美）：《单向度的人：发达工业社会意识形态研究》，刘继译，上海世纪出版集团，2018，第181页。

好理解了。

在学者们对于文化工业进行反抗的同时，资本家，或者说社会权力的最大拥有者们，也在不遗余力地在文化的战场上发动攻势（而不是别的什么地方）。这是因为在文化中，尤其是现代文化的娱乐模式中，最容易因为对快乐、放松等简单需求的追寻，而产生对于符号和秩序的认同。当满足了生存需求之后，人们最初追求消费的时候，很多情况下为的是一种与生产过程相脱离的放松，人们在这样的过程中的需求，就是简单的快乐。在此背景下，权力在消费领域运作的最大目标，也就变成了为大多数的人提供最适宜的快乐之源，而这种"快乐"的一个基本特征，就是立足于迎奉的认同。

个体可以轻易地察觉那些让自己痛苦的东西的不合理性，但是很难对使自己愉悦的东西进行否定。身处快乐中的人不需要被解救。即便这种愉悦会让自己彻底丧失对于某些权力的掌握，但个体仍旧可以认为对于这些权力的放弃就像那些为了娱乐消耗的时间和金钱一样，是一种合理的对价。文化工业为每一种需求提供了最为快乐的出口，只要按照文化工业的既定逻辑来行动，个体就有望无休无止地获得这种快乐。波兹曼批评现代社会是娱乐至死的社会，实际上这个"至死"，也可以看作"致死"[1]。一方面这个命题代表着在以显示屏和图像为核心的现代文化工业框架中，娱乐成了劳动之外唯一占据我们生活重心的东西，只要我们愿意，就可以将自己投入无尽的娱乐之中，一直到我们死亡的那天；而另一方面，波兹曼是想说，相对于传统公共领域的思辨、严肃文学的分析、具有温度的艺术，大娱乐时代的文化工业会降低个体理解这个世界和他们自身的能力，最终导致心智层面的停滞和懈怠，即所谓"致死"。人们沉浸在欢乐、幽默、诙谐、讽刺当中，对真实的周边事物一无所知或者漠不关心，而终有一天，人们会发现娱乐本身都变得难以提供持续的快乐的时候，工业对于文化的

---

[1] 尼尔·波兹曼（美）:《娱乐至死》，章艳译，广西师范大学出版社，2011。

程式化改造就已然达到了顶峰，通向何方无人知晓，但绝不会是对纯粹文化的简单回归。

毕竟，文化还是需要深度和温度的，然而现在的我们，却连对它的倦怠都在"倦怠"了。腾讯等大型科技平台发布的年轻消费者调查中，竟然可以心安理得地将"拒绝严肃"仅仅当作一个中性的趋势，仿佛不需要任何进一步思考，只要回应一句"哦，知道了"，而后便可盘算起来，如何用这个新发现来赚钱。哪里还有什么少年骑白马的书生意气，有的不过是一个个浑浑噩噩的幽灵，不知为何所生，也不知为何而死。这是一种丝毫不加掩饰的堕落，就如阿道尔诺说的，"电影和广播不再需要装扮成艺术了，它们已经变成了公平的交易。为了对它们所精心生产出来的废品进行评价，真理被转化成了意识形态①"。

值得注意的是，在文化工业中，不仅仅消费娱乐的人们受到文化工业逻辑的影响，生产娱乐的主体同样被这样的逻辑笼罩。我们可以说文化工业中，很多思辨能力被剥夺，但这种剥夺其实是同时发生在文化工业的主导者和接受者当中的。文化工业里，技术永远是连接快乐与权力的"中间人"，而能够激发快乐并且让权力的存在更加稳固的娱乐形态，一定也会被技术所重视，并做出针对性的布局。当大多数的生产者发现只要简单的复制和程式化的生产就足以大量制造能够催生娱乐性的产物的时候，生产者本身的思辨能力，就也不可避免地会被快乐内容的导向以及技术发展提供的动能所左右了。大量万变不离其宗的网络综艺、网络段子、搞笑图片，不为逻辑和思考而只为博人眼球的新闻报道，依靠着特效让观众释放快感的电影和电视剧，都昭示着文化工业全方位的影响。

正如资本主义生产方式同时奴役着资产阶级和无产阶级（虽然方

① 马克斯·霍克海默（德）、西奥多·阿道尔诺（德）:《启蒙辩证法：哲学断片》，渠敬东、曹卫东译，上海人民出版社，2006，第 108 页

式和程度不尽相同）一样，文化工业带来的意识形态控制力量，"奶头乐"一般的反智运作模式，以及依靠着技术代替思辨的生产逻辑，让生产者和消费者同时享受着文化工业带来的红利，进而隐蔽地操纵着每一个身处其中者的大脑，排斥着对于现实的批判和切实的否定，使得整个社会控制系统变得愈加坚固。就像当下的很多微信公众号一样，这些公众号的作者们（通常是一个公司内的众多写手）沉浸在自己的"创作"之中，认为那些诙谐的文字总是闪烁着智慧的光芒，映照着这个时代最为显眼的问题。然而实际上，如果读者们真的去认真阅读并且分析那些推送文章的套路的时候，就能够轻而易举地发现它们大多唤醒着同样的焦虑、配着同样风格的图片，用着同样的词汇，抖着同样的机灵。自然不能全然否认作者的创造力以及这些文章本身的价值，但同时需要被提出的问题是，当风格相似的文章一次又一次地激起人们同一种类型的"快感"的时候，是否创作者本身也身处文化工业中而不自知，愉悦地创造着程式化的"文化"符号。创作者们尽管被禁锢在了一个生产性的流水线之上，但在内心深处却早已将自身定位在了一个"艺术家"的范畴之内，而绝非纯粹的"营销写手"。

于是，创作产生内容，内容沦为平庸，平庸讨好大众，大众推动资本，资本支撑创作。正如阿道尔诺和霍克海默所描述的，文化工业成了资本主义的"社会水泥"[①]。

在"社会水泥"的语境下，文化系统原本的意义正在快速流失，而仅仅成了承载社会互动的媒介，功能性取代精神体验成为文化的核心注脚。相比过去，"有文化"的人毫无疑问的越来越多，然而这种文化却以资本主义的实用性和纯粹消遣的娱乐性为土壤、为核心，在它们的超限挤压之下，真正批判的文化和否定的辩证反而可能越来越少。

---

① 马克斯·霍克海默（德）、西奥多·阿道尔诺（德）：《启蒙辩证法：哲学断片》，渠敬东、曹卫东译，上海人民出版社，2006，第132页。

人们相信自己是有文化的，这种文化承袭着启蒙时代的光芒，信息爆炸的狂欢和数字主义的智慧，让人们对自身对整个世界的理解充满自信，全然不相信这一切的符号幻象在某种程度上仅仅是堕落、腐朽的，是笑脸背后的茫然失措。

时至今日，文化工业的侵蚀化身万千，无所不在。甚至像前文描述的，随着闲暇和劳动之间界限的不再明朗，尤其是移动互联产品的扩张，让文化工业的产物和逻辑在劳动和生产过程中也找到了栖息之地。

但即便如此，我们却仍然坚信，自己是理性的，我们的"文化"认知并不会很大程度上被所谓的消费陷阱所左右。的确，面对任何一个单一的产品，播放的任何一个单一的广告，路过的任何一个单一的橱窗，我们都有资格对其进行压倒性的嘲弄。然而，若是当所有的单一都汇聚在了一起，成为一个整体，从四面八方同时呈现在我们面前时，我们是否还有能力表达同样的不屑？就像针对一个给定的移动互联产品，每个人都可以肆无忌惮地去品头论足，可对于整个移动互联时代呢？同样这些人，便都只能随波逐流，甚至心怀感激。

"文化"的大肆包围和文化本身的大规模生产以及不断升级脱不开关系。从前，有点小钱的人掷骰子、泡茶馆、斗蛐蛐，纨绔子弟打猎、遛鸟、逛戏园，文人骚客投壶、游画舫、曲水流觞。便是这并不复杂的休闲，也能让无数人乐此不疲地玩上一辈子。而现在，一个最普通的人，都能够用极低的成本，获得比这些刺激百倍的文化娱乐产品，并且还不满足，还想要更多。布洛赫曾经感叹过资产阶级缺少崇高的生活目标，于是"他们不能克服单调乏味的生活。这方面，借以克服无聊愿望的前提仅仅是迫不及待的刺激、附庸风雅、变化无常以及服装式样。[1]"可如今，这种阶梯性的诱惑却已经扩展到了社会的每一个层级。每个阶级的人都如当年的资产阶级一样在对消费和攀比的追求

---

[1] 布洛赫（德）:《希望的原理》，梦海译，上海译文出版社，2012，第 17 页。

中确证自身价值；每个阶级的人都在看到那些令人目眩的娱乐之后放弃以往的并惦记更新的。娱乐和消费在降级和升级中同时作用，无差别地覆盖到每一个人身上，又将所有人的胃口提得老高。反而可能是那些受过更多教育，扮演着更为重要的社会角色的人们，更容易跳出娱乐带来的一时之兴奋中。

　　人们当然在尝试逃离。

　　即便文化工业让人哪怕是哈哈大笑，都笑出了同一种音调，我们也可以选择眉头紧锁的"不与世俗同流合污"。

　　许多流于表面的后现代主义曾经不遗余力地使用"个性化"的表述方式来阐释自己对于时代的对抗性，它们在某种意义上甚至成功了，因为个性化终究成了新时代的意识形态之一。尽管这种个性化，在很多时候更像是在文化工业的整体框架下被强迫出来的选择。就像大多数的歌曲演唱时长都是四到五分钟，而总是有些"后现代"的歌者，唱出了几秒钟的歌和几十分钟的歌。所有的这种尝试都可以算得上是对所谓文化工业权威的嘲弄，但是这种嘲弄有什么实际意义吗？并不一定。反讽曾经是艺术的伙伴，代表了后现代的某些核心话语模式，但是随着艺术被娱乐化，反讽也被娱乐化，人们将艺术中的反讽提取出来，夸张它，进而摧毁它。

　　这种摧毁的过程是复杂的。文化工业的真正力量，可能在于比形式和内容更加细小的每一个元素和符号，也可能在于比形式和内容都要大的整体社会运作方式。那些纠结于通过形式上的反抗来宣扬自由的行为，很有可能反而沦为故作叛逆、强调个性的表态。但是这种标新立异的表态本身，很难说不亦是文化工业刻意创造出（或者说默认其存在）的一种对立面，因为它既能够承载民众对于文化工业的否定态度，又能够保证它没有足够的力量造成实际的伤害，甚至很多时候还能够通过这种否定，反向加强文化工业本身。

　　正如大卫·哈维在《新自由主义简史》当中所描述的，当新自由主义试图打破非资本主义国家的政策壁垒的时候，一种宣扬着自由的意识形态必然是它们的先头部队。后现代主义的反叛，就是在这时候被新自由主义收入麾下的。当后现代的风格入侵了一个群体，在那群体之中放任着行为艺术、涂鸦、地下音乐、讽刺文学、意识流画作大肆扩张的时候，宏观层面的政府放权、经济自由、边界开放就成了一种意识形态上顺延出的理所当然了（正如 1990 年之后的十年中阿根廷所经历的大衰退那样，这是一种全民的自由宣言，但最终的结局却并不总是幸福的）[①]。回到文化工业的语境当中，在权力的视角下，个性化的呼声尽可以高涨，高涨到那些个性化与碎片化不断交织，高涨到叛逆成为一种时时存在的呓语，高涨到在文化工业的大框架下，每个人都相信，凡我之选，必主张我之自由。

久而久之，个性化的选择不再是为了逃脱文化工业，反而成了掌握着"个性"符号的主体在文化工业体系内占据有利位置的手段。正如早期摇滚乐对于主流音乐场域的冲击，随着主流音乐机构与那些摇滚乐团签约、帮助他们安排演出、寻找赞助而快速消解一样。从外到内的反抗被资本打上个性的标签，收拢入其体系中。

而从更大的范围看，整个文化工业的一切个性，其实都被这样的体系笼罩着，那么所谓个性便都只能成为在对符号的区别化掌控之中，逐渐衍生出的一种分层的状态了。有一些个性被认为是高等的，而另外一些则被识别为哗众取宠。在服饰、运动、音乐、图书杂志等文化的主要"根据地"中，文化体验的个性化选择自然而然地承担起区分社会地位、宣扬并且巩固当下社会结构的作用。于是，一部分的个性渐渐成了共性，乃至应该努力追求的目标，成了合法的新指代，失去了其最初存在的根本。

---

① 大卫·哈维（英）:《新自由主义简史》，王钦译，上海译文出版社，2016，第 108—109 页。

人们难以逃脱。

不仅仅因为所谓逃脱的路线仍然是设计陷阱的人塑造的，本就是陷阱的一部分；同时也因为逃脱的过程中，人们不仅要和陷阱作斗争，同样也要和一起落在陷阱中的同类进行某种意义上的对抗，这种对抗存在着不可避免的自我矛盾，它如果成功，便是个体和群体的解耦；如若失败，个体便在"常人"的洪流中被冲刷干净。

有一则寓言，讲的是筐里的螃蟹，说农夫在捕了螃蟹之后装在筐里，但是即便不盖上盖子，螃蟹也不会跑出来，因为尽管很多螃蟹在往上爬，但是螃蟹之间是互相支撑并且互相掣肘的，新的螃蟹会踩着之前的螃蟹往上走，而凡是爬到高处的螃蟹，却要面临下面螃蟹的拉扯，被硬生生拖拽回来。于是，虽然这个筐没有盖子，但却无一只螃蟹可以逃脱。这很像当前的文化工业所精心打造的框架。我们如电影在开始播放时就已经获得命定安排的主角一样体验着大文化生产赋予我们的意义，享用着一样的符号，遵从着媒体中流淌着的对于社会的思考，关注着几乎相同的那些社会中大事件的议题。在个体想象力和思考能力萎缩的同时，集体的能力也在丧失，因为这些文化工业的符号已经占据了社会生活的主流，成为左右人际互动的媒介和关键路径。集体不再尝试突破，而是执着于捕捉，就像在浴缸里面钓鱼，并沾沾自喜。

在资本主义日益兴盛的时候，本雅明曾描述过这样一种现象：

"如果说，人们在以前的交谈中关心对方是理所当然的，那么，现在这种关心则被询问彼此的鞋价或者雨伞价格所替代。人们每一次的交流都不可避免地要涉及生活状况或者是钱的问题。人们这么做既不是为了在碰到麻烦时彼此能有所帮助，也不是为了调查彼此的生活状况，仅仅像是被一出戏吸引而不能自拔[1]。"

---

[1]　本雅明（德）：《单向街》，陶林译，江苏凤凰文艺出版社，2015，第16页。

而当前，不仅仅我们对于消费的痴迷并没有丝毫的减弱，反而被更加多样化的文化消费产物所诱惑着，让它们代替我们自己，成为社交的核心。2019 年上半年"复仇者联盟 4"上映之后，对其发表看法成了"社会人"的必备技能，而之后不久，全民又陷入了声讨"权力的游戏"大结局的集体行动当中。文化成了绝对意义上的"社会的文化"、信息成了绝对意义上的"公共的信息"，等待着每一个人去对同样的事物进行了解、发表看法，任何一个期望逃离文化工业的人，所要真正逃离的都不仅仅是文化，也不仅仅是工业，而是整个社会结构和信息网络。而放弃了这种结构与网络，从一定程度上来看，也就放弃了在当下社会整体性中，个体的存续。

终于，还是坐井观天，岁月静好。

另一个问题

话说回来，文化工业之前，文化就很好吗？也不一定。

仔细看一下历史，就能够发现人们的思想是如此容易被占领，仿佛本就是一个开放的庭院，任何人都可以过来溜达一圈，甚至践踏一番。

许多人在对此进行批判之余，却往往愿意将一个和谐的文化图景安置在过往的"美好"当中，幻想着文化工业产生以前，人们能对事物进行独立的感知和思考，消费者能自主选择需要的消费品，其消费行为在很大程度上影响着生产方式和内容，不存在引导、蒙骗、强迫或者其他什么工业废渣。

可如果说现在的以瘦为美是一种文化工业的产物，那么唐朝的以胖为美就不是了吗？就一定是一种符合本真人性的自然选择吗？如果是的话，唐朝的审美便不会在中国的历史中如此突出了。或者看看古希腊的神话，那些颂扬着勇者和冒险的浪漫诗句，那些被不断标榜的对于众神的献身与反抗、对于露水情缘的隐晦赞赏、对于侵略和战争的艺术美化，难道就不是一种原始的文化工业的雏形么？再看看中世纪欧洲"女巫"的诞生和解释，无数女性被扣上了罪恶的帽子，在鞭打、羞辱和焚烧中死去，历史早就已经证明了，这种不加辨别的认同以及类似文化工业的符号投放能够轻而易举地将人类的意识形态推到最为邪恶的地步，正如津巴多在其著名的《路西法效应》中所不断指出的那样 [1]。更不用说在工业革命之后，无数现实主义作品中所表现出的，那种对于人生目的和价值的歪曲了，契诃夫曾不无愤慨地借着笔下人物的口控诉道：那些受到教育的人，没有学会生活的道理，却把花天酒地附庸风雅的奢华风气学了个够！不仅如此，在更多的时候，权力还在赤裸裸地对文化场域进行直接渗透和控制，即便如诗仙李白，也有在唐玄宗面前"云想霓裳花想容"的千年传世，遑论学成文武艺、货卖帝王家的儒学传统了。

而在当下，哪怕文化工业可被不断地质疑和诟病，文化本身的快速发展也是不能够被忽视的。文化工业代表的，并不仅是需要被警惕的虚假符号，同样也有着那些能够以极低成本为民众提供快乐和良好体验的互联网产品。针对大多数的进步，就像移动互联产品用户体验的提升，或者是千人千面的营销机制等，如果非要说每一次的更新和改进，都是文化工业对人类控制的一次加深，似乎也并不公允。难道不断致力于为用户研发更好的产品，提供更好的服务，反而变成一个坏事了吗？

问题不完全出在那些不断强调着用户体验、交互设计、内容创造的互联网产品上。

人们不能否定文化进步为社会带来的美好，就像人们没有办法否

---

[1] "邪恶最具关键性、同时也最不为人知的促成因素并不是明目张胆鼓吹暴力伤害的人，而是在他们背后沉默的大多数，目睹一切发生却视而不见、听而不闻的人"。引自菲利普·津巴多（美）：《路西法效应：好人是如何变成恶魔的》，孙佩妏、陈雅馨译，生活·读书·新知三联书店，2010，第360页。

定福利社会和购买力增加为底层人们带来的生活上的提升一样。然而文化工业和福利社会一样，在进步以及几乎普适性的"赠与"和"迎合"的同时，会衍生出一个不那么积极的副产品，即前文所说的个体对于外界符号进行否定的能力的不断消解以及对于外部系统的"盲信"。我们能够想象，当理论上任何人都可以购买劳斯莱斯，去维也纳听音乐会，穿着范思哲的衬衫的时候，人们就不再能够直观感受到传统的阶级对立了，所有人都被放置在同一个消费框架之中，这期间没有任何断裂，只有经济逻辑和个人购买能力的单线条限制。人们在这里感受到了一种另类的平等，因为一切都在商品交换逻辑中被呈现，规则正义又一次代替了实质正义。而文化工业的运作实际上也与极盛的资本主义紧密地结合着。相对于实在物的交换，文化工业中立足于符号的交换更加容易，更加普世，人们愈发难以如马尔库塞幻想的革命者一样对文化工业表现出完全的拒斥和怀疑①（当然，很多情况下，这种拒斥可能也是没有必要的）。我们并非不会思考，但是思考的层面却在很大程度上被限制；人们在游戏中追寻胜利的可能并归纳相应的策略，但是不会想着跳出游戏的规则质疑游戏本身的意义。

而"不质疑"，就是文化工业最大的帮手以及我们最大的风险所在。

曾经的我们也是一厢情愿地相信着启蒙带给我们的一切，认为哪怕点滴的进步相对于蒙昧的中世纪来说都是一种巨大的恩赐。而最终的结果是，启蒙有些时候成了政治权力进行大规模动员进而满足特定群体野心的工具，另一些时候成了资本权力构建消费主义幻象，捆绑劳动者于生产线以及柜台前的阴谋。那些对启蒙心存犹豫的人们，犹豫的不是整个现代社会，而是人们对于披着启蒙外衣的一切事物的不加辨别与不施否定。而这种精神样态所警惕的对象，与当下移动互联

---

① 马尔库塞（美）：《单向度的人：发达工业社会意识形态研究》，刘继译，上海世纪出版集团，2018，第202页。

社会对于自由的、欢乐的、民权的直白肯定以及纯粹认同何其相似。

认同并不一定都是不好的，反而，很多事情正是因为其有效，才能构建认同，问题在于，认同不能成为一种习惯。所以，更进一步，当下文化工业衍生的最大风险，在于对不质疑的"常态化"。

这是一个属于移动互联和文化工业的拿来主义。

我们可以认同某一个产品是好的，某一个信息是真的，某一个舆论观点是公正的，但风险在于，当遇到了那些专门为了引诱人类而设计的产品，专门为了误导群众而散布的信息，专门为了操纵心智而营造的舆论的时候，移动互联为我们培养的习惯，是否能够支撑我们，站出来，对不合理说一声不。而当我们说不的时候，当下的社会机制和文化工业又是否能够给我们提供一条逃离的路径，或者选择的机会。

马尔库塞曾经感叹过那些具有革命潜力的人群的快速萎缩，他认为，最有希望提出抗议的人已经变成了"青年学生、持不同政见的知识分子、无业游民、其他种族的受迫害者、失业者等"[①]。为什么？因为其他的人群，那些广大的劳动工人，或者相对光鲜但仍然被劳动过程圈定的白领们，已经成了能够分享文化工业运作果实的一群人，"资产阶级"发明了"中产阶级"并诱使"无产阶级"慢慢走入，而经过几十年的运作之后，马尔库塞举目四望，最终竟发现罕有能与其并肩而立者。

曾经的大多数成了少数，他们的放逐不再被认为是时代的责任，而是他们自己的悲剧。其他的所有人都可以置身事外，看着这群"他者"被安置在社会的边缘。所谓的"底层"，不就正是一个纵向空间的边缘么，当无数自上而下的目光被投来的时候，留给他们的只有同情和自生自灭。

---

① 马尔库塞（美）：《单向度的人：发达工业社会意识形态研究》，刘继译，上海世纪出版集团，2008，第 203 页。

在这里，马尔库塞看到了最广大的一群人被文化工业所"招安"，那些本该是革命主体的人们，改变了对自身位置的定位，放弃了对于权力系统的质疑，将自身并置在资产阶级或者说文化工业以及现代消费社会中的既得利益者左右。对此，马尔库塞偏重于一条直观的解决方案。他的革命逻辑是，既然最广大的底层已经不再，艺术的"大拒绝"[1]难求，那么就要在洞察这种"变节"的同时，寻找并且借助那些即便身处于极盛现代性以及文化工业中，仍是"失去希望"的人们（即受排挤的知识分子、失业者、受种族歧视者等）。他们或者由于自己的坚守、或者由于权力和资源的极度匮乏，而在主动排斥文化工业社会的同时也被这个社会所排斥。然而，这种反抗的效度却是值得被怀疑的，从革命的动机上看，马尔库塞选择的群体并没有问题，但动机仅仅是对文化工业反抗的前提之一。对于大多数"失去希望"的人来说，他们之所以没有希望，社会本身可能仅仅昭示了部分的问题；历史证明，那些没有受过教育的人，不在社会中劳动或者消费的人，即便期待着革命，其引导理性且正确的革命的能力也是存疑的。

实际上，真正的革命进路，仍然应该是去唤醒那些本不应如此乐观却在文化工业下满怀信心的人，而不仅仅是寄希望于那些即便在当下的丰裕社会却仍然失去希望的人。如果把真正的文化工业的主导者看作一派，而那些所谓的被全然"拒斥"的人是另外一端，那么中产阶级，或者说被文化工业影响最深的那些人，其实是需要被两端同时争取的。此时"底层"的一端很难有一个统一的意识形态和斗争方式，但是对于"中立者"的呼唤是每一个认同文化工业固有劣势以及诱导性的人所应该接受乃至坚持的一点。因为一旦风险出现，无论"底层"是多么地坚持，多么地愤怒，只要被文化工业深深影响的社会中最广

---

[1] 马尔库塞认为，"艺术无论仪式化与否，都包容着否定的合理性。在其先进的位置上，艺术是大拒绝，即对现存事物的抗议"。引自马尔库塞：《单向度的人：发达工业社会意识形态研究》，刘继译，上海世纪出版集团，2019，第52页。

大的那一群，仍然愿意相信自己所熟知的一切，遵循文化工业塑造的思考方式和行为习惯，认同这种权力投放的过程以及所拥有的意识形态，那么所谓的风险，就必然会成为现实的危险，真正的底层，无能为力。

而相对于马尔库塞，法兰克福第一代的学者实际上在批判之余，对文化工业的系统更加缺乏一个具有说服力的解决方案。如霍克海默[1]和阿多诺[2]曾试图建立审美乌托邦，将艺术作为和解与反抗的主要力量。承接了康德的思想，他们认为艺术代表了某种无功利性和去社会性的美学体验，并主张当文化工业对艺术进行全面侵蚀的时候，艺术也应该坚守自己的阵地，拉拢自己的拥护者，拓展自身的否定性力量，进行反击。而他们在《启蒙辩证法》最后笔记与札记部分也暗示了另一种希望，即对自然和身体的回归[3]。考虑到文化工业是对于自然以及本真需求的剥离，那么要反抗这种权力带来的扭曲，诉诸自然的力量似乎也并不是不能理解的。

然而，面对文化工业，我们看到法兰克福学派尽管都在尝试提供一种逃离的路径，但其解决方案的一个逻辑根本点往往在于，既然文化工业通过对于艺术以及消费社会方方面面的控制催生了种种虚假的需求，那么一个不被控制的、美好而良善的社会形态，可能便需要建立在一种真实需求之上。

但何为真实需求，如何寻找真实需求？却成了随之而来的棘手问题。从经验角度来看，人们无法达成一种共识，去统领人类所谓

① 霍克海默（德）:《霍克海默集》，曹卫东选编，渠东、付德根等译，上海远东出版社，2004，第 214 页。

② 阿多诺:《美学理论》，王珂平译，四川人民出版社，1998，第 387—389 页。注：阿多诺即阿多尔诺，正文统作阿多尔诺。

③ 马克斯·霍克海默、西奥多·阿道尔诺（德）:《启蒙辩证法：哲学断片》，渠敬东、曹卫东译，上海人民出版社，2006，第 207 页。

的"美"与"善"。站在批判主义反向去思考，如果说"被控制"能够被确认是一种恶，那么不被控制便必然能够被体验为一种善了吗？绝对的自由从来就不是一个被人类理性和道德另眼相看的目标，康德的"自由即自律"反而道出了更多的意涵，即灵魂的自由需要以实践的自我约束为前提以获得一种"敞开"之状态。换句话说，即便剥离了一切外部控制，我们的道德和自由也必须在一个内部的控制或矛盾中辩证发展。而此时，是那被扬弃了的可称为真实需求，还是那被承认了的可称为真实需求，便又成了下一个层面的争点，循环往复下去。待到最后，所讨论的早已和真实与否不相干，而仅仅为了个名分。

而从更大的视角看，真实需求的悖论还不止于此。

如果说真实的需求存在着，那么必定需要存在能够被证明的"真实"本身。雷蒙·盖斯对于批判理论的研究，也提出了一个关乎真实需求的分析框架，指出完美知识以及最佳环境是真实需求的基础[①]。然而，问题在于，"真实""完美""最佳"这样的词，在被写就的时候就同时指出了一个理想状态的彼岸，一个可能无限趋近但无法证实的极点。它们甚至能够被归入当代哲学以前对于人类精神的最高追求上，成为与"真理""绝对"同构的观念，展示着真实需求与人类生存目标的某种根属性。

这就出现了难题，因为这种根属性，在当今的世界，自身难保。

上帝已死，宏大叙事分崩离析。真实需求要求我们至少有一个统一的世界作为出发点，然而现在的世界，却早已破碎。我们也许能够寻求到一定的真理，但是那些真理是有前提的。正如我们经常说的，在"真空状态中"所进行的物理实验一样。潜在的真实被这个世界的流动性影响，只有预先对其进行规定和剥除，才能够有把握找到有条件的"真"。真实需求也是如此，它的确定性，来自整个外部世界与

---

① 雷蒙·盖斯（英）:《批判理论的理念：哈贝马斯及法兰克福学派》，汤云、杨顺利译，商务印书馆，2018，第96页。

个体进行互动时的具体态势，即每一个给定的环境都可能对应着一个特定的需求。这才是当下的人们愿意相信的，因为它和知性思维一脉相承。

所以，我们只能够在相对性中寻找绝对，进而期待这种绝对能够指引某个世界区间中的真实需求。然而，人们却必须承认，只要是相对的，便是可分的，而可分性又必将带来新的相对性。因此，一旦我们明确了一个相对性的大框架，就只能连带明确，这个框架中的任何一个层级，都仅在自身所规定的范畴内存在真实，向上一步，向下一步，那种真实就都不再能够被称为真实。

将上文的讨论放置在日常生活里，哪怕从最为浅薄的例子中都能够很快发现其复杂性。一个嗜酒如命的人，想喝酒是否是真实需求？而因为怕自己身体日益衰败想戒酒，又是否是另一种真实需求？那么明知对身体不好依然喝酒，并认为人就要活得痛快，可最终出于对家人担忧的考虑，却又戒酒，难道就不真实了吗？这里面涉及到了一种从稍纵即逝的欲望到整个生活计划（作为一个宏大欲望的载体）的延展与过渡。我们的目光放得越长远，我们的思维分散得越广阔，就越是会发现，人生中的许多关键"需求"或者说本真性需求，实际上是一个与自己复杂生命过程贴近的多元欲望的聚合。这是一个整体性计划，它所能够承载的意义和价值维度远远超过我们通常在表述欲望二字是所隐含的内容。

那么，如果说批判理论批判了资本主义生产框架下一种对于心灵的控制，那么本能以及生理和心理的成瘾性，就能够理所当然地被这种批判所豁免了吗？如果说未经反思的盲从与冲动是一种对于本真性的回避，那么经过我们生存过程而被切实塑造出的，覆盖人生中最广泛面向的追求，就能够因其在我们短暂生命中的巨大比重而被承认了吗？

归根结底，这种所谓的真实，可能真的只能如尼采所说的，能够被看作一个有自身限定的安慰或者律令，但是"无法达到、无法证明、无法许诺"①。

讨论到了这里，我们还需要回头认清一点，即当我们谈到真实需求的时候，前文的语境里，我们很大程度上在将真实等同于最高，因为只有这样我们才能够回应法兰克福学派的问题，也才能够发现真实本身与绝对和相对的辩证关系。但是如果我们将真实从真理的意味中解放出来，仅仅取其部分的内涵，将其看作诸如"正确的需求""有效的需求""合理的需求"一类的范畴时，事情会不会更加容易一点呢？

其实并不会，因为这里总是存在一种被迫的"协同"。

降格后的真实并没有缩减其自身的论证义务，我们反而需要不断地追问自己，那些通过与复杂而流变的环境的互动，从纷繁的符号中提炼出来的"好生活"的标准和意象，是否就能够确实地映照环境本身的面貌？这是必须要解决的一环逻辑，即那正确、有效、合理的应然判断，是如何从作为实然的相对环境中产生的？这个问题的答案与康德第三组二律背反一脉相承②。要解决这样的悖论，我们必须在其中引入实践与文化所提供的力量，压缩纯粹实然的生存空间；我们必须承认，相对之所以相对，不仅因为一个无限复杂的外部环境，同时还因为一个无限拓展的人类存在过程和社会历史过程。

在这一层面，马尔库塞几乎将一切与社会过程相关的需求都归为"虚假"，在他看来，这些满足虚假的需求：

"或许会使个人感到十分高兴，但如果这样的幸福会妨碍（他自己和旁人）认识整个社会的病态并把握医治弊病的时机这一才能的发展的话，它就不是必须维护和保障的。因而结果是不幸之中的欣慰。现行的大多数

---

① 尼采（德）：《偶像的黄昏》，李超杰译，商务印书馆，2013，第25页。
② 康德（德）：《康德三大批判合集（上卷）》，李秋零译，中国人民大学出版社，2016，第319页。

需要，诸如休息、娱乐、按广告宣传来处世和消费、爱和恨别人之所爱和
所恨，都属于虚假的需要这一范畴之列[1]。"

因为，"这样的需要具有社会的内容和功能，它们取决于个人所无
法控制的外力。这些需要的发展和满足是受外界支配的。[2]"曾经康德
解决问题的出路是承认实践，进而承认人类的自由意志，而现在，我
们恰恰因为社会性的实践而放弃了自由意志，这才是悖论的根本所在。
任何给定的环境都不是一个中立的环境，实然引导应然的原因，是因
为实然早就被应然占领。具体来看，一切我们能够触摸到的世界，都
必然屈从于某种具有统治意义的逻辑或者工业化的设计，而使得人们
的思路偏离（可能根本不存在的）人世之本真。而这种设计，时不时
给自己披上一个完善论的外袍，将自己伪装成为那对于好生活定义的
指导性能量；另一些时候又装作是康德主义的继承人，宣称人们应该
从各自的自由主体性出发，自己去定义欲望的状态。

那么，以这样的视角出发，重新看待我们当下面临的一切需求的
时候，我们是否还能够轻易针对每一个需求给出一个真假的判定？并
不能，因为一切可能的真假已经混合在了一起，正如饿了进食是一个
可能的"真实"需求，然而我们具体吃的什么，却是在当前整个餐饮
文化中，被预先设置好了的。我们不再能够随意判定需求的真假，我
们只能被催促着去寻找需求，满足需求，并相信那一切都是真的。就
像在看到日本御宅族的佛系生活的时候，很多人发出的哀其不幸怒其
不争的感叹一样，正是因为"好生活"的符号存在着，并且被视为一
种应然，才显得日本年轻人每天待在家里无所事事更加堕落。

与未能满足的欲望（需求）或者虚假的欲望（需求）相比，没有

① 马尔库塞（美）:《单向度的人：发达工业社会意识形态研究》，刘继译，上海世纪
出版集团，2008，第 6 页。
② 马尔库塞（美）:《单向度的人：发达工业社会意识形态研究》，刘继译，上海世纪
出版集团，2008，第 6 页。

欲望（需求）显得更加不能接受。

那么，回到移动互联的世界。论述到了这里，我们早已经明白，所谓仅看控制与否，实际上对于真实需求的探索是无用的。不论移动互联是赋予了所有人以绝对自由的想象，还是实施着不可告人的精神控制，都同样地与真实的救赎相去甚远。我们可以大方承认，移动互联给我们的一切便利当然不都是某种欺骗，但却也不可否认，移动互联天然具备的强大连接能力，使得这个世界在被汇聚的同时也被无限地拆分，这必然使得真实愈发难以确证自己的所在，锁定自己的根基。此中关键，在于这样的拆分既留存了社会性的过程，但也留存了被不断增加的相对性。当自己画了一幅画之后最大的成就感，来源于朋友圈的点赞数的时候，我们就知道，平台构建的系统，从来不是以"独乐乐"为生存目标的；而围绕着我们的无数个圈层却又向我们索求着众多不同的成就感，各类"好生活"的符号意象站在自己的世界中不断招手，吸引人们在每一个具体环境中将"大拒绝"转化为"大认同"。二者叠加，便使得真实需求在社会性和相对性的夹缝中摇摇摆摆，自我怀疑。这样的过程，与移动互联的本质密不可分，即它本就是一个由社会过程建构却又极其离散的产物。所谓的实然，在移动互联的世界中，从最一开始就和应然密不可分。这个世界不是纯粹实体而直接就是符号的，背后便自然是符号的意义和价值。因此，早在我们将自己的主体意识投入进去触碰这世界之前，它就已经在每一个新时代文化场域的细枝末节处经由那些符号孕育出欲望和需求了。它们都不是"真实需求"，但却是我们能够接触到的最真实的需求。

就这样，从对组织内的规则设计开始，平台就已经通过对于秩序的引导逐渐构建起一套权力的投放系统了；而文化霸权和文化工业，进一步为规则设计的框架增加了符号和内容的填充物，结合着现代文化产业以及移动互联的娱乐工具，直指人们的心神，使得这一套权力系统愈发隐形，人们也愈发深陷其中而不自知。而当一种从中脱离的紧迫感开始浮现的时候，我们却会进一步发现，原来逃离的路径也早已被攻陷，而那些曾经被探索的出口，其真实性也是可疑的。

这一切的努力看似最终落脚在需求之上，但实际上我们真正寻找的，是需求背后的动机，即人之所以为人的意义和价值。这种意义和价值不是凭空出现的，而是在人类的认识与实践过程中被慢慢凝聚成形的，它们被确定下来，沉淀在人类文化的每一寸土地上，而承载它们的东西，我们已经在前文的论述中多次提过，它被称为：符号。

当本章最开始说移动互联权力的隐秘关乎符号的时候，希望指明的便是，在当下，不仅仅移动互联由符号构建，与移动互联不可分割的这个时代的需求和欲望，也由同样的符号所构建。外部世界、人类自我意识与实践过程、符号，三者同构。

正所谓"人是符号的动物"①，符号既不是原子，也不是比特，然而它却超越这两者成为人汇聚成社会并且进行持续互动的核心要素。最广义的符号概念能够涵盖一切被我们意向的对象甚至意向过程本身，它与一切意义牢牢锁在一起，也暗示着一切价值的生成与消散。进入了移动互联时代，符号又获得了新的能量，因为它从一开始就直接参与到了对于世界的建构当中而不是仅在实践过程中逐渐嵌入。所以，在很多情况下，当我们要深入探求当前的权力格局经历着何种变化，当前的个体又是如何经验着整个世界的时候，还是需要回到这个看似"原始"的起点。因为它昭示着一切"实然"走向"应然"的过程和逻辑，也昭示着一切动机和权力之间，千丝万缕的关系。

---

① 卡西尔（德）：《人论》，甘阳译，上海译文出版社，2004，第 34 页。

第四节／从符号到符号定价

世界之镜

在我们的世界中，存在着绝对的实在和绝对的抽象。

绝对实在的背后是一切客观存在的实体和关系，它不需要被证明也不需要被解说，就如同人类诞生之前的无数年里，在宇宙中飘荡的星球和引力一样，在特定的规则中创生并且毁灭，无所谓意义。

绝对抽象则是当我们尝试以智慧生命的视角去理解外部客观存在和内部自我之前，那种绝对实在在人类脑海中呈现的直观影像以及所有最本己的情感冲动。它们是全然主观的，不可言，言之，便不再是一种绝对的抽象。

实在和抽象之间，是一面名为符号的镜子。无所谓意义的实在和不可言说的抽象，在这里汇合。

实在透过这面镜子，呈现着一种景象，这种景象被人们捕捉，成了可以被言说的抽象。

抽象透过这面镜子，创造着一种影响，这种影响被现实接纳，成了拥有了意义的实在。

绝大多数情况下，我们关注着镜子内外的东西。符号作为一套完整的解码工具，沟通着实在，让它们有序通过镜面，走进每一个人的脑海。而我们脑海中的经验，也因为符号的存在而变得能够被表述，那些奇思妙想经由镜面冲到了客观的世界中，并对实在产生了具体的影响。但我们却不能认为，符号之镜是对主观和客观、主体与客体、思维与存在进行一个二元论的隔断，相反，正是因为符号之镜，它们这一切，才必须被聚合为一个整全。不仅它们之间是如此，符号还成了一种语言，能够让实在和实在相互区别与排序，也能够让抽象和抽象彼此理解与承认。

我们也总期待着实在与镜子存在着明确的对应关系，而镜子与抽象同样存在着明确的对应关系，进而，实在以及其背后的客观世界，便和抽象以及其背后的主观世界，得以一一对应。但是，符号的镜子即便承担着沟通的任务，它也并不总是准确地反映着两个世界，它表面高低起伏，如同哈哈镜一样，使得实在和抽象在转换之间能够被随意放大或者缩小。镜面也存在着杂质和空白，使得彼此之间传递的信息，总是经历着添加和缺失。经过符号之镜的整合，便不再存在绝对真实的实在与抽象，而只有一个被其牵引而产生的整体性。

在这样的特征下，符号逐渐发现了自己的优势，作为中介的优势，并变得不满足起来。符号构成的世界之镜开始扩大自己的领地，同时向实在和抽象发起进攻。

当人们的绝对主观试图冲破镜面的时候，它渐渐不再直接触及镜面外的绝对客观，而是那些被愈发符号化的客观。符号并不在解码的工具性上止步，相反，它尝试着代替绝对客观，与镜面内的主观世界对话。而客观真实，当它们试图进入镜面的时候，也越来越多地开始面对符号的施压，迫使自己将自己改造，模拟成为据称更容易被主观世界接纳的形态。在客观与主观各自领域的交互过程中，符号同样对其进行着渗透，将自己介于一切交互之间，成为语言的同时，也成了一种规则。

绝对的实在和绝对的抽象被同时压迫。符号因为人们对于实在和抽象的交互需求而存在，但却渐渐成了实在和抽象的集体代理。原初的客观和主观都被隐藏，剩下的，是在符号的镜面中，符号的自言自语。

最终，符号的镜子将会越来越多，每一个镜子代表着自己的一套规则与秩序，代表着一套全新的语言和权力结构。而可以想象，多个镜子同时存在，彼此呼应的时候，正如我们将两面镜子对立放置一样，在中央的真实，将会投现出一环紧接着一环的无限的镜像，而那些镜像，仔细看去，都一模一样。而在无限复制的虚幻里，真实被圈养在中间，无路可逃。

这并不是什么奇怪的寓言，而是在人类社会中不断发生的事实。符号构建了一个完整的规则系统和转换机制，然而这种机制却逐渐取代本来待解码和编码的内容，僭越成了内容本身。进而，符号之镜关键的权力之一，便从控制入口，转而成了控制意义。鲍德里亚在《拟仿物与拟像》中描述的就是类似的过程。即最初，符号是真实的反应，后来，符号代替了真实，再后来，真实已经死亡，然而符号却掩蔽了这种死亡[1]。没有人再去关心什么是客观的，人们在符号的相互指涉游戏中创造着意义，并寻找着符号的符号、意义的意义，让这个符号之镜越来越庞大。而在抽象方面，他在《象征交换与死亡》一书里表达了类似的担忧，即那些抽象的"所指"，成了能指控制下的一部分，具有先验能力的终极所指不再存在，也不再是不可描述的个人体验[2]。

当然，鲍德里亚的叙述，略微有些绝对了。一方面，实在不会真的死亡。它可以不声不响，可以无人注意，但它始终是存在的，纵然只能隐匿于人类的社会性之外，却不会自行全然消失。如果较真一点，我们甚至可以搬出量子力学中的一个命题，即认为这个世界的某些部分本身便具有"不可理解性"，它们是绝对自在的。而举一个浅显一点的例子，只要我们思考一下，"时间之前"或者"空间之外"这类存在悖论的概念，就能够从某种程度上体验到那种超出人类认知的思维过程了。另一方面，绝对抽象同样并非不可能。我们可以说内部体验的产生总是与某些感官刺激连接在一起，进而难以保持绝对，可一旦抽象的体验被激发，它们就可以部分地摆脱符号之镜的纠缠，暂时回

---

① 尚·布西亚（法）：《拟仿物与仿像》，洪凌译，台湾时报文化出版公司，1998，第15页。注：尚·布西亚同让·鲍德里亚。

② 让·波德里亚（法）：《象征交换与死亡》，车槿山译，译林出版社，2006，第187页。

到一种本真的状态中。甚至我们不妨说，任何一种可以被称为"情感"的东西，都能够被部分地纳入这个范畴。就比如当我们提到愤怒的时候，我们都清楚地明白这个语言符号所表达的情感，但是它准确吗？它当然是不准确的，因为我的愤怒和你的愤怒不一样，不仅原因不同，就连那一刹那的愤怒的感觉，也必定不同；甚至我自己这一秒的愤怒和下一秒的愤怒，也不尽相同。所以当我们试图描述这种不同的时候，我们就必须引入某种借助符号的比较。例如我"很愤怒"、我"怒发冲冠"、我"怒极反笑"等。但是这种差异是无法被穷尽，同时也无法形成一个精准的靶向的。它仅仅是对于无数具有相似特征的感觉的一种同一性描述。换句话说，对于我们真正的情感，如果仔细思考一下，它必定是"不可言"的，不仅不可言，它甚至不可思，因为当我在想我究竟有多愤怒的时候，我在思考时所经历的愤怒就已经和前面尚未思考时不同了。因此，一切真正的情感都是绝对的主观，它可以被引导，也可以被归纳，但是不能够被确定地述说。

　　但是，夹杂在自在外在和自在内在这两者之间的，才是需要被我们不断思考、表述、争论的那个世界，亦是符号之镜掌权的那个世界。绝对实在以及绝对抽象，无论是否有效，都并非不重要，而是符号的界限划就划在这里，我们对它们的重视和思虑的目标，反而就是让其进到这个我们熟知的世界中。所以，当实在—符号—抽象的一一对应关系不再稳定，甚至可以被玩弄的时候；当确定性消亡而符号之镜仅仅代表了一种不确定的意义的时候；当主观、客观世界进行转换过程中社会性的那一面已经被符号全面占领的时候，符号对于另外两者的压迫关系便显露无遗了。本来是作为真实的镜像，反过来成了决定真实意义的最大来源，那不是世界的意义，而是世界之于我们的意义。结果，无论是所谓的拜物教，还是崇尚风不动心动的主观唯心主义，其崇拜的，归根结底也不过是符号之镜而已。

　　这就是符号之镜的霸权。

其实，符号历来就是中介，就是代理，就代表着意义的来源，这本没有什么，因为社会性驱使着我们必须开发出这样的系统或者说结构，来为并无给定观念的世界赋予可以被交互的内容进而将自己安放其中。然而问题在于，曾经稳定的指涉关系，总会因符号权力的扩大而变得不稳定。随着我们对于符号之镜的愈发依赖和对于符号之镜利用的不断增加，符号便越来越具备能够歪曲原本被代理的主客体的能力了。所以，需要被反思的并不是这种代理本身，而是对这种代理的潜在滥用。

接下来，只有进一步深入符号之镜中，才能真正找到机会，看清那种代理的具体表现形式，以及这些表现形式，如何慢慢引导着符号之镜的霸权走向新的形态。

符号的链条

对于符号的研究存在着多重视角。

通常人们提到的符号学，实际上主要关注的是符号自身定义以及规则的研究，大多从语言学、解释学甚至精神分析等视角出发。索绪尔、皮尔斯、艾柯等众多学者，都试图通过自身的努力，将符号学打造成为一个人文学科的数学，作为支撑人文大厦建构的地基，供其他学科取用。而这样的出发点，则必然暗示着一个假定的前提，即一切人类意义和价值的交互与创造，都会因为失去符号以及符号之间的逻辑关系而变得失效。对符号的使用过程就是意义和价值的确立过程，对符号的追问就是对意义和价值的追问。正如拉康所定义的，符号勾连着整个象征秩序，是我们无法摆脱的"大他者"，它一方面幻化着这世界的辞说与欲望，另一方面也借此内化和扭转着我们自身的欲望[①]。进而这种象征秩序便成为了一个整体性的概念，划规着人类自身的边

---

① 肖恩·霍默：《导读拉康》，李新雨译，重庆大学出版社，2013，第 94 页。

界，但它又永远是异己的，不会与主体完全交融。

到了这一步，符号其实便触达了一个更为根本的层面，继而可以摆脱当下的符号学自身，甚至摆脱分析哲学和语言学转向的框架，去往相对形而上的领域中。承袭自康德不可知的物自体和不可知的我自体的逻辑，胡塞尔所强调的回到事情本身[1]，实际上就有点类似于我们这里对于符号所能够给出的初始演绎逻辑了。如果秉承着从前言一直到现在的，对于符号所采纳的广义理解，我们可以说人们所尝试回到的事情本身，这"本身"二字，便是符号的，它用自己的意向性代表着符号的建构特征，而在先验还原中呈现的意识流，实际上也正是符号从无到有生成的通路。我们也可以说，正是符号建构了先验自我，并使得先验还原得以倒过来被拓展回本质还原的范畴。不仅如此，我们更可以说，那些在本质还原中被放到括号里面的、悬搁了的和存而不论的对象，同样也会是符号的。表面的经验和认知，还有一切与自明性存在有所牵连的生活中、科学中、信仰中的"意见"都被囊括其中。甚至，我们还可以说，那真正没办法具备符号化可能性的"物自体"，如果存在，那么连被悬搁都是不可能的。

然而，停留在类似现象学的范式当中，实际上并不利于我们通过符号触达具体的文化实践领域，符号"发生学"也不是这本书讨论的重点。所以，我们还需要继续前行，将符号与那些尝试在现实世界中打下深刻烙印的马克思主义，尤其是西方马克思主义以及批判理论结合起来（就像在前文的论述中自然呈现的，这是以符号作为素材之一的论述必然会出现的结果）。只有这样，才能够从一个反思性的角度去将符号的解释框架套入我们对于当前时代的诊断当中；也只有这样，纯粹的符号世界才能成为人的世界。

这种套用和诊断之所以成为可能的出发点，正是符号所具备的帮助人类勾勒一切意义的能力。符号不仅是一个给定的对象，同时也是我们在面对世界的时候，逐渐构建出的那个能够让世界对于我们"有效"的认识模式。而正如前文提到的符号霸权所表现出的，这样的认识模式可能存在一种扭曲世界的风险。这种风险不只呈现在单一的交互中，它形成了一个完整的框架，这个框架所拥有的霸权的延展性，使得它逐渐扩张直至对人的主体性都构成了某种潜在的威胁。尝试去发掘这种威胁的视角，便与马克思主义、法兰克福学派在资本主义社会霸权框架下的文化批判具备很强的同质性了。符号之镜的威胁在于它制造着某种幻象，去切断客观和主观的稳定对应关系；而同样的幻象，我们总能够在马克思的异化理论以及文化工业对于资本主义极盛下忘我狂欢的嘲弄中清楚地感知到。

那些崇高的，我们自认为看透了它们的虚幻。那些渺小的，我们自认为把握了它们的真实。

接下来的论述，便是这种套用和诊断的具体展开。

我们需要先回到法兰克福学派的真实需求概念，以此入手，解决之前没有处理完的一些问题，并在这个基础上，探索符号之镜和文化—社会批判理论中某些逻辑的融合与进一步延展。

按照真实需求概念最开始的意味，对真实需求的承认，实际上是认可了一种价值悬设，即假定一个先验的最高意义，一个终极，或者应该置于生存中心的某种本性。正是因为这样的假定，才能够借由对于文化工业分析框架下一切"后果"的描述，声称文化工业给出的"非真实"的需求，是对那悬设之价值的偏离。并且认定资本主义话语框架下的进步，提供的不过是一种新的控制手段，并将导致对人类本性的进一步歪曲。同样，文化、科技等的影响是某种意识形态的力量，去阻碍人们认识到自己的根本价值和意义。换句话说，所谓悬设，需要的是一个超脱，一个能够凌驾于当前一切文化工业符号之上的概念，它本就不是一个内生性的产物，因为它存在于一个永恒的高点上，便已经从实际意义上成了"外部性的"。

然而，问题在于，正如真实需求的难以成立一样，价值悬设在这个被符号创造的世界中，同样是一个虚幻的概念。因为价值悬设，无论是来自作为先验的绝对抽象，还是永恒存续的客观实在，一旦它被表述出，就必然涉及了某种普适的承认，否则便不会具备批判语境中渴望的能够引导和对抗普遍存在的文化工业符号系统的能力，进而被描述成为能够供人类（而非个体）逃离的出口。而当价值悬设脱离原初位置，进入普适社会领域的一瞬间，它却必须通过符号之镜，去完成符号化的改造进而成为某种可以被交互的意义，因为无论是历史还是当下，我们这个世界的意义构建都缺乏绕开符号之镜的手段。此时，一个被符号化传达的概念，如何脱离文化工业所赋予的属于当下的符号之镜的处理过程，从而成为某种超脱，便成了一个难以自洽的悖论。这不仅因为符号从来都不是单独存在的，它们总在相互勾连、指涉；更因为我们难以证明，为何单单在被悬设的价值上，绝对实在或者绝对抽象能够被完美转化，不受到符号之镜的影响，也不和其他任何符号产生关联，乃至不进入普遍的符号序列之中。

这就可以理解，为什么前文说当法兰克福学派的学者们视自身为理论家的时候，其对社会现实的深刻批判无疑入木三分；然而，当他们作为革命家的时候，却难以立足现实并提出一个合理的革命进路，而是转向某种乌托邦的论调了。因为一旦革命被发起，法兰克福学派就必须给革命寻找一个方向，给被抨击的不合理寻找一个合理的替代方案。此时塑造一个悬设的价值自然而然成了最佳乃至唯一的出口，因为这种悬设本身就假定了它不仅悬置于文化工业的世界观之上，同时也悬置在符号之镜上，来摆脱符号化过程中夹杂的攻击。然而，以此为目标的悬设却并不具备一个坚实的基础。它转移了战场，将本应该针对现实权力架构的内生性攻击，转为了对某种理想主义完美形态的形而上的追求；它不仅在正面对抗中撤出了自己的力量，还将其引导向某种避难一般的方向。然而，在他们向着超脱的领域前行的时候，"现实"，或者说代表着扭曲现实那一面的符号之镜，却在以更快的速度展开追击，进行着对那些领域的入侵。逃离的速度永远赶不上入侵的速度，在他们回过神来之前，从前看似能够挖掘并承载价值悬设的领域便已经被文化工业所彻底左右了。于是这种改造，最终难免成了一种异时性的安慰，以过去的"善"来救治未来的"恶"，成了某种"发泄人道主义的不满"的表达。

对于价值悬设或者说真实需求的默认，在很大程度上阻碍了法兰克福学派的整体革命进路，然而，它还有一层更加深远的影响，即直接影响了他们看待整个文化工业的视角。

无须采用一个全然悲观的论调，我们也能够发现，文化工业控制体系本身的难以救赎，是那个被掩埋的悬设价值之必要性的前提。所以，从这里出发，对于文化工业的批判必然会将更多的笔墨落在一个无法改变的、自上而下进行投放的系统上，因为只有这样做，才能衬出那出口的可贵。进而，二元对立的控制，便成了这个系统的默认逻辑。并且，这种对立和控制是稳固的，因为越是在叙述中缩减它的变易性，就越容易得出那些命定一般的结论。这样做的结果，便是在大多数批判的话语体系中，既定的现实与那被摧残的理想之间，总是有一种静态的矛盾，这个矛盾成了主要矛盾并抓住了批判者们最多的精力，而在控制系统内部的不同元素，则被视为具有同等意义的，实现文化工业压制的工具，反而它们之间的差异性不再被重视。

为什么一个中产阶级的男性白领一定要喝葡萄酒呢？必是一整套文化工业实践赋予了男性白领和葡萄酒相对应的符号关系，而这种关系能够衍生出一种系统性的权力，个体可能出于对自身的标榜，对同辈的模仿，对下层人民的蔑视或者对葡萄酒美味上瘾的执念，去喝下那一杯酒。但无论如何，这一过程中，文化工业构建的围绕着葡萄酒这一意象的一系列符号，如品位、高雅、价值、收藏、聚会、人脉等，必然在最终的消费决策之前就已经完成了对于个体思想的占领，这种占领甚至会直接形成物质意义上的影响，去真实地改变人们喝下葡萄酒时体验到的口感[①]。诸如此类的概念和过程就这样深深嵌入文化工业系统之中，对个体进行着无差别的投放，近乎永恒。

在这里，缺失的是什么？

是啤酒。

我们虽然能够通过批判理论开启对于符号之镜的讨论，但是符号之镜只是通常批判语境下的一条暗线，所以我们的分析不能仅仅停留在那种表面上单纯二元对立、本质上却是无差异的同一的结构当中，而是需要深入进去，明确一点：即便是在那被役使而成为控制手段的符号之镜内部，也存在着需要被关注的问题。这些问题，要在符号与符号之间的交互关系中寻求。对此，鲍德里亚关于消费社会的相关理论，能够在很大程度上为后续的论述指明方向。

在鲍德里亚看来，消费领域中的物品，从不单独存在，而是彼此之间有着一套完整的符号规则，将它们连接在一起。这是一种相互指涉的关系，事物在一个符号的序列上、在整个消费系统中，寻找自己的位置[②]。我们可以举一个很简单的例子来理解这种指涉所构建的关系网络。就像一个人不太会用印着"劳动最光荣"的搪瓷碗吃 M12 牛排一样，那会令人体验到某种难以名状的不和谐，仿佛自己面前的两个东西之间存在一种天然的割裂，它们被从自己的意义网络中抽了出来，硬生生扔在了一起。这就是最平常的符号指涉关系，它的范畴可以不断延展：那块牛排可能指涉一个高档骨瓷的盘子，而那盘子便可能指

---

① 当前的医学工具已经能够让我们清楚地看到符号对于生物的影响，国内外都有多项双盲实验试图证明这一点。例如让被试者喝下同一种酒，并事先告知或不告知对象这是某种品牌的好酒或者劣酒，而后通过 MRI 观察受试者海马区的激活程度。这类实验通常的结论都指向一点，即当用户认为自己喝的酒是好酒，尤其是了解这个酒的历史、故事、品牌价值的时候，他们真的会从生理上，"觉得"这个酒更加好喝。

② 让·鲍德里亚（法）：《消费社会》，刘成富、全志钢译，南京大学出版社，2014，第3页。

涉一套纯银的餐具，纯银的餐具又指涉桌子下面驼绒的地毯，驼绒地毯则指涉真皮沙发乃至一个拥有落地窗的大餐厅等，物在这种对应关系中寻求自身的"合理性"，我们的意义世界，也正是根据这种指涉关系被搭建起来。大多数时候，我们对其习以为常，只有其中某些指涉脱节、跳跃甚至对立起来的时候，我们才会替它们觉得尴尬和不合时宜。

不仅如此，在指涉的同时，被符号包裹着的物之间也在进行着排序，就像白兰地给很多人的感觉比葡萄酒要高档，而葡萄酒又比啤酒多了些许格调一样。类似的比较能够从美食、服饰、交通工具乃至语言、文化、思想等众多层面中被找到，它们在自己的领域中合谋，构建着统一的秩序，一道借助符号的霸权引导人们的判断以及行为。

在这种指涉和排序中，批判理论视域下的文化工业以及消费系统也得以被进一步拆解，成了能够以更加微观的视角进行审视的范畴。换句话说，法兰克福学派早期学者们强调资本主义系统带来的对立性消费—生产关系；其重点在于，文化工业告诉你，"你必须买一辆车"。而鲍德里亚的分析重现了这种消费关系中的符号关系，并将其提取出来做进一步的考量；其重点在于，消费主义告诉你，"你必须买一辆保时捷而非大众，同时最好给这个保时捷添置一个可加热坐垫"。

所以，原本单纯的命令被展开，成了一套话语体系。在这里，符号和符号之间，不仅牵连甚广，同时尊卑有别。它们既不是孤立存在的对于意义的指代，也不是完全聚合为一体的对于人性的威胁。甚至我们可以说，符号之镜反而首先是以满足人类某些天性为目的而行动的，那个天性，便是前文曾经提到过的，人类对于"序"孜孜不倦的追求。

面对纷繁的社会现实，将其进行体系化加工是人类作为智慧生物的本能之一（大多数时候我们也乐在其中），以供我们更好地依托现实构建一个有效的交互系统，并且通过它去理解并处理现实。这样一个建构过程的原材料，是符号，然而如何将符号排列组合，使之成为系统，却成了更加关键的问题。这个问题的解决，有赖于意义和价值在建构过程中的不断生成，它们渐渐使得概念成为概念体系，又让概念体系演化为序列体系[①]。在《现代性的碎片》一书中，弗里斯比援引了赫曼·巴、齐美尔等人的观点，试图说明当下的万物在永恒生成和消失状态中，构建了无穷无尽的链条，链条中的事物总是相互关联的[②]。在符号之镜的理论框架中，这个链条就是符号的链条。世间的一切意义在符号之镜上汇总，并定义出自己专属的一个链条上的位置。

　　这样的符号序列，只能作为进一步讨论的跳板，因为我们需要在它的身上，看到仍需被解决的矛盾。相对于文化工业批判中静态的宏观对立，符号序列的确深入到了符号之镜内部，并通过符号之间的勾连，为其注入了活力；但这活力仍然不够，符号序列的概念实际上也并不完整。尽管个体能够看到整个符号序列中每一个指涉环节的点点滴滴（正如啤酒、葡萄酒、威士忌、白兰地对应的阶级关系），汇聚出一个符号的围城。但从整体上看，符号以及符号序列并没有因此就变成动态的，它不过是从一个粗糙的静态关系中，走入了一个精致的静态关系中罢了。在这紧密连接着的关系网络里，一个符号扬着手指着下一个符号，从不放下。

　　可是，如果有一天，中产阶级男性突然变得更喜欢喝啤酒，并认

---

① 索绪尔以及罗兰·巴特一脉的符号学家都曾对符号语境下的意义和价值进行辨析，即倾向于将意义解释为能指与所指所构建的内在属性，而价值则是产生在将不同符号放置在一个相互依赖的整体系统中时，用来描述这种系统性关系的概念。意义重在描述一个符号和另一个符号之间因为其内在指涉的区别而产生的差异性，而价值则用来描述一个符号和另一个符号的"序"。这种以意义为基础建构出来的"序"，就可以被理解为鲍德里亚所说的符号序列了。参考：Ferdinand de Saussure, Cours de linguistique général, p.162/163. 以及 Roland Barthes, Elements of Semiology, trans. Annette Lavers & Colin Smith, Hill and Wang, 1967, pp. 48-56。

② 弗里斯比（英）：《现代性的碎片：齐美尔、克拉考尔和本雅明作品中的现代性理论》，卢晖临等译，商务印书馆，2016，第 17、81 页。

为啤酒才是品位和阶级的象征了，怎么办？

在批判理论以及鲍德里亚的理论框架中，并不过多考虑当这样一种文化工业构建出来的逻辑突然失灵的时候，会产生何种后果。如果人们突然认为喝啤酒是一件比喝葡萄酒更加彰显品位的事情的话，原本的文化工业逻辑可能就要被迫改写，并且是经由整个符号之镜的彻底改写，才能够完成内部自洽。即啤酒的地位的上升，改变的不仅仅是啤酒本身，而是需要文化工业内部一系列符号的行动都给出相应的调整。葡萄酒、酒杯、品位、历史、服装、场景都得给这变革以相应的尊重，并与之一道，重新构建符号的序列和符号的网络，帮助它成为新的永恒。

但问题是，这样的过程究竟是如何发生的？

动态的符号序列

我们在很多领域都看过从静态到动态的叙述进路。

曾经如索绪尔和哈贝马斯等学者，最初在对语言进行研究时，多数情况下都假定了一种相对静止的语言结构，因为静态结构就已经足够承载人们针对这一方向的绝大多数思考了。所以，人们即便承认语言的谱系化进程，却不妨碍其在研究时把更多的精力放在描述语言符号互动的理性构成以及与其稳定对应的一整套社会准则和行为方式上。而随着语言学的逐渐发展，我们早已能清晰地看到，语言是开放的，是在不断变化的。尤其是最近几年借助互联网而加快了的流行用语的诞生、过时和留存，更是让每一个使用网络的人都能够清晰地感知到在"静态"的语言结构中，存在着某种历史过程，或者说"流变"。它可能不会按照时间节点，以翻天覆地的形式呈现出来，但是这种沿革而来的变化实际上一直都在。

与此类似的，传统的权力研究中，也大多倾向于优先从结构性的角度给出相应的论述；权力的变化虽然没有被完全否认，但毕竟难以把握。所以，当布迪厄从实证研究出发，构建其场域理论的时候，就给了流动的权力以新的生存空间了。场域被布迪厄描述成了一种动态的、存在着永不停歇的斗争的场所。场域中的各种参与方在被圈定的空间内进行着他所说的"位置攫取"的活动，去寻求一种象征的秩序以及秩序背后的权力。在《艺术的法则》一书中，布迪厄便着重描述了法国的艺术家以及文学领域相关机构如何围绕着特定的规则，不断谋求自身的话语权，乃至创造新的规则[①]。

　　再比如，就社会建构本身来说，同样存在着静态到动态的转化。传统的社会契约关系是相对静态的，这并非是说它们的出发点不正确，而是说在早期对社会契约或者社会生成进行研究的时候，更加注重的是社会得以可能的道理或者逻辑，而不是描述一个社会在斗争中反复确证自身的具体过程。然而到了近现代，社会建构的现实性就开始不断被拿上台面来讨论了，进而视角也就有了相应的转变。例如达仁道夫在对社会契约进行研究的时候，就强调社会契约不是一成不变的，而是基于社会冲突的变化需要被不断改写的[②]。

　　在这些例子中，我们能够隐约看到它们和符号序列相似的一些特征，这些共有特征便能够帮助我们摸索出找寻符号序列应有样态的方向。这种样态大致可以被视作，具备自在结构的网络或社会过程，与网络中的行动者对于既定现实承认、否认过程之间的辩证运动。在每一个领域中，我们都能够体验到一种起源于动态冲突的扬弃和对抗。而这样的动态过程，完全能够被用来对照审视符号之镜下，符号序列

①　在布迪厄的场域理论中，实际上已经提到了符号资本，但是他更倾向于对符号采用一个相对狭义的解释，如加诸人身上的一些光环、荣耀、信誉等。而在谈及符号暴力的时候，布迪厄则将范畴进一步打开，承认了符号构建世界以及影响人们看待世界的方式的能力。参考皮埃尔·布尔迪厄（法）：《艺术的法则：文学场的生成和结构》，刘晖译，中央编译出版社，2001，第114页。

②　拉尔夫·达仁道夫（英）：《现代社会冲突——自由政治随感》，林荣远译，中国社会科学出版社，2003，第40页。

的现实运作逻辑。

简单来说，对于给定的符号序列，当"你必须买一辆车"和"你必须买保时捷而非大众"这两个指令被提出之后，紧随而来，不能无视的另一个关键问题便是："今天认为保时捷更好的人，凭什么明年可能就更加偏爱大众了？"而如果我们仔细思考一下，就会发现，这三个问题其实是共时性的，它们并没有如我们论述时所表达的这种渐进关系，而是所有的问题都在主体、对象以及社会过程中被一道提出，一道解决。柯亨曾经批判过资产阶级的政治经济学家往往混淆了生产的物质性与社会性，把特定的社会关系看作像支配物体的物质活动一样永恒[①]。但这种批判仅仅点出了社会关系这一层面的动态特征，可实际上，物质性与社会性反而是必须被混淆的，只不过并非因为它们都是永恒的，而恰恰是因为它们从来都不是永恒的。

这种非永恒性来自符号之镜内部意义的不确定和外部价值的不稳定，这两个特征构成了一个充满着变数的动态符号序列。在这里，需要被讨论的关键，不是意义，而是意义的变化；不是价值，而是定价的过程；不是相对位置，而是对相对位置的争夺。

讨论到了这里，我们就能够基本摆脱静态的符号视角，以及准静态的符号序列视角了。进而承认，在社会互动场域中，符号的指涉并非连续不断，符号在整个序列中的位置也并非不变，符号所身处的文化工业大框架，亦从不是一个牢固的钢筋结构，而是一个存在着永恒的冲突、对抗、竞争的场所。

当一个符号被赋予了符号链中的特定位置的时候，这个位置不会被锁定。实际上，每一个符号都存在某种"能动性"。它们在序列中向上攀爬，尝试将自己作为某种高点，因为更高的位置就喻指着更大的

---

① 柯亨（英）：《卡尔·马克思的历史理论——一个辩护》，岳长龄译，重庆出版社，1989，第 93 页。

价值、更大的话语权。拿价值观一类的符号来说，如在斯巴达，个人勇武就可能在这个链条的上游；而在雅典，高点则似乎闪现于思辨的智慧之中；文艺复兴之后，理性牵引着众多的符号向上冲刺，这种冲刺，让法兰克福学派的开创者们感叹启蒙甚至都变得带有了些许集权性质[1]；而反观法兰克福学派给出的批判的路径，却也正是将对当下社会现实存疑的心态，放置在序列的最前端[2]。符号的链条上总有高点，正如社会契约中一定会存在某种权力集中的过程一样，而每一个高点都既不是全然无辜也不是绝对错误的。如果说静态的文化霸权强调的是一种自上而下的灌输，那么"活"的符号链条，强调的则是对于符号序列中自身位置永不停歇的争夺。登顶而成为"神话"的渴望，指引着历史上不同社会中最受推崇的理念自我展开运动，像极了"真实需求"。

从此种角度再度回到对于"真实需求"的认识中，我们就更能够清楚地看到，符号的链条上，每一个符号的位置都在随着历史的演进而发生变化。因为这种动态的特性，使得当下那些所谓的"真实需求"被掩盖或者被改变，淹没在符号的链条中。然而也正是由于这样，"真实需求"，即便以某种浅显的方式存在着，也才不必须是一个凌驾于符号链之上的东西，而是存在于其中，与其他所有符号一同，寻求着更高的位置与登顶之可能的另一套符号。所以，**如若暂时悬置将真实需求作为"绝对"的执念（但我们必须牢记这种执念的崇高性，符号之镜对它的排斥并不能让我们放弃对它的追问），所谓的文化工业对于真**

---

[1] "启蒙始终在神话中确认自身。任何抵抗所诉诸的神话，都通过作为反证之论据的极端事实，承认了它所要谴责的启蒙运动带有破坏性的理性原则。启蒙带有极权主义性质。"引自马克斯·霍克海默（德）、西奥多·阿道尔诺（德）：《启蒙辩证法：哲学断片》，渠敬东、曹卫东译，上海人民出版社，2006，第 4 页。

[2] 当然，真正的批判思维并非尝试将某一种类的观点置于高位，而是强调谦逊而低调的反思，即便是针对自身。

实需求的压制，便不再是全部的文化工业的内生需求之集合，去共同策划了一种对于真实需求的谋杀；而是那被拟定的真实需求身处符号链条之中，但是其自身却并不具备足够的社会动能向上攀升，从而只得在符号链条内部被埋没和践踏。

所以，如果承接着之前对于价值悬设以及真实需求的否认，但却依旧默许一个符号链条上的高点的存在，我们就会发现，这个链条，一定不是唯一的。对霍克海默而言的艺术的真实需求，对另一个人来说，可能是与生存无益，能够弃之如敝屣的废物。而这一点，一旦被发现，符号的霸权就进入了另一个维度。

对于个体来说，在我们加工外界经验的时候，并不仅仅对其进行种种先天的、知性的、教条的、怀疑的论断。我们会将自身的价值判断，换句话说，那些对于外部经验以及符号的某种系统性排序，作为这种论断和加工的引导，形成一套我们自己的排序体系，让每一个符号转化为最终呈现在主体世界面前，具备操作性的价值序列中的一个点。人们察觉到，在同一个庞大的符号之镜下，我们每个人，映照出来的，都是不同的自己和不同的世界，它尽管勒令我们趋于统一，但这样的过程却必须加入我们的主体性。正如普罗泰格拉"人是万物的尺度"①这一命题背后所隐含的："每个人"自己都是万物的尺度。

人们也看出来，当符号展示霸权的时候，符号针对的是整个社会，它创造着一种属于自己的话语权，然而这种对于绝对实在和绝对抽象的压迫，是均质的、平等的。而当人们进一步察觉到符号之镜里面的符号，能够通过排序进而形成代表价值的链条的时候，便会突然发现，实际上，符号创造的霸权结构，早就为自身与人类的交互提供了机会。符号在符号序列中展示出来的能动性，也正是在这里吸取了社会中行动者们的能动性而得以可能。符号的霸权在符号序列的自我运动中被翻转，因为它必须与人们合作，让人们晓得，符号是可以被利用的，

① 黑格尔：《哲学史讲演录》（第二卷），贺麟译，上海人民出版社，2009，第27—28页。

方式就是通过斗争控制意义和关系，进而影响排序，谋取价值。

这一过程，即符号定价。

换句话说，符号链条本身是中立的，可一旦人们顺应着符号的霸权，乃至从中截取一段，加以控制的时候，它便成了能够被操纵的工具。这种控制当然不是统一的、合谋的，也并不是毫无阻碍的，符号序列的最终呈现并非简单的投放，而是多方动态博弈的结果。弱水三千，每人都取一瓢，并最终开始你争我夺。而现实的指涉不孤立存在，符号定价的争夺也便随着符号对于现实的渗透而具有普遍性，定价的控制和权力紧密相关，符号定价也就由此把权力带到了世界的每一个角落。

归根结底，这里试图说明的，是符号霸权和符号定价霸权的理论割裂。即符号霸权普遍存在，而人们对于符号霸权的争夺最终将会演变成为一种更加具象的"符号定价的霸权"。符号霸权所描述的社会过程是不特定的，它来自符号之镜，其霸权的作用对象是整个人类社会的一切主客观真实；而符号定价的霸权来自人类之间，是人类攫取符号霸权，并试图控制符号序列、剥削符号之镜价值的副产品。

以符号确证的定价为最终目标，符号定价霸权运作的过程包括了符号生产、解释、传播、承认等诸多环节，每一个环节都可能存在无数参与方试图借助对于符号的控制来获取权力。威廉斯在《现代主义的政治——反对新国教派》一书中，曾举过一个先锋派艺术实践的案例，即超现实主义者尝试的一种"无意识写作"的创作方式，他们通过种种手段（包括致幻药物）使得自己沉浸在类似梦游或者是阴魂附体的状态之中，完成对于某些神秘并且超验的思维过程的叙述[①]。我们可以想象这些文字的最终价值是如何被确定的，那些排列组合的玄秘

---

① 雷蒙德·威廉斯（英）:《现代主义的政治——反对新国教派》，阎嘉译，商务印书馆，2002，第103页。

的符号在无意识中被创造，无论这种创造的过程是多么的仪式化，它的"无意识"之本身就是为了给符号后续的解释打开一个更为广阔的窗口。在这里，话语权不在于实体的生产，而在于通过符号对现有产物的解读与承认，是后面的过程最终赋予了一切写作成果以所谓的价值。这样的例子固然较为极端，但也在暗示着人们对于符号生产与解释的操纵是多么地轻而易举。不仅如此，这种解释的过程似乎可以无限延伸。正如维特根斯坦试图告诉我们的，遵守规则实际上是遵守对于规则的解释，而一切解释都可以被解释得符合规则，结果，任何解释都仍旧和它解释的东西一起悬在空中①。那些代表着"纯粹客观存在"在主观层面的投射的符号，实际上都映照着人类自身不断解释出来的一切意义与价值。创造有没有意识并不重要，重要的是如何对其进行解读和利用，如何让这种解读和利用占据某一个固定的社会位置，完成对其他符号的蔑视和排挤，并最终实现所谓的对符号的定价。即，通过对于符号意义的控制与排序，来确定某一社会事实的相对价值。

　　而这样的解释，也不是孤立的。皮尔斯的无限衍义理论从符号学本身给出了一个系统性的逻辑框架，即每一个符号在被解释的过程中，所用以解释前一个符号的解释项自身便成了一个新的符号，而这个符号又是有待于被解释的。进而意义在语言链中永不停息地从一个词向另一个词滑行，最终形成一个庞大的解释链条。这个链条是无限的，它的全部可能就是整个人类文化，而它的本体，便就是"符号"结构本身②。换句话说，当我们从任何一个符号出发，开始思考它的意义，并尝试为它寻找价值的时候，这个符号所蔓延出来的意义网和价值链便开始无穷扩展；最终，我们在这个符号身后看到的，就会是整个符号之镜的庞大身影。

---

①　维特根斯坦（奥）：《哲学研究》，李步楼译，商务印书馆，2019，第67页。
②　赵毅衡：《符号学：原理与推演》，南京大学出版社，2016，第104页。

就像哈贝马斯将操纵性的传媒力量视为构建政治公共领域的关键要素一样，[①]符号传播媒介以及呈现方式所能映射的话语权顺延着对于符号的生产和解释，以特定的形态和途径影响符号进行社会扩张的过程。其目标，在于引导出人们对于特定符号意义和价值的承认。这当中自然存在着种种阴谋、欺骗、威胁，就像《资本社会的 17 个矛盾》中，大卫·哈维描述的李柏买入垃圾股后进行包装，然后不断给人打电话推销，拉升股价进而套利的案例（李柏的申辩中，又直接质问道：他的行为和华尔街任何一个股票公司的行为没有什么两样）[②]。然而即便这种定价可能来自一种虚假的偏误，可却能够借助着符号之镜连接主观世界和客观世界的特性，去产生实在的社会结果（如股价因为股民相信垃圾股是有价值的而真的提升了）。这种结果，便成了符号定价霸权的核心玩家们甘之如饴的战利品了。

从最普适的社会互动领域上看，去寻找那些大玩家们进行符号定价的过程，我们就会发现，整个这样一套符号定价流程，如何能够成立，乃至如何在某种程度上代表了特定的权力投射，是基于符号定价参与方的相对市场地位以及权力关系这种关键要素的，而新的符号定价又会根据其排序中获得的价值去回馈这种权力。于是，权力和符号定价相互渗透并支持，这一过程形成了符号之镜历史演进的基本动能之一。

正如前文所说，在当下，个体所让渡的对于自身以及外界环境的解释权，成了消费文化极盛以及交互能力极强的移动互联时代中，所有权力主体奋力争夺的东西。而这种解释权，很大程度上与我们主观对于符号以及规则的解释相连接。以这种解释权为出发点，谁能够给

---

① 尤尔根·哈贝马斯（德）：《公共领域的结构转型》，曹卫东译，学林出版社，1999，第 224 页。
② 大卫·哈维（美）：《资本社会的 17 个矛盾》，许瑞宋译，中信出版集团，2016，第 213 页。

符号提供一个合法的解释，谁能够控制这种被制定之意义的传播过程，并且让自己的一套逻辑得到某种社会性的承认，谁就占有了符号定价之战的先机；换句话说，也就占领了控制符号之镜，乃至控制人类看待世界之视角的先机。而当前的生产—消费规则中，市场中已经拥有了更多资源和更大话语权的那一部分权力主体，显然能够拥有更多的手段和更大的能力去获得这种先发优势。故而，符号定价与传统权力结构以及权力运作逻辑的关系，便也在很大程度上，被捆绑在了一起，其中一并夹杂着新生"大玩家"们的不断入局。前文反复提到的，平台们对于内部符号和规则进行控制的重要性，其背后所蕴含的核心能量以及运作逻辑，也就在对于符号之镜、符号序列、符号定价的逐步讨论中，被再一次彰显。

于是，符号的霸权被拆解，成了不同主体所拥有的符号定价权。他们通过符号的生产和传播干预社会过程的走向，渗透进其他个体的内心，甚至创生新的社会事件与社会实体。他们明白这种符号定价实际上承接着符号之镜本身所构筑的种种幻象，却无所谓真假，因为一种幻觉只要不被公认为是一种错误，其价值就完全等同于一种实在的价值①。他们通过这种定价来创造需要、控制应得、指派正义。他们绝不停歇，也不能停歇，因为其身后，还有虎视眈眈的无数主体正蜂拥而至。

所以，符号之镜的霸权体现在对于意义的控制上，也体现在对排序的影响上，但归根结底，体现在它让人们沉浸于符号定价霸权的幻想与自豪中，无法自拔。

价值的游戏

符号定价霸权的大前提，在于我们相信符号之镜中，价值是能够

① 让·鲍德里亚（法）：《完美的罪行》，王为民译，商务印书馆，2014，第 52 页。

被人们创造并且掌控的。不仅如此，这种掌控能够渗透到现实的世界中，进而具备相应的实在权力。符号的相对位置是对价值的表述，它是一种结果，而"定价"一词则同时描述了结果以及过程，符号如何通过相互之间的比较去确定位置，涉及的便是价值的起源。

符号定价的逻辑，与世界定价的逻辑，是高度吻合的。正如我们都会承认高铁系统是"有用"的，但是只有在将高铁系统和航空系统比较时，只有在将现有高铁系统和原有铁路系统比较时，我们才有必要引入一个更加体系化的"价值"的概念。符号之镜内部的所谓价值，便可以看作是符号沿着链条攀升过程中与自身的历史存在以及其他符号的相对位置的微观描述。但在这里，我们切不可仅从一个狭义的角度去看符号，认为符号和货币一样，不是资本，但是却能够表述资本，成为资本的媒介和象征。因为实际上，符号定价不仅从逻辑上与世界吻合，它们二者的体系本就是不可分的。符号所拥有的，不单是能够和资本进行互动的潜力，还拥有能够直接成为资本本身的潜力。这样的潜力需要建立在一整套社会性的资本（符号）规则下才可以被实现出来，在这一套规则下，所有东西都会被扔进同一个序列模式中，去确证自身的价值。

接下来，可以简要讨论一下，这样的同构性是如何成为可能甚至必然的。

很多学者都曾经用鲁滨逊的例子，试图描述在一个原初状态下，价值如何产生。模拟原初状态的讨论总有其合理性，因为它能够从讨论的最一开始就剥离很多在完整场景下无法被控制的变量，正如讨论生产价值的时候，选取孤岛上的鲁滨逊来规避在现实中难以避免的社会交往与交换价值一样。从这样的角度来看，如果一套逻辑能够在原初的模拟中自洽，那么起码它能够为后续的分析提供一部分稳定的论述基础。

于是，我们不妨首先套用马克思的基本逻辑，说这种价值来自生产者的劳动时间。例如在岛上，鲁滨逊花了两天的时间做了一个渔网，这便因其投入的时间而对应了劳动力进而对应了价值。而劳动时间，或者说最为普适的劳动时间，在更大的语境中，又和社会中劳动者的"标准"生产力挂钩。换句话说，并不是延长劳动过程，价值就能够增加，而是要看在一般状态下，生产特定产品的劳动时间。

回到鲁滨逊的例子，在这里，当承认生产时间对于价值的影响之后，就会发现，它假定了一个在任何价值比较之前就已经存在的结果，即"时间的多少"；而所谓的比较过程，却变得万分简单。就像漫画中的战斗力指标一样，战斗力高的一方几乎必然会取胜，成为一个拙劣的自我预言。这显然并不能解释大多数的定价过程。我们可以想象一个简单的场景，即鲁滨逊用同样的时间分别生产了一个渔网和一把锄头，而现在他被迫要放弃一个。在这样的强制比较当中，相同的生产时间便无法为价值判定提供任何有效的参考了。鲁滨逊需要考虑的是，渔网他今天就可以用来打鱼，然而用锄头去种地的话，他收获的周期太长，而在这期间他如何保证自己不被饿死？

于是在这里，另一个概念被引入，通常被称为有用性。

有用性代表了在特定环境下，事物所具备的"能量"。它可以是物的有用性，它同时也可以是符号的有用性，即这个物背后的符号在人们脑海中投射出来的价值。它虽然在很多时候能够成为进行价值比较的重要参考，但是由于符号之镜主观的一面，这种参考也并非总是稳定的。换句话说，鲁滨逊在对渔网这个对象进行认知的时候，大可以去承认渔网以及其背后的捕鱼行为的有效性，而最终事实却可能是渔网的孔太大了，而鲁滨逊也实在不会捕鱼。于是，在另一个平行世界里选择了锄头的鲁滨逊，挖红薯吃得很开心；但在这里的鲁滨逊却拎着渔网望洋兴叹饥肠辘辘。所以说，世界的复杂性和流变性，使得单从物或者符号的有用性感知来看，人们总是不能明确地断言渔网相对于锄头来说，是更有价值的，还是更无价值的。

另一方面，有用性也并不总是和价值挂钩。我们可以想象一下人们对于废品的迷恋，在网上随便查一查就能够看到数不清的方法教我们对易拉罐的废物再利用。仿佛真的有很多人执着于将喝完的易拉罐做成小花盆，做成手机支架，甚至做成小灯罩似的。我们沉浸于将它从一个废品变成一个"有用的"东西，就像这个社会教导每个人成为一个"有用的人"一样，这甚至形成了某种道德上的快感。但是，可曾有哪个人会因为易拉罐能够被用来做一个遥控器支架而愿意给超市支付更高的价格吗？并没有。

有用性还有更加复杂的一面。

再次回到荒岛上。这一次，鲁滨逊决定养一个宠物，一只猫或者一只孔雀。假设饲养它们的成本是一样的，而它们也不会给鲁滨逊带来生存方面的收益，这只猫和鲁滨逊一样不会捕鱼，而孔雀除了开屏之外，就只是在山洞门口散步。鲁滨逊会怎么选择呢？十有八九是养一只猫，因为猫起码更加能够和他互动，形成一种陪伴的、"个人体验"的有用性。然而，如果这件事情发生在真实社会，在外部条件都满足且成本相同的情况下，让一个中产阶级去选择养猫还是养孔雀，养猫估计还是占主流，但相信养孔雀的人也不会很少。为什么？因为养猫的人太多了，而养孔雀，听上去就像是有钱人才能干的事。它形成了一种"社会标识"的有用性，在社会的目光中逐渐塑造出了一种价值。换句话说，绝大多数情况下，现实不孤立存在，而一旦现实需要在整个社会中被理解、被辩驳、被赋予意义，现实就一定进入符号之镜，在某种层面上成为被符号所改造的现实，也就顺理成章地进入符号价值序列的争夺过程当中。

如果说这个例子划分得还不够明显，我们可以看看另外一个"物"——玉玺。玉玺当然有用，它的价值在于它对应了一个被创造出来的社会事实，在于它在当时的群体共识中成了皇权的象征，在于它上面的文字，能够使得某个文本成为规则，这是社会性赋予它的价值。而除此之外，玉玺本身就没有用了吗？也未必，它仍然具有个体有用性，它可能用料考究、设计精美，让人看上去就舒心；也可能质感厚重，让皇帝时常用来镇纸；当然，说不定还可以成为皇帝在气头上砸不听话大臣的头的"板砖"。这其中的区别，在于相对于个体有用性来说，社会的有用性通常需要"承认"这一过程才能够被构建出来，就像养猫或养孔雀的例子中，别人知道"我"有孔雀的这个次生事实才是认定其价值的根本。而一旦这种承认崩塌，价值就会被改写。如改朝换代，那么前朝的玉玺，则非但无法代表权力，反而可能会为持有者引来杀身之祸。

大多数的情形下，不存在绝对的工具性，也不存在绝对的社会性。源自孤立使用的价值只是定价的一个层面，需要用社会的承认进行补齐。而困难之处，则在于确证出任何一个孤立的个体，其纯粹价值的非社会性。我们最后一次回到荒岛上。当荒岛上只有鲁滨逊的时候，就真的可以剥离开社会性的交换行为了吗？不是的，即便不去看鲁滨逊上岛之前对于英国文化的理解以及对人类文明积累的学习，荒岛上的鲁滨逊也在交易。这个交易，发生在这一个时刻和下一个时刻的鲁滨逊之间，发生在具有这种想法和具有那种想法的鲁滨逊之间。正如只要进入社会领域，价值就一定是竞争的一样，在不同的鲁滨逊之间，在他所处的不同环境、拥有的不同资源、此一时彼一时的不同偏好之间，他的一切，依旧在不断取舍中被排序，在符号和符号的互动中被排列。他在自己十足的内心戏中，以自己为一切参与方，构建了一个社会，正如我们每个人都会做的一样。

价值的锚定，除了难以计量的劳动、难以分割的工具性与社会性之外，还有另外一个问题，就是难以分辨的需求。在价值比较的种种情形下，不断变换的抉择让我们看到，似乎那些被个人以及被群体认可的需求，需求背后的人类的欲望，往往才是确定价值过程中，更为可靠的要素，映照着每一个在"当下"最被看重的东西和它背后隐含的位置。正如想吃鱼的鲁滨逊的渔网，想彰显自己身份的中产阶级的孔雀和一个强盛王朝的玉玺一样。

而这样一来，价值的讨论似乎又一次回到了之前不断被提及的那个问题，即需求的真与假。正如前文一直在强调的，讨论具备绝对意义的真实需求，在符号之镜的压迫下，可能终究只能成为一个伪命题。但其实，不仅仅"真实需求"如此，对任何需求，可能都是如此。

人们总是能够怀着深沉的面色感叹"真相之难"，说架构在整个现代传媒和商业广告体系上的"真实内容"，不过是被歪曲的产物，这种歪曲甚至会引导我们最终去否定真相本身。然而，我们不能回避的更深一层问题却总是，那所宣称的被否定的真相，是否存在呢？如果说豪车的广告掩盖了某种真相，那么追问一句，被掩盖的真相究竟又是什么呢？是一辆不那么贵的奢华的车吗？是一辆本来就并不那么奢华的车吗？换句话说，任何现代意义上的车除了使用价值之外都不可避免地考虑到了美学体验，也都考虑到了流通过程中的符号加工，广告能够推广这种符号特性，但广告不是这种特性的原因。如果一定要讨论真相和需求，难道一个跑得飞快的铁架子就是"真实"的了吗？所以，需求的真实性和虚假性是统一的，它们同在符号之镜中徘徊，问题不在于我们愤怒于它们的虚假，而是不要盲从于它们所谓的真实。

毕竟，即便是虚假的需求，也能承载真实的价值。

总的来看，价值的来源终归是复杂的，古典经济学、边际效应学派、马克思或者鲍德里亚，那些偏重供给理论的、需求理论的、供求关系理论的、生产过程理论的、坚实基础理论的、象征交换理论的，都自有其道理，也自有其局限。我们可能永远无法穷尽决定价值比较的元素，而在这里也并不存有实现这一目的的野心。但我们必须承认一点，即所有的价值，都必然在环境和语境中产生，无论它具备什么样的来源和基础，都必须被安置在整个生活世界中，符号之镜内以被人们经验。这就是符号价值与世界价值、符号定价与世界定价的同构性，也是之后进一步讨论符号定价以及当下正在发生的符号定价的大前提。

　　描述这种同构性，并不是为了否认社会实践过程中，历来被人们视为价值来源的劳动的实在性、有用性的必要性以及需求的真实性。反而，往往正是那些为了生产所付出的汗水或者对于生产成果的合理运用，在符号化的进程中，于一定程度上引导着符号成了当前的样子。换句话说，在这里需要被明确的，是对所谓价值游戏的描述，并非是尝试从符号的视角解释一切价值的来源，而是去承认一切存在的给定价值中，必定有一部分或者是某种过程，源自已经被在一定程度上改造了的符号之镜。即任何形式的资本价值都至少部分地基于符号定价的社会认知之上。

　　所以，这里先要避免的，是符号主义的独断论，明白我们不是"必须"从符号出发进行对意义和价值的认识，而是"可以"从符号出发进行这种认识。阿尔都塞曾经援引过恩格斯对于"生产"的一段论述，能够为我们今天理解符号定价的意义提供很大程度上的帮助。

　　"生产归根到底是决定性，但仅此而已。无论马克思或我都没有肯定过比这更多的东西。如果有人在这里加以歪曲，说经济因素是唯一的决定性因素，那他就把这个命题变成毫无内容的、抽象的、荒诞无稽的空话[1]。"

　　而"保卫马克思"的阿尔都塞自己也曾说过：

　　"在历史上，上层建筑等领域在起了自己的作用后从不恭恭敬敬地自动隐退，也从不作为单纯历史现象而自动消失，以便让主宰一切的经济沿着辩证法的康庄大道前进[2]。"

　　换句话说，即便承认了生产过程的必要性和根本性，它依旧构不

---

① 路易·阿尔都塞（法）：《保卫马克思》，顾良译，商务印书馆，2019，第 101 页。
② 路易·阿尔都塞（法）：《保卫马克思》，顾良译，商务印书馆，2009，第 103 页。

成推动历史以及创造历史的充分条件。符号定价实际上也遵循着类似的逻辑，在任何构建当下社会价值的模型里，人们对于符号的承认都是根属于价值生成过程当中的，然而它同样仅仅是一种必要非充分条件。所以，前面的论述绝不是为了扩展符号定价的适用范畴，反而是为了缩小这一范畴。

空洞的算计

符号定价和世界定价的协同性，给了我们这个社会以诸多荒诞的故事和虚无的幻想。

"美国的商人们早在我们之前就已经发现，商品的质量和用途在展示商品的技巧面前似乎是无足轻重的。不论是亚当·斯密备加赞扬还是卡尔·马克思百般指责，资本主义原理中有一半都是无稽之谈。就连能比美国人生产更优质汽车的日本人也深知，与其说经济学是一门科学，还不如说它是一种表演艺术，丰田每年的广告预算已经证明了这一点[①]。"

我们自然没必要像波兹曼说的这样犀利，然而在很大程度上，承认经济学运作在当前价值逻辑中的局限性是必要的。这顺应着人们在社会化过程中所构建的符号互动体系，同时也指向着人们自己内心那些被符号之镜所作用的"纯粹主观"的选择。从更大的角度来看，商品以及社会中的所有"存在"，单单从其外延出发，都必定是与符号不可分的。任何事物都能够成为符号之镜上不可挣脱的内容，同时也都在经历着符号意义上的定价，这种定价在某种程度上必然是虚幻的，是一种个体内在想象，以及个体之间承认和共识衍生出的"空"之价值。可向内深究的空，并不能妨碍它表面的真实有效，正如"一战"

---

① 尼尔·波兹曼（美）：《娱乐至死》，章艳译，中信出版集团，2015，第5页。

结束 100 周年就是比"一战"结束 99 周年会有更大的纪念仪式也更容易激起人们反战情绪一样。

当存在者被定价的时候，并不仅仅是其最为表层的符号被进行了比较和排序。它被比较的基础，它背后的劳动、它的有用性、它对应的需求，同样能够在自身维度上被拆解成千千万万个符号。每一个符号都在自己的范围内进行着比较，同时分出一丝意涵，赋予到其他需要被定价的存在之上，这是一种符号和符号之间的循环指涉与循环证明。没有哪一个符号是根本的，它们互相支持和竞争，以求某一个符号在某一时刻，在某一些场景下，面对某一些主体，占据更高的位置，代表更高的价值。

所以，我们如今看到的价值，被无数符号化的进程和符号之间的竞争簇拥而来，暗示着关键的一点，即价值本身的不稳定性。

这种飘忽不定源自个体在被符号之镜影响时所衍生的对于符号理解的不同结果，而最终脱离个体汇聚成了在群体范围内，价值的摇摆和波动。所幸，此时人类天生的对于秩序的追求再一次起到了作用，在符号定价的众多结果中，我们选取了最为普适、最为广泛的"交易过程"，作为我们追寻有序的首选切口。在这个层面中，"价格"的概念被引入，成为符号定价过程中相对位置这种微观描述的简易版本。于是，在很多场合下，符号定价的微观目标之一，便可以看作是为了证明价值而去确立价格。

也就是说，原本在定价过程中，不存在绝对的数值，即价格，甚至可以说当前的价格经济体系恰恰是为了摆脱符号定价的复杂性而设计出的专门标尺。正如大卫·哈维断言的，"因为是非物质和看不见的，价值需要某种物质表现形式，这种物质表现形式便是货币。[①]"

---

① 大卫·哈维（美）：《资本社会的 17 个矛盾》，许瑞宋译，中信出版集团，2016，第 20 页。

货币是一切价值的公分母。货币把一切价值都量化了，都碾平了 ①。在此意义上人们甚至必须承认，货币最直接而有效地实现了社会价值平等的诉求，它成了绝对的手段，也成了绝对的目的。所以，即便是符号定价的理论构境中，我们也需要承认价格以及货币所拥有的巨大能量。这种能量背后代表了一种对于价值的偏误。在这里，需要被牢记的是，价值实际上一直都是全面的、立体的、生动的。对于符号定价的追求，最终的一个目标可以是"如榨汁一般榨出货币"（即价值之表征），然而那也仅仅是一个目标而已。货币以及价格并不是让一切价值本身扁平化，而是让我们的注意力投放在那些被碾过的价值上，而作为整体的价值，即一切存在的相对位置，与经由符号表现出的符号的相对位置，实际上一直存在并且会永远存在。

当货币这样的中介以稳定的目标被创造出来的时候，我们通常会默认它的可靠性。然而，货币往往只能无限趋向于稳定，其本身所代表的符号价值，仍然和其他所有符号一样，在符号之镜中起伏。正如浮动的汇率和美元霸权一样。

在这样的过程中，问题的关键，其实并不在于我们必须要彻底解决这种不稳定性，而是需要警惕将不确定性强行划归为确定性的操作主义手段，正如我们面对真假需求时所要采取的态度一样。这是现代性以来便一直伴随在我们身边的问题。人们震惊于汽车公司明知道某些设计可能导致车祸，但是由于改造的成本远远高于伤亡赔款而依然生产。然而，实际上当前消费社会的一切行为都是遵循着这个逻辑的，并不是仅在这种情形下，经济的才成了伦理的；而是一切可被比较的、与可被计算的，都被转化成了经济的，其中伦理的部分早就被抛在了脑后。正如丹尼尔·贝尔在《自动化和主要技术变化》中说的：

---

① 西梅尔（德）:《货币哲学》，于沛沛、林毅、张琪译，中国社会科学出版社，2007，第 187 页。注：此处西梅尔，同齐美尔，全篇正文统作齐美尔。

"当工作能被计量，当你能把一个人与工作联系在一起，当你能约束他，按照一件一件的工作来计算他的产量并且按件付酬或按时付酬时，你就达到了现代工业化[1]。"

经济交换价值于是在越来越多的情况下，承担着符号价值交换的表层操作性功能。成了继符号之镜对于世界的歪曲之后的新一层歪曲。

什么是有价值的？能够被确定出价值的才是有价值的。

在就连品牌效应这样的概念都被核算为能够被计量的"品牌价值"的当下，符号价值的操作主义留下的，是一个被无限压缩的比较过程[2]。我们可以看一下供需理论。尽管它描述了一个动态的"定价格"过程，但却是一个静态的"定价值"过程，或者说并不侧重于对价值的讨论。它提供了当需求和供给存在的时候，其相互关系为何种状态的一种解释框架，但并不费神解释需求是怎么来的。

但实际上需求本身，就已经是一个定价的过程了，定价，先于交易而存在。就好比人们从感性中创造出了美学和美术品，但任何一种感性体验，当它成为"美学对象"的一瞬间，就已经经历了符号的定价了，而无须等它外化成为可以被交易的艺术品。这种情况随时都在发生，它是基本的定价过程与需求本身同步演进的逻辑。这种逻辑下，

---

[1] 转引自马尔库塞（美）：《单向度的人：发达工业社会意识形态研究》，刘继译，上海世纪出版集团，2008，第25页。

[2] 20世纪以来，对这种金钱主义的考察层出不穷，在此不多赘述，不过可以看看契诃夫的《死魂灵》末尾，对其作出的绝佳批判以作参考："在合法的统治之外，已经形成了另外一股统治势力，它比任何一种合法势力都强大得多，它制定出自己的条件，给一切都标上了价格，甚至使这些价格到达家喻户晓、尽人皆知的地步。这种邪恶风尚，是任何一位国君无法加以纠正的，纵然他比天下所有立法治国的君主都贤明，纵然他设置监察专员竭力限制价格恶劣的官吏的行动，也无济于事。只要我们每一个人还不知醒悟，觉得自己应该如同起义时代人民武装反抗入侵之敌一样，奋起反抗不义，一切都将是徒劳无益的。"

一切在社会中呈现的存在，都已经预先以一种切实而本真的方式，被提前定价，而后静待资本的价格赋予其上。简单来看，正如贝尔所说的，"最终为经济提供方向的并不是价格体系，而是经济生存于其中的文化价值体系"[①]。

另一个典型的简化可以从边际效用的概念中看出端倪。即边际效用一方面认为价值来源于人的主观效用评价，且另一方面又认为这种效用由物品的稀缺性和人们对物品所有权的多寡来决定。实际上，决定主观定价的因素当然远远超过稀缺性和所有权的变动，而深入到了更大的社会运作过程，但是在经济学的角度上，将对物品占有的多少当作主要的自变量的计算方式已经足够生成一个从模糊意义上代表个体偏好的模型并且满足基于其上的计算需求了，从实践的角度来看并无不妥。换句话说，边际效用模型将一整个社会中所有个体因为各种不同原因形成的独特符号定价的曲线转化为了单一个体因为供给的增减而改变的偏好勾画出的曲线。这从操作的层面上看，当然是必要的，甚至可以说并没有任何一个社会学模型能够做到像这种经济学模型一样，以如此小巧而又相对精准的方式去描述复杂的社会交互过程。然而，在承认经济学概念效度的同时，从整体社会互动层面来看，或者说从这个符号定价系统来看，便不能不说这种对于偏好的单线条描述可能会在某些情形下陷入操作主义的圈套。即一切都是可操作的，能够被抽象表述和计量的，而那些不可操作的部分早就被化约，早就被下达了摒弃的指令。

在操作主义的管理方式下，所有的概念都是不完整的，因为只有那些可操作的部分起着作用，被承认为某种确证，来指导着社会运作的方式，甚至成了塑造现实的手段。人们总是张口闭口谈等价交换，仿佛这已经成了当今社会天经地义的法则，可只要稍微想一下，就能

① 丹尼尔·贝尔（美）：《后工业社会的来临——对社会预测的一种探索》，高铦等译，商务印书馆，1984，第305页。

明白，从没有什么交换，是真正等价的。而这种自欺欺人的结果就是，现实和概念在很多情况下都是统一的，因为我们比较的是被剥离的概念和被理顺的现实，承袭着这种操作主义的视角，现实总是合理的，价值总是真实的。

所以，在操作主义运作模式下，一个无法避免的后果，便是价格的代表者，金钱，成了衡量价值的唯一标尺。再有甚者，就会出现布雷格曼所描述的，"一棵几百年的树压根儿就不重要，除非你把它砍了，当木头卖掉[1]"。这样极端的现象。因为架构在符号定价系统之上，"金钱"的应用提供了一个定价之后最被广泛承认的，同时也是最简单的比较关系和权力交换系统。为什么钱重要？因为面对心之所好，你不需要说服别人交换，不需要感动别人赠予，不需要胁迫别人贡献，只需要给他们钱，就可以获得物的所有权、使用权乃至解释权。"购买"这一行为，实际上是人类获取当下资源最简单有效的手段。进而，这种手段倒置了整个价值体系。借由金钱，符号定价的争斗，被拉进了同一个竞技场。"商品的特殊性在战斗中消磨殆尽，而商品形式则走向它的绝对实现[2]"。货币，也如愿以偿，真正成了齐美尔所说的社会性的交换符号，作为一个独特的社会学现象承载着大多数的社会交换关系[3]。

至此，价值的游戏以及随之而来的空洞的算计中，有两个核心的问题便需要被进一步考虑了。

第一个问题，是我们发现，当下任何定价都并不来自唯一的源头，但却总是包含着符号之镜的影响；而一旦我们认可了价值生成过程中

---

[1] 鲁特格尔·布雷格曼（荷）：《现实主义者的乌托邦：如何建构一个理想世界》，曾小楚译，中信出版集团，2018，第85页。

[2] 居伊·德波（法）：《景观社会》，张新木译，南京大学出版社，2017，第37页。

[3] 西梅尔（德）：《货币哲学》，于沛沛、林毅、张琪译，中国社会科学出版社，2007，第12、83页。

涉及的符号承认的时候，也就必然从很大程度上认可了实际社会交互当中，符号序列以及符号定价的有效性。那么再深入一点，就能够发现，这样的认可所伴随的，或者说更为根本的，是我们"认可符号定价有效性"这件事本身，便是对符号定价操纵主体之权力的一种不断加强。这就如同我们承认某人在特定竞技游戏中更加优秀的前提是承认这个竞技游戏规则本身的有效性一样。而我们越是依赖这种规则，那些排名靠前的人就越是能够获取更大的影响力。在符号之镜的影响下，无论我们是否愿意相信，那些劳动时间以及传统场景下被描述出来的有用性，都越来越多地被符号的运作所覆盖，符号的交互在明确出客体的相对位置这一过程中所扮演的角色越来越重要。而被确定出的符号序列，在很大程度上也能够成为价值关系的直接指涉。这些事实都不断引导我们肯定一件事，便是符号定价的过程能够左右价值本身的确定过程，那么，能够操纵符号的主体，便一定会拥有定价游戏中最大的权力。

另一个核心问题，则是在模糊的价值生产过程以及不稳定的定价系统中，操作主义支持下的货币渐渐成了我们衡量价值最为稳妥的表层代理。它和符号所带来的种种溢价勾连在一起，相互支持，让更大的符号价值和更多的资本控制能够不断转换。不仅如此，它还形成了新的一层表象，形成了对真实的遮盖之上的遮盖。当资本成了最被关注的定价的结果并且渗透进对定价过程的控制当中时，符号之镜内另外一些可能更加根本的问题就被忽略了。那些能够被控制的解释权，那些大型玩家相互争夺的入口，那些促使人们承认某种价值的规则设计，除了其能够被引申为经济价值的一部分，其他的权力运作，便不再被当作某种必须重视并且进行思考的东西了。

这两个问题合在一起，就形成了一个悖论，即如果我们过度忽视符号之镜以及符号定价，便没有办法看清当下控制符号的主体所拥有的值得被注意的力量；但如果我们过度关注符号之镜以及符号定价，则同样没有办法看清当下控制符号的主体所拥有的值得被注意的力量。

要解决这个悖论，就需要我们一方面充分肯定符号定价在整个社会实践中扮演的角色，而另一方面，又不让我们习以为常的可计算性，掩盖这种角色。只有这样，我们才能看清价值的游戏，并避免让它掉进空洞的算计中。

于是，归根结底，讨论符号定价，是在挖掘这个概念背后，人类对于一切真实和虚幻之存在的相对位置的争夺和确证。这种位置很多时候是抽象的，但符号定价的概念承认那些不断变换的抽象位置或者说符号序列，总能够通过被主体性加持的符号定价的霸权，在很大程度上，衍生出对于实在的定价的控制，进而对于我们身处的这个社会中，一切存在者的某种程度上的控制。

而之所以要在继续讨论移动互联权力逻辑之前，先花费这么大的笔墨讲述符号以及符号定价的故事，也就是为了求得一个更加适合描述当下社会实践过程的视角（正如马克思的时代，需要寻找资本主义生产方式的视角一样）。这样的视角是有效的，但并不是说其铺展开的符号定价以及符号序列是不存在问题的。正如前文所说，它自身其实天然就是个问题，因为它摒弃了对于超越性的尊重。它之所以无往不利，是因为当下数字化的时代，正是一个符号日渐丰裕，对符号的控制日渐深入的时代，这赋予了符号定价概念作为批判视角的最佳效度。同时，在移动互联的视域下，平台所构筑的中立的、基于规则和数据的"理性"场域，就如同资本主义尝试构建的市场经济逻辑一样，正在努力将我们的注意力转向最具操作性的视角中。这就导致了前文所说的那种可能，即人们渐渐忽视，在可操作的背后，实际上存在着更加宏大的，对于整个符号系统的渗透与控制，便也更加忽视，平台当前透过规则以及符号，对于这种控制权的大肆攫取。而忽视这些本质，便是放弃我们对于当下一切存在的解释和批判之权利。

但这权利，甚至说是参与整个符号定价游戏的权利，却是每一个人都应该拥有的。

玩弄符号的人

尽管符号定价天然地具备某种社会控制的属性，但其在微观意义上的行动主体，实际上可以是市场中的所有人。并不是说从传统斗争逻辑逐渐孕育出的符号定价就一定代表了一个二元结构的对立（如当马尔库塞描述出单向度的人的时候，很大程度上就默认了一切的资本主义喉舌对一切的劳动者的价值投射）。其实，从定价的角度来看，每一个主体理论上都是其他所有主体的对手。

这是一个"所有人对所有人的战争"。即便从"资本家"的内部来看，也并非铁板一块，最大的权力拥有者之间的对抗从不停歇；而对于所谓的被动接受符号定价的人群，虽然他们控制定价过程的能力相对较弱，但并不能完全否认他们参与符号定价的尝试。就像资本主义生产分工一样，寻求一个统一的组织形态以及设计思路，在这种将全社会所有参与方都纳入自身的庞大系统中，并不现实[1]。更多的时候，我们面对的较为混乱的协调方式，才是分工以及博弈的决定性路径。在符号定价的过程中，这样的特征依旧会显露。在所谓权力拥有者之间是如此，而在所谓被权力所笼罩的人之间，同样如此。

从最宽泛的意义来看，每一个个体都是符号定价的主体。个体并不一定有能力深入到符号定价的每一个环节，但是在日常互动中，对于定价的争夺却可能在任何微小的场景中产生。这种争夺，常见于个体与个体之间。听小众民谣者可能认为自己的品位高于听摇滚者，而摇滚乐的爱好者又对流行音乐不屑一顾，但流行音乐爱好者可能又会觉得小众的民谣总是矫揉造作。由于这种定价通常与主观认知牢牢绑在一起，这种蔑视很有可能是相互的。当然，还有更多的链条与当前的市场价值序列绑定，就像飞机头等舱的乘客面对经济舱乘客时心里

---

[1] 大卫·哈维（美）：《资本社会的17个矛盾》，许瑞宋译，中信出版集团，2016，第126页。

可能暗暗升起的优越感一样，形成当前人们常说的"鄙视链"。

个体之间鄙视链的形成实际上并不容易，因为个体往往不具备足够的威权，来迫使另一个独立的个体对自身构建的符号定价进行承认。而少了强制的承认，乃至大范围传播符号定价能力的个体，也就自然而然演进出了通过已经具有威权的机构的背书，来达成自身目的的技能了。于是，"知乎上有人说"再次上演，个体借助机构的威权，在日常互动中补全了自身权力的缺失，进而使得自身期望的符号定价过程得以实现。同时，这种背书实际上也会根据其引入的外部权力中心的变化而变化，如"百度上有人说"可能会被"知乎上有人说"压制，而后者在面对"我的教授说"乃至"马克思曾在《资本论》中写道"的时候，便又可能不再具备更强的唤起承认的能力了。

当然，个体还可能学会将自己融入大众，融入海德格尔意义上的"常人"，[①] 来借取符号定价的能力。正如那些"老一辈人都是这么做的""白领都是这么穿的""别人都能够完成这个任务"一类的话所表达的，当个人没有办法独立完成符号定价的时候，"常人"总是能够给他们提供最好的廉价背书。

而在素朴的常人之上，我们总能看到另一群人，这群人就是那些教授，"马克思们"。他们身处于一个更大的群体之内，例如学术圈、政治圈、金融圈等，他们理解群体内部所创生的符号的含义、通晓对它们的解释，承担着对它们的传播；同时，相对于个体，他们在一定程度上代替组织，成为威权的来源，完成着自己统辖内符号定价的过程，并获取着个体对其解释的承认。正如圣经中很多并非是保罗同时代的作品被归为保罗所作，因为求助于古代权威往往能够使得新时代的观点更加容易被人接受。

而这些精通符号的个体，便是知识分子。

---

① 海德格尔（德）:《存在与时间》，陈嘉映、王庆节译，商务印书馆，2020，第162页。

葛兰西的《狱中札记》中，曾描述过这样的知识分子集团，他们的目标是保证对集团符号的综合理解和把握，自愿被集团意志笼罩并且同化，以此维持集团意志上的统一[1]。简单来说，在那些被神化的秩序理性之下，知识分子成了"神"的代言人。这种代理，很大程度上与哈贝马斯的"公共领域"相结合，构建了一个具有明确权力边界的社会空间，不仅通过符号形成了一种严格的排挤机制，同时也借助金钱、政治权力等资本，完成了其他层面的分野和压制。自雅典学院起的公共领域，就已经是知识分子交换符号并且争夺价值的场域了，这种符号定价不仅仅包括了对于真理的追求，也包括各类意识形态的主张乃至权力斗争的阴谋。

但同时需要注意的是，这并不代表着知识分子作为符号定价的主体，仅扮演着一种自私的、虚妄的、欺诈的社会角色；相反，在动态的符号定价链条中，知识分子往往也是最具备挑战精神的主体，链条的动态特征同样延伸进了公共领域本身之中。可以说，从一开始，这样的场域就是多元化的。知识分子面对已经成型的符号链条，亦有着顺逆之分。顺者自然是成为符号链条的某种"喉舌"，主要的作用是强化原有符号系统的投放，保证符号定价的稳定性。而逆者通常借助着一种新的思潮，洗刷此前的符号，获得更高的地位，寻求更多的承认。这种承认过程有着很多的表现形式。如在学术圈有着一种较为常见的具象表达，富勒在《科学的统治：开放社会的意识形态与未来》中，写了一个小节，那个小节的标题"我被引用，所以我是"[2]就是对这种承认获取过程的最佳描述。

知识分子并不总指涉着所谓的"学者"或者"专家"，在这部分论述中，只是借用了"知识分子"的概念用来描述那些能够更加充分地

---

[1] 葛兰西（意）：《狱中札记》，曹雷雨、姜丽、张跣译，河南大学出版社，2014，第5页。
[2] 富勒（英）：《科学的统治：开放社会的意识形态与未来》，刘钝译，上海科技教育出版社，2006，第127页。

掌握自身场域符号定价的个体（从这个角度来看，似乎称之为"符号分子"更为恰当），与此类似的概念也可以参考米尔斯在《权力精英》一书中所描述的"压力集团"（只不过压力集团的范围相对来说更小，指涉的对抗性更强）[1]。据传在 13 世纪的时候，英国因为度量衡不统一的问题影响了本国贸易的发展。经过多次低效并且无果的协商后，当时的约翰王怒气冲冲地在泥地里跺了下脚，下命令说脚印的长度就是 1 英尺。从此，1 英尺长度的概念就与这一套权力符号以及脚印的符号捆绑在了一起，成了一种社会现实。在这种意义上，约翰王也是某种"符号的知识分子"。

　　布迪厄思考现代性的时候，也曾描述了一个群体，即"新型文化媒介人"，布迪厄认为他们扮演着高雅文化向大众文化演进的推动者的角色，使得很多消费领域上升成为了"合法"的知识领域[2]。正如炒股的专家会援引对易经的解读，楼盘的销售会对建筑美学和风水头头是道，而香奈儿香水的味道、爱马仕皮包的配色便也都成为了需要被牢记的"知识点"。到了移动互联时代，这种文化媒介在很大程度上则被当前经常出现在网络社群分析中的所谓 KOL 接手，辅佐他们成为了在自身领域内能够代表更大符号话语权的主体。市场为其颂德、授勋，丝毫不在意一句老话如果套用在当下所能轻易揭示出的尴尬。

　　一为 KOL，便无足观。

　　KOL 即意见领袖，其背后代表着某个互联网社群中能够通过自身行为形成意见中心并且在一定程度上影响其他人的行为的个体。在某种程度上，意见领袖扮演的角色和过去的"知识分子"或者说"压力集团"有着一定的相似性。但由于移动互联特有的开放性特征，使得意见领袖同样需要"迎合"才能够达到过去威权所能达到的社会影响

① 米尔斯（美）：《权力精英》，王崑、许荣译，南京大学出版社，2004，第 6 页。

② 吴红菊：《论新型文化媒介人的形成及其文化策略》，广西师范大学硕士论文，2008。

效果。而在这一过程中，尽管很多意见领袖，如评价时装模特的身姿是否和服装设计理念相契合的自媒体撰稿人，或者讲授自己打游戏得来的哲学理论的游戏主播，都能够从符号定价的层面去创造符号并且引导承认，但他们并不一定需要对符号有着如同"知识分子"一般深刻的理解，甚至不需要对符号进行过多的解释。因为一旦当 KOL 能够充分利用平台的规则去聚集目光的时候，他们就已经在很大程度上借取了平台对于符号的控制能力。平台赋予他们的解释权和传播手段，使得这种对于符号意涵的控制能够轻易被推广开来。而同时，正如前文所说的，平台上的用户对让渡"不重要"之事的解释权也早已习惯，这亦容易使人们削弱对于 KOL 的挑战而接受他们的代理。久而久之，甚至 KOL 在役使符号的同时，也将自身符号化，成为某种象征，或者说符号的"副文本"，进而强化其对于符号价值的引导能力。

以迎合为目的，以娱乐性为核心，这种逻辑下的符号定价被承认的成本愈发低廉。而移动互联中的其他主体，往往也乐得承认 KOL 所宣称的符号价值，并承认 KOL 本身作为符号的价值，以此参与对价值的引导和控制。总的来看，KOL 相较于"知识分子"，因其迎合性和娱乐性之强而被对象化，在施加符号定价影响的同时，也寻求着自身的定价，进而通过自身的符号价值去引导其所涉及的其他符号定价向更高的阶段发展。

随着我们对符号定价主体的讨论愈发深入，便不难发现，那些符号知识分子并不都是单枪匹马的行动，而当众多知识分子聚合在一起的时候，其背后成体系的组织轮廓，也就愈发清晰了起来。这样的"组织"，也往往代表着符号定价过程中最为强势的主体之一。

艺术家安德烈曾经设计过一个艺术品，名为"对应物之八"，这个艺术品实际上就是一个用砖头累积成的巨大长方体。和众多其他的后现代主义艺术品一样，它并不具备太多直接的美学价值。甚至可以说，如果一个小孩做了完全一样的东西，十有八九会被自己家的长辈教训一通说为什么又把衣服弄脏。然而，使之成为艺术品并拥有相当高度符号定价的，正是艺术家自己表述的理念和那愿意展览"对应物之八"这一作品的美术馆，以及其背后的整个艺术场域。是这些系统和权威本身，告诉我们这种简单的取材，简单的设计，代表的是一种有意为之的反抗，代表了作者对于前现代艺术表征的否定，因此具备了远远超越其本身存在的符号价值。这种价值，被美术馆所承认并且助其传播至每一个来参观的个体身上，期待着个体面对这样一个艺术品时的惊叹。用鲍德里亚的话来说，"博物馆（美术馆）在绘画作品的政治经济学之中充当的就是银行的角色"[①]。它们释放价值和信任，收获崇拜和财富。类似的例子还可以参考杜尚那大名鼎鼎的"小便池"，它是否有资格被称为艺术品至今仍有争论[②]，而也许对这种"艺术品"的延伸解读和深思熟虑，也不过是某些"后现代"知识分子见猎心喜之后，想给自己的脑子找个游戏罢了。

再回来看看移动互联的大玩家们，它们实际上就是一个数字化的符号机构，那些被让渡的解释权由以平台为核心的组织所接手，成为其扩展自身符号权力的重要筹码。这权力的扩张伴随着一种合谋，平台一方面代表了组织的一面，同时又"饲养"了其中众多的知识分子，而知识分子的实践则会从侧面增强平台的定价能力。这种合谋在传统机构中也能够看到，即这些机构也在不断给出对于与自身场域相关的知识分子的认证，但它们不仅范围远远小于平台覆盖的范围，也不能如平台一般有能力针对各类不同的参与方给出完全不同的赋能方案。平台的多维度权力系统，覆盖着其中的所有参与方，进而对其中任何符号定价主体都有着远超以往的控制能力。另外，在传统组织中，组

①　让·鲍德里亚（法）：《符号政治经济学批判》，夏莹译，南京大学出版社，2015，第153页。
②　赵毅衡：《符号学：原理与推演》，南京大学出版社，2016，第149页。

织和知识分子中间，并非没有对于符号定价霸权的争夺和对抗，但是在移动互联平台内部，正如上一章开始就已经在不断说明的，这种对抗并没有一个有效的出口或者台面。所以，平台，不仅不受那些接受符号定价的个体的控制，甚至就连那些参与组织构建以及帮助组织进行定价的知识分子或者其他更为强势的主体，也很难对平台以及其衍生出的符号定价系统进行规制。

但也不能说在这个范畴中，平台所拥有的巨大权力一定会给它们带来为所欲为的"自由"。权力在被行使的同时也为权力拥有者本身戴上了某种枷锁，因为除却绝对的暴力外，权力必定需要寻求认同的帮助。我们固然能够看到在平台的迎合和代理下，人们在平台中的异化，但在这种迎合与代理面前，平台自身又何尝不在经历着某种异化呢？

而平台自身的异化，由于来自它构建自身控制体系的过程中，便也扎根在使得那些控制得以可能的社会基础内了。换句话说，在引导平台内参与方的同时，平台自己也必须不断地向消费逻辑、资本主义、更广大的权力系统、市场竞争系统乃至文化传统等低头。这些相对更加虚幻的逻辑或者意识形态往往代表了更大社会范畴内，某些被首肯的传统和大家（常人们）承认的互动方式，这些承认并非是任何单一的主体能够轻易左右的。

而把视角放到更广的社会中，我们也总能看到其他定价主体的强大作用。这个社会总会为符号定价提供充足的战场，平台作为新的大玩家，不可避免地将自己投入更高维度的战争中。在这个更古老的竞技场中，我们能看到传统企业、美术馆和博物馆、医院和律师事务所等专业机构、大学和研究所等教育科研机构，甚至各类智库和政府机构等。它们都是符号定价最强大的参与方，有着平台不容忽视的力量。

于是，这里最为关键的问题便呈现出来了。那便是平台符号定价能力与其实际社会价值的"脱节"。它们成了整个社会体系中的一个异类，即其定价能力之强，不是因为在社会实践过程中它们能够提供最坚实的定价基础（如满足需求、生产、研究等），而是因为它们能够在最大程度上控制符号本身的流动并牢牢抓着最大数量的消费符号的人。就像波音公司，在生产飞机的同时，它的研发成果可以被转化给上万家上下游企业，带来无法统计的社会价值，并成为美国股市的中流砥柱之一。但单就符号定价的能力以及对人的控制能力来说，它可能还不如一个市值没有它十分之一大的互联网平台。所以，论述到这里必须要指出的，便是在平台所拥有的众多令人不安的权力中，符号定价霸权是根本性的一个。它使得平台拥有着与其身处当下社会整体结构中之位置不相吻合的权力。依靠着移动互联带来的手段和广泛影响，围绕平台的全新定价体系被渐渐构建出来，它们傲视着所有的前辈们，在网络交织出来的庞大餐桌上，品尝着似乎已经超出某种合理范畴的定价能力。

万物皆可被定价

一个明确的对象是主体进行符号定价的必要元素，无论这个"对象"是现实层面的还是形而上的。只要一个对象成了能够被表述或表意的对象，能够被符号之镜所影响，它便在符号定价的笼罩范围内了。

我们可以通过对于语言的考察来观察符号定价的普遍存在。作为生活中无处不在，并且构建了人类最基本的交互系统之一的语言，实际上代表了一个巨大的，却往往被人们所忽视的权力场域。语言的背后围绕着特定群体内部一整套和其他群体相左的符号库，而语言和语言之间的差异则可能导致从对物的定价、到对人的看法、到互动方式和意识形态的全方位断裂。正如1861年意大利统一之后的很长一段时间内，其国内都没有相对一致的通用语言，而这种语言分离造成的区域性以及阶级隔阂则也间接推动了法西斯的上台。

而如果将语言本身作为符号定价网络中的一个单一链条，那么这个链条一定是最为丰富的那个。从20世纪哲学语言的转向开始，我们就被宣告都活在词语织成的一张大网下面，不是我们控制词语，而是词语控制我们。尽管大多数时候都对其习以为常，但实际上我们一直都在刻意地为语言排序，并且借助语言来辅助对其他符号或者存在者的定价，正如"攻占巴士底狱"和"攻占巴士底堡垒"这两种翻译可能背后是完全不同的符号意涵。不仅如此，我们还发明出各种繁复的用法来增强符号的区分，就像那些不断被创造出来的词汇，用来形容聪明的、更加聪明的、愚蠢的和更加愚蠢的。例如前文提到的"知识分子"（采用其本来的概念内涵），在特定的时候，他们被称为"读书人"，而另外一些时候，则可能被叫作"臭老九"。这些词汇被提出的时候，它们已经不再是一尘不染的抽象符号了，而是被改造成了天然具有褒贬之分的称谓，一种既定的价值判断被预设其中，封闭了一部分的符号意涵。当"臭老九""书呆子"这样的词汇被提出来的时候，在它们自己的定义之下，是只允许贬义色彩存在的，定价早已完成，不容辩驳。

　　在语言中，我们对于符号定价的偏爱实际上比上述描绘得更加深远，不仅仅是那些看起来就带有些许等级与蔑视意味的词语会成为符号定价的栖息地，就连那些并置的概念，也难逃在符号定价中摇摆着自己的位置。当我们在使用如内容与形式、灵魂与肉体、传统与创新、东方与西方甚至男性与女性等可以成组出现的符号的时候，哪怕我们深知从绝对的意义上来说，它们代表了某种中立的对应关系，然而随着具体应用环境的变化，我们对于这些相对概念的使用在很多情况下也会基于它们成对出现的事实而将其中的某一个安置在另一个之上。正如一个简单的例子就能看到的，在中国的新闻中，永远是"中美关系"，而在美国的新闻中，永远是"美中关系"。

　　语言，作为符号化的初始结构，连接着更为广泛的实在。而那些能够被直接经验到的存在，或者说一般意义上的物，就成了符号定价经过语言（以及其他符号）进行定价的首要选择。

从现实存在的基础上衍生出的符号是符号的最原始形态，一切外在之物在成为符号的一瞬间，也成了我们脑海中的一部分，这样的符号之镜分割开了一个自我，与自我之外的世界。人们以此为基础构建了整个语言叙述体系，并且依托这一体系，反过来对身处于其中的物进行二次解释。这种物可以是某个实在个体，也有可能是一类个体的"相"。例如在中国封建时期，玉玺能够代表皇权，而并不与特定物体直接挂钩的黄色同样具备类似的象征作用。

依托物所表现出的符号定价多种多样。显眼的商品市场中，那一个个价格标签的背后，总能牵连出一串愈发复杂的定价形态。就好像人们买衣服的时候，品牌自然是符号定价，而质地在某些情况下也能承担定价的任务，儿童的纯棉衣服所获得的溢价就要比成人的纯棉衣服大上不少。但还有许多深层并且有趣的定价，可能发生在各种地方。例如，假使我们仔细对比 20 年前的衣服尺码，就会发现，女装中同样的尺码，今天的衣服却要大得多。20 年前的 L 码也许和今天的 M 码差不多，而过去的 S 码在如今的标牌上，恐怕已经要写上个 XXS。这种变化也代表着一种符号定价，它来自女生穿 L 码带来的与身材挂钩的暗示，以及随之而生的惶恐和焦虑。

与物类似的，行为也是最为基础的符号定价客体之一。身处于社会中的人以及物，其运动过程需要被理解和定义，而这样的释义过程，实际上就是将符号施加于行为之上的过程。哪怕是在最为落后的社会中，都会有其自成体系的一套礼仪规范，这种规范，就是对行为的直接定价，将其拔高到某种仪式性的符号范畴中，使之能够超越行为本身，被传播和承认，进而具备了原本并不拥有的含义。正如韦伯在《新教伦理与资本主义精神》中所论述的，"这个世俗新教禁欲主义强烈反对财产的自发享受；它限制消费，尤其是奢侈品的消费①"。便是一个典型的对于行为的定价。前文中平台针对内部互动模式的控制和影响，实际上也是在潜移默化地构筑着对行为符号的定价。

当行为映射的价值判断成了某种传统，进而一个社会的道德系统、规约系统乃至哲学系统被完整地建立起来的时候，抽象的概念、文化和观念，就成了符号定价所争夺的新战场了。正如约瑟夫·奈的"软权力"概念五要素中，占第一位的是"文化吸引力"；第二位则是"思想、意识感召力"②，都是从符号的角度出发，通过对于符号的定价来定义和打造其背后的"力量"的。法兰克福学派也曾感叹过"文化工业戳穿了风格的秘密：即对社会等级秩序的遵从③"。而从更大的层面来看，无论是诸子百家还是古希腊的学派争鸣，抑或是文艺复兴后种种学说对于神学的反攻，思想一直都是符号定价主体不会放弃的重要据点。在罢黜百家、独尊儒术成为历史现实的背后，我们看到的并不仅仅是封建王朝借助儒家学说维系社会稳定性的算盘，也看到了一整套思想系统，被置于符号链条的高点，俯视并规制着一切后来者。在这里，思想亦被等同于规则和秩序，成为驱使人们调整社会行为的指导，并积淀出了在特定秩序架构下的历史现实④。符号定价和社会现实互为因果，互相支持，这种反复的确证不仅仅在历史的某一个节点让特定的符号登顶，还顺延着历史过程让它成为一种能量。其能量之大，足

---

① 马克斯·韦伯（德）：《新教伦理与资本主义精神》，彭强、黄晓京译，陕西师范大学出版社，2002，第163页。

② 约瑟夫·奈（美）：《软力量：世界政坛成功之道》，吴晓辉、钱程译，东方出版社，2005，第5页。

③ 马克斯·霍克海默（德）、西奥多·阿道尔诺（德）：《启蒙辩证法：哲学断片》，渠敬东、曹卫东译，上海人民出版社，2006，第117—118页。

④ 当下社会中，类似的事情在反复地重演，就像上海的高房价，不仅仅出于资本运行的必然规律，也不仅仅因为货币和土地政策的不断调整，还有许多更为素朴的原因，有些，素朴到可能只需一句话，"我的父母不会让我嫁给一个租房的男人"。

以促使鲁迅写下"吃人"二字。

而那些被"吃"的个体，身处于整个社会之中，实际上，既是主体，同样也成了客体。他们和其他的一切相同，一并在符号定价的链条上挣扎，被定义、被标签、被承认。个体在控制着物、进行着行为、承载着思想的同时，也在向上寻求着与更大范围的群体的交互，而这种交互通常恰恰是以比较为前提来进行的，比较的标尺便是符号定价给出的链条。费斯廷格很早就提出人们在进行群体对标和比较并获得自身承认以及群体承认的时候，会采用两个基本原则。即向上原则和相似性原则，具体是说，人们在进行能力比较时，为了自我提高，往往选择比自己更优秀的人；而在比较观念时，会选择与自己相似的人进行比照，从而获得社会认同[①]。而如何定义"更优秀"和"相似"，则恰恰是基于个体对于符号定价的理解以及对群体符号定价的承认，人们不断尝试去理解群体的价值维度，并且确认自身的群体成员身份（或者非成员身份），进而提升自己的社会定位，完成对于更高符号定价的追求。对承认的争夺成了推动历史演进的重要动力之一，而其目标所指，实际上也就是社会行为主体的符号定价。这种定价不仅仅包含了对于当下个人以及群体的解释和承认，更进一步，这种定价的源头，来自符号创造的初始之地，也就是符号本身，被用来创造群体的能力。

群体的建构从不是从虚无中产生的，对于人类来说，群体的区分往往并不遵从于现实，而是遵从于符号，或者说经由符号对于现实的解释。在《区分》中，布迪厄描述当社会空间中的一个群体发展出自身独有的文化特质之后，就能够成为一个具有"区隔"属性的独立组织。此时符号的竞争性再次体现，群体中的成员一方面尝试不断证明

---

① Festinger: "A Theory of Social Comparison Processes", Human Relation, 1954（7）: 117-140.

自身文化特质的优越性，另一方面他们也期待着自身特质本身被他人证明或者说承认[①]。群体的表征可能根植于现实当中，但是在符号定价中被变形，成为新的分类图式，并且塑造了与群体定义相吻合的社会环境。符号在这个意义上，其实已经具备了一种创造"人类文明世界"的能力了，个人以及群体，正是因为有了符号的圈定，才有了更加清晰的现实自我。

总的来说，符号通过将定价延伸至个体以及群体，反向将这两者转变成了能够被描述和比较的客体，或者说某种用以排序的"资源"。所以，从这个角度来看，主体和客体的分界线，在符号定价的系统中被打破。

这种对符号定价对象的描述可以在一定程度上解释关于极盛现代性的一个问题，即是否无限的资源和供给能够消除竞争。按照符号定价的逻辑，这个命题是不成立的。这一方面是因为资源的符号定价必须要求一些符号被堆积在符号序列的底部，被蔑视和被抛弃，以凸显其他符号的相对位置，所以即便是无限的资源中，符号定价霸权也会迫使符号展开自我竞争，从而使得它重新变得"有限"。只需要随便提及几个词汇便能够充分了解它的逻辑，如"善良""荣誉""格调"等，它们自身意涵成立的前提，便是确定并非所有人都能够呈现同样的善良、获取同样的荣誉、拥有同样的格调。这样的硬性区隔使得人类生命意义中的很大一部分构成，从其本质上来看就与符号（也包括物质文明）的丰裕与否无涉。

另一方面，也是更加深层的方面，无论社会有多么"丰裕"，只要社会互动仍然存在，共同决策仍然需要被完成，人就能够成为互动、决策乃至权力的客体（例如对于异性的争夺、群体中领袖地位的争夺、不同群体中对于群体成员的保护和吸纳等）。换句话说，人在社会互动

---

① 皮埃尔·布尔迪厄（法）:《区分：判断力的社会批判》，刘晖译，商务印书馆，2015，第 92—94、439 页。

中一定会成为资源本身。所以，对于任何给定社会性群体来说，竞争都是永恒的，和社会中的资源无关，强大的供给可能在某种程度上减轻竞争的普遍性和残酷性，但无法改变竞争的根本结构，只要我们依旧承认个体必定在符号定价链条中的某一环占据位置，那么这种沿着链条的攀升和随之而来的对抗就不会停止，因为我们自己同样是资源的一部分，而这种资源的丰裕和需求的扩张永远是同步进行的。这样的过程其实贯穿了整个人类历史，但是随着近代哲学的崛起，和人类对于自然、上帝等"大他者"认识论的转型，主体间性被逐渐推到前台。并且人们愈发认识到，并不存在一个原子化但同质化的他者，我们总是要面对异质化的主体的对立面，而这种对立（交往）中，必定存在着数不清的相互竞争和相互承认。

无论是黑格尔的自我意识只在一个别的自我意识中方能得到满足，还是罗尔斯为达成多元主体包容的"重叠共识"，再或者拉康将他者推向绝对反而把主体引入虚无，实际上指涉的都是我们这个社会中，不同个体，同时作为某种能动者和被动者的张力。在《为承认而斗争》里，霍耐特表示，人类文明的演进过程中，处于社会交往关系中的个体永远都在追求着相互之间的承认，而社会斗争和社会冲突的道德动机都源于一种蔑视的体验，即主体间的相互承认关系受到破坏（这种蔑视包括肉体的虐待，权利的剥夺，社会价值的否定等）①。这样的观点实际上已经认同了一个前提，即在对于资源的竞争之前，社会主体就已经开始了对于那施加在自身之上的符号定价的争夺了，个体只有在符号的领域承认他者，同时被他者承认，才能在共同体中保证自身的持续存在。

于是，从符号定价对象的角度看来，当下移动互联场域当中，平

---

① 阿克塞尔·霍耐特（德）：《为承认而斗争》，胡继华译，上海人民出版社，2005，第142—143页。

台在符号定价过程里拥有的强大能量同样很好理解。平台控制着物，那些虚拟的物或现实存在者的数字化形变都在平台的掌控下游荡在参与方之间，并且很大程度上由平台来决定其符号呈现的方式和传播的过程。同时，平台作为行为的指引者，能够十分轻松地完成对于个体行为的定价（例如签到可以获取积分等），并在个体缺乏议价或者反抗机制的情况下就将这种定价直接投放在平台的每个角落。而平台自身，依靠着移动互联乃至网络社会赋予的新时代意识形态（将在下文重点论述），亦是将思维层面的定价发挥得淋漓尽致，就像当下呼声极大的个性化思潮，无论真假，其作为某种意识形态的定价都是实实在在的。而如前所述，那更为重要的，是在虚拟的空间背后，平台对于社会群体的选定和控制。平台利用自身的准入机制以及系统设计（例如对于垂直领域的渗透），在虚拟的空间中构建出了一个个实在的群体，而与这从有到无的群体们一同诞生的，便是从有到无的符号。群体—符号—意义这三者牢牢地绑定在了一起。平台在进一步加强群体交互的同时，也不断将新的符号逻辑渗透到群体内部。平台可以构建某种分割，或者设定某种等级，将个体通过符号进行圈定，并且将其变成一种内化的承认。通过不断进行着的内外部的符号传播，进而最终形成一整套作用在群体，以及每一个个体之上的符号链条。在这个链条的捆绑下，每个人都在平台的符号群中占据着自己的位置，每一群人也同样如此，被锁定、被牵引。

　　就这样，前文反复强调的，平台一方面对秩序进行控制，另一方面又对内容进行控制，在这个理论架构下便汇合在了一起。不仅仅内容是符号的集中体现，实际上秩序同样是某种另类的符号。在政府与媒体中，其权力也并不是通过秩序或者内容中的某一个单独被累积起来的，而是有侧重地将其中一个作为核心权力手段，并利用两者的融合构建起更加稳定的权力结构。而对于平台来说，这种描述便更为清晰了，其权力的根本来源，就在于对符号定价的掌控力之上，这种掌控力是一种先在的潜能，它可以主要经过对于规则的制定和对于符号内容的拥有及传播而被体现或者转换成为现实。它如同一粒原始的种子，却自行蔓延出一片丛林进而自立为王。平台找到了它且顺从了它，借助它的能量获取着越来越大的权力。而这些权力，最终都会汇聚成为平台在符号的战争本身中的战果而被铭刻。

第五节 / 符号定价的特性

三者同一

在万物皆可被定价的阐述中，实际上存在一个这里需要做进一步说明的问题：符号定价和符号本身的高度重合。

具体来看，在我们讨论一切存在者被纳入符号定价的逻辑的时候，其实应该把它看作是两个环节的统一，即从存在者到符号的转化环节，以及从符号到符号定价的转化环节的统一。符号在这里成为一个必然的中介，但它的介入也让我们必须重述一个之前便已经叙述过的命题，即符号霸权和符号定价霸权的理论割裂。而在这里，我们便能够进一步看清，这样的割裂绝不是某种实际的割裂，而是一个视角的割裂。

我们只有采纳这样的割裂视角，才能够充分看清符号序列的动态变化过程，但是在这里却不能不牢记，在这个真实世界的运动过程中，它们实际上是一体的。我们无法真正脱离符号定价的视域谈符号，反之亦然。这其中的根本，在于符号本身、符号的意义和符号的价值的不可分，而这种不可分，实际上又可以从它自身的维度出发，衍生出一个对某些古老哲学视域的判断，即本体论、认识论、和目的论的三者同一。

三者同一的讨论，不是这一本书的重点，但与它相互确证的符号、意义和价值的紧密联系，却暗示着我们需要考察的符号定价的某些根本属性，所以在这里至少需要先给出一个框架式的阐明，这会帮助我们更好地展开对于符号定价特性的梳理。

首先来看符号。符号不能没有意义，甚至说符号也必然会有价值，但是在研究一切意义和价值之前，是否有一种可能，让我们将符号单独抽出来，去寻找一个基点。从对黑格尔致敬的角度来讲，这个基点大约可以叫作"纯符号"，或者符号本身。即它仅仅标明了符号而没有任何其他的规定性，它代表了某种潜能，是从虚无到存在的跳板。这种潜能可以被称为世界的"可转译性"，即某个前存在者或可成为具有意义和价值的存在者。任何被纳入意向性活动之前的潜能对象，都因为具有这种可转译性而作为某种纯粹的符号存在着。如果异轨《小逻辑》中对于存在的讨论的话，那么就可以说此时的符号，仅仅标出了"能"而还未达到"表述什么"①。或者我们可以借用拉康"实在界"的概念，宣称在符号之前，无所谓对象，那仅仅是一种无意识的冲动，它处在一个前象征的位置上，只能够被隐喻为"一个未经分化的块状物"②。尽管实在界的概念在拉康那里存在着诸多变化，然而单就这种对于前象征的理解方式来说，却能够帮助我们在一定程度上，模糊把握那存在并发生于一切社会现实之前的东西。从此种意义上看，符号背后的纯符号，开启的必然是本体论的进路。

但这样的本体论却终究过于形而上了，正如在存在论中，纯存在就等于无一样，我们这种处理方式也有将可能与不可能混为一谈的风险。但是，在符号领域，我们却有了一个新的机会，重提"纯符号"问题。因为符号和存在者终究不是完全等同的。如果我们秉承着之前的论述，承认意义一定有一个区别者，价值一定有一个对比者，那么是否就可以说：如果有某个存在者单独存在，那么这个存在者就是某种纯直观，不存在意义也不存在价值。而在符号的领域中，这其实就代表了，这个单独的存在，就是没有规定性的纯存在。它就在那里，无论多么简单或者多么的复杂，它都是纯存在。因为规定性因符号指设关系的存在而不是孤立的，那么至少在符号的领域中（也可能在本体论的意义上同样如此，但在此暂不多做讨论），就可以把传统存在论

①　黑格尔（德）：《小逻辑》，贺麟译，上海人民出版社，2009，第185—186页。
②　肖恩·霍默：《导读拉康》，李新雨译，重庆大学出版社，2013，第111页。

中原初的"纯存在"转化成"单一存在",纯存在是形而上的实体,但是单一存在,却可以是形而下的,理论上任何存在者都可以成为单一存在,进而成为符号视域内的纯存在、纯符号。

而意义的生成,则使得纯符号具有了规定性。这种规定性并不完全属于纯符号,甚至激进一点可以说完全不属于纯符号,而属于符号的意向主体。主体在这里达成了思维与存在的统一,将纯符号背后的纯意义,外化成了意向性过程中的每一个具体的意义。不仅如此,这种意义不断尝试突破,即走出个体性的囚笼,进而在主体间性中占有一席之地。它不仅来自人们的感性和知性接受,同时经由理性的处理和释放,成为群体的标识。在这样的社会过程中,意义不先于实体,也不表述实体,而是嵌入实体,和实体的社会过程一起呈现。这二者共同构成了意义的"无根性",即意义构成的过程无法被置于一个最终的基础之上,因为自始就有随机的主体性前提涌入其中①。所以,这里必须被考量的,便是认识论的进路。

在对意义进行认识的过程中,意向性的主体在塑造意义的同时也在判定着价值,即给意义一个实在的"方向性"。这个方向就是一个相对位置,也是某种相互作用关系。人们通常说某事"这没意义",实际上暗示的是这个行动在意义场中价值影响的微弱。它不是意义的缺失而是价值的沉默。在这里,单纯的结构性模式不足以对符号之间的关系给出一个完整的解释,而必须将从静态到动态的过程考虑进去,这个过程是由具备指向性的关系填充的,也就是由泛指意义上的权力所填充的。而这样一套填充过程,就使得符号体系成了一个带有目的的系统。这种目的并不是说在价值的体系中存在某种统筹的设计,而是说它遵循着一个内在的逻辑和方向性。可以做一个比方,假如某人需要将打乱顺序的 100 个数字按照从 1 到 100 排序,这个整体和最终定型的结果必然可以成为目的性的。但是如果我们仅仅设计一个逻辑,

① 瓦尔登费尔斯:《生活世界之网》,谢利民译,商务印书馆,2020,第 12 页。

取当前随机的第一个数为新序列的第一个，第二个数与前一个比较，小的放在前面，然后后面的每一个数进入新序列的时候都先插入到数列的中间，如果同时小于前后两个数就向前移动一格，同时大于前后两个数则往后移动一格。这样的逻辑仍然存在目的性，但这种目的是微观的、秘密的，它达到的结果和前面的模式其实一样，但是意向的过程却完全不同。意义到价值的转向也是同样的逻辑，这一过程中并不存在某种先天的整体设计，或被推演出的完备的体系，而是每一个细微的价值关系中都存在着不断变动的比较过程，新的意义不断进入符号场中，根据位置具备了价值的特性，而已经存在的价值也会随着符号场的变动而更改自己的相对位置。所以，对于价值自身来说，这是一个不带有整体性目的的目的论的进路。

作为本体论的纯符号，其确定性是必然的，无规定性反而成了一切规定性最坚实的根基。但我们却没有办法在必然的领域讨论意义和价值。在符号摆脱绝对孤立的一瞬间，就进入了自由的领域，符号成了主体的符号，人化的符号，成了具有规定性的符号。而一旦意义在主体的世界中形成了意义场，那么意义之间的关系就与意义同时存在，价值便出现，成为意义的逻各斯。这三者并不存在发生学的逻辑关系，因为在这里，本体的呈现必然伴随着认识，认识的过程必然伴随着目的；在符号的领域里，本体论、认识论和目的论是必须同一的。

而从真实需求的讨论，到符号定价霸权的讨论中一直贯穿着的一个悬而未决的问题，即符号序列中被排斥的超越性的一部分，在这里也就可以再次被展开了。当然，我们可能还是没有办法解决它，因为这个问题本身在当下的讨论中，就是没有办法被解决的，但是起码我们可以在这里更加系统地提出它。在符号价值的目的论讨论中，实际上我们在最后，尽管提出的是一个非整体目的性的目的系统，但在论述的过程里，却是承认了世界中的某些逻辑，能够被用来指涉目的。可是那逻辑本身（就像前文说的将数字排序的逻辑），是否能够用目的来描述，却是未加证明的。换句话说，我们总是能够理解作为过程和行动的目的，却无法确证作为目的本身的目的。从符号之镜的定价游戏开始的时候，我们就在很大程度上因符号之镜自身的不确定性摒弃了那个终极目的，为了能够实打实地理解自身的意义，我们故意从超越中退守回来，在人间称王。

因此，在符号定价目的论的系统中，我们恰恰不知道真正的目的究竟是什么，符号的目的论是"不完整"的，继而一切的价值便只能在相对性的境遇中斗争。三者同一的体系，便也缺了一块，而这一块在符号定价的语境内部是难以补足的。人们也在尝试跳出这种语境之外，但是我们只能描述跳出的一瞬，只能宣称将自己从符号定价中超拔出来，却很难做进一步的追寻。例如禅宗的"不立文字"，老子的"道可道，非常道"。东方哲思的符号之镜，要更加地朴素，它总是承认在纯粹抽象中有符号所不能占有的领地，而在这些人的世界里，符号定价更是如此，他们直接就将这种不能言说的存在设定在定价链条的顶端："此中有真意，欲辨已忘言。"这便是全然不同的历史过程与社会环境所赋予的一种尝试超脱的宣言，它慢悠悠地把自己从序列中剥除了，进而以最明确的态度否认了序列，否认了斗争，否认了任何的相对性、实在性和历史性。

但问题在于，在世存在的我们，在绝大多数时候，走不到这一步，甚至没有胆量宣称这种超越性价值的存在。所以，当符号序列以及符号定价霸权越是壮大的时候，我们反而越是面临那价值虚无主义的冲击。

这种虚无主义统摄着符号定价的全部特性，它不从绝对出发，也不期望走向绝对，符号在历史里生成，并在相对性中，将自身化为实在，进而为了成长展开斗争。但我们仍然要尊重那些特性，并且还需要展开去考察它们（尽管在讨论符号和符号定价的时候，我们早已经接触过这些特性了），这就和我们前文谈论平台的角色是一个道理。看上去，我们仅仅是在谈论特性，但它却暗含着平台全部的发展模式和权力逻辑。在这里也是一样，符号定价的特性是我们进一步窥探符号定价秘密的入口，而当下世界中，符号定价的玩法也悄悄隐藏于其中。

永恒的战争——对抗性

在《政治的正义性》一书第二编一开始，奥特弗利德·赫费便指出，合作还是冲突历来是政治人类学的基本问题之一。在这两个大前提下，人类学的论断也就存在两种基本模式，即人是合作性的动物以及人是冲突性的动物。同样地，也就衍生出了两种社会构成模式，即合作模式和冲突模式①。

从符号定价的角度来看也是如此，在同属社会过程的符号定价中，冲突，在很多情况下，要比合作更加能够显示符号定价的特征。尽管对符号的承认往往涉及了共识、信任、赋能等基于合作性社交关系衍生的社会行为，但符号定价从整体上来看，始终是在有限的总资源内，各方有意识地对于符号更有利位置的不断争夺，是以权力的对抗为底色的斗争②。而符号自己，既是精神的痕迹，也是斗争的筹码。

符号定价的对抗性，不仅来自人类社会过程的历史模式，也来自符号互动本身的特征。在符号互动论的基本假定中，首先便承认了人们的行动是以对事物意义的理解为基础的，同时亦认为这些符号意义应该来源于互动的过程，而不简单存在于这些事物本身当中；并且，个体在应对事物或者进行互动的时候，需要通过自己的解释去运用或

---

① 奥特弗利德·赫费（德）:《政治的正义性：法和国家的批判哲学之基础》，庞学铨等译，上海译文出版社，2005，第 164 页。

② 在这里可以用阿尔都塞对于马克思主义语境下"矛盾"概念的描述来进行对照。"马克思主义矛盾的特殊性在于它的'不平衡性'或'多元决定性'，而不平衡本身又是矛盾的存在条件的反映，换句话说，始终既与的复杂整体的特殊不平衡结构（主导结构）就是矛盾的存在。根据这种理解，矛盾是一切发展的动力。"引自路易·阿尔都塞（法）:《保卫马克思》，顾良译，商务印书馆，2019，第 213 页。

者修改那些符号意义。正如前文所提到的，尽管符号之镜横亘在绝对客观和绝对主观之间，但是每一个个体都有先天的权力以及能力，通过自身的解释，在不断的指涉中，去赋予那些本来孤立存在的符号以特定的意义和价值，或者起码是他们在脑海中勾勒世界时，自认为那些符号应该具有的意义和价值。

然而在社会和市场中，这种价值并不能够无限制地被应用到对事物的处置上，因为符号定价能够在很大程度上影响人们对于一切资源的调配，进而自身便已经成为被争夺的资源了。这其中的利害关系使得没有人会不假思索地认可另外一个主体对于符号的定价，而当不同个体的先天符号权力在互动中开始交织的时候，碰撞就会发生。这种碰撞的过程和结果便是符号定价的传播、交互以及承认。个体对于符号定价的理解，一方面可能与个体自身期望寻求的社会表现相挂钩，例如更高的品位、更强的能力等；另一方面也与个体在互动中所动用的社会资本相挂钩，例如根据自身对于符号的定价来决定交易中的对价等。于是，符号的竞争在一定程度上就变成了主体的竞争。而在有限资源的场域内，这样的竞争反过来必定会引导着乃至强化着符号定价本身的对抗性，并最终使得符号的斗争形式多样，无处不在。

如《软力量：世界政坛成功之道》一书中，软权力的概念一样，那些表面看上去是非暴力的元素实际上也能够代表某种程度的强权。那种依靠文化吸引力、意识形态等对其他主体乃至国家施加影响的社会权力，被约瑟夫给出的定义描述为是一种同化的权力，是一个国家造就一种形势，使得其他国家效仿该国发展倾向并界定其利益和价值的能力"[1]。这其中的关键点之一，便在于对价值的"界定"。也就是说，软权力的生成以及扩散过程，实际上就是一种符号定价，是对国家的意识形态、文化价值、政治追求、道德准则、发展目标等理念以

---

[1] 约瑟夫·奈（美）：《软力量：世界政坛成功之道》，吴晓辉、钱程译，东方出版社，2005，第 11 页。

及抽象符号的综合排序。这种排序衍生出来的权力，必定是一种霸权。因为一方面，它将以对承认的索求为核心滋养自身，而非诉诸纯粹暴力的手段；另一方面，也正如墨菲所描述的，任何一种秩序，都是和霸权共生的。因为秩序一定涉及"某种排斥形式"，从而总是能够被确认出一些被抑制的对象①。那些被抑制的对象当然也可以寻求对于霸权的反抗，而这些反抗实际上就是一次对于秩序拆解和重组的尝试。

　　换句话说，即便是对于软权力，或者说与文化密切相关的领域，只要存在一定的秩序或推崇，便必然存在某种否定和对抗。这种对抗，亦是符号定价对抗性的体现之一。

　　尽管我们说符号定价是动态的过程，隐含着永恒的对抗，可这种对抗并不必然代表着符号相对位置以及地位的不断变迁。换句话说，虽然符号定价是一种持续性的博弈，然而博弈并非总会产生实际的社会结果以及现状的改变。当特定场域内的符号链条被明确下来之后，在更多的互动情形下，是对符号定价斗争结果的"默许"，而非"反抗"，去引导着人们的行为。

　　有一种对于斗争的误解来自结构洞理论，认为对抗和竞争是突现的。这样的想法可以用一个类比的例子来说明，结构洞理论会假定，一辆车正行进在高速公路上，另外一辆车在它前面行驶。于是这辆车逼上去，两车并排而行，交替加速，开始了某种"竞争"，这种竞争随着当前一辆车终于超车之后完成。结构洞理论顺着这个场景归纳道，仅仅在那个两辆车处于同一时间、同一地点的时刻，它们才是竞争者，打破平行，竞争就消失了②。这里的错误，在于作者将竞争与互动或者说社会关系混淆在了一起，换句话说，在超车的过程结束之后，消失

---

① 墨菲（英）：《论政治的本性》，周凡译，江苏人民出版社，2016，第15页。
② 罗纳德·S.伯特（美）：《结构洞：竞争的社会结构》，任敏、李璐、林虹译，上海人民出版社、格致出版社，2017，第4页。

的仅仅是竞争吗？不，消失的其实是整个社会互动。结构洞理论并没有对竞争和互动的等同关系进行考量，但实际上，只要社会互动仍然是存续的，无论在任何一个时空节点下，无论竞争的现实结果是否发生，竞争和对抗的可能性都是存在的，这是一种永恒的特性。回到前文的例子，即便当超车完成之后，所谓的"竞争"已经消失，但是对抗的结果即两辆车相对位置的变化却是持存的。

所以，凭借对表现状态的描述去拦阻对于斗争过程的理解是不合理的，就像力的存在并不一定与物体的运动直接相关一样。而在实际社会运作过程中，我们同样不能够因为直观上的合意而忽视其背后可能存在的隐性对抗。正如哈贝马斯在《公共领域的结构转型》中所列举的例子一样，在谈及政治投票过程时，他写道："本质上完全不同，而且经常相互冲突的意愿在投票时却作出了同样的选择，很容易就被认为是一种虚构的共识。[①]"在这样的社会场景中，冲突实际上一直存在，但是它被一种社会表象所掩盖，从而不再凸显，然而这种掩盖却并不成为否认斗争存续的理由。这种暗含的脱节可能在未来某个时间突然跳出来，光明正大开展竞争。

这背后，更加深层的逻辑可以引入以赛亚·伯林"多元价值的不可共度性[②]"的概念进行分析。即当下存在的众多价值层面的分歧并不能够通过可计算性予以规约，正如一份正义并不等于半份自由，而三斤平等也买不来六两民主。至于品位、情感、意识形态，同样超越了机械理性比较的适用范畴。但问题在于，社会实践总是给人们提出一些回答不了的问题，它一定要我们比，甚至一定要比出个结果。那么最终就一定是无真正结果的比较，进而也就一定是持续的比较，便亦是永恒的斗争状态。熟悉古希腊文化的人都知道安提戈涅的悲剧，国

---

① 尤尔根·哈贝马斯（德）：《公共领域的结构转型》，曹卫东译，学林出版社，1999，第 248 页。

② 刘擎：《西方现代思想讲义》，新星出版社，2021，第 169 页。

法与人情之间不相容的对立所衍生的，便是人类价值某些根本的非确定性。这些价值只能在实践的过程中不断从自我出发，展现自我并怀疑自我，任何将之确定下来的尝试都只能成为一种对原本价值的压缩。而即便在许多压缩的情况下，我们强行使得价值可以"共度"，但它仍是不可传递。即多方价值的比较很难用 A 大于 B，B 大于 C，则 A 必然大于 C 这样的形式逻辑来呈现，因为变换位置的时候，变量本身也在改变，比较便也不再是原本的那个比较了，它无法被证明，亦无法被证伪。

斗争总在发生，斗争总有输赢。但需要注意的是，这种斗争以及背后的对抗性，并不一直如传统的二元权力对抗结构语境下，压力集团对被压迫者的单方面影响。

诚然，当一种解释占据了符号互动过程的主动权的时候，对于其他的符号运用方式一定存在着某种倾轧。但这种对抗，就像场域权力斗争一般，并不仅仅是统治者对被统治者的暴政，也不仅仅是被统治者对统治者的革命，而是权力场域中一切符号支配者之间的斗争。斗争的目的，便是改变或维持符号序列中不同符号之间的相对关系。在上文中所说的每一类定价主体，都能够被视为斗争的发起者，而对抗，也可以存在于任何每两个主体之间，哪怕这两个主体都能被视为传统意义上的"压力集团"。就像在希腊语中，"正典"的意思是竿子和芦苇，引申义为规则与尺度，用来描述圣经等作品所具有的超越其本身文学性的符号价值维度。然而，圣经中的内容实际上并不是一成不变的，所谓"正典"，即正统的圣经内容的诞生，总是对应着一部分典籍被赋予权威性而另外一部分的权威性受到质疑的过程。同时，根据流传的过程、解读的方式、适用的社会的不同，即便很多文字已经被纳入"正典"之中，对于它们是否能够成为一种价值判断标尺的争论，在千百年来，也从未停止过。

　　对抗性并不一定要像冲突主义者对待功能主义者时所宣扬的那样激烈。尽管冲突不是例外而是规律的论调并没有曲解这个社会的本质特征，但是在符号定价的理论框架中，冲突，或者说对抗，还是和功能主义者所强调的依赖性与稳定性存在对立统一的。所谓以承认为目的的冲突，正是从这样的角度去审视冲突本身的特征的。这里的对抗，并不一定集中在冲突主义框架下，暗示着零和博弈逻辑主导的资源争夺，而是某种更加委婉，同时也更加广泛的对于自身位置的默默确证。相对于旌旗猎猎的大军拼杀，这种对抗更像是庙堂之上若有若无的唇枪舌剑与心照不宣。

　　所以，尽管对抗性是符号定价过程的重要根本属性，我们仍需注意的是，在符号的链条上，符号一方面从不孤立地存在，另一方面也不永远处在激烈的直接对抗状态下（就像公路上竞速的车一样）。进而，符号之间在竞争的同时，还在持续地相互支持和相互利用。这种支持与对抗一样，离不开个人、组织、秩序、意识形态等一系列相关要素的共同影响，就像公路上一个速度很快的车的相对"竞争优势"势必要通过另一辆车为其提供证明。与这一逻辑极为相似的，是墨菲提出的一种霸权观。它试图表明，霸权和反霸权之间的对立并不是某种"根本敌意"。换句话说，在霸权的争夺中，各种参与方是"对手"而非"敌人"，它们之间的矛盾不可调和，但也正是因为这种永久的不可调和，使得它们必须承认对方的合法性，即承认在这个持续存在的对抗模式中，各方对于霸权的争夺是必要的但也从不是一劳永逸的、绝对专断的[1]。

　　这样的暗中共谋可以从鉴赏产业的运作模式中看到些端倪。很多场景下，之所以要有鉴赏者的频繁出现以及意见表达，实际上是为了维持一种竞争的假象，但是在这种虚幻的竞争背后，反而是一个相对稳定并且"各司其职"的符号关系，作者、作品、鉴赏者、消费者之

---

① 　墨菲（英）：《论政治的本性》，周凡译，江苏人民出版社，2016，第 17 页。

间的相对位置在更多的情况下，反而是相互支撑的。在这个时候，所有的符号其实正在携手，共同营造出一个选择的范围，为的是能够通过这种不断强化的共识下的范围，圈定自己瞄准的消费者，使之成为被符号定价役使的真正客体。类似的合谋也可以参考在正式场合中的着装，那些戗驳领的西装、上面三颗黑色纽扣的风情褶衬衫、腰封、袖钉、牛津鞋、不能太长也不能太短的领带等，它们虽然和其他装束一起营造出了某种蔑视的等级，但却也都在更大的范畴内相互支持着，共同勾勒出了一个"正式着装"的概念，并且与这个概念互相证明。这些符号在竞相表彰自己地位的同时，也在相互拉扯着，仿佛丢失了其中的任何一个，"正式"的概念就不再完整。

除此之外，需要注意的是，在符号定价的过程中，对抗的范畴以及层级很多，是一个立体、全面的斗争模式。

这种对抗的多层级特征可以通过语言学领域的例子来进行理解。在语言学家阿斯科里和吉列隆的研究中，他们发现，当两个意思相近，但分属不同语言系统中的词汇被汇聚到一起的时候，将会引发词汇上的竞争，最终导致一个被保留而另一个被弃用[①]。和符号定价的过程一样，这实际上并不是一个单一的，符号对符号的斗争，而是涉及了更加广阔的层面。两个符号是作为两个被嵌入到世界中的存在而被摆出来的，它们有自己的一套事件组以及符号丛。正如语言学指出的，决定词汇胜利的过程实际上预兆并且执行了一种更加深层的文化冲突，与这两个词汇相关的一切历史、用法、影响、内涵、发音、书写以及使用场景和人群都会成为斗争的武器，共同博弈，最终决定出一个相互抗衡后的胜利者。

这种多层次的斗争，在很多情况下，实际上就能够与上一章所提

---

① 李永虎：《语言、历史与霸权，葛兰西对马克思主义语言学的建构》，《海南大学学报》，2017（5）：第9页。

到的平台营造出来的一整套控制系统完美地结合在一起了。通过对于空间、互动模式、标准乃至信仰的掌控，平台从未停止对内在参与方的脑海中投放对于符号价值的判决。平台本就为了连接和交互而被打造出来，人与人、符号与符号都被拥在一起，近距离地接触着，互相打量着对方的同时，也暗自比较。平台借助着手里的工具，则能够轻松选择在这里煽风点火，或在那边息事宁人。符号定价的对抗性被它们熟稔地握在手中，反复练习，并决不放弃扩张的野心，筹谋着号召起整个平台在各个层次的一切能量，与外部的组织进行着更大范围内对符号定价权的争夺。

格设的背后——相对性

斗争的落脚点，在于对符号相对位置的占有之上，然而符号定价的相对性，却以符号的相对位置这一表现形式为基础，延伸到了符号斗争中更加深远的层面。

当我们承认符号在对抗中寻求自身定价的时候，这种由相对位置衍生出的价值并不仅仅是一种结果，它同样也经由更加复杂的相对性运作成为一种过程。前文多次提到，符号的系统并不是稳定的，符号与绝对客观以及绝对主观的指涉关系，正如语言学家（索绪尔、本维尼斯特等）对于能指和所指之间任意性的分析一样，是处在不断的变换中的。不同的能指可以指向同一个所指，如"猫"和"CAT"都可以暗示着一个正常人脑海中具备"猫"的特征的生物；而同一个符号也能与不同的所指进行绑定，如作为汉字的猫这一符号面对不同的受众，也能引申出不同的解释。虽然能指和所指这一对结构概念略微有些过时了，但是其试图表明的任意性原则是有效的。

这种任意性或者不稳定性，给出了符号系统中不断寻求新的意指以及定位的机会，符号之间的指涉和结构可以经历不断的解耦与重塑，进而为相对位置的攀升提供了一个切入口。也就是说，恰恰是这种不稳定性，支撑着符号之间的对抗，并最终使得符号成了定义当下社会价值的根本尺度之一。

符号定价的相对性并不复杂，就符号定价主体的多样性来说，最起码，我们每个人都能够体验到自身进行符号定价时的相对性，如"情人眼里出西施"。但正如之前符号定价主体中表达的，个人的符号定价能力终究是有限的，符号定价的相对性一定会包含着远超个人主观意识的层面。从主体性向前推进，我们就能够看到主体与世界打交道的时候，这种相对的符号定价往往决定了我们的具体行动方式。例如一个喜欢使用网络流行用语和朋友交谈并且一定程度上通过对流行用语的掌握和运用赚取笑声和关注的人，可能会有意识地在工作场景中避免这种词汇的使用，以保持自身言行的专业性。因为第一个场景中对于网络用语的使用和权力获取之间的正相关在第二个场景中成了负相关。主体通过这样的判断调整自身策略，结合外部的环境寻求更加合适以及能够获得更大影响的符号使用方式。在这里，相对性得以扩展，成了一种范畴式的相对性，它显示着符号之镜对于主客观世界代理过程中，预留的限制以及某些改变的空间。

从现代社会开始，偶然性和相对性在繁杂的社会过程中愈发明显。于是，符号之镜在意义和价值层面的不断变迁也就愈发频繁，绝对的价值或者说世界自身的合目的性被渐渐压缩，万事万物都在努力创造合适自己的规定性。当然，从另一个角度来看，符号意义与价值的不断变化，反过来也正是我们之所以得出现代性流变特征的证据之一。在这种流变的特征下，我们一方面经验着不断喷涌的多样化的新奇事物，另一方面也有了越来越多不同的视角去审视自己所处的时代。不同的视角，应对着不同的"框架"。这种"框架"，在戈夫曼眼中，是"人们认识和解释社会生活经验的一种认知结构，它能够使使用者定位、感知、确定和命名那些看似无穷多的具体事实"①。同时，它也是人们将实存转换为主观感知的凭据，亦是人们建立交流系统的媒介。换句话说，框架实际上就是符号定价的背景规则，也就是社会意义上，符号定价相对性之根本所在。正如泰勒主张的："事物具有重要性是针对一个可理解的背景而言的""如果我们要有意义地定义我们自己，我们不能做的一件事情就是隐埋或否认事物对我们而言据以取得重要性的那些视野。②"这种意义的锁定乃至价值的评判，只有在一定规则背景中才能够成为一种有效的东西被接受。就像篮球比赛中不能用脚一样，这是一种视野赋予的对错。规则为我们如何将符号捆绑在主客观的所指之上提供了某种准绳，它在纷乱的、不稳定的符号指涉系统中，营造了一个局部的稳定性。使得在特定规则下的指涉关系能够被有序创生、传播并且被承认。而显然，随着规则或者框架的改变和调整，符号的任意性则会再次得以明确的展现。

然而规则并非凭空产生，规则本身作为一种符号，同样是需要被承认乃至被定价的，只有那些跨过"被认可"门槛的规则，才能够摇身一变成为能够左右其他符号指涉关系的重要标尺。规则本身，也是社会性以及历史性的，便同样是相对的。桑德尔在《自由主义与正义的局限》中认为，是存在于共同体内部漫长时间中积累和归纳的价值，规定了在共同体中，什么是正义，什么是不正义③。这样的判断，可以被推及至一切背景规则或视域的产生过程中。它们是符号定价的一部分，而不是符号定价的先决条件。我们不能够从个人主体性的视角出发去看待我们如何被"抛入"这个视域中，而是要从符号定价整体的视角出发，将视域本身成型的过程一并引入讨论的范畴。这样就能够消解一种纯社会化的思考方式，而给出一个更加"本体"的符号序列

---

① 肖伟：《论欧文·戈夫曼的框架思想》，国际新闻界，2010（12）。

② 泰勒（加）：《本真性的伦理》，程炼译，上海三联书店，2012，第47页。

③ 迈克尔·J. 桑德尔（美）：《自由主义与正义的局限》，万俊人、唐文明、张之峰、殷迈译，译林出版社，2001，第3页。

的解释模式了。

而在视域背后，总是一片更加广阔的社会现实，以及与之相匹配的符号的范畴与历史。就像前文说的，在符号定价的斗争中，个体的能量终归是有限的，标准通常出现在人们共同生活的背景之中而无视唯我论的独白，社群的视角往往才是符号定价的关键"话事人"。

于是，我们就能看到，符号的整体社会环境，在社会交往的历史进程中变化，它规定了符号的玩法和范围，而符号便随之而动，在这种范围内展开自身的定价斗争。即同样的符号面对不同的社会现实，完全可以呈现出不同的定价方式，并投射在社会个体的心中。就像让欧洲、亚洲、非洲的女性对男性理想身高进行排序的时候，得到的必然是一组不同的序列。随着背景的变换，标准和范畴也不断调整着自身的边界。而一旦这种范畴被确定了，相应的符号定价过程便也会经历变迁。例如，对于古代中国人来说，文明以及正义止于九州之地；而在古罗马人那里，需要得到最大法律保障的永远是罗马的男性公民；到了现代，在大多数人眼中，文明与正义已是需要覆盖到我们这个星球上的所有人的核心符号了。在这种范畴的确认下，与文明和正义相关的规则、要求、评价、行动，便都会被纳入相似的符号链条中被进行比对。

所以，符号定价的相对性能够充分体现出符号序列本身的复杂性，即符号定价的全过程并不仅仅是发生在同一个符号序列之中的。事实上，符号序列并不是一个能够看得见摸得着的东西，或者说一个"名单"，它所描述的只是符号之间某种模糊的相对位置和指涉关系。可能在特定的微型符号圈层中，确实存在着某种排序，如劳斯莱斯优于保时捷，保时捷优于大众，而大众优于夏利一类，但是从整体来看，符号和符号之间的所谓序列，并不会如此清晰。而当符号定价的相对性与符号所圈定的范畴、所存在的环境、所勾画的群体不断捆绑的时候，符号便更加不会存在于任何单一链条之上了。人们看到的，将会是同时存在于我们面前的无数符号链条，它们如同珠帘一般悬挂于绝对真实和绝对虚幻之间，通过自身的不断变换决定着意义与价值。每一个链条都有自己的范畴和自己的序列，决定着身处于这个链条之上符号对抗的游戏规则。同时，符号本身与主客观的所指之间的任意性也使得同样的符号得以存在于不同的链条上，它们如同一个主体的"分身"一样，在自己的领域里争渡、跳跃。

更进一步，即便场景能够反向引导符号的指涉关系以及排序方式，但环境和符号的对应同样是不稳定的。正如在《社会学主要思潮》中，雷蒙·阿隆指出的，各种类型的社会与人们对于道德的态度的对应关系，并不意味着人们一旦知道一种社会类型，就能够说出适合于这类社会的道德[①]。换句话说，针对任何一个给定的场景，我们不能草率断言其背后符号链条的真正组织形态与定价的规则，而针对给定的规则，我们同样无法断言符号定价具体的实践过程。无论是符号内部的、符号之间的，还是符号与外部规则、范畴以及环境的指涉关系，都不是绝对的。这是一个漫长的指涉链条，然而其中没有任何一环是牢牢相扣的。

所以，这里存在的关键问题，就是符号序列上的定价从根本上否定了绝对性，或者说某种"本真性"。什么是有价值的以及我们如何判断什么是有价值的这两条路线都不踏实，我们便只能怀疑这新时代是否真的给我们留下了任何稳定的根基。不仅在符号世界中如此，这种否认甚至可以一直延伸到机械理性的世界中去。因果链条的循环和嵌套不会使得相对性消失，反而使相对性得以拓展。因为一个结果总会有众多的原因，而一个原因也总能导致众多结果。即便在每一个单一的因果关系中，我们可以看到绝对，但是它并不能说明任何整体性的问题。绝对和绝对的相加不是绝对，是相对，是我们这个充满运动的世界。

---

① 雷蒙·阿隆（法）:《社会学主要思潮》，葛秉宁译，上海译文出版社，2015，第369页。

而我们其实也没有必要为了论证世界的相对性非要把视角推到这么远。即便只停留在主体性的维度去看待符号定价的相对性，我们依旧可以说这整个世界是相对的，因为人和世界本身是统一的，人的相对性就是世界的相对性。

但在这里，我们却要看到一点，即相对性并不等于"自由"，尤其是当我们说被机械理性主导的自然界中所存在的相对性的时候，绝不是说自然界本身是自由的，它完全可以在确定性中构建一个相对性的网络，就像在不同星球上同一个物质的不同重量一样。但相对性却可以成为自由的基础，尤其是在人化的符号之镜中，无论相对性是历史规律建构的，还是社群共识建构的，还是个人主观建构的，它都代表着我们这个物种的某种自由意志，代表着我们需要承认，即便一切环境都已经给定，甚至一切规律都已经被明确，我们仍然可以在符号序列的定价斗争中，画出超脱的一笔。

然而，令人遗憾的是，更多情形下，反而是这种自由的基础，为我们带来了新的问题。符号定价的相对性引出了一个多元论的观点，但我们却必须提醒自己，要在这个多元论的范式下，保留一种道德理想上的努力，即我们最好不要将相对性停留在相对主义的粗浅阶段，认为一切都是相对的。相对性确实指涉了一种永恒变动的逻辑关系，可停留在对于稳定性的彻底否定上，却可能引发多层面的危机。我们可以回想一下泰勒对于相对性原则主导的多元价值的担忧，即认为多元价值绝对不意味着和共同的善以及价值存在必然冲突，如果因为承认多元而否认非任意性的价值的可能性，那么这种论断无疑是"狭隘"的 ①。这是符号序列为我们提出的考验，来检测是否随着我们视角的增加，我们总能够依此构建一个至少看上去有效的定价逻辑，并自认为这便是某种超脱了；还是说我们有能力限制那种肆意的范畴，在流变中尝试保有某种同一性和内在命令，在有限性中寻找无限性。

① 泰勒（加）：《自我的根源》，韩震等译，译林出版社，2001，第804页。

　　所以在相对性的语境下，戈夫曼的框架理论尽管能够支撑那多元化的表现，但这种背景规则其实存在可疑的一面。对此，海德格尔的一个概念，"Ge-stell"，将有助于我们的进一步解读。张汝伦教授在翻译的时候，将之译作"格—设"[①]。它旨在描述一种规定性的聚集，兼具一套基本的范畴、思维方式和信念系统。这看上去和"框架"并无不同，但其根本目标却是描述这种设定对于个体的深层影响。即强调"格-设"始终是一个外部性的尺度，它设置着人，也挑战着人。它能够创造出一个看待世界的相对性视角，但却让人在其中体验到稳定性，并将这视角锁定，使人不再"遇到"他自己。而后面一半的意味，是更加深长的。当我们将相对性看作符号定价的根本特征之一的时候，我们可能一方面确实放弃了对那绝对的找寻（正如我们在前文面对符号序列时已经被迫所做的那样），另一方面，我们也可能沉浸在相对性中，却忽视了从相对到绝对的漫长距离中，总有一些打着多元化旗号的隐性控制，带给我们一些虚幻的满足。

　　这种多元化带来的控制机遇，任何一个符号定价的大玩家都不会轻易放过。后现代主义的语境给了它们最合适的解构逻辑，并期待着人们承认，每一种游戏规则以及价值标尺，即便存在共识，也是局部的，它能够被写就，能够被拟定，也就能够被修改。

　　在移动互联的世界中，这样的现象更加普遍，不仅叙述被看作无比灵活的，身份背后的主体性同样是灵活的，甚至就连人们面对的"现实背景"，都充满了相较以往远远超出主体设计能力的相对性。一切"天经地义"的，都可以被化作"天理难容"的；一切斩钉截铁的确证，都可以化作《竹林中》被谜团缠绕的罗生门。

　　在这里，相对性被大大提前了，成了对于一切合法性的合法质疑。我们熟知的符号系统，乃至价值观和世界观这种高级的符号运作成果，

[①]　张汝伦：《现代西方哲学十五讲》，中信出版集团，2020，第 313 页。

在很大程度上扎根于历史累积而来的人际互动模式。正如忠诚、信任、对生命的尊重等价值，它们的存在并不仅仅是伦理的，同时也具备了社会层面的有效性。然而，平台的崛起，带着它们所"统治"的虚拟场域，在很大程度上改变了这种逻辑。因为抛开了传统规则系统，平台正在自己塑造着无数新的玩法；抛开了现实的环境与范畴，平台能够轻而易举构建无数虚拟的空间和场景；抛开了血脉、工作、学习等社会活动赋予我们的连接关系，平台能够通过对于偏好、行为、消费的种种控制创生出一个又一个新的群体。这一切都映照着在移动互联给出的不稳定的场域空间和群体背后，会衍生出对于伦理和价值的不同要求以对应其行为范式，也将会产生更加不稳定的符号链条。而这些链条内部跳动的符号，以及其不断闪现的相对性，则是给了平台以及其他参与方数不清的机会，去在相对位置以及指涉关系的争夺中，获取更大的权力和收益。

虚幻的真实——实在性

如果说符号定价的斗争描述的是一个我们能够轻易直观到的状态和逻辑，那么相对性就是这种逻辑之所以成立的基础。但随着论述的视角深入相对性中，我们却有可能面临前文提到的虚假的多元性乃至虚无主义，这种虚无主义甚至不单单限制在对那真正超越性的否认和对符号序列内可能暗藏的本真性的排挤中，还可能延伸至我们面前的一切事物中，即认为整个符号定价、符号序列、符号之镜，都不过是相对性构建的一个幻觉而已，为了让人类短暂的生命不至于无所事事。

但问题在于，相对性不等于虚无，相对性的反面是绝对性，而不是实在性。

符号之镜，是相对的，但同时也是一种实际的存在，夹杂在绝对客观和绝对主观之间的特殊存在。当符号之镜的代理向着镜面两边延伸，成了互动的中心的时候，符号本身，就完成了从中介向实体的转换，成了一切意义的实际代言人。而架构在符号系统上的符号定价，在根据意义争夺价值的过程中，同样是一种实在。它一方面来自一种实在的追求，即对于秩序的追求[①]；另一方面也创生一种实在，它映射的不是物或意识，而是一种关系，具有实在意义和价值的关系。这种关系是延续性的，符号定价从来不是个体脑海中的一闪而逝，而是涉及社会交流以及博弈的体系化过程。这种延续赋予了它实在的意义，使得它能够成为一种社会互动中被使用的实在要素。

总的来说，符号的核心是指涉和区别，背后是符号对主客观的霸权。而符号定价的核心是等级和秩序，背后是一个定价主体对另一个主体、一个符号对另一个符号的霸权。但无论是前者还是后者，这种霸权的实在性都不容置疑。

具体来看，符号并不需要完整表达出中国的国旗是什么样子的，它使用的基础场景在于，中国的国旗和美国的国旗以及全世界所有国家的国旗相比，是不同的。即便符号源自某种主观创建的构想而带有着虚幻的先天属性，但是符号之间的差异性本身是一种实在的社会存在。对于符号来说，它所具有的物质性让它不仅是现实的反映，还是现实的一部分。符号背后的象征权力，实际上也是符号被利用，进而创造出一个"不同于其他符号"的物的权力。而符号的更深层维度的再生产，则通过其赋予符号能指以社会意义的过程，和区分过程相结合，不仅辨识出符号之间的不同，还经由这种不同辨识出某种具体的

---

① 这种秩序可以是一种执行秩序，也可以是一种形式秩序，前者作为实在的追求而后者作为前者的补充。我们可以想象一下特种兵执行行动之前对表的时候，他们对的并不是某一个准确的时刻，而只需每个人统一的时间并统一安排即可。换句话说，人们永远需要的都是一种执行的秩序而非形式的秩序。只有当执行秩序没有办法通过执行秩序本身被达到的时候，外置的形式秩序才会出现。如果特种兵有 20 万人，分布在世界各地，在进行同时行动之前，却没有充分的沟通机制，所依赖的便只有形式秩序，即大家跟从格林尼治时间的统一安排。

关系。最终引导出一个能够被社会所认可的符号定价，为符号们创造了一个具有丰富含义和相对位置的叙述集合。

这种造物，之所以说是某种再生产，正是在于，所谓定价，并不仅仅是定下价格，同时也是定下次序和规则，是对于客观存在的世间万物的排列组合。而经过排列和解释的客体，获得了某种意义的"重生"，它不再孤独地存在，而是被安置在一个既定的符号场域当中，获取了属于自己的身份。总的来说，从符号本身的角度看，符号创造出的不是狼，而是长得像狗但是在野外群体狩猎的某种动物；符号创造出的不是可口可乐，而是不同于百事可乐的暗红色糖水；符号创造的不是杯子，而是比碗高一点、细一点的能够盛放液体的器皿。而从符号定价的角度看，符号创造出的不是钻石，而是能够卖到上百万元的钻石；符号创造出的不是红酒，而是必须要用高脚杯才能喝的红酒；符号创造的不是国家，而是能够让人们效死的国家。

符号霸权为符号定价产生实在社会结果提供了底气。正是因为符号能够对绝对真实和绝对抽象进行双向扩张，才使得架构在符号之上的定价成了具备自身对主客观影响力的霸权工具，并使得即便那最为空幻的符号存在，也必然能够在现实互动和排序中，在某种条件下，扮演特定的实在角色。正如生活中的那些广告、电影、杂志中所展现出的，当一个号称能够治疗阿尔兹海默症的特效药成为广告之后，它便仿佛成为"真实的"；当漫威的超级英雄电影播放后，里面的人物便也成为"真实的"，甚至能够反向成为某个事实的认证被烙印在扮演那个虚拟角色的真人演员身上；而一个在杂志中被展现的香水，它的真实性，则会体现在金黄色的海报背景、女星婀娜的身段以及一身珠光宝气中。符号作为实在展现，哪怕符号从幻想中被创造。无怪乎鲍德里亚认为迪士尼乐园比现实的美国社会更加真实，而美国：

"既不是梦也不是现实，它是一种超真实。超真实是因为这是一个乌托邦，然而是个从一开始就被认为是已经实现了的乌托邦。这里的一切都是真实的，实用的，这里的一切却又让人陷入幻想[①]。"

符号定价的运作也反向强化了符号本身的霸权，正如同资本主义市场的交换价值实践强化了资本主义本身的合法性一样。当然，我们大可不必如同鲍德里亚一样过于夸张符号定价对符号霸权的作用，即认为这种交换结构使得物品作为交换材料被剔除了所有的实用物理属性，仅仅成为具有区别性和异质性的符号[②]。但是不可否认的是，每一次对于符号定价的争夺背后，都代表着符号自身所具备的意义系统的有效投放。

所以，我们可以说，符号霸权从真实中诞生，作为一种虚幻存在，而后又化为"超真实"；但符号定价却永远是扎根实在的。超真实的部分在实践中，总能够找到某些坚实的落脚点。它们攻击着实用性，却也取而代之成为新的实用性。或者更进一步说，从单纯的符号进入符号定价的领域后，真实和超真实便不存在什么界限了，而这种界限的打破，使得符号之镜连带着真实起来。

现实总是复杂的，当我们谈及某种现实的时候，绝不仅仅谈论一个单一的现实，我们不会在看一个杯子的时候只看它的颜色，甚至很少只谈论一个杯子而不在脑海中引入其他概念。在现实中，事物呈现出的一定是一种组合的真相，它是交错的、庞杂的，而越是复杂，这个真实的组合中就越会给所谓的超真实留下空间，就越有可能孕育某种超越现实性的价值判断。这判断的产生甚至不需要刻意引导，看看春运的例子就知道了，集中在同一个时间点，无数人哄哄闹闹，花费

---

① 让·鲍德里亚（法）：《美国》，张生译，南京大学出版社，2011，第47页。
② 让·鲍德里亚（法）：《符号政治经济学批判》，夏莹译，南京大学出版社，2018，第196—197页。

巨大的成本满地图地迁徙，这是用经济学无法解释的，但是这样的行为，放在以一家团圆为一年辛苦工作的目标的打工者身上，便再合理不过了。春运的拥堵并不单是一个交通的事实，它的背后带有根本的价值判断，而每一个中国人，都会在心底对这种价值给出自己的尊重。

现实和思维无法分离，而思维总伴随价值。

所以，我们可以说，即便符号在某种程度上代表了一种超真实，符号定价也总是要将这种超真实拉回到现实当中。正如不可知论者温和地质疑着每一个因果链条，但这并不妨碍我们根据这样的因果链条构筑了整个社会一样。

这不难理解，一方面，那些具备社会过程主导性的符号定价，必然是需要社群共识的，社群共识并不一定能够和真理相对应，但是通过共同认可的方法出发，却可以为社会提供不弱于实在真理的稳定标尺。符号定价源自主观，但却从主观世界中走出，触达了共识，代表了主客观的不断交织和杂糅。而一旦这种过程真实发生了，符号就不可能再是纯粹主观的。因为定价的博弈往往与特定的行为所绑定，行为指向客体，客体映照资源，完成了从意识向资源争夺之结果的演进。而从更深一层来看，这样的过程，不仅体现着社会性的实在影响，在另一个维度，也暗示着符号定价自己的反身性特征，即符号定价不仅能够在与现实的交织中寻求生存的土壤，符号定价本身，就可以自为地、能动地在人群中凭一己之力构建真实。如果大众坚信银行会破产，进而发生挤兑，那么无论消息如何引导、政策如何救市，银行可能都会破产。这就是所谓"自我实现的预言"，主观的定价，通过公共行为，转变为实际的结果。

另一方面，正如实用主义不断强调的，所谓的真实可能都是在面对流变的世界时，我们应对它的最具有效性的权宜手段。效用成为价值诞生的关键动因。这是一个相对性的视角，但同时恰恰因为它的相对性，它的实在性也必须被承认。符号定价是经由符号博弈衍生出的结果，离散于特定物体的符号，本就是一个被构建出来的价值系统。

它存在的意义，在于这种价值系统被套用在社会实践过程中时的有效性。符号创造的超真实世界中，每一个人所看到的虚幻都是不一样的。然而，超真实自身的悖论便是，即便它是超真实的，它也不断在寻求着一个对于自身的真实呈像，它希望人们认可这种超真实，使其具有社会实践意义上的生命力，而认可的过程本身就是在创造一种社会现实。符号的任意性在社会过程中吸取着理据，当超越的真实成为普遍的真实，任意也就转化为了必须而具备实用性。

所以，在符号定价的"战争"中，对抗的结果是真实的，其真实性并不亚于我们触摸到的一切实在物体，这种真实使得符号以及定价系统能够给个体的行为提供明确的指导以及解释，使之成为个体真实互动的标尺和对象之一。甚至可以说，这样的实在结果反而才是符号定价之所以成为符号定价的反向认证。在此过程中，真实和实在被等同，它表述的并不是黑格尔意义上"真实的东西或真理"[1]，而是一种实践的有效性。它是有效的，只要我们承认它是有效的；而我们又因为它是有效的而承认它，这是一个盲目的循环。

进而，当我们在符号序列和定价过程的实在性中确证我们自己的社会实践的时候，这种实在性就会形成对主体性的一种侵占了。它将自己的实在性上升至某种律令，向着符号定价的纯粹主观性发起了最后的攻击。对秩序和内容的控制，围绕着个体，使人们再难看清，是否那些被我们认为是处于纯然自我意识主导的认知，其背后也是文化工业潜移默化的影响。

可以看一下非功利性审美体验的例子。我们明白艺术不等于审美，审美也不一定是艺术，在谈到非功利性审美的时候，人们通常会将那种体验描绘为一种"空灵"的状态。何谓空，是因为不可言，而何谓灵，则是因为愉悦。然而这种空灵是属于自我的，我们可以说它是绝

---

① 　黑格尔：《精神现象学》，贺麟、王玖兴译，上海人民出版社，2013，第61页。

对主观的，但这种主观只能停留在"空灵"这一个词汇之上，无法再演进了，一旦演进，就需要被叙述，就需要被释义，也需要被承认。正如当诱发人们空灵感知的场景被拍下，发到微信朋友圈并且配上一段文字的时候，绝对主观就消失了；它跟随着网络的信号进入到了社会的符号领域，期待他人的目光而空灵本身被填充进了具有规定性的意义和价值，成为一种实在。即便是只停留在自己可见的状态中，只要叙述产生，主观也就开始退让，因为这个叙述过程中的体裁、中介、媒体、手段，是业已经历符号定价产生的系统的产物。

这种被实体性构建出来的主观符号定价过程其实能够被分为两个阶段：第一个阶段可以被看作投射阶段，在这里，文化工业的大框架笼罩下来，无差别地对个体进行渗透，很少仅仅针对某一个单一的行动者调整自身的整体方略；而第二个阶段则是主体对文化工业进行内化的过程，而所谓"主观性"则是这第二个过程结束之后衍生的结果，其根本指向在于文化工业被每一个人通过其主观接受和加工之后，所生成的差异化符号定价逻辑。而也正是这种"主观性"，给了整个符号定价系统以充分的变数和不断竞争的动力，文化工业以及其中的个人不断寻求着主观定价的承认、迷惑、反驳，进而广告得以横行、群体得以形成、交易得以实现。换句话说，符号定价又引导着主观性，将自己投入世界中，在超真实中沉淀真实，完成对于原有实在性的再一次补充。

在移动互联世界中不断发生的，不也正是这样的事吗？

绵延的确证——历史性

符号在每一个当下都代表着特定的实在，然而符号本身却是历史性的。

符号的意义源自对纯粹客观以及对纯粹主观的指涉，但这种指涉的相对性，使得符号需要通过将自己置于社会互动的中心，去实践、去斗争，以不断寻求并确证自身的实在性定位。正如前文早已表现出的，符号的意义大多并非纯粹的个人经验或者是单一权力主体规定的用法，而是在时间维度下，根据社会性逐渐创造、融合、妥协出的一种结果。而在这样的过程中，符号经由价值排序的战争，在争夺自身更加有利位置的同时，也在反向强化着围绕符号的一切意涵。换句话说，符号定价与符号本身的演进是一体的，它们都拥有着属于自己的时间维度，在时间轴上徘徊，从历史中一步步走来。

　　符号以及符号定价累积的一个结果，就是人们形成了布迪厄场域理论中所描述的"习性"。在这里，习性并不会被当作一个主要概念被系统阐释，但是对于习性特征的描述可以对我们理解符号定价的历史性提供参考。在对布迪厄的研究中，卡尔·马东总结道：

　　"习性关注的是我们行动、感觉、思想与存在的方式。它是一种捕捉，我们是如何在我们自身所处的历史中周旋，我们又是如何把这种历史带入我们当前的境遇，以及由此我们如何选择一某种特定的方式来行动而非另外一种[①]。"

　　回过头来看，符号定价可以被描述为习性获得过程的一部分。符号定价与习性一样，都是社会性的，对抗性、相对性、实在性等都仅从社会意义上去考察才拥有其解释力，而历史性，也就必然成了符号整体社会性中的一个重要角度。如果说此前我们描述符号定价的状态，重点围绕着其所受的当下权力结构以及指涉网络的影响，指出是它们共同决定着符号的意义和价值；那么符号的历史性所表达或者说强调的，则是这种权力结构以及影响从不是凭空出现，而是每一个时代权力运作的积累，亦是每一个时代符号斗争的结果。

---

① 卡尔·马东：《习性》，选自迈克尔·格伦菲尔（英）：《布迪厄：关键概念》，林云柯译，重庆大学出版社，2018，第65页。

符号之网，以及符号定价背后的权力网，不仅仅是空间意义上的连接关系，而是伴随着时间或者说历史的一个四维系统。然而，在符号定价的当下向前回溯，我们看到的，却并非是一个符号既定的宿命。在现实被看作一个确定的结果的同时，历史性背后的因果关系所代表的却同样是不确定性和确定性的交织。

所谓的不确定性是指，不同的历史机遇会赋予身处其中的符号以不同的命运，正如猫、牛、猪这些动物在埃及、印度、伊朗等国家所具有的独特意义。而相同的符号定价过程也不会重复发生，就像历史不会百分百的重演一样。每一次斗争都是不同的，因为任何定价都无法完全脱离出自身所在的历史环境。而整个历史文化变迁到现在的结果，实际上已经包含了历史上何谓"正确"的一切价值选择。

然而，在相对的、不确定的符号定价历史中，符号也在追求着某种确定性或者稳定性。简单来说，符号被承认的次数越多，符号被承认的时间越久，相应的意义和定价也就愈发稳定。正如中国的成语系统，那些千百年流传下来的符号，与它们背后的典故、历史、环境、叙述等紧密地结合着。"卧薪尝胆""孟母三迁""萧规曹随""作壁上观"此类的成语，为每一个熟悉那些背后意涵的人们提供了面对这个社会时，一些共同承认的角度和基本信念，并且成为群体表达情感、作出判断、裁定矛盾的重要支点。而贯穿着稳定和不稳定之间的，则是符号之镜自身的不断延续和进化。

这也反映了当下移动互联时代的符号定价所存在的一个问题，即它正在经历着一种历史性的缺失。这种缺失源自移动互联时代符号创生以及传播本身的快捷；也来自身处其中的人们对于因果性的不再尊重，对于事件的快速遗忘以及对于不确定性和其后果的迷恋。正如在第一章提到的时间霸权所表现的，当下的注意力，便真的只在当下而已。当下的历史性是短暂的，拒绝回溯的，不稳定的。它从历史的绵延性中抽离出来，心甘情愿把自身压缩成为一个个切片。

　　不仅如此，移动互联所建立的跨越时空的连接网络在不断增强符号定价相对性的同时，也强行将属于自身历史的和属于不同历史的符号定价纳入到了统一的场域去进行比较。相对性和历史性就这样同时被贬低。曾经珍贵的对承认的不断积累，在移动互联构建的当下主义中，也能够以更加快餐式的模式被快速建立，但不久之后又快速消失。

　　我们可以说从特征上来看，此时的符号定价仍然具有历史性。

　　但却没了历史感。

　　在符号定价来源于历史的同时，也在反向定义着历史。这里涉及的，是一种本质主义的观点。

　　我们最常见的历史本质主义观点可能来自马克思，在他看来，历史的发展动力、历史的主要形式和载体都来自经济结构，历史的主要角色不是意识，而是发展着的生产力，历史是人类产业的历史。历史的一切过程，都在矛盾运动中演进，而在世界无数种矛盾中，存在一种根本性矛盾，那便是阶级斗争。

　　实际上，对于人类历史，给出类似的"本质主义"描述，往往并不困难。说它是阶级斗争的历史、分化融合的历史、战争的历史、发明创造协作共赢的历史都可以。不同的角度引导的是不同地看待历史主要活动的方式，而在每一个说辞之内部，其叙述的核心元素，都会被认为是历史中上演了最为重要的戏码的逻辑。然而这种逻辑，却可以根据定义历史视角的不同，而对同样的历史过程给出不同的解释。正如当我们在说人类社会的历史是创造的历史时，意大利教堂穹顶之上描绘的众神之战、世俗之战的伟大壁画会被用以佐证，而当我们在说人类社会的历史是战争的历史时，它同样能够被通过这些壁画证明。

　　这亦是相对性的表现，同时也是一种定价的结果。

　　马克思之所以称人类历史是阶级斗争的历史，是因为在马克思主义的视域当中，相对于道德的演化、文化的积累、法律的探索等，阶级斗争这一核心概念对于社会中一切个体的影响以及其所左右的决定性历史事件的解释具有更为关键的说服力。同时，道德、文化、法律等在某些层面也能够被纳入成为阶级斗争框架内的一部分。将阶级斗争置于逻辑的高点之后，我们会发现大多数的社会过程都能够在其解释框架中被放置和阐述，这种自洽也就给了阶级斗争其最初的合理性，用阶级矛盾统摄种族矛盾、性别矛盾、经济矛盾甚至环境矛盾等。后马克思主义虽然退让了一步，承认了各个矛盾的独立效度，但是也总是认为，从这些单一矛盾出发，应该能够推出一个完整的、可以反向涵盖一切的"阶级斗争性"话语体系。

本质主义的视角一定是存在漏洞的，但它不一定是错误的，也一定不是无效的。它在自己的领域内可以是部分独断的，但这是出于内洽的目的而必须具备的特质，也正是这种独断性才能够发出强有力的声音，给沉睡的人们以当头棒喝。而相对于其他的本质主义视角来说，这其中并不必要存在排他性。

那么，所谓符号定价的历史性，其最为深层的视角，就是将符号定价过程，视为与"阶级斗争""创新""战争"等一样的，能够为人类历史添加注脚的关键词。承认这种本质主义，并去反向定义历史。在这里，符号定价最大的合理性，在于其同时拥有的"动态"和"静态"的对抗性，能够让我们在以这个角度去审视历史的时候，较少地受到历史进步主义的影响，即将历史的发展，或者说一段历史被区别于另一段历史的跳跃瞬间，等同于历史本身。这种合理性，也在于那相对性的符号定价的珠帘，透过那珠帘，我们看到的不再是单一的叙事和秩序，以及符号的天经地义。人们的视角被打开，无尽的可能性被提及，历史的轨道被敲碎，必然的目的被质疑。合理性还在于符号定价的实在性，我们的历史并不是幻想，留存下来的即便并不是"发生"的真实，也是某种"解释"的真实，符号定价正是因为具备了实在性，才能够被切实收纳进历史的范畴中，成为堆积历史事实的关键原材料。

　　并不仅仅只有战争和政治斗争才是一种对抗，也并不是只有新老文学的更迭才能代表一种演进。当众多的历史性概念不断凸显着人类社会演进过程中每一个闪烁出的光点的时候，符号定价的交互以及承认，同时也包纳了那些"静态"年代中依然存在的惊心动魄，以及每一种可能性的真实意义。马克思在《资本论》中借用的生态学概念，即"新陈代谢"，在某种程度上也更多地将自己的分析角度投向了漫长人类历史中动态的瞬间，寻求着阶级斗争力量以及动因不断积累后爆发的原点①。而后来的教条马克思主义者，更是盯紧历史中的变革和抽象关系，对活生生的存在者视而不见。然而，那些历史长河中不从事任何生产的人，那些在社会中茫然的人，那些被控制着的人，即便在生产过程乃至阶级斗争中看似没有任何介入，但他们依然在社会互动的符号系统构建中扮演着自己的角色，这种角色，自有其价值，它们反向见证着一切对抗性的展开、一切相对性的存在和一切实在性的实现。那些被新陈代谢所忽视的"其他"，实际上亦是有机体在每一个存在瞬间的真实性的元素，它们用自身的存续映射着对于整个社会结构的承认，奉行着历史性最朴素的一面。

　　所以，如果要从之前一切论述中提取出一个看待历史的视角，这个视角将会以"历史是对符号定价霸权的争夺"的角度展开②。如果说在一切事物的因果之链上，任何一个节点的影响力都能够被抽离出来，向前后延伸，将能够获得任何丁点相关性的历史过程都纳入自己的统辖范围，那么符号定价未尝不可同样如此（甚至无须采用无限衍义的逻辑进行论证）。

---

① 马克思（德）、恩格斯（德）：《马克思恩格斯全集》（第三卷），人民出版社，1995，第 374 页。

② 这里要重申的，是作为看待历史视角的"符号定价"和作为考察对象的"符号定价"，作为视角的符号定价是需要被追求的，因为它能够帮助我们看清当下的诸多问题，而作为对象的符号定价则是需要被思考乃至批判的，因为那些问题中的大部分，恰恰是被它所承载的。

历史便是符号的古战场，人们在刀光剑影和不断倒下的符号的身影中创造着最新的真实。这当然并不是傲慢地说符号定价是一个能够解释一切历史发展的万金油，但是起码在静止的年代中，我们依旧知道那绝不隐没的对于符号解释权的争夺、认同、传播，符号定价的种种猫腻和光荣，节点和过程都在进行着。它们可能不会被历史记录，但是我们能够在所谓的"发展"中寻找到蛛丝马迹，也能够知道，这种符号定价的积累最终必然会导致历史中的那些创新、合作、意识形态乃至战争。

正在发生的符号定价

关于符号定价，其特性当然不止这四种，而这四种，就像前文表现出的，也并不是孤立的，而是相互交织共存，每一种都具备延展性，都可以成为一个决定性特征也都可以被其他特性当作解释的对象和子属性。就像符号的历史性贯穿实在性，实在性必须在历史性中彰显，历史性是对抗性的结果，相对性则给了对抗性以持续的动能，实在性又作为相对性的现实基础而存在。区分四种特性并分别论述固然是受到语言的界限所扰，但却毕竟能够为认识符号定价特性提供一些相对容易进入的门槛。

而迈入了这个门槛，我们便有机会将其作为手中工具，借以考察自身所处时代的某些特征了。

尽管，对符号定价的论述暗示着每一个时代的社会现实都来自所有过往的定价过程里，但这种历史性并不会让符号定价就那么停留在历史当中。每一个时代都会拥有自己符号定价的新过程和新主体，可正如在移动化的讨论中所表述的，历史的切片并不涉及某种完整的遮盖，所谓"后""反""新"都仅仅代表了一个角度改换而非历史性的决裂。

就像书本在翻页，但并非每一个新的页面都开启于一个新的句子。

在移动互联的场域当中，需要被关注的自然是那些以发展为主题的新事物，然而整体的论述，应当在"因为如何，所以更怎样"的句式中展开，承认着相似的社会运作逻辑，去辨析新的整体环境为这些逻辑添加的动力或者阻力。这些力量是动态的，也许确实催生出了某些规则的改变，但杜绝一种历史进步的革命论，可能更加有助于我们理解那些变化背后的整体节奏。正如那些描述消费社会的后现代主义者一样，当他们说出"在商品策略之下，符号丧失了全部的理性，让所有人去使用和玩弄，最终摆脱了一切束缚，从此只是竞争"这一类话语的时候，其所昭示之社会现象背后的根本逻辑真的改变了吗？

并非全然经不起推敲，但确实难以令人信服。

无论是广告横行的现代商品社会，还是借助移动互联技术的网络社会，我们都能够看到一个相对于原初社会中符号发展来说，更加"激烈"的斗争过程。这种过程自然也就会影响着符号定价，并最终塑造出适合或者说能够表现当下时代的符号定价规则。

符号历来就是被玩弄的，起码经由符号定价的过程，我们自认为能够轻易将符号之镜玩弄于股掌之中；符号历来也都是被扩展的，因为随着人们的交互和社会空间的扩展，符号作为工具或者媒介与之一荣俱荣。那些曾经困扰着商品社会的符号呈现形式同样也困扰着我们，我们所需要描述的，是围绕着符号以及符号定价过程的一系列外部社会事实正在发生着怎样的改变。20世纪的许多思想家都呼吁着"重估一切价值"，但那是不可能的；可如果说所有的价值都时刻被重估着，却又是正确的。

我们能够看到在过去的社会中，符号数量和传播范围都有限，大多数的符号都有自己的完整价值、意义、禁忌和场景[①]。这些符号并不完全是任意的，那些所指和能指之间有着不易逾越的阻隔，符号们有

---

① 让·鲍德里亚（法）：《象征交换与死亡》，车槿山译，译林出版社，2006，第63页。

着自己的目的以及清晰可见的生命线。在当下，正如前文通过对平台以及移动化等主题的讨论所描述的，符号、空间、权力、规则仍在交织，但是符号能够比以往的时代更容易脱离现实社会而存续，不完全依托于实在的符号也能够更容易地被生产，符号能够愈发不依靠基于地理位置的人际交互而传播，越来越多的个体能够参与到符号定价的过程当中。

所以，并不是说只有在当前的移动互联社会中，我们才需要讨论符号定价，但移动互联的时代特征确实给了符号定价更大的发展空间和更加多样的实践模式。同样，我们也并不是说在移动互联社会中，我们必须考察平台视域下的符号定价，而是从与符号定价的整体历史比照来看，当下的平台拥有着必须被正视的、越来越大的能量。平台对于符号解释权的接纳、对于符号传播的控制乃至对于人类行为的介入，使得平台无论是否确实操纵着符号定价过程，它都有着依靠在符号定价过程中的权力创造出一定社会风险的可能，这种风险不一定预示着一种社会失序或者崩溃的困境，但却很有可能引导出某种不义。由此，为平台以及整个移动互联符号定价梳理思路和寻求解释是必要的。

我们可以从"重复"①这一司空见惯的符号定价方式入手展开分析。这是广告给消费者洗脑的常见形式之一，一个单一的广告可能并不高明，甚至让人产生厌烦，然而当广告在人们看电视的时候、看杂志的时候、听广播的时候、走在路上的时候不断重复着那些简单而直白的宣言时，符号定价的基调就已经开始在个体的脑海中扎根了。重复性

① 纳粹首席宣传官约瑟夫·戈培尔的名言："谎言说一次是谎言，但说一千次，就成了事实。"而早在纳粹之前，帕累托就写道，说服听众和读者最有效的方法之一就是无休止地重复同一件事情："重复，尽管它没有半点逻辑—经验的价值，但比最好的逻辑—经验论证更行之有效。"参考：雷蒙·阿隆（法）：《社会学主要思潮》，葛秉宁译，上海译文出版社，2015，第418页。

让符号的真实性逐渐增强，使其成为某种意义上的"历史过程"。不断重复的广告本身成了一种命令，其权力并不源自承载的内容，而源自其反复强调的表现形式，这种形式无疑是引导大众对商品趋之若鹜的强大诱因。而在当下的符号斗争中，符号的重复并不仅仅轰炸出了特定符号的一片坦途，那无数个符号的无数次重复，实际上兜售的是一整套的消费主义逻辑。幸福的真谛并不在于购买某种商品，而在于"消费"这一行为本身，那些不断的重复完成了人生价值和消费行为的绑定，后者成了前者的保证和答案，而"重复"则是让这种答案愈发正确的核心手段之一。

当然，对于符号的重复还有着另外一种解读。在《技术垄断：文化向技术投降》一书中，波兹曼强调了杰伊·罗森、丹尼尔·布尔斯廷等学者的主张，即符号并不是不可耗竭的，而其"损耗"的方式亦是对于符号进行（尤其是图像）无限重复①。这种主张有其道理但并非绝对，符号的力量既可以在重复中扩张，也可以在重复中衰竭，这两者其实并不矛盾。其中的关键点在于符号（定价）在个体心中投放的阶段和目标，以及符号本身的特性（如前文所说的文化符号在使用中被愈发承认）。正如对于希特勒这样的阴谋家和"雄辩家"来说，其符号的反复强调，为的是在民众的心中埋下一颗"纳粹思想"的种子，此时的符号重复，是发生在符号已经被充分理解之前的。于是重复成了宣教，成了符号的强行灌输。而对于那些已经耳熟能详的符号来说，不断的重复则的确有可能会让其陷入"司空见惯"的境遇当中（当然，即便在这里，也存在不同符号的不同结局，有些可能因为老生常谈而被厌烦，而另外一些，则可能被内化、提高成为规则或者传统）。但对于移动互联来说，尤其是对于控制着无数符号来来往往，不断诞生和消亡的平台来说，其实大多数的符号投放，都是以"埋下种子"为

①　尼尔·波兹曼（美）：《技术垄断：文化向技术投降》，何道宽译，中信出版集团，2019，第184页。

目标的。因为移动互联时代的符号太多，每一个符号背后的控制者都在竭尽所能尝试将自己对于符号的定义和解释推至更广的范畴。意义和目光都在不断被争夺，应接不暇的人们永远都处在一个"充分理解之前"的阶段迎接着源源不断的符号的冲击。在这样的背景下，符号无限重复所形成的潜在后果，并不会像 20 世纪的学者们担忧的那样形成一种衰竭的困扰。因为倘若它们成为困扰，那么必然在此之前它们已经完成了对于符号意义和解释的成功投放，而这正是符号背后的主体们所梦想达到的目标，移动互联时代中，能够做到这样，便已足够。而如果更进一步，通过不断的重复，将符号反复堆积最终转变为象征，那就算是意外收获，值得平台"弹冠相庆"了。

重复，作为一种手段，看上去似乎非常单调，丝毫不高深，仅仅是洗脑、灌输、强制，是一种十分蠢笨原始的方式，但其实，重复却代表了符号定价中某种最根本的力量。重复不仅仅是强化或者弱化符号本身，重复还强迫符号进入历史性的推演之中，它总是暗含着关键的一点，令人惊疑不定的一点，便是只要符号存在着，只要符号能够碰到我们，它就早晚能够影响我们，以我们完全想象不到的方式和程度影响我们。这是天地间最执着的力量，可以潜伏多年，只为了等待一个灵魂松动的机会，就让自己成为价值的代言人。而它自己要做的，仅仅是无限重复自身即可。

前文已经提到过，当下平台的一个核心权力，便是对于传播通道和内容的控制。这在符号定价过程中，尤其是在符号价值传播过程中起到了重要的作用。这种传播不是真实本身，而是"让人相信"[①]。当这种强制的传播以一种群体压迫的方式渗透的时候，重复的深层作用就更加能够被凸显了，这和三人成虎所表达的道理并无太大区别，广告在施加自身影响的过程中，实际上塑造了一个符号的镜像，以及一个

---

① 让·鲍德里亚（法）：《冷记忆 4》，张新木、陈凌娟译，南京大学出版社，2009，第45 页。

群体的幻想。产品被符号化，进而通过广告中的人或者场景形成了一种他者对于符号的渴望与使用，而个体则通过自我和他者或者群体的对标，形成了一个自我对符号释放渴望的镜像。更进一步，即便超越了商品社会的范畴，这种平台引导下的能量也丝毫不会减弱，从2016年开始美国的政治走向就在很大程度上能够受到大型互联网平台的干扰了。假定互联网平台本身具有某种政治倾向性，那么它们通过"僵尸账号"形成的舆论假象以及反复的推送所构成的信息轰炸，能够轻而易举地搭建起一个针对特定政治态度、特定政党甚至特定候选人的信息茧房。

这一切的发生，甚至不需要平台盲信那么"显眼"的控制过程，仅仅其存在就已经能够施加影响。这种存在，一方面是符号定价的一部分，另一方面也能够帮助平台更好地引导符号定价。

当然，重复毕竟仅仅是平台众多定价能力的一个角度，正如前文论述的，平台对于空间、标准、互动模式、信任关系等一系列社会现象的控制和影响，都是其能够在移动互联时代左右符号定价的关键所在。无论是自己建设一套符号的链条，还是将原有的链条转化为能够在平台上存续的内生性符号系统，平台在控制移动互联符号以及主体不断指涉，不断交互的方面都罕有人及。周鸿祎曾说过，360安全卫士当中，所有的安全检查最高分是100分，如果不做完就拿不到满分；他同时也说，我们从小就被教育要拿100分。在他看来，这是一种天然的强迫症，来自每个人的社会过往。然而，当这种行为特征被平台有意识地如此应用的时候，"症"便不再是重点，"强迫"才是。

不仅如此，平台在控制符号相互指涉的同时，还在某种程度上引导着它们的相互否定。正如前文所说，符号定价的根本特性之一就是对抗性，而平台控制这种对抗的方式，不只停留在将自身作为主体，支持特定符号向上攀升的过程中，平台同时还通过移动互联本身赋予各类参与方的互动能力，构建了一个参与方之间互相否定的互动场域。

在这个场域中，平台不需要直接站出来否定任何一个符号，但是平台可以轻而易举地通过自身机制的设计来引导个体完成这种否定的行为。

2019 年，微博上周杰伦粉丝与蔡徐坤粉丝之间发生了一起浩大的"刷票战争"。起因是在微博的"超话榜"上，周杰伦的粉丝发现自己的偶像的排名十分靠后，并遭受了年轻人对于周杰伦影响力的质疑，他们便发起了为周杰伦刷票助其在"超话榜"上排名上升的活动。而周杰伦粉丝的举动（使得周杰伦的排名在短时间内飙升至第二）引发了蔡徐坤（超话榜当时的第一）粉丝们的强烈反弹，两个群体便展开了刷票的"战争"。最终，这场战争以周杰伦在那一期榜单中超越蔡徐坤成为第一告终。硝烟散尽，蔡徐坤的粉丝十分沮丧，而周杰伦的粉丝也并不觉得这样的竞争有什么持续下去的意义而兴趣索然；然而，若是真的寻找这一次群体狂欢的赢家的话，想必只有作为平台的微博本身了。无论哪一家胜利，只要这种争斗存在，用户为了排名付出的流量、时间、金钱，便都会转化成平台掌握的资源，而平台需要做的，仅仅是提供这样的榜单而已。

当然，微博否认了主动引发这一次刷票的大战。显然，尽管客观层面上，微博是这一次狂欢的受益者，然而若是被定义为某种主观故意的商业操纵的话，仍然会受到相当激烈的舆论冲击。

符号定价是无处不在的，至于限制符号定价，或者如何更好地进行符号定价，固然能够通过重复、控制通道、制造矛盾等例子去借鉴一二，然而从整体上看，这其中并不存在某些必然的发展规律。但无论如何，平台在移动互联场域中对符号定价的把握已经大到足以影响整个网络社会的程度了，而符号定价也已经成了平台的权力内核之一，最大限度地践行着其对于每一个主体心智和行为的左右，一直到平台自身，都从主体变成了符号，裹挟着它承载的一切意识形态，成了新的信仰。

符号定价为什么重要？因为它涉及到了我们对于世界本质的认识，

这个本质不是物自体的本质，而是我们与之直接融为一体的世界的本质。当我们说关羽，我们说的不是这两个字，而是一下子说了很多内容；当我们说盐，也一下子说了很多。每一个符号都牵动着周围的一圈世界在不停地运动着，它是杂多最简单的聚合，比康德的范畴还要简单，比阿那克萨戈拉的种子还要多变。它的成长靠的是人类文明经验的联动和具体的生存过程。所以，控制符号，就是控制意义，给符号定价就是给整个世界以及一切生存过程定价。

而这种权力，我们正把它拱手相让给了拥有最多符号的主体们。正如前文所说的，符号的运作复杂化了我们对于供求关系的思考和对于价值规律的认识，而当下移动互联领域中符号互动所处的"疯狂"状态更是进一步模糊了有用性、生产成本等一系列价值的来源，并在其中不断渗透进符号的作用和影响。在这样的框架下，定价系统被不断延长，从生产到理解，从传播到消费，都能够经由符号产生各个层面的溢价。权力同样日渐复杂，因为它的背后是一系列符号定价累加而成的结果，操纵者的权力被人们的承认无限放大。更进一步，权力和符号在移动互联的领域里，通过大型玩家构建的游戏规则不断融合，完成了对于这个场域的全面控制。我们可以将经济看作是一种手段，文化被经济所控制吗？是的，但本质上来看，文化是被权力所控制的。权力来源于欲望，而文化又引导着欲望，形成一个永恒的循环。

在这样的循环面前，主体是无力的，即便从名义上看，我们都是符号定价斗争中的一部分，但是在整个平台权力场域笼罩下，我们的那一部分主体性早就被通过各种方式遮蔽了。这是一个系统性的遮蔽，妨碍我们看到某些根本的危机，而在这遮蔽的最中央，我们看到的，便是那种直接对整个当下时代意识形态展开的遮蔽。

第六节 / 从未死去的意识形态

"意识形态"一词最早是由法国哲学家特拉西在他写于 1815 年的《意识形态原理》一书中提出的[①]。特拉西认为意识形态是一种"观念科学"，是对周围环境的反映，是所有其他科学的基础。后继学者虽然并不都将意识形态置于如此核心的位置，但大多将它与其他最为本质的社会要素并列，成为描述和圈定人类社会的重要视角之一。例如萨林斯在研究社会的时候区分了技术、社会结构和意识形态[②]；卡普兰区分了人格、社会结构、技术经济和意识形态[③]；恩格斯区分了经济、政治和意识形态等[④]。整体来看，意识形态是个相对稳定的价值信念系统。它并不一定成体系化，但是却从思想上维护了一种社会关系，就如同儒家宣扬的君君臣臣、父父子子一样，意识形态构建了一个社会中，何为正确的标尺和寻求这种正确的路径。

这一点在英国的雷蒙·盖斯所著的《批评理论的理念》一书中，阐述得非常清楚。雷蒙·盖斯认为，存在一种功能性意义上的意识形态，即当一种观念创造或维持了某类不平等或者不真实的权力及社会关系的时候，这一观念就是一个意识形态。而当一种观念声称促进普遍利益的发展，但实际上却明显扩大了部分群体的权力的时候，这种观念便也是一种功能上的意识形态[⑤]。人们在追求自我利益、欲望或者需求

---

① 李竹叶："意识形态话语权的理论渊源"，《经济研究导刊》，2015（9），第 285—286 页。

② 雷蒙·盖斯（英）：《批评理论的理念：哈贝马斯及法兰克福学派》，汤云、杨顺利译，商务印书馆，2018，第 3 页。

③ 雷蒙·盖斯（英）：《批评理论的理念：哈贝马斯及法兰克福学派》，汤云、杨顺利译，商务印书馆，2018，第 4 页。

④ 路易·阿尔都塞（法）：《保卫马克思》，顾良译，商务印书馆，2019，第 228 页。

⑤ 雷蒙·盖斯（英）：《批评理论的理念：哈贝马斯及法兰克福学派》，汤云、杨顺利译，商务印书馆，2018，第 23—26 页。

的时候，不可避免地认为这些追求就是真实可靠的，却很少思考这些追求的回应是否是在整体上强化另一个庞大实体的权力时所产生的一种涓滴效应。

可以说，一个意识形态之所以被称为是意识形态的原因之一，是因为它在支持、稳定或合法化某些社会制度或者社会实践中起到了特定的功能或作用；在某些甚至很多情形下，更是于处理社会矛盾过程中，扮演了转移矛盾或者掩盖矛盾的角色。这是文化霸权的集中体现，顺从意识的高级召唤。如哈贝马斯便经常选择在合法化统治以及霸权的语境下讨论意识形态。意识形态在社会中形成了一种思维共识，让人们按照同一种角度去理解和接受统治框架下的社会现实，使得这种框架内的社会情境被认为是正常的，并对它们究竟是多么的"正常"给出了一个尺度，用来丈量给定的一切框架内的符号。

作为符号定价的意识形态

正是因为意识形态的上述特点，人们的日常生活实际上时时被它包裹着，成为人们看待同一个世界的不同视角，或者说完整的观念系统。当然，今天我们已经不怎么对着意识形态这一概念本身大谈特谈了。但人们不得不承认，我们仍然需要对许多社会看法进行持续的争论，而这种争论，如果不断深入的话，就一定会在语言中渐渐聚合、收敛，就会在思想中渐渐寻求同一性、整体性，而它们的结果，便往往会被人们归结为"某某主义"。千百个美国新冠肺炎疫情中反对戴口罩的游行，都会在媒体中被打上"自由主义"的标签；而中国的网友们，则高举"社会主义"伟大旗帜予以嘲讽；现代性的迷茫和对人生之荒诞性的理解，皆可在"存在主义"中寻找归属；而那些或躺平或内卷的年轻人，却都奉行着"犬儒主义"在办公楼中进进出出。

没有人绝对正确，没有哪个主义能够一统天下。就像深得杜威实用主义真传的胡适所说的"多研究些问题，少谈些主义"[①]，每一个主义都是在解决当时社会环境下的某些关键问题的时候，被提出并且被广泛接受的，脱离社会背景而空谈主义，是危险且幼稚的。然而社会的变化衍生的相对性却告诉我们，主义之间的动态发展必然存在不平衡，且定会引发持续的斗争。这是人类文明精神层面的至高的斗争，是意识形态的斗争，它从未过时。

主义仅仅是意识形态的一部分，但是却能够映射出意识形态斗争的某些根本形式。而当意识形态作为精神概念同时具备着对抗性、相对性等特征的时候，我们也就更加明白了，为何意识形态需要在符号定价的论述中被特别抽离出来。

一方面，不同意识形态之间，从未停止过争斗，它们即便不期待着将其他的意识形态碾轧在脚下，至少也希望面对其他意识形态进攻的时候，自身能够保持其精神价值而不被消磨。另一方面，在意识形态内部，它紧抓其所处的社会系统的关键问题，塑造了在特定群体内、特定思想框架中、特定历史条件下，符号定价的原则性标准，它成了决定符号定价过程的指导性、统摄性的符号，符号的符号，定价的定价（便是前文所说的视域）。而这两层实际上是一体的，因为第一方面的斗争目标，往往就是将其他意识形态降格至第二方面以突显自身的视域性力量。

换句话说，意识形态并非不能够作为符号单独存在，但只有在比较中它们才可能获得真正完整的社会意义。

"认为平等是好"的并不是完整的意识形态，认为平等这一符号，在面对其他符号的时候，处于一个相对更高（或者说更有价值）的层级上，并且将这一比较判断作为基本推论进而引导更具体维度的价值

---

① 胡适：《问题与主义》，《胡适文集》（第二卷），北京大学出版社，1998，第249—252页。

判断以及行为的时候（如对于平等的执念和盲目追求），平等作为意识形态才完整。同样的逻辑，生命、爱情、自由的单一符号并不是完整的意识形态，但"生命诚可贵，爱情价更高，若为自由故，两者皆可抛"则是；食君之禄，忠君之道不是完整的意识形态，但"天地君亲师"则是。意识形态，只有将其放置在符号序列中，才有了最为广泛的意义。正如阿尔都塞所说的，意识形态的本质就是把对世界所体验和向往的理想关系作为真实的和合理的关系要求所有人都接受①。这种关系，就是某种符号序列，而让人接受的过程，则是定价投放的过程。可以说，意识形态因为有了比较的特征而具有了在比较中获胜的渴望，进而有了与其他意识形态的对抗和对权力的争夺，并最终超越意识形态本身，进入更加广阔的社会范畴之中，与其他的权力主体和符号互动，在更大的符号链条中寻求攀升。例如，孤立的女权主义并不能完全算是意识形态，如果说它只是想扩大妇女权利的话。但是激进的女权主义（如强调女性是一个阶级而男性是另一个阶级，并通过蔑视和冲击男性权力展开斗争）则有这样的征兆。可问题的根本在于，任何一种潜在的意识形态进入社会的时候，等待它的都不是一个与自身无涉的外部世界，相反，它会迅速与外部世界融合并展开碰撞。不仅它必须被迫与其他意识形态打交道，在它与非意识形态的对象打交道的时候，它可能也会在这种社会交流的过程中，渐渐形成自身意识形态的一面。

　　而秉承着对于意识形态身处符号链条的认知，便可发现意识形态中历来存在着的一个问题，可以通过符号定价的动态竞争来解释。正如法兰克福学派在提出批判以理性为核心的虚假意识形态的同时，"批判"思维本身，也不可避免地会被另一些人看作是一种新的意识形态；而马克思在针对资本主义意识形态著书立说的时候，马克思主义，从

---

① 路易·阿尔都塞（法）:《意识形态与意识形态国家机器》,《思想》, 1970, 第 151 页。

某种角度上看，也就变成了另一种意识形态，这种阶级斗争的思想，若是不加控制地任由其发展，其最终结果，也并不一定会引导出一个充满和谐的世界，苏联政府曾经的铁腕政治和清洗已经证明了这一点。而从这一个角度看，所谓意识形态的斗争，与意识形态背后，符号定价的动态斗争密不可分，甚至二者就是同一个主体。意识形态就像一个循环，对上一个意识形态的攻击最终会占据其位置，等待下一个意识形态对自己的攻击，而当前成为主流意识形态的符号，也正是具有了暂时性的最高定价，才拥有了暂时性的稳定位置。

当然，意识形态，同其他所有符号一样，在对抗的同时，也是相互指涉的。例如，自由主义的意识形态，实际上很大程度上是依靠着消费主义意识形态而存在的，因为消费主义意识形态的落脚点更为明确，相对于众多形而上的概念与宏大叙事，消费行为在日常生活中的播散能够形成对其自身意识形态的持续凸显，并进而成为孕育和改造其他意识形态的温床。个体在追求自由的时候，消费往往能够成为其追求过程中的一种手段。而当手段成了目的本身，当人们甚至在消费过程中忘记了自己为什么花钱的时候，消费，作为一种意识形态，也就成型了。这和马克思对商品拜物教和金钱异化所进行的批判在逻辑上是类似的。

意识形态的符号定价，能够很大程度上引导其他层面的定价。我们对于意识形态的某种天然的抵触，实际上也部分来自这种对一种单一独断的庞大价值体系的拒斥。

意识形态在成型之后，那些裹挟着意识形态的产品或者行为，其面向社会的投放成本，整体上是更低的。意识形态有能力直接从精神的层面出发，降低大多数推广过程中所经历的摩擦与内耗。最简单的例子就像那些宣扬着个性化的衣服总是能够有市场，而鼓吹着自由行的民宿平台也一直凭借着自由的旗号获利。甚至在某些情况下，它的作用足以强大到和资本这一直白的定价系统相抗衡，正如在美国政党的意识形态引导下，美国工人阶级经常会为了民族主义、宗教信仰、道德价值来自愿投票反对自身的福利或者其他的物质利益。[①]

而今天，我们必须从平台的视角出发，再次审视意识形态。

当我们说平台是当下移动互联时代最大的符号定价主体的时候，这种对于符号定价的控制能力，是无差别的，意识形态并不能够逃离。不仅如此，平台的触角已经延伸到了极广的范畴，而在这些范畴内，平台对于秩序和符号的控制早就成为某种构建性的指导，扮演着与意识形态相仿的作用并承载着意识形态的运作了。人们对于平台所构建的权威系统，乃至存续其中的一整套符号定价结构，已不仅仅是熟悉而已，它同时也内化成了人们自身参与文化霸权构建以及再生产的重要进路，引导着人们对于平台的整体看法。

意识形态以其栖身的群体为存在的基础，引导了权力对于符号意义和价值的持续挪用；而平台作为圈定群体的框架以及当下符号的核心集散地，亦是意识形态展露身形的重要温床。不同的平台结构形成了截然不同的人际互动方式和社会行为组织形式，也就使得意识形态以更加多变的模样存在于平台之中。而在传统社会场域中意识形态所具备的种种效应，也在很大程度上为平台中的意识形态所具备。因此，无论是通过平台看意识形态，还是从意识形态的角度重新对平台的特征抽丝剥茧，事实上都在尝试对平台与意识形态的结合所衍生出的影响给出一定的解释。

对于平台来说，意识形态并不是某种原生的产物，实际上移动互联网平台治下的意识形态，恰恰是移动互联网、网络社会甚至整个现代性在很长一段时间投放在个体心中的意识形态，只不过平台是这种意识形态的汇聚之地，也是这种意识形态得以被感知的集中体现，才使得平台与意识形态被共同讨论的逻辑得以成立。同时，正是因为有了平台这样的强力承载主体，移动化时代的某些意识形态，值得被重

---

① 大卫·哈维：《新自由主义简史》，王钦译，上海译文出版社，2016，第209页。

新审视。从本质上说，它们并非与历史上出现的意识形态有着何种不可弥合的分别，但因为移动互联社会本身的种种特征，此类意识形态对于个体的影响，可能呈现出许多新的变化。就如同抛开了资本主义与新教伦理这种直白的动力关系，移动互联时代的拜物教可能采取某些完全不同的表现方式，部分可能被视为挣脱了一道枷锁，而另外一些则在深究之下反而可能被看成一种增强。当信息和通道成了某种直观乃至关键资源的时候，其背后需要构建起来的意识形态网络自然也随之而动。

平等、自由、个人、理性

移动互联平台内的意识形态，首先可以从互联网诞生之初就被开启了的，所谓平等的"新可能"开始描述。

在德拉·沃尔佩的观念中，平等（权）实际上是作为自由的一个功能而存在的，人人因为具有了抽象的自由权利，才有可能在社会权利框架下是平等的 ①。这种论调并不必然指向什么因果关系，但它有助于我们不只孤立直白地看待平等概念，而是把它放入整个现代性精神演变之中，将其视作现代性带给我们的关键理念之一。它和人类中心论一脉相承，代表了启蒙之后的一种普遍社会认同 ②。人们因为原本宏大秩序的解体而找到了自己的天赋权力，而这种以人为本的理念，又进一步分化，帮助每一个人都在其中寻求到一席之地。于是平等的信条在各个领域生根发芽，其中最为核心的，即意义和价值的平等，便得以与自由主义和个人主义等相互印照了。

但这种平等的主张，在社会实践过程中，受限于现实中的权力差异和资本差异，往往只呈现为一种冲动，而难以被全部贯彻，直到网

---

① 德拉·沃尔佩（意）：《卢梭和马克思》，赵培杰译，重庆出版社，1993，第 12 页。
② 泰勒（加）：《本真性的伦理》，程炼译，上海三联书店，2012，第 62 页。

络时代轰然降临，才真正为我们提供了一个崭新的可能。

在移动互联社会中（尤其是网络社会早期），大量以匿名性为基础的社会互动使得传统社会差异在很大程度上被消解。因为互动的行为并不需要个体投入其全部的角色和能量就能够完成，平等主义的意识形态也正是在此找到了新的容身之处。在后来的网络社会发展过程中，尽管个体的网络身份与现实身份在多种层面被打通，网络资源也越来越依靠现实资源进行组织和竞争，但是追求一种意识形态上平等的内核却从未被网络的原住民所抛弃。在这里，平等意识形态的主要表现方式，正是对不平等现实的蔑视，亦或者说对现有权威以及权力结构的反抗。作为一种积极自由的平等被不断宣扬，让网络中的每个人都相信自己有足够的条件和机会去实现自身的意志和行动。尽管时至今日，大部分的反抗都仅仅以嘲讽或者戏谑的方式被呈现，但是这种网络以及平台空间的开放性所赋予个体的"平等"，却始终萦绕在每一个互联网使用者的脑海中。

与这种嘲讽的诞生存在一定内在呼应的，是平台原住民在看待平等和民主这两个似乎关系紧密的意识形态时，不尽相同的态度。与平等不同，平台所塑造的意识形态中，"民主"似乎从来就不是一个强有力的概念。其原因在于，平台当前的运作模式和市场效果，在很多情况下，已经使得民主的假想没有被构建起来的必要了。所谓民主，更多地倾向于一种程序性的行动框架，并且与"符合大多数人的最大利益"这一假定的正义结果密不可分。然而平台的设计和运作，在很多情况下，实际上早已经远远超越了个体汇聚一堂所展现出的对于"善"的追求能力了，使得平台的"赋能"走在民主这一过程的诉求结果之前。人们通过所谓民主能够达到的最佳情况，可能还比不上平台的自行设计。

这种差异是显而易见的，正如若是让所有微信的用户协商确定微信的产品设计，反而应该不会比微信团队自行决定来得更加科学和人性化。而从另外一个角度看，与平等、自由这些能够在各种微小的场景予以体现或者感知不同，民主代表的正义往往需要较强的组织性或者说某种系统性的社会动员。而这种组织性恰恰是移动互联平台不断被分割的个体所缺乏的。在移动互联社会中，平等和自由的意象是丰富多彩的，可以从无数碎片的行为中独立地声称其价值，同时，极端化平等带来的坏处是遥远的，缓慢释放的，乃至不涉及个体的。**如果每一个人从极端自我中获得的收益大于因为每一个人以自我为中心而导致群体收益受损，进而影响群体中的个人收益的话，片面地追求平等就会远比追求民主来得容易。**

所以，相对于民主，与平等的意识形态牵连更深的，是自由。

无论是马克思还是黑格尔都承认，个人的主观自由是现代性的前提。在《自由的权利》一书中，霍耐特表示，当今，无论是在思想上构架一个正义的理论，还是在现实中实现一个公正的社会，都必须保证个人自主和自我决定是一个最基本的要求 [1]。由此，为自己负责便成为了自由之后的必然结果（我要自己面对我自由选择的后果），进而却也成了获取更多自由的理由（无论我如何选择，只要我愿意承担后果，那便是合理的）。这衍生出了一种中立的自由主义，即我们社会的基本信条，就是社会必须在什么是构成好的生活的必要元素这一问题上保持中立 [2]。所以，从最崇高的到最渺小的，一切皆有可能。

这恰恰也是移动互联网中的每一个权力中心都在不断尝试营造出的一种感觉，这种感觉建立在此前描述的移动互联平台对个体的不断迎合之上，这种迎合让我们注意不到实际上无处不在的规则，进而使得平台足以和莱奥尼所谓"自由就是不存在强制" [3] 的思想所描绘的社会相吻合，让人们在其中永远是那么的如鱼得水。

---

① 阿克塞尔·霍耐特（德）:《自由的权利》，王旭译，社会科学文献出版社，2013，第129页。

② 泰勒（加）:《本真性的伦理》，程炼译，上海三联书店，2012，第22页。

③ 莱奥尼（意）:《自由与法律》，冯辉译，湖南教育出版社，2008，导论第18页。

　　与现实社会相比，移动互联的社会关系显得更加灵活多变。它的场景是多样的、互动对象是无穷的、权力关系是隐藏的，这就导致了现实社会中很多对于自由的限制在移动互联场域中并不存在。人们便会发现，霍布斯、洛克、萨特、诺齐克等学者不断诉求的消极自由，在移动互联世界中竟是如此简单。

　　现实生活中，主体被禁锢在了特定的空间内，不仅仅是物理空间，还有社会关系空间。在这种情况下，在面对权力和意识冲突的时候，空间分配给个体的资源和能力并不能够阻却社会关系本身对于主体自由行动权的入侵，进而自由往往只能以相对的、或者是程序性的保障的方式呈现在个体的生命之中。而在网络社会里，如前文所说的那样，场景的无穷复制以及公共领域的私有化转型使得起码在某种层面上，移动互联，尤其是其中的平台，能够为个体营造一个可供其退守的空间。正如很多自由主义者在追求自由的同时也承认，绝对的自由只能呈现在个体自己的思想之中一样，平台为我们提供了一个虚拟的，能够连接思想和行为的空间。这个空间在平台的控制下，几乎不需要与其他任何空间和资源产生交集，因而个人在平台提供的资源内，拥有近乎完全自主的选择权。这种选择权，正是移动互联自由意识形态产生的根本要素，也是一切虚幻之权力的开端。平台高举着某种"绝对"自由主义的旗帜，宣扬自己与过去的那些组织都不同，在这里没有权威和控制，所有人都是自由的。斯多葛学派的最高理想在这里复活，无论是在王位上还是在枷锁中，每一个灵魂都在自己的精神内成为自身、展现自身。

　　自由意识形态往往也映照着某种多元主义思想，因为自由主义预设的一个前提就是对于他者之自由的尊重。在移动互联场域中，这种多元性得以发展壮大的一个根本，便在于个人对于场景以及虚拟空间的占有，使得那些彼此之间并不相容的目标得以在不同维度共存。自由的背后实际上存在一种价值中立的相对主义预设，也就是在不实际侵害他人空间的前提下，对于不同的价值采取一视同仁的态度。这种独立性也会使得不同的价值由着性子在自身的领地内发展壮大，全然不同于曾经在非多元主义的社会中的遮遮掩掩。要知道传统现实社会对于多元主义和自由主义的有限接纳在大多数场景下是必要的，为了更加广泛和强力的社会动员，价值之间必然存在的碰撞难免会引导出某种折中交易，或者对于特定价值的倾轧。然而在移动互联场景中，分离，而非协同，成了主流。而当多元的价值自由生长一段时间之后，其内部的独立成长也难免会让集体动员和协作（例如面对控制系统时的反抗或者追寻一个宏大的共同目标）面临更大的挑战，成为享受自由过程中需要承受的固定风险。[1]

这种自由的意识形态，依然能够更进一步，暗示出另一种意识形态，即个人主义的意识形态。

贝尔认为，从 20 世纪 60 年代开始，真正的"艺术"就已经解体了，艺术成了一种形式和载体，遮盖的是一种唯我独尊的意识形态，所有的艺术品都是表述个人观点的"行动"，背靠着对自我的推崇，讥讽着被挑战的权威[2]。但实际上，早在那个时代之前，个人主义便已跟随着现代性，在资本主义的陪伴下愈发壮大了。正如弗里德曼所说的，"现代主义认同的建立存在着特定的必不可少的前提。社会必须被个体化，以这种方式，主体才能以发展性的规划想象他们的生活"[3]。资本主义对于个人权利的极端保护，为这种主体性提供了坚实的基础。个人主义的转向，以极高的加速度，越来越快地将人们从牢固的社群剥离，这甚至不是什么东西方的差异，而是极盛现代性的必然结果[4]。

---

[1] 泰勒：《现代性之隐忧》，程炼译，中央编译出版社，2001，第 130 页。

[2] 丹尼尔·贝尔（美）：《资本主义文化矛盾》，赵一凡、蒲隆、任晓晋译，生活·读书·新知三联书店，1989，第 181 页。

[3] 乔纳森·弗里德曼（美）：《文化认同与全球性过程》，郭建如译，商务印书馆，2003，第 142 页

[4] 刘擎：《西方现代思想讲义》，新星出版社，2021，第 27 页。

　　归根结底，平等和自由实际上是抽象的形容，与行为和思想挂钩，描述出了某种过程和状态的双重特征，而其本质却仍然需要映照在个体对于自我存在的整体认知当中。这是一种范围更加广泛的纯粹的感知。即便不采用利己主义的思想，我们依旧可以说个体存在于这个社会中，需要寻找自己的位置，明白自己存在的意义，对自己的命运做出呼喊和确证。这是一种对个体一切权力与存在的宣誓和占有，自由亦是其中的一部分。不仅如此，资本主义中平等的意识形态也总是为个人主义提供着很好的支持，它培育了这样一种意识，"所有人都有平等的机会参与一种不受外在影响的竞争"[①]。于是，无论外界为我们投放何种真实的残酷规则，我们都愿意坚信某种中立的市场逻辑供每个人作为独立主体去开疆拓土。"它使我们怀疑除了物质利益外和照料单个的我以外还有更高的目的"[②]。

　　如今，这个过程中，移动互联以及平台，帮助了我们太多。

　　我们的确让渡了大量的解释权，但是这种让渡却是建立在我们其他很多层面的权利以及能力被近乎无限制的扩张的前提下的。原子论个体权利先于集体权利的热望从未如今日般真切。无数的平台和产品，其面向市场中所有人喊出的口号就是用户是上帝，而让用户在自身营造的环境中如上帝一般存在，获取全部可能的自我实现，也正是平台们的最终目标。整个虚拟世界都拿着大喇叭在我们耳边吼着：你是自己的主人！可我们却永远不能用手将耳朵捂住。

　　正如前文所说的对于用户需求的崇拜一样，平台在自身圈定的每一个自由场域中都让我们仅仅感受到了自己的存在，个人就是至高无上的[③]。这

① 尤尔根·哈贝马斯（德）：《合法化危机》，上海人民出版社，2000，第 105 页。

② David Mazella，*The Making of Modern Cynicism*，University of Virginia Press，2007，第 2 页。

③ "20 世纪 50 年代，只有 12% 的年轻人同意'我是独一无二的'这句话。现在这个数字是 80%。"引自：鲁特格尔·布雷格曼（荷）：《现实主义者的乌托邦：如何建构一个理想世界》，曾小楚译，中信出版集团，2018，第 17 页。

并不是一句纯粹的空话，但是却也不能说这就不是某种欺骗。因为每一个上帝都身处在一个平行宇宙中，而每一个宇宙里，也许除了上帝之外，空无一物。

但人们毕竟不是疯子，事实上，移动互联时代的人们，比历史上任何时代的人，都更加确信自己对于这个世界的理解是完备的。这种确信甚至超越了个体原本的知识边界，我们能够轻而易举否定一个医学博士的饮食建议，也能够义正辞严地反驳一位资深律师对于某个案件的看法，更能够不假思索地认为特朗普实在是一个糟糕的政客。我们能够获取到的信息以及对于这些信息的解读太多，排列开来，供我们选择，让我们不能不对自己的能力愈发高看。这种自信也就回应着超越个人主义意识形态的，或者说决定着个体如何营造出一个内洽的"个人"之过程的另一个意识形态，即理性，以及随之而来的，人们对于自身判断力的依赖和信任。①

理性作为意识形态，可能诞生于欧洲启蒙时代，尽管理性（并不作为意识形态的理性本身）的历史显然与人类历史同存，理性也几乎总是与人类之为人的意识和社会交互过程所绑定（语言和理性在最初的希腊文中就是同一个词汇）②。但毫无疑问的，随着人们对于世界的认识越来越丰富，对于物的控制能力越来越强，我们对理性的重视程度，越来越高，并将其作为排列世间一切事物的基础标准。

这种理性同时涵盖了客观世界的合理化以及主体意识的理性思维过程。不仅仅是那些看上去客观的事实是理性的对象，实际上，我们的喜悦、偏好、恐惧、选择、认知、梦想，都会透过理性的网来进行筛选。人们愿意相信自己经历着的所有都是理性的，是可以通过逻辑

---

① 甚至前文苦苦探寻的本真性，在一些学者眼中，都被认为来自人类对自身观点不断经由理性进行的规定与修正。参考：金里卡：《自由主义、社群与文化》，应奇、葛水林译，上海译文出版社，2001，第 13 页。

② 叔本华（德）:《作为意志和表象的世界》，景天译，中国华侨出版社，2017，第 29 页。

思考以及对环境的客观认知进行解释的，也愿意相信自己采用了一种合理的角度，去看待自己，去实施行为，最终构建起了这个独一无二的"我"。

回到前文的"平等""自由""个人"等意识形态中，我们会发现，作为独立的个体，实际上我们很少会真正承认任何的权威凌驾于自己之上，只不过身处群体之中，我们在获得了一些权力的同时注定被另一些权力所约束。曾经要人们诉诸于上帝或者神仙才能够将这种关系网，也就是尘世的权力秩序描述成有意义的真实结构。但启蒙以来，这种传统网络的日趋淡化，使得我们只要诉诸理性（无论正确与否）就足以完成内心的自洽过程。而时至今日，当人们被移动互联所切割开来，自己便成为崇拜着自身的"上帝"的时候，留给人们解释这一切的，已经只剩下本质可能包含了某种"自大狂"的所谓理性了。[1]

在这样的逻辑下，理性不仅仅成了我们看待现实的视角，实际上在很大程度上，理性也被我们等同成了现实。理性成了一种"确定人和事物的真理"或者说"确定人和事物在其中显露出其本来面目的条件"[2]。我们相信凡是真实的存在，都是能够被理性所解读的；而反过来，久而久之，我们便也默许了凡是能够被理性的视角解读的，应该也代表了某种真实。于是在一定意义上代表着理性路径的，就必然成了在一定意义上代表着真实和正确的。

对于科学的崇拜和对于组织的崇拜也秉承着类似的路数，它们可以被视为是人们对于自己有限理性的一种补充。偶尔，在我们确实感受到自身理性有其限度之时，我们可以通过这样的崇拜寻求更高一层意义上的指导。这种指导可能来自被描述为客观与真实的科学技术，

---

[1]　这里尽管在说理性，但并不意味着这种理性就是那人类一直追求的最本真的理性精神内核，而更像是瓦尔登费尔斯所说的那种，被弱化为"合理性品质"的理性力量。参考：瓦尔登费尔斯：《生活世界之网》，谢利民译，商务印书馆，2020，第93页。

[2]　马尔库塞（美）：《单向度的人：发达工业社会意识形态研究》，刘继译，上海世纪出版集团，2008，第99页。

也可能来自我们认可的规则，也可能仅仅来自身边的大多数人正在进行某种相同判断的虚幻统一性。

我们可以想象一个人站在十字路口，正在低着头玩着手机等红灯。匆匆抬头瞟了一眼，发现前面已经绿灯了之后，他开始过马路。在这个简单行为中，首先，这个人假定了客观技术的可靠性，即他前进的方向为绿灯的时候，横向车道的灯必然已经成为红色，甚至不用看绿灯，他听到红绿灯标杆发出的嘀嗒嘀嗒的脚步声的时候，就已经能够判定这个声音符号一定对应着一个真实的，能够引导人们前行的视觉信号；同时，他也依靠了组织的规则，即当横向驾驶员看到面前红灯的时候，一定会减速停车而非一冲而过，他们在交通规则的框架下，必是理性之人；更进一步；假设这个人已经完全沉浸在手机当中，且戴着耳机，全然不知道交通信号灯发出的信号。但是他仍然前行了，因为他眼睛的余光瞥见了旁边一同站立等待信号灯的人迈动了脚步。在这一过程中，这个人假定了他者的理性，旁边的人，必定不是一个眼看红灯却打算走到路中央自杀的人，因此跟随其他人的脚步一同前进仍是一个理性的选择。

而在这整个流程当中，在这个每个人都无数次实践的理性过程中，只要有一个参与方，无论是自己，还是他人，无论是人类，还是机器，成了一个不理性的变数，那么整个理性系统，就会尽然崩塌。

意识形态的背后

平台一直在宣扬着平等、召唤着自由、抬高着个人、鼓吹着理性。

我们愿意相信，自己所经历的这个时代，和以往的世世代代相比，终归是不同的。这不仅仅是一种量变的积累，更代表了很多层面的质的革新，真正意义上的平等自由，很可能正在被我们手中握着的这个网络社会，慢慢开启。

然而事实并非总是如我们所愿，同样的幻象，资本主义也曾不吝赐予过我们。结果却是，在完全竞争的市场中，我们被竞争的规则和秩序左右，在不完全竞争的市场中，我们又被那些更强大的竞争对手左右。对于弱者，无论所谓的理性和公平发展到了什么程度，都没有人能够彻底保护他。而平台，也只不过是在很大程度上，给了每一个参与方，无论强弱，一种自己做主的错觉。

就像是自由落体运动，名为自由，但实际上逃脱不了地心引力。

正如前文所说，意识形态之所以是意识形态，是因为其在保持一定社会关系或者虚拟一种社会现实的过程中发挥了特定作用，就像"非我族类、其心必异"曾为无数暴行去提供指导一样。意识形态形成的幻想成了现实的真实，它能够做到这一点，并对主体进行传唤。意识形态先于主体，将其带到某一个位置，然后静待主体在那里发现自我，在一阵他乡遇故知的情感战栗之后，主体确认，这就是我的应许之地。

回溯到现代资本主义时代，自由、平等这些意识形态之所以日渐兴盛，是因为消费市场中的自由交换行为，掩盖了生产过程中固有的剥削和不平等，因而有了巨大的社会控制价值。那么当前在移动互联的场域中，当这种意识形态再一次如日中天的时候，它们掩盖的又是什么呢？平等和自由的唾手可得、个人和理性的至高无上，这些看似激动人心的生存逻辑背后，是否也存在着行动能力的实际受限，个人的意志是否也只能屈从于某种软性专制主义，而以自我为中心，以理性为边界的存在逻辑是否也仅仅是个安慰和盲信。

这种可能性是很大的。

鲍德里亚曾说：

"所有消失的东西都在点点滴滴地侵入我们的生活，这种点点滴滴通常比曾经统治我们的显性的权力机构更具危害性。在我们这个宽容和透明的时代，禁令、控制、不平等逐一消失，其目的却是进一步渗入人们的精神领域①。"

　　而我们也要时刻警惕新自由主义所暗含的逻辑轨迹，并提醒自己，其实并不是因为我们选择了自由而让资本主义崛起，而恰恰是资本主义为了崛起，去营造出了一种整体自由的大环境。

　　意识形态得以成为可能的另一个重要原因，在于其普适性。我们在这里讨论的并不是任何一个单一的平台，其中所承载的对于自由和平等的渴望，而是指那移动互联场域中的一切平台，无论它们提供的是什么样的服务，无论它们从事实上看是否真的代表了某种自由，我们都愿意从这样的角度去理解乃至斗争，这种先天的预设就已经代表了一种剥夺，即对于那些所谓先验存在的美好意识形态进行质疑的可能性的剥夺。

　　所以，在这个过程中，需要注意的是，当我们宣称一个概念是某种意义上的意识形态的时候，并不代表我们需要反对这个概念（如理性的概念本身），而主要是强调对这概念施加于人身上之时所代表的难以质疑的普适性进行质疑，对要求人们完全接受其所具备的纲领性规定进行质疑。因此，如当我们挑战理性的意识形态的时候，实际上提出的问题是，理性是否自身已经丧失了自知之明，或者理性是否让我们丧失了自知之明，抑或者是否我们自认为是理性的，但事实上并没有自知之明。从最宏观的角度来看，如果秉承着法兰克福学派对于工具、科学、启蒙的批判，我们会发现这种批判想要做的，将并不仅仅是让个体在理性的框架下自知，他们同样希望理性本身，能够具备自我反思和净化的能力，将人们从现代或者后现代的异化中解放出来。

---

① 让·鲍德里亚（法）：《为何一切尚未消失？》，张晓明、薛法蓝译，南京大学出版社，2017，第 70 页。

而在这个时代，这种解放并不容易。

先拿平等来说，移动互联平台的平等意识空间之所以能够有着最初的生存基础，在于其早期发展过程中很大程度上天然地规避了经济和政治平等这两个充满各种悖论的命题，而从参与权的平等入手，完成了表层平等状态的构建。正如资本主义生产关系下，生产过程和真实消费过程中充满的不平等，在很大程度上被"进入消费领域"的平等所掩盖一样，这种参与权的平等，从某种角度来看，也正是一个掩盖不平等的过程。当人们发现自己总能够在互联网找到某些缝隙，对关心的问题发表那么一两句看法的时候，自己看法与真正拥有资本以及政治权力者看法实际影响力的巨大差异，便成为被抛在表层平等感知之后的问题了。

不仅如此，就像前文提到的，移动互联的平等意识形态，一个很典型的表现形式在于对于权力主体或者不平等的"蔑视"以及"嘲弄"。然而，实际上在绝大多数场景中，这种嘲弄并不能够形成任何切实的影响。从平台中的个体角度来看，或者说对于任何身处于社会中的个体，很多时候，我们对于权威的反抗都如同某种天赋一般，深深烙印在自己的本能之中，哪怕这种权威和自己没有任何直接的利害关系。就像笛卡尔描述的 17 世纪 20 年代的法国民众，对于反对经院哲学和亚里士多德以降的逻辑论述存在着的极强的胃口一样，任何一个时代都是这样的，权威永远都在被挑战和被怀疑中暗暗地维护着自己的地位。毕竟，一本正经的批评并不比没头没脑的赞扬难多少。

然而，在很多情况下，那些看似狂热的对权力的批评并不必然代表着一种理性的反思，它也有可能只不过是一种狂热而已。尤其是在移动互联时代背景下，这种批评更是往往被转型成为一种戏谑，个体充分发挥着自身的想象力，将某个社会问题娱乐化地进行改造，并让对它的嘲弄成为能够被他人欣赏的"智慧"。久而久之，这类批评的发起者，反而有可能如之前提到的懒人行动主义一般，在嘲弄中竟渐渐获得了某种满足。而这样的满足，却在暗地里逐渐消磨了本来应该有的斗争过程，使得获得实际平等的追求在表意平等和"嘲弄权"的自我封赏中被悄然替代。

换句话说，当我们对于某个问题采用嘲弄的方式解决的时候，那么离我们接受这个问题并且不再将其当作一个问题，也就不远了。

从自由的角度来看，事情也并没有好多少。

霍布豪斯在谈及自由契约原则的时候，曾经给出两个不适用的条件。即自由契约一方面不适用于孩子，另一方面不适用于权力不平衡的人之间[①]。这当然不仅仅是两个普通的反例，而是包含了两种对于自由来说至关重要的前提，一是看行动者有没有自己的独立判断能力，二是看行动者有没有自己的独立实践能力。

以这种标准，回过头看看平台号称从内部孕育的自由之无限可能，便能够轻易察觉到其问题了。

对于第二个前提，相对较容易识别，因为平台的角色与权力使得其内部必然存在某种"自由的悖论"。这当然不只是那种简单的权力的对抗，而是说，身处一个开放的社会中，我们选择的自由，总是指向某种多边谈判的可能性，即如果某一参与方拒绝了交互，我们并不难找到一个替代的参与方。然而平台的一个特征，正如前文提到的和国家的类比，就在于个体在平台中的目标，已经超越寻求交易，而在一定程度上转为寻求"生存"了。平台不再是卖货的一方，而成为了我们脚下的土地，作为平台内部的个体，所谓的与第三方的谈判是困难的。大多数顶尖平台在自己的领域都是"相对垄断"的，至少难以找到任何完全的、且可以无缝转换的替代品。此时的垄断，自然一方面是在指被平台们反复确证的差异化竞争优势；而更重要的另一方面，则是说在将目光投向用户的时候，哪怕平台没有形成一个绝对的市场垄断，它所表现出的实践形态和行动准则，也会与用户在面对一个完

---

① 霍布豪斯（英）:《自由主义》，朱曾汶译，商务印书馆，2019，第41—42页。

全垄断型企业时所感知到的强大影响力相吻合。换句话说，即便平台之间显然存在竞争，而平台内部也在强调着一种自由的环境，但是这种自由是内生性的，是被包裹在平台提供的一切土地、规则、关系、能力、信任之内的。这一系列资源的沉淀，在赋予人们能量甚至自由的同时，也在不断巩固着自身的权力边界，进而使得人们在面对平台压制时真正的自由行动如同儿戏，亦使得人们转向他者进行交易的成本无比巨大。

而从温和一些的角度出发，我们同样会发现，平台不会任由肆意的行为模式在内部蔓延。这里可以类比哈维在对新自由主义的批判中给出的逻辑①。正如新自由主义的政策制定者一样，平台尽管承认着自由本身的重要性，但却认为多数人的管理最终会对环境以及个人自由造成潜在的威胁，平台在实际运作上都是精英主义的，无论平台多么的乐于回应用户的需求，平台都不会任由其中的个体自由地设计他们的社会互动系统。它的稳定性必须来源于某种顶层的设计，因为野蛮生长出的系统可能让平台陷入一种无政府主义（不仅是经济意义上的无政府主义，更是一种社会意义上的无政府主义）的混乱之中，并在"暴民专制"下丧失"自由"的基本土壤。于是，平台必然会设计对"自由"的限制来保障"自由"的存续，此处，自由和控制之间没有必然的对立。

但这并不是说在这里就没有问题了，如果我们再仔细看一下霍布豪斯的命题，就会发现在实践的自由中，需要存在一方对于另一方的权力压迫。但就像前文提到的，这里的关键点在于，平台中的个体，可能在很多时候根本找不到与自己相对的"另一方"，隐形的平台，通过自己的后退，使得用户根本没有足够的机会来意识到自身的位置。

---

① 即资本主义宣扬着自由市场，然而为了保障自由市场的存续，资本主义必须通过非自由的方式构建一个为自由提供空间的框架。参考：大卫·哈维（美）:《新自由主义简史》，王钦译，上海译文出版社，2016，第3—4页。

　　所以说，悖论虽然存在，但是这种悖论的结果却并不一定是显著的。因为实际上对于平台来说，第一种，也就是对独立判断能力的遮蔽，才总是最核心的问题。

　　毕竟，平台有太多的方式，去鼓吹一种相信，而其中既包含了对外界的相信，也包含了我们对自己的相信，正如前文不断提到的那样。当消极自由被轻而易举塑造出来的时候，我们缺乏的，便是康德、卢梭所渴望的反思自由了。那些被隐藏的规则以及看似丰裕的资源和场景让我们拥有了一种无限自由被展现在面前的错觉。不仅如此，正如弗朗西斯·福山所说：

　　"在自由选择余地之大前所未有的社会里，人们反而更加憎恶那些残存的束缚他们的联结纽带。这种社会的危险在于，人们会蓦然发现他们在社会中处于孤立的境地，虽然可以自由地同人交往，却无法做出能让他们在真正的社团中相互连接的道德承诺[①]。"

　　尽管福山写作的背景是现代化的美国而非当下的移动互联社会，但是这个道理在今天是极具解释力的。正是人们的这种对于自由之向往产生的"惯性"，使得移动互联的平台们，只需要创造出一个所谓的自由的社会交互框架，人们就会自行向里面不断填充自己对自由的无数幻想了。这样的幻想，不仅让人们忽视了平台对于框架的掌握，还进一步映照着对于多元主义的盲目推崇，将自由的概念庸俗化了，用布雷格曼的话说：

　　"这是一种几乎已被掏空的思想。现在最重要的是'做你自己'和'做你喜欢的事'。自由也许是我们的最高理想，然而我们的自由已经成了

[①] 弗朗西斯·福山（美）：《大断裂：人类本性与社会秩序的重建》，唐磊译，广西师范大学出版社，2015，第52页。

一种空洞的自由。由于害怕任何形式的说教，道德已经成为公开辩论中的一个禁忌①。"

曾经康德、黑格尔等在德国唯心主义运动中对于自由的深刻理解，经过层层复制，彻底沦落为一个浅薄的幻想，人们以为自己活出了自己，以为自己释放了欲望，但是这才是可悲之后的可悲，压抑之后的压抑。

更进一步，正如前文提到的这种对于自由的宣扬具有着一种推卸责任的意味。尼采（也包括后来的海德格尔）认为自由意志的谬误之一，便是它在所求人们自由行为的同时，也要求人们对自由的行为和意图承担责任②。一旦进入了自由的框架中，后果便也就是"自由"的主体所独立经受的。因此在出现后果之前，就鼓吹自由的整体环境，成了缩减控制框架后续潜在风险的手段之一。自由的进步意味是社会的，而自由的副作用却是个人的。

但从另一角度，即个人本身的角度来看，似乎还有着更多的问题和风险需要处理，因为现代性早已将人类的宏大舞台剧变成了一个个孤立的独白，而如今的移动互联，又在不断为我们添加新的台词。

《大断裂》中，福山试图寻找人类社会连接纽带的内含逻辑，而个性化意识形态背后的个人主义，在福山看来，如果将其推到极致，恰恰是摧毁社会纽带的有力武器之一。正如福山所说，"并不是说一群碰巧发生彼此关联的人就能形成社群，一个真正的社群是借由共享的价值观、规范和经历而团结起来的"③。然而，个性化以及个人主义存续

---

① 鲁特格尔·布雷格曼（荷）：《现实主义者的乌托邦：如何建构一个理想世界》，曾小楚译，中信出版社，2018，第15页。
② 尼采（德）：《偶像的黄昏》，李超杰译，商务印书馆，2013，第39页。
③ 弗朗西斯·福山（美）：《大断裂：人类本性与社会秩序的重建》，唐磊译，广西师范大学出版社，2015，第19页。

的一个底层要素，便是对于多元价值观和弱化的规范的推崇。符号定价的论述里，这种推崇背后的来龙去脉已经很清楚，移动互联时代中，它与后现代主义的理论发展动力相互结合，生命力愈发顽强。他们赞美差异化的存在和种种不稳定性，并认为强加一种虚假的统一是统治阶级意识形态的思想特征。然而，如果说虚假的统一是控制，那么虚假的不统一难道就不是了吗？更何况，当个人主义本身成为一种意识形态的时候，它就已经成了一种新的统一。

苏联在进行革命反思的时候，曾经出现过对于"个人崇拜"的批判，中国也经历过这样的过程。而现在，当"个人"变成"每个人"的时候，似乎个人崇拜就不再是一个问题了。然而个人崇拜的局限性并不在于它能够被施加在多少人身上，而是在于这种崇拜能够产生何种切实的社会后果。实际上，对个人主义的崇拜却可能暗示着个性本身在当下时代的削弱。因为依靠着移动互联平台带回的个性化，并非具备着一个独立且真实的本质；即当对于个人光芒的宣扬成为某种意识形态的时候，我们反而会因为这个光芒，而忽视对于个人来说，获取其自身独立性的真正要素。就像当"用户至上"成为某种真理，并且一切的消费、享乐都直接针对个体展开进攻的时候（如"双11"营销中往往打着"圆梦""善待自己"的旗号进行一样），以自我为中心的逻辑就反转成了某种普适的，乃至强制的道德选择。同样的道理，当网络上的"回音室"和"信息茧房"被一个又一个建立起来的时候，单一的声音就被无限加强，这种声音回荡在一个个被偏激的错误和盲目的自信所迷惑的人中间，日渐极化，令人忍不住认为，这区区一个声音，便能够道出一切真理。

汪行福曾经转引过柄谷行人在《跨越性批判——康德与马克思》中关于视差的论述：

"认为它是康德先验哲学的批判性和超越性的根本条件。从我们的日常经验可以体会到，认识者按其自然倾向和思维惯性来说都是自我中心主义者，只有他者的侵入才能把人从自己的独断论和自我中心主义迷梦中惊醒[①]。"

而当前移动互联空间中，不断被区隔的场景，通过无限复制拒绝着他者的入侵，使得视差的基本存在条件被持续破坏，以个人为中心的经验渐渐成为某种必然，迷梦越发难以清醒。在这里，我们对于个人主义的推崇不仅仅会影响行动者的行为，也会影响观察者的视角。当个人化被大肆宣扬的时候，社会过程中蕴含的一些客观性事实必定会被掩盖，不再能够被轻易发现。

于是恰恰在这个宣扬着个性化的时代，个人反而成了最不受重视的人。因为在这里，个人是被符号包裹着的个人，任何人只需稍微深究，就会发现，个人主义的旗帜下，真正被重视的是符号的外壳而不是人性的内核。《2021 京东小魔方年中新品消费趋势报告》中归纳道，新品消费人群有两大特质：忠于内心，看重本质；拒绝平庸，远离浮夸。可能再没有比这个更具反讽意味的"研究"了吧。新消费也好，老消费也好，事情从来没有真正改变过，现在发生的一切和现代性伊始所带来的机械理性对于主体性的消解一样，这不过是一个个人主义色厉内荏的虚假复归。人们渴望个性，却又恐惧那真正的个性。最后，个人还是会披着华丽的外衣消融在群体中，就像一个个多彩的水滴，滴入大海，终归一色。

我们对于统一的和个人的这二者之间的意识形态矛盾，与对理性以及非理性的认知实际上很像。正如同一性顶着个性的标识大行其道一样，那些非理性的要素也不断被理性以自己的方式收编。

在移动互联时代，与秩序以及知识逐渐扩大的权力和人们对它们

---

① 汪行福：《超越康德化马克思与黑格尔化马克思的对立》，《武汉大学学报》，2018（7），第 61 页。

的依赖相对应的，正是建立在自认为是对秩序以及知识的掌握之上的理性。对于移动互联的原住民来说，这是一个理性符号的空间，哪怕是对于随处可见的设计审美方面的高要求，也都如本雅明对机械复制时代艺术特征的剖析一般，以一种"艺术光晕"退散的方式呈现在众人面前。即它们是被"精心设计"的，为的就是能够提供一种最好的呈现方式，使得最多的人产生共鸣。

我们在空间中经历的一切，不仅仅被转化成了符号，更是被转化成了"能够被加工的符号"，成为可以被记录、统计、比较、预测的客体。人们清楚地明白自己身处的空间是一个由"计算机"构建的世界，而计算机本身也正是信息时代理性的实体基础元素之一。完全按照规则行动的计算机，所构筑和衍生的信息，也就天然具备了理性的基调。就像人们当前在开车时对于手机导航的信任，当听到相对机械的"前方路口左转"的声音，不知是否会有一种莫名的踏实感；抑或在点了外卖之后，看着软件上显示的，"您的外卖将于36分钟后送达"，我们是否也会将这种预测当作一种相对可靠的时间承诺，来规划接下来36分钟的安排。相对于启蒙时代后，人与人以科学为媒介进行交流和确证，计算机时代的人们，在同"科学"本身进行交流。经验愈发地不重要，它被分解成为一个个微小的符号，成为理性的依附。第二章中提到的平台切断的连接关系，实际上从这个角度看也就可以被看作是对于前文所说的"执行秩序"的切断，而失去了执行秩序，我们就必须诉诸于平台构建的理性的形式秩序了。那些"困在算法里面的人"，代表的是现代性发挥的极致，这种唯理性论的逻辑所形成的，最终便一定会是大数据独裁和无用的底层。

就像上文提到的，对于理性的盲目崇拜在很多情况下不仅给了人们某种虚假的自信，同时还可能基于对于外部理性的盲目而构建出一个脆弱的依赖系统。而一旦这种系统中的某个环节被非理性所替代，那么所衍生出的后果便不是理性主义能够充分考量并且解决的了。然而，即便如此，我们却依然不能够借此去将意识形态进行一个非理性化的转型，因为承认理性的有限性并不代表着承认非理性对于理性追求的嘲弄以及对"现代性已经走到了尽头，伴随对一切的失败"[1]的默认。当非理性成为我们衡量事物的标准的时候，它所带来的是一个更加超现实的、"稀薄"的幻象。这种幻象可能来自泛娱乐化中的全民性狂欢，也可能来自不断堕落的互联网内容以及它们带来的，民众的真假难辨。它并不比对于理性的盲信更加真实或者更加安全。理性和非理性二者，在当下时代的歪曲中，都具有某种层面上，掩盖事实的意识形态功效，理性不是那天地间的理性，非理性也不代表我们对于生命意志的追求。它们都仅堕落为能够被平台利用，以表面赋能的形式为权力对抗提供基础的某种粗鄙动能。

总的来说，前面提到的四种意识形态，本身便在现代性的演进中呈现出了悖论的样态，在建构自身的同时，也在埋葬自身。而在发掘这种自我驳斥的同时，我们必须明白，平台在其中总是扮演着一些新的角色，并将那悖论推及到某些新的层面。换句话说，在平台承载着那些移动互联网意识形态的同时，它渐渐发现自身的意义或者说表象，实际上与其承载的意识形态是不可分的。所以平台也必然会捡拾、收拢这些意识形态，并依此引导或者控制特定方面的符号定价过程，正如资本主义一定程度上借助新教伦理的东风崛起一般。而如果想对当下的平台进行一个彻底的符号定价意义上的批判，不可不将平台对于意识形态的构建进行更加深入的讨论。

毕竟，一切批判最核心最根本的，都会是意识形态的批判。

赋能与剥夺

平台的诞生往往伴随着一种天经地义的"正义感"，即自己正在

---

[1]　乔治·拉雷恩（英）:《意识形态与文化身份：现代性和第三世界的在场》，戴从容译，上海教育出版社，2005，第9页。

直接给社会互动提供着一个个可靠的空间，这样的空间不仅能够打破传统链条的垄断，还能让互动者们享受前所未有的自主权。曾经，资本主义被改造为宣扬自由平等的感性方案，并且把反资本主义的口号变成资本主义的口号以完成对于反抗的收编。而后，互联网又跳出来，猛烈攻击着那种同一性，并在一定程度上拆穿了它，敲碎了它。可今天的平台，却重新上演了收编的戏码，消除迷梦的武器编织了新的迷梦，挑战权威的主体成了新的权威。

这种尴尬其实在历史中总能够找到类似的案例。就像在《知识分子的鸦片》①一书里，雷蒙·阿隆一针见血指出的，法国的左派，产生并壮大于对当局统治的对抗中，并经由批判性的叙述框架凝聚进而形成巨大到足以颠覆统治的力量。然而一旦这种力量真正获胜，需要对社会而非自己单一党派负责的时候，人们就会发现，左派此时代表的，绝不是与权力和专制对立的自由和平等，而是一种与另外一种权力对立的权力，由一个与另一个特权阶级抗争的特权阶级所掌握。在人们无法抗拒的对于组织的追求当中，秩序和权力完成了它们隐形的卷土重来。

现在也是一样，那些曾经令人狂热的意识形态，被时代移交给了当下的平台，并跟随平台的脚步而拥有了新世界中更加强大的力量。于是，真正的问题成了，在日趋复杂的现代社会中，移动互联平台是如何能够泰然成为那些意识形态的栖居之所，并在平台很多情况下明显违背平等、自由、个体、理性这些自己鼓吹着的意识形态时，维系自身意识形态系统稳定性的？

当下的移动互联平台汇聚个体的能力要远远超过大多数传统组织，群体以一种更加松散的形态，在特定的层面中，以更大的规模聚集在一起（如社交网络中）。在这种汇聚之下，平台能够营造一种一呼百应

---

① 雷蒙·阿隆（法）：《知识分子的鸦片》，吕一民、顾航译，译林出版社，2012，第296页。

的浪潮，带领着众人走向对自身权力的更高掌控之中。然而，在这样的过程里，平台却从不真正地放权，而是将实际的力量掌握在自己手里，垂帘听政。在平台上，与肆意纵情的意识形态相对应的，是每一个人影响力的逐步降低，平台保持自身成为权力的核心点与中介，尽管个体的声音可能会更好地被其他互动参与方捕捉，但是个体施加实际影响力的链条却总是被无限拉长。正如虽然每个人都有权在网易云音乐软件中的任意一首歌下留言，甚至获得极高的赞同数，但是这种声音一方面是容易被新的信息流覆盖的，另一方面也很难产生对于其他个体，更别说对平台的任何实际影响了。

可在这里，对于自身影响力的感知与随之而来的无力感，竟往往能够成功地被平台在其他层面的赋能和对参与者需求的满足所消解，换来的是人们对于平台在很大程度上的默许甚至恭顺。

平台的确给人们赋能了，然而这种赋能总是针对其他客体的，而并非让人们反过来针对平台自身。平台小心翼翼地选择着赋能的方向，不断在个体身上堆积那些指向其他个体的能力，进而暗示他们自身的至高无上。而那些被指向的个体，也需要不断维护自身的主体性，不希望被当作单纯的对象。个体的明争暗斗就在所有参与方整体权力的累加中愈演愈烈，平台则利用自身的中立性尝试去拆解个体对于平台的实际影响。当个体面对主体间的竞争焦头烂额的时候，并且发现自身并未被赋予直接挑战平台的真正能力的时候，这种挑战行为就会在很大程度上被主动放弃，进而加强平台本身意识形态和权力系统的稳定性。

然而，尽管人们的实际影响受到了很大的限制，但终究还是会有人尝试突破这种限制，对平台提出问题。此时，平台却以另外一种看似矛盾的方式，即通过拉近个体与平台之间的距离，塑造出了一种并不需要基于真切影响的亲切感。

与传统机构不同，移动互联平台被建立起来之后，在其互动场域中，缺少了很多传统场域的所谓"专业性"。政治领域、金融领域、技术领域中那些被专有符号和知识系统分割出的凛然的社会关系，在绝大多数的平台运作中，是缺失的。移动互联平台所要做的，并不是通过显性的专业符号来进行群体的分层，而是通过实际的互动行为和对于偏好的引导完成这种区隔，从而使得平台并不具备那种基于专业性的"距离感"。

许多社会心理与社会预期调查都显示，大多数的人都认为自己的身边环境是稳定的，同自己接触的人们是善良可靠的，而当他们谈及自己不能直接接触的宏观社会时，则倾向于认为这个社会是充满风险、不安全、不公正的。这种距离感产生的主观心理态度可能直接决定了很多场合下人们互动的方式（正如美国人看待自身社会安全性的时候相对较为乐观，然而在地球另一端的中国人则通常会将时不时发生暴力事件的美国看作是危机四伏的）。与此类似的，无论网络平台是否在有意识地拉近和使用者的距离，在当下的社会中，它都不再像以往的很多权力中心一样，利用距离感和神秘感维持自身的权威了。

我们离平台太近了，近得就像我们本就是平台的缔造者之一。当技术的分析越详细、对平台功能的讨论越丰富、平台的收入（无论是多是少）越透明，我们就越难质疑平台一定程度上控制参与方意识形态的现实本质，而针对平台提出的问题，也就愈发柔和起来。

平台自身，也会积极与个体沟通，面对那些终究仍是希望将自己影响力发散出去的人们，尝试建立这种看似双向的互动机制。最终的结果，可能就像张小龙说的，每天有上亿人想教他怎么做产品。然而这种"指手画脚"究竟能够对平台产生何种深远的影响，实际上是需要打一个问号的。而离平台越来越近的我们，也许是不好意思，也许是灯下黑，也许是将自己当成了既得利益者，慢慢地从怒其不争到听之任之，反而很多时候不再苛责平台什么。

故而，无论是平台有意识进行的对于其中个体的权力投放，或是平台作为移动互联组织本身就拥有的使人"盲信"以及消除挑战的特征，再或者是平台以及个体在互动过程中的某些副产品或者激发的心理效应，都使得平台在对个体进行整体赋能的同时，其"控制"和"虚假"成了一种内生性的必然，而这必然的背后则是代表着一种对于能力的剥夺。于是，平台从其结果上，存在着一种赋能（更多情况下是一种代理）和剥夺的对立共存。它们使得平台中虚假的意识形态能够被持续地滋养。更在很多时候，人们即便认识到，这种背后的剥夺才是一个无可抗拒的最终答案，但却也只在平台上跟随这个答案麻木地行动，以给自己一个虚幻的安慰："我总还能够做点什么。"就像加缪的《鼠疫》中，那个已经束手无策，但还是给已经注定将要死去的少年不断把脉的可怜医生一样。

　　我们可以将这种对立和资本主义生产模式中同样存在的赋能与剥夺进行一个简单的对比。其实，资产阶级对于无产阶级的赋能，一点都不少。他们需要劳动者获得起码的教育、承载一定的知识并具备生产能力、通晓普适的道理以支撑沟通，进而防止无尽的剥夺会激发劳动阶级的全面崩溃。只不过因为此时的剥夺是明显的，是可以被直接感知的，进而那些赋能反而不被关注。而移动互联的运作逻辑则是刚好相反。在这里，被赋予的能力直接和个体挂钩，起码的知识和道理已经不再是必需品（要感谢现在普及的教育），赋能被广泛的应用在任何社会领域中，成了最为显眼的东西，而剥夺却成了被隐藏之物。

　　在赋能和剥夺的共存中，平台的意识形态渐渐找到了自己稳定的存在方式。我们相信自己的理性，相信每个人都是平等的，相信我们的决策是自由意志，相信我们自己是自己的上帝。平台完全可以凭一己之力，让这一切的相信变得肤浅，最终成为某种狂妄的自恋。

　　就像启蒙让人们觉得自己是智慧的，而在某些事上反而放弃了进一步思考的权利，很多时候，意识形态存在本身就会很大程度上阻隔某些进一步"变好"的机会。移动互联意识形态之所以在平台中占据着符号系统的一个核心位置，正是因为这些概念围绕着平台对于个体的一切赋能，为其穿上了似乎本就应该在这个时代大放异彩的华丽外衣，进而使得平台拥有了掩盖实际上不平等、不自由、不个性、不理性的现实状态的能力。

　　好比很多家长都会使用的一个小技巧，即用"你想晚上 8 点睡觉呢还是 8 点半睡觉呢"这种模式的问题取代"你是不是应该睡觉了"这样的问题。不仅如此，家长可能还会跟孩子说"晚上 8 点或者 8 点半都是可以的，不过我听说 8 点睡觉的小朋友长大都会更加聪明 / 你们班上成绩最好的那几个小朋友都是 8 点睡觉的 / 如果你 8 点睡觉的话，妈妈也可以早点睡，这样明天早上就能早起给你做你最喜欢吃的早点了"等。就在这种日常对话中，知识、社交、收益等元素交织出来的微观权力与控制体系已经被完整地呈现了出来。

　　"我要 8 点睡觉！"孩子跟妈妈说。

　　然后躺在床上认为自己作了一个无比英明的决定。

化身意识形态

　　平台的意识形态无处不在，平台对它们的利用也逐渐加强，而这一过程的一个副产品，便是平台不仅仅成了强有力的符号定价控制场所，其本身也成了可以被定价的意识形态符号的一部分。甚至可以说，在针对平台的无数符号定价中，意识形态定价占据了一个重要的高点，平台本身成了符号，也在某种程度上成了一种新的意识形态。

　　齐泽克曾经认为"泰坦尼克"号的失事之所以对人类造成了无比深远的冲击，并不是因为这场灾难直接的物质损失有多么的巨大，而是在于泰坦尼克号在其起航的一刻，就已经被当作一个符号来解读了。那是代表着人类科学理性以及征服自然之意志的完美结合的"永不沉没"的巨轮。它超越了客体，成了现代文明的象征，成了一种神兆，而泰坦尼克的失事，则是这种预言的陡然破灭[①]。而现在，互联网的巨

---

① 　齐泽克（斯洛文尼亚）：《变态者电影指南》论《泰坦尼克号》，https://www.douban.com/group/topic /29508322/。

头们，就是新的泰坦尼克，只有当 ofo 倒掉的时候，当 Facebook 被曝出滥用数据的时候，我们才恍然发现，在巨轮航行的路径上，也许总有冰山。

然而，更多的时候，我们仍然愿意相信，它们"永不沉没"①。

这种意识形态，在本质上仍然来自对虚假的信以为真，或者是对控制的默然接受。从两个层面看，人们愿意相信平台的"善"，也愿意相信平台的"恶"。

所谓相信平台的"善"，便是指个体奉平台为权威的来源，相信其组织、秩序和知识；也遵从着平台赋予我们的被定价的符号，默默接受着平台对一切符号的一切控制。从旁观者的角度来看，这便是前文不断尝试指出的那种平台盲信；而对于身处其中的人来说，这却是一个合理的"平台主义"，是其进行众多价值判断和行为选择的核心参考因素之一。对于平台的信任极大减少了个体面对繁杂的社会现实时的无措感，而平台的赋能也让个体觉得自己的权力和能力都前所未有地强大。在时代进步的语境下，这在代表着虚假的同时却也是一种真实。即便我们有时心存怀疑，但是认定平台带来的好处远远大于潜在的风险，是"善"之信徒所普遍接受的。一切的平台盲信，都成了让人们获取平台治下无尽赋能的合理对价。不仅如此，甚至那些平台背后的人，都获得了新的善的意象。早期资本家大腹便便、满面油光的形象不见了，顶层的人再也不是人们调侃和蔑视的对象，而成了所有人做梦都想去接近的偶像。他们年轻、健美、多金、幽默、侃侃而谈、充满想象力、随性而潇洒。人们从他们的身上，看到的是时代最美好的样子，便恨不得将自己思考的权利都交付给那些先知，让他们代替自己面对世界。

---

① 就如尼采所说的，"一切伟大事物，为了将自己载入人类心灵以求永恒，首先必须化身为庞大而令人惊怖的怪相以超出大地之上"。这种怪相，可以是埃及的金字塔，可以是教条主义哲学，可以是资本永不眠的华尔街，也可以是当下令人难以想象的庞大平台。参考：尼采（德）:《善恶的彼岸》，赵千帆译，商务印书馆，2015，第 4 页。

　　而与"善"相对的，则是对于"恶"的相信，即人们也愿意相信平台所拥有的巨大权力及其所能带来的影响力和收益。亲眼目睹着一个个平台横空出世，在互联网世界中以前所未有的方式攫取难以想象的庞大利润，每一个相关的主体都难免醉心于平台展现的能量当中，前赴后继地进行平台化布局，仿佛只要成了平台，就拥有了能够打开移动互联宝藏大门的钥匙一般。然而正像前文所说的，并非所有主体都适合或者说有能力构建一个平台化的生存模式，这种平台权力和垄断带来的好处，也绝不属于移动互联中沉浮的大多数，一味追求平台化显然有被"恶"之信念诱惑的嫌疑。正如富兰克林·福尔所说的，那些硅谷的同事：

　　"认为垄断是事物的自然秩序，理应受到欢迎。这也是为什么初创公司不再梦想着取代谷歌或脸书，而是怀着有一天能被巨头收购的愿望立起山头[①]。"

　　这是对于平台权力的极端崇拜和妥协，甚至超越了自己的野心。而这种对"恶"的信仰，结合着"理性"的盲信，同时也衍生出了当下众多对于移动互联的"玄学研究"。就像"11 种方法讨论用户增长""如何寻找并且讨好你的忠诚用户""平台运营所必备的五种思维"等。它们构成了一种新时代的成功学，一个专门为了打造出最佳控制系统的知识库（无论其效度如何）。而这种对于平台的信任，哪怕最终脱离了盲信的阶段，其诞生的反抗力量也难免会在平台市场逻辑的作用之下被渐渐消磨。

　　其实，意识形态总是有着黑格尔意义上自我否定的意涵。任何一

---

① 富兰克林·福尔（美）：《没有思想的世界：科技巨头对独立思考的威胁》，舍其译，中信出版社，2019，第 21 页。

种意识形态，在发展的过程中，都会自己构建出自己的反面，正如弘扬自由的社会一定会因为资本自由地流动而压迫其他主体自由的可能性一样。平台成为意识形态过程中，所衍生的社会后果实际上也是引发平台自身堕落的根源所在。当然，这并不是意识形态自己独有的问题，而是万事万物都有的问题。关键在于，意识形态在很多时候遮蔽了这种否定性或者说矛盾的必然性，便反而使得这种自身对自身的威胁更加不容忽视。

回过头看，平台最大的能量，恰恰在于实际上每个人都隐隐约约，或者有些人能清清楚楚地明白符号化、物化、异化、意识形态控制的过程，我们明白这种过程对我们的约束和影响，也认可它们潜在的后果，但是我们仍然遵从这种符号定价，因为从设计上来说，我们顺从的收益远远大于成本，接受给我们带来的便利远远大于怀疑。于是从用户的主观角度来说，渐渐形成了一种新的顺从主义。即相信平台代表了一种现实，而现实的就是合理的，且无关正义；也相信，这个围绕在自己身边的、正在快速变化的虚拟世界，终将不负所望。

时代之幕

从第一章开始，便在强调一点，移动互联的一个悲哀，是上层建筑已经将我们捏在手心，然而我们却还欣喜地将其视为经济基础。而经过之后的论述，到了这里，我们已经可以基本透视出一个相对完整的移动互联上层建筑的框架了。这个框架，与移动互联大型平台的框架是一体的。正如前文所说，作为移动互联领域最大的能动主体，平台不仅仅需要和资本主义社会中的大型企业对标，甚至在某些层面具备了虚拟王国中"政府"和"国家"的意味。无论大型互联网企业再怎么努力将自己标榜为"科技公司"，它们在整个互联网社会中拥有的左右天平平衡的巨大权力，都是远远超过科技所能覆盖并管理的范畴的。这种权力背后对于规则以及符号的深度控制，就代表了移动互联上层建筑的核心玩法了。而更进一步，传统意义中，上层建筑的内核，即意识形态，实际上也同样必须依托当下的平台才能够被完整显化出来。平台们将意识形态供奉起来，又吸取着神龛下散溢出的缕缕光辉滋养己身，直至最终自己都被化作新时代的意识形态。在这里，平台控制意识形态或是成为意识形态，并不代表着某种全新的上层建筑的诞生，而更多的是原有上层建筑符号表述的迁移和呈现模式的转型。平台不仅仅成为平等、自由、个人、理性的化身，它也同样将自己置于意识形态的高台之上俯视其他主体。此间的遮蔽性，便在于即使平台已经成了一个高高在上的意识形态，但是无论是平台的缔造者，还是平台的维护者，抑或是平台的使用者，往往都打心眼里相信自身行动的合理性和自主性，并不多想这种意识形态对于自我的侵占，反而将它视为承载着通往未来的梦想之船。

而这梦想之船行使的海面，就是这个时代真正的规定性原则。那是处于平台大型组织所拥有的霸权和平台作为意识形态所拥有的遮蔽中间的，被扭曲的符号之镜和符号序列。时代的规定性告诉我们，一切都必须在这异化了的符号定价上被考量。

这种扭曲中的一部分，能够在前文对于真实需求的反复讨论中被察觉，那是我们对于符号定价中潜在超越性的否认。符号定价的一切过程，都被看作是实在的、相对的，我们就在这种被包裹着的实在性中存在着。它不仅构建了语言和思想的边界，同时也成了人类社会实践和权力斗争的边界。在当下符号定价的语境下，没有什么终极的目的，也没有什么绝对的高点。符号定价甚至不像从前的宗教一样，借助对超越之存在的承认来获取实在定价斗争的筹码，它从根本上就是和超越性相对立的。在我们所处的时代中，可以被期待的宇宙秩序已经支离破碎，超越性也随之被拆解，泰勒称之为，"英雄维度的失落"[1]。进而，超越性

---

① 泰勒（加）:《本真性的伦理》，程炼译，上海三联书店，2012，第 4 页。

成了如之前所说的，三者同一中，目的论里缺失的那一块。

　　可第一层扭曲到这里还没有结束，因为即便是我们退后一步，如前文所说的，将超越性引入符号序列内，我们依旧会看到某种缺失。那种本真性被埋没在符号定价中，我们不愿意将它们抽离出来，它的缺失是自身符号定价能力的衰败和符号定价相对主义盛行的结果。没人愿意对其施以援手，愿意承认有些东西，无论在何种视域下，无论经历了怎样的斗争，都应保有其崇高的位置；有些事物，无论在何种格设中，都应该具有其自身的重要性，而不仅仅是人类通过符号定价赐予的重要性。这是一种开放式的宿命论。我们有些时候可能愿意相信某些东西是必须被尊重的，可倘若将之当做命令限定在我们的生命中，则每个人便又都会对其不屑起来。

　　扭曲的另一部分，能够在价值游戏的空洞狡计中被看到，那是价格对于价值的遮蔽，是在已经被歪曲了的符号序列之上，又进一步对其进行改造的结果。似是生怕符号定价还不够直白、还不够粗暴，人们将其与整个社会资本体系牢牢捆绑在一起，借此让那些最苍白的心灵都能够通过它来寻求到自己的安慰。人们总是能够轻易发现这里存在的异化并对此展开攻击，殊不知这是符号定价游戏自我保护的手段。它创造了一个表层的标靶供人们疯狂发泄，而自己安稳地躲在后面，享受着掌控一切的快感。

　　而这两种扭曲的背后，还存在着更为深刻的问题，思考触及这个关节上，才算真正完整地将当下时代的规定性原则与整个现代性的规定性原则融汇在了一起。我们可以将这个问题称为，符号序列与理性主义的相互算计。

　　前文曾经提到过，实际上符号序列得以成立的大前提和根本目标，并不是为了让人们在其中争渡，而是基于对"序"本身的追求①。

---

① 这里的序以及秩序并不是狭义的，例如移动互联平台控制的秩序。

　　这种追求，来自一种原始的惶恐和对稳定性所带来的安全感的渴望，来自人之为人，人之为一个脆弱的、能忧虑的、有死的主体的天然限制。人们总是在世存在，而秩序代表着主体面向世界和他者实现存在的方式。我们要让自己安全的、高效的、舒适的、快乐的生活在世界上，就必须获得秩序和其背后的确定性。我们必须相信，那今天能见到的太阳，明天还会升起；我们必须相信，今天能够遵循的守则，明天还能有效；我们也必须相信，今天能够被供奉的神明，明天不会一文不值。这种对于秩序和稳定性的追求甚至在很多时候高于理性，因为即便在很多情形下，人们没有办法给出一个合理化的解释框架，我们也会通过合意，商议出一种解决方案，以保障秩序的维系。人类文明创造这样的秩序，为的是让每一个人都能够以更低的成本和更高的效率融入这个世界，同时还要在这个融入过程中努力保持自我的主体性，不让它被世界所消融。对此，我们不妨寻找一个新词来描述这种过程：我们通过对秩序的追求，将自身"适嵌"进这个世界中。

　　在对这"适嵌"的实现过程中，我们利用着一切能够被利用的手段并对结果予以充分尊重。这种尊重强大到哪怕我们自己生生造出一个天理，我们也希望所有人都对其顶礼膜拜。

　　而在过去的很长一段时间里，"天理"已死，理性主义成了我们手中最有力的武器。它在很多人眼中，代表着整个现代性的规定性原则，主观的理性和客观的理性被融为一体，生成的是一种实用主义的"理性"[1]，它夹带着"合理化""可计算性"等诸多概念，给我们创造了一个愈发有序的世界。我们在这个世界中安然活下去，甚至都忘记了我们原本的出发点，是对序的追求，而将"理性"本身，当作了我们的目标，这样的异化，并不比价格的遮蔽高明多少。

---

[1]　正如泰勒所说的，"管用的尺度就是工具理性的尺度。"而"一旦我们周围的创造物失去了它们赖以在存在之链中获得地位的意义，它们就可以被当我们的计划的原材料或工具。"引自泰勒（加）：《本真性的伦理》，程炼译，上海三联书店，2012，第6页。

　　而随着对现代性的反思，以及后现代的到来，另一些东西被人们重新捡了起来，它们可能是尼采那与日神对立的酒神，也可能是福柯理性背后的偏误，还可能是卢卡奇、柯尔施等学者反复强调的，当可计算性被接纳成为构建整个社会的核心逻辑的时候，一切被丢弃到一边，并予以忽视甚至践踏的不可计算性。直至网络社会和移动互联忽然到来，猛烈爆发的符号之镜更以前所未有的方式开始向着绝对真实和绝对抽象发起猛攻。这一过程中，它虽然在利用着理性，但也要保证自己的权威，不允许理性一家独大，因为它如果不能超越理性，就没办法保证符号之镜对于创造世界之能力的绝对权威性。所以整本书有大量的篇幅实际上都在试图将符号定价从移动互联时代战场的废墟里挖出来，让人们再次清晰见到那已经被现代性层层遮盖的符号序列。符号在这里被花哨地摆弄着，似乎根本不需要多考虑合理和计算，进而一度让人觉得这是对于绝对理性的系统性反叛。

　　可另一个问题出现了，移动互联时代，快速发展的绝不仅仅是符号之镜自己，当下的技术工具和崇尚理性的权力实体以不弱于符号之镜扩展的速度在进步着，它悄然将一整套精密的计算逻辑引入，也逐渐重构传统的社会交互关系，为的就是挽救那岌岌可危的理性大厦，缩减其在符号之镜的新冲击下轰然坍塌的可能。

　　不仅如此，符号之镜爆发的背后，手握着技术理性的玩家突然反应过来另外一件事：我们为什么要摒弃那些不可计算的呢？还有比这更好的年代，将其收编和升级吗？符号之镜将我们包围，那不断被创生并毁灭着的符号和秩序，成了理性施展自身手脚的一个又一个战场。正是因为有了那些不可计算的，人们才能够在将其转化为可计算之物的过程中分离出更大的价值不是吗？曾经被抛弃了的东西忽然变废为宝，而这样的过程又怎么少得了信口雌黄和指鹿为马呢？这种分离手段不会被人诟病，人们反而崇拜它并将掌握它的人称为技术天才或是营销大师。

　　于是，我们能够看到。符号序列已经赢得了上一场战争的胜利。它在自己的主场联合一切可以联合的力量，完成了对于本真性的绞杀并将经济逻辑推到台前。现在，它们的面前，已经只剩下了那亦敌亦友的工具理性。而工具理性本身，也是上一阶段历史斗争中的大赢家，它已经可以在这个时代的一切显眼处显眼。可这对它来说还不够，它还其欲逐逐地上下打量着整个符号序列，寻找着新的对手。那已经被扭曲了的符号定价试图通过宰治理性来确证自身，这是维持符号霸权和符号定价霸权的最好手段；而理性则试图利用符号定价吞噬一切非理性，待到它成功之时，它就取代符号定价成了符号定价本身。它们相互算计，但同时却又必须携手，永不可分。这个对抗的结果，便只能是符号序列和理性本身的进一步扭曲。

　　这种系统性的扭曲在当下有一个绝佳的例子：NFT，即非同质化通证，指的是某个（当前情况下通常是虚拟内容）对象被安置在区块链中确权，证明它属于某人。互联网上的很多内容，如图片、文字、音乐、GIF 都可以被认证为 NFT，并且交易。例如孙宇晨就花费了 1050 万美元，购买了一个可以用作头像的 NFT。这些 NFT 实际上并不能像我们买了一个杯子之后形成一种使用权的垄断，其他的人仍然可以使用这个 NFT，它的价值只是在证明它的所有权。换句话说，任何人都可以用孙宇晨的那个头像，他所希望确定的，就是其他人用的这个头像，其实"是他的"。在这里，我们能够看到价格对于符号定价的第二层扭曲（第一层扭曲是看不到的，因为它肤浅得根本不会触及那个层面），但更多的，是看到在这一个过程中，可计算性对于不可计算性的疯狂收编。这是一种赤裸裸的合谋，因为纯粹的理性视角根本无法独自完成这样的行动，一个头像和 1050 万美元之间，没有任何理性的对应关系，所以整个网络的符号定价序列本身必须对其展开配合，去给它硬生生套上一个合理性。版权的保护也好、身份的认证也好、新型交易品的探索也好，这种额外的价值符号不断被创生，拼凑在 NFT 这个载体上，不仅使得一个 NFT 的价格得到承认，还努力使得整个 NFT 的逻辑得到承认。于是每一笔交易和交易模式本身又在表层展开另一种合谋与相互支持。令许多人因此大发其财的同时，让另外一些人暗自庆幸，还好杜甫的诗没有写于这个时代。否则，当"国破山河在，城春草木深"被某个人标价 100 万美元买成 NFT 的时候，我们体验到的，该是怎样一种悲哀啊。

我们就这样走进了"绝对文明"，再没有什么不可合理解释的，再没有什么不可充分利用的。而凡是解释和利用所在，就是意义和价值所在，也就是那些符号本身之所在。真正少部分掌握它的人，反而会对于计算性和符号定价都不屑一顾，认为那不过是自己获取权力过程中的工具罢了，并看不穿他们自身也是理性主义和符号定价霸权幻象中被驱策的对象；而更多的人，面对这种工具，享受着它的代理的时候，却满怀希望地接受着其对于全部解释权的掠夺。透过互联网的窗口，人们扒在窗沿上探头张望，那是一片自由的天地。

走出去吧！移动互联这样跟人们说，离开自己逼仄的小屋，拥抱新时代给你的无限世界。

人们一共面对着三个世界，这是早已被划分出来的。

第一个世界是无我世界，那属于机械理性，绝对客观。在无我世界中是不存在意义和价值，也无所谓自由和真实的。一切存在的都是真的，没有虚假，也没有不可以被环环相扣的因果链条锁定的关系，那是人类尝试去不断探索和了解的世界。

第二个世界是自我世界，那只属于我们自己。人们在这里用意识流也好，用我思的表象也好，拼凑出了一个先验的，难以被证明的"我"的存在，并用它承载在世的一切生命过程。无论它有着怎样的物理基础，我们愿意坚信这个自我是自由的。而有多少个自我，就有多少个自我世界，人们在这个或许狭小但也或许广袤的世界中，寻找自己的意义和价值。

第三个世界是共我世界，共我世界属于人类，或者属于能够用相似理性能力进行交流的全部自我。在交流的过程中，一个个自我的世界被部分地打开，渐渐汇聚成了一个越来越大的公共领域。但它却不能叫作公共世界，因为这个世界的主体仍然是"我"。世界存在着，但它并不完整，看待世界必须从某个视角出发，这个视角可以叫作我，但却是被无数个视角扯平的我。

现代性的合理化转变，很容易让人们想到第一世界对于第三世界的进驻。一开始，是人们努力用自己的理性能力去开采无我世界的资源，将每一个采掘出来的东西称为知识，并小心地放到自己的世界中供奉起来，以望堆积出通向真理的阶梯。但是这种挖掘却逐渐走向极端，那些被供奉的存在，于共我世界中反客为主，并不断扩张。竟使得人们反而用机械理性代替了人类的理性，将共我的领域拱手相让，希望用那些精准的工具敲打出一个日渐精美的世界来。再然后，它们联手，对第二世界进行排挤和压迫。现代性建立了一个闸门，对每一个希望进入这个新时代的对象进行审核，能够被机械理性笼罩的，便算通过，拥有了和现代性一起走入下一个时代的资格。

残存的自我世界，在冰冷的理性面前瑟瑟发抖，却又忍不住想伸手触摸技术和资本垒砌起来的黄金宫殿。这样矛盾的心态，在新的时代，被经由无我世界改造过的共我世界，敏锐地捕捉到。

前文说过，符号定价最初的主体，是每一个活生生的人，所以，符号定价其实本应该代表着自由。这种自由不是来自符号序列的相对性，而是来源于创造符号序列以及符号世界的人类自身的自由。这里的自由定价和总是寻求同一性的资本定价并不一致，它从来都不必然是纯粹理性的，追求序和追求理性不能在那直白的意义上被等同。这也是为什么人类总能做出一些无论从哪个角度看，都绝非理性，但却令人心生敬佩的事。

总有人舍生取义、总有人从容赴死。这才是符号定价本应拥有的最伟大的力量，在符号序列自身中超越自身的力量。

换句话说，我们一直在寻找的超越性，就在我们自己身上。然而，个人主义却适时跳了出来，协助理性主义，从另一角度给了它致命一击，将之曲解成为绝对平等的意义判定和绝对自由的价值主张。进而，那些超越的力量，在扭曲了的符号定价中，被逐渐排挤。这种排挤一方面是来自理性的无限扩张；另一方面，也来自今天的共我世界，所采用的新一套控制方式。面对自我世界的绝对自由，它不再总是对其进行诋毁和压迫，而是尝试诱导和改造；它不再总是呈现着冷冰冰的理性，而是在被扭曲了的符号定价与理性主义的合谋中，呈现着一种暧昧的理性。这样的结果便是，共我世界不再是为了给自我世界的交往提供空间而存在，而是为了另一个目的；它希望在对自由之幻象的鼓吹中，使得自我世界不断膨胀。让人全然忘记自己身处的，不过是一个外部性的尺度，意义和价值在我们放弃看清世界的时候，便脱离了我们的掌控。

最终，自我世界如其所愿地膨胀了，但是在膨胀的过程中，它却长得越来越像共我世界，因为它必须不断从共我世界中借用越来越多的东西，来装点自己愈发单调的空间，为自己寻求秩序和行动的法则。最终，自我世界在极盛的时候如同涨大的泡泡噗地一下破灭，完全融合进共我世界中，只留下一张大幕。

这是时代的幕布，它保护着一切、遮蔽着一切、控制着一切。

一开始我们谈到的那些被让渡的解释权，并不仅仅是对我们看待世界的视角的遮蔽，它同时取消了我们参与整个世界符号定价的权力。共我世界中最新的大玩家们，将符号定价霸权披上理性的外壳，将一切可计算的和不可计算的统统收编。它的后果同样是一种异化，但它不是控制权的衰弱，而是解释权的丧失，而丧失了这种定价的权力，我们也就渐渐丧失了对生活意义和价值本身的解释，只留下一种对于什么是"好生活""好的生命过程"的迷惑和盲从。

在共我世界的狂欢中，一个真正的虚无主义时代从迷雾中现身，它让我们回到前文符号定价超越性的缺失当中去。

　　人类从自身的有限性出发，千百年来都存有一个热望，就是希望在共我世界中寻找到真理，那真理一定指向一个值得所有人向往并为之奋斗终生的意义和价值。但是神话时代的远去和宗教的渐渐消退，让人们不得不重新思考：是否真的存在这样的意义和价值；是否如若我们期待去寻找它时，首先必须从自我的世界中出发；是否在世间行走的每一个生命，归根结底，却也都只能在荒诞的宇宙中，在自己构建的符号序列中踽踽独行。

　　今天的共我世界拒绝承认这样的"是否"，或者说，拒绝思考这样的"是否"。它试图用无尽的增长、强大的科技、纯粹的理性对抗虚无。它期待掌控符号定价，进而掌控符号之镜，再进而以一种霸道的方式，掌控意义和价值。

　　没人可以否认它的能力的确使得自身在很大意义上成功了。但从这样的角度出发的未来，是否是我们期待的样子呢？

　　想象一下外星人吧，那真的是人类脑海中另一个星球拥有先进技术的智慧生物吗？

　　不是的！那是人类脑海中未来的自己。

　　一个"标准"的外星人，是不是大多有着纤瘦的四肢、皱皱巴巴的皮肤、大大的脑袋、冰冷的语气和机械性的思维呢？其实，许多所谓外星人，就是人类依照将智慧和理性推到极致的目的，幻想出来的病态存在。想到外星人，我们是很少能够想到富有同理心、喜爱唐诗宋词、平时唱歌跳舞的形象的。因为那些人性化的东西，被我们默认的未来进化路径所绕开了。而这条路，却可能也正是我们正在踏上的路。

　　移动互联的大玩家，用种种手段，敲开了自我世界的大门，它看着符号序列与理性主义的相互算计与合谋，并总是从中分得最大的一杯羹。它们甚至可能都没有刻意为之，只是其所处的位置和拥有的能力，就让这一切自然而然地发生着。而我们却还要感恩，因为在祥和的新时代中，那些被赐予的，从不被看作代理，而是被视作赋能；那些被剥夺的，从不被看作权利，而是被视作杂余。

然而，但凡我们将新时代的那些代理和剥夺放在更加宏大的背景下，便会轻而易举地看到值得被沉思的问题。外星人的意象希望告诉我们的，是在那扭曲的符号之镜背后，不仅仅有对解释能力的让渡，也不仅仅有对符号定价权的让渡，还有着我们对于人性和未来的让渡。

但即便论述到了这里，我们却还是不能宣称已经得出了最终的结论。其实，这整本书试图做的，与其说是寻找到一个答案，毋宁说是去提出一个问题，即这时代的大幕是如何可能的。每个人，都可以将这个问题视为打开大门的钥匙，而门后面的东西究竟是什么，还要自己去看。

在这里我们必须秉承康德一般的信念感，即他记录了整个世界的命定理性之后，留给自己的，绝不是心灰意冷；恰恰相反，他踌躇满志，出发去在必然的世界中寻找自由。这才是康德之所以为康德，也预示着人类之所以为人类。而对于我们呢？这种逻辑同样适用。移动互联的大幕背后，不仅仅有着机械理性，也不仅仅是那自然规律，还有着无数人为的算计、阴险的谋划、专断的力量融汇在其中，共同揉捏出了我们缓缓陷入的当下世界。在本书中，悲观的视角是必要的，否则便不足以充分说出当下的异己性并挖掘出那可能的危机；然而，悲观之后，我们是否还能够怀揣着一种浪漫主义甚至英雄主义，站出来，对着天下说：不，我不愿意这么活。

古代，人类拯救现象。

近代，人类拯救自身。

当代，人类拯救意义。

这并不是人类的痴心妄想，反而，这可能是人类不能逃避的责任。我们不能完全抹杀这种意义救赎的可能性，甚至需要以一种期许的目光去寻找那敢于站出来的人，也从某种程度上，激励着或许并没有办法直接与之对立的自己。出口是一定存在的，因为我们是人，我们创造了这一切，也要自己面对这一切。不甘在符号的序列中沉沦，而在其中自我发现、自我经验、自我证成。进而，在已经愈发收紧的枷锁下，吼出生命的力量感。

这永远是人类的背水一战，永远是人类的不甘雌伏。

对于那样的声音，我们不应该嘲笑，因为在那声音日渐稀疏的当下，幕布拉开之后的景象，并不会让多数人眼前一亮，反而可能会使得人们的双目愈发淡漠起来。

眼前，是一个荒诞而冰冷的未来。

而再仔细看一下，也许我们就会惊恐地发现：未来已来。

第七节 / **不必然的恶**

为平台一言

去往未来之前，我们还有最后一个任务。

尽管平台在塑造组织、控制符号、投放意志等方面对个人社会行为产生了实实在在的影响，但平台并没有，也必然不可能以一种纯粹对立（或者说压迫）的方式呈现在每一个人的面前。因为移动互联场域中的对抗不仅仅很大程度上是隐性的，在许多情形下，它也并不完全是不正确且无道理的。这里的论述经历着对于"影响力"概念的扩展，即承认任何影响力的存在都可以被解释深化成为某种统治从而"看上去"是不义的。换句话说，虽然前文对于平台的讨论通常是以平台作为一种社会控制实体的角度进行的，但无论是平台在自身场域内所构建之意识形态的非真实还是平台营造的控制系统，都并不必然是一种无处不在的恶。

而在对平台进行整体批判性讨论之后，从一个"不必然的恶"的角度进一步梳理平台的存在状态，不仅有助于我们对于平台本身的价值和特征有一个相对更加客观的认识，这甚至是我们作为窥探平台秘密时所必须接受的责任。

回到平台盲信的原点，为什么前文反复强调，类似的盲信，尽管可能表现形式不同，但实际上会出现在历史上的任何时期？其根本原因，在于组织以及其代表的秩序，对于实际的社会运作，有其不可磨灭的价值和社会发展过程的必然性。固然，它们带来的权威在很多情况下，会让人在面对冲突或者不平等的时候，以一种盲从的态度去屈从现有的系统，但是权威同样在群体发展过程中扮演着团结群体内部力量，并推动群体向外拓展的角色。从更大的社会乃至历史斗争角度来看，正如罗素所说，权力的确可能被用来攫取利益、压榨他者、乃至发动战争但同时权力也是组织社会、维系秩序、实现公共资源调配和建设的必要手段。甚至，权力欲，相对于经济利益来说，更加是推动历史发展的基本动机①，它令人们紧紧地盯着符号链条的顶端，只盼望着一步一个脚印去接近。

　　无论如何，当下的平台有这样的能力，汇聚前所未有的广泛的参与方，并且几乎完美地，依靠移动互联本身的结构特征和创新技术，协调这些参与方的社会交往活动，这是具有巨大社会效应和价值的。而在创造这种价值的过程中，难免会存在着必然的霸权乃至部分的"暴力"，这与国家的构建逻辑相似，为了提供一个社会活动的前提，一个经济交往的理性框架，权力的集中和投放，相对于纯粹善意的好言相劝，要更加行之有效②。

　　对于规则，也有着类似的道理。当下的平台中，实际上任何的规则以及秩序，尽管都是对于自由的违背，但我们仍然不得不承认这种违背的必要性。这并不是罗尔斯所宣称的"一个法律的不正义不是不遵从它的理由"③，而是我们需要承认对自由的整个限制系统本身所具有的正义。在与统治表面相对的自由上，个体需要充分认识到，所谓自由，也必有其限度。那些自由的消极方面，包括剥削他人的自由、

---

① 伯特兰·罗素（英）：《权力论——新社会分析》，吴友三译，商务印书馆，1991，第3页。

② "国家不光有这么多有力的支持的源泉，它同时在经济上也是十分重要的。几乎任一政府都能为其公民带来经济上的利益，因为它的法律和规定是所有文明的经济活动的前提。但是除了爱国主义的力量，意识形态的感召，共同文化的维系和法律规定制度的不可或缺，现代史中没有哪一个大国能够靠自愿的集资或捐款来供养自己。"引自曼瑟尔·奥尔森（美）：《集体行动的逻辑》，陈郁、郭宇峰、李崇新译，格致出版社、上海人民出版社，2011，第12页。

③ 约翰·罗尔斯（美）：《正义论》，何怀宏、何包钢、廖申白译，中国社会科学出版社，2001，第339页。

滥用职权的自由、损害公益的自由等，不得不在某种程度上被规制和摒弃。对此，福山曾经提到过涂尔干对于市场的一个描述，很有参考意义：

"社会学胜过经济学的地方在于它能触及人类行为动机的最根本层面。按照经济学家的设定，当人们集会时，会在市场上进行货物交换。涂尔干认为，市场交换需以与经济学无涉的社会规范为前提，即买卖双方应和平协商而不是拔枪相向企图劫杀对方[①]。"

而从符号定价乃至意识形态的角度来看，平台对于定价的不断渴望，对意识形态有意识也好、无意识也罢的塑造，都与平台作为商业机构的逐利性密不可分。固然，我们已经不处在视创造市场财富为神性赋予的道德高点的时代了，但是追求利益在当下的社会中仍然不会被完全当作一种道德上的不义，问题的关键仍然是逐利过程中的手段以及副产品。

在这一框架下，两个相呼应的问题通常会被提出并进行反思。即利益攫取总是不公正的吗？不追求利益的设计是否在道德上就一定是正义的呢？

罗默、罗尔斯、哈耶克、埃尔斯特等法哲学家与经济学家可能会给出不同的答案，而顺着这个方向往下走，就一定会重复着过去百年对于资本主义逐利本质以及市场竞争正义性和效度的论辩当中。因此在接下来的讨论里，将仅就移动互联平台所表现的一些特征来围绕这一主题进行思考。

实际上，在大多数对于正义的讨论中，都存在一个较为难以拿捏的变量，即主观因素。是否当个体主观同意被某种不义行为施加的时

---

① 弗朗西斯·福山（美）：《大断裂：人类本性与社会秩序的重建》，唐磊译，广西师范大学出版社，2015，第150页。

候就减轻了这种行为本身的不义？这一命题背后所包含的主观承认、外部影响、具体行为等在很多层面上都是难以把握的。而即便如此，尝试对主观意愿进行理解仍然有助于对平台的合法性与合理性进行更加全面的判断。

对于移动互联平台来说，一个好消息是，在缺乏强制性根基的它们从市场竞争内崛起的过程中，其运作的方式自然而然地对应上了边沁在功利主义论述里提出的"最大快乐原则"。边沁认为，这个原则是一个行为、机构或者社会制度的唯一和最高的原则。在这个过程中，自由实际上并不是至高无上的，它仅仅是一种达到目的的手段。如果对于自由的或显性或隐性的控制能够让每个个体达到最大的快乐，那么快乐本身就给了这个控制以合法性①。换而言之，对于平台来说，甚至对于平台中的个体来说，如果能够获得所谓那泛指的"快乐"，用户即便心里完全明白平台对自己正在实行着一种怎样的控制，亦欣然往之。甚至平台有一天说它不给了，用户还要闹，去偷去抢，把失去的快乐夺回来。

于是，平台和个体之间所有的权力关系，并不单源自平台对于个体的控制，而同样来自个体对于现实存在之控制的默许，从这种意义上看，个体实际上是这种控制的"共犯"。一方面，个体在面临无数个微小的选择的时候，存在着对于平台意志的不断让步，每一次共识的达成都是这种意识形态被承认的一个过程。平台就像一个被宠坏了的孩子，在个体的退让中得寸进尺。另一方面，个体同样发现平台的规则，尽管主要被平台所掌握，实际上也是可以被利用甚至为自己提供"快乐"的。正如上文所说，不仅是平台，个体也在符号定价的战争中发挥着自己的作用，并且寻求着自身权力的扩大，这给了个体更多跟从平台的理由。采用黑格尔《精神现象学》中"主人和奴隶"的辩证关系来看，为了保持对于奴隶的控制能力，主人的行为也在很大程度

① 边沁（英）：《道德与立法原理导论》，时殷弘译，商务印书馆，2000，第57—58页。

上必须被这种关系圈定，并被奴隶所代理，成为奴隶的奴隶①。在移动互联社会里，平台尽管控制着个体，但同时也被个体所限制，某种程度上变成为个体不断提供快乐的机器。在这里，一如在主奴关系中，双方的主体意识都是不完整的，都因对方而得以确证自身。

换句话说，个体既是平台必须控制的，也是平台必须讨好的。平台既是个体必须反抗的，也是个体必须利用的。

主观之辩

真正的问题，体现在这种控制或者说讨好，以及其背后衍生的一系列设计与引导，对于平台来说，究竟意味着什么。

当现代公司和资本家走上历史舞台的时候，与马克思的呐喊相对应的，社会上也并不缺少对于资本家的颂扬，甚至马克思本人也不止一次惊叹于资本主义所能够募集的巨大社会能量。资本家是新时代的英雄，他们掌握着资本（无论原始积累是否充满了血腥和不义）、他们组成了公司、他们筹措着贷款、他们创造着价值，当新教伦理中赚钱和"善"后来看上去略微有些貌合神离之后，资本家们总能够选取其他的角度来为市场行为打造道德性一面的外壳。有些是为了文艺的复兴、有些是为了工业的发展、有些是为了让人活得更快乐、有些是为了让人活得更长久。当表面上的资本剥削被套上了这样的外壳之后，是否那些资本主义框架下的控制和剥削也就变成了为国为民之路上的"忍辱负重"了呢？

身处移动互联的我们经历着类似的事情，我们尽可以表达自身对于平台所设计的一整套系统的承认，并且通过这种承认让平台的控制具备某种正当性。然而，正如前文所有对于规则、符号、意识形态的讨论中尝试说明的，这种主观承认，在何种程度上是以幻象的形式被

---

① 黑格尔（德）:《精神现象学》，贺麟、王玖兴译，上海人民出版社，2013，第187页。

符号定价的过程勾勒在我们脑海中的，有必要被反复思考。而在这样的思考过程中，实际上平台自身的主观性，同样需要被考虑。当我们不确定自己的主观意志是否只能尽数被归结于某种隐性控制的时候，起码我们可以先来看看，平台是否存在着一种主观意愿，去将自身构建成为一个能够控制个体，并且获得强大符号定价权的社会实体。还是总心心念念地打着早期资本家一样的旗号，"心怀天下，志存高远"。

在此之前，首先需要被讨论的，是平台意愿作为一种动力，其存在的真实性和运作的有效性。

波普尔在《历史决定论的贫困》当中对历史决定论者进行的批判对于当下看待平台实际上是非常有借鉴意义的。波普尔认为，历史决定论者通常承认人的兴趣和精力、梦想等，都构成了社会发展的力量，但他们宣称只有与历史的主流相适应的计划才是有效的。而这种论断中实际上存在着能动性和宿命论矛盾的结合，得出历史决定论只可以解释社会发展，却永远无力从根本意义上引导社会发展的结论。这种宿命论的观点势必代表着某种面对现实的闪躲和对于权力缺失的承认 [1]。如果从这个角度来看，当下平台的意愿是怎样的实际上都已经不再重要了，只要平台的商业运作和社会关系仍然存续，那么它就已经沿着历史赋予自身的道路在一路前行，这种论调显然只能成为一种主观的逃避，从根本上否认了平台意愿之概念的效度，而不将其纳入平台控制系统的整体正义讨论框架当中，进而削弱了平台本身的"恶"或者"善"的某些绝对意味。

与这种论调相类似的，是渐进的技术主义者思想在移动互联空间当中的闪现。他们并不采用那么强的宿命论立场，但是却仍然愿意忽视意愿的影响力，在技术主义者看来，只有少数的社会建构是人们有

---

[1] 卡尔·波普尔（英）：《历史决定论的贫困》，杜汝楫、邱仁宗译，上海人民出版社，2009，第 39 页。

意识的设计出来的，而绝大多数的社会建构只是"生长"出来的，是人类活动的未经设计的结果①。

在此需要看到的是，哪怕这个理论在对宏观历史的分析中存在一定的"解释力"，这种论调在面对平台控制系统的分析语境的时候，依旧会存在两个问题。一方面，相对于整体历史的宏大叙事，实际上平台尽管从规模上已经能够覆盖到极为广泛和深远的层面，但是平台的构建显然与现实社会社群在历史条件下的凝聚和演进并不全然一致。平台更容易地拥有一个或者多个被更高级权威系统承认的所有权关系，进而平台建立者个人的设计意图和统治能力实际上是可以对平台的发展产生深远影响的。也正是由于这一点，平台设计者个人的意愿，在有些时候甚至应该先于平台的意愿被考虑。而另外一方面，即便平台自身的意愿仅仅是某种遥远的推手，同时我们假定平台的整体框架仍然是自由生长出来的，但是，所谓自由生长却并不一定就代表其产出的客体，必然是无辜的、善的。也并不意味着平台自身对于这种所谓的自然生长就必定是心满意足的。换句话说，自由生长的渐进产物，它可能未经系统性设计，但是其结果绝非价值中立。哈耶克在自己的多本书中都对有意识的社会设计表达了怀疑，并喜欢通过举大自然的例子来支撑自己的社会达尔文主义观点②。对资本自由主义及其崇拜者来说，充满着偶然的自然，是对人为设计的最佳反驳和对证明其有限理性的最好支持。然而，他们时常忘记的是，大自然的非理性，大自然的偶然，造就的不仅仅是一个青山绿水欣欣向荣的自然，同时，也是一个优胜劣汰的万分残酷的自然。而这样的自然，虽然听上去有些政治不正确的样子，真的就是适合人类的吗？尤其是，当我们说的不是自然资源，而是自然的斗争逻辑的时候。为什么因为它是"自然

---

① 卡尔·波普尔（英）：《历史决定论的贫困》，杜汝楫、邱仁宗译，上海人民出版社，2009，第51页。

② 哈耶克（英）：《致命的自负》，冯克利、胡晋华译，中国社会科学出版社，2000，第5页。

的"，就一定是我们所必须要追求的了呢？

显而易见的，如果仅仅从一个令人快乐的或者说对社会产生价值的结果来看，平台给出的"善"是必然存在的。正如阿里巴巴让"天下没有难做的生意"，腾讯"科技向善"的愿景在促进中小企业入网或者利用移动互联技术升级传统产业方面确有建树一样（值得一提的是，谷歌却已经放弃了其声名远播的"不作恶"的格言，甚至开除了撰写有关大型语言处理模型的危害论文的谷歌 AI 伦理部门创始人）。更不用提从环保到希望工程再到医疗改革等一系列社会"善举"背后不可缺少的移动互联平台的身影了。这些当然要依靠平台的主观意愿才能够完成，而并非自由生长的产物。然而，当我们在谈及平台之"善"的时候，对应的不应该是这种显而易见的"善举"，而应该对应我们在看待平台之"恶"时那样，并不显而易见的"恶行恶果"，是那些在自身成长过程中，存在的对于参与方有意无意的压迫和若隐若现的诱导。因此，这里的善，如果要将它看得通透一点，便并非仅指向科技进步所带来的美好，而应该是一种能够与平台的隐性控制相对应的，作为人的"自明"，一种独立于平台营造的符号价值系统之外的认知能力。那些明确的善果是容易辨认的，也是必须被承认的，平台的关键问题并不在于它代表了任何不容辩驳的邪恶，而在于，它是否会刻意引导出一种能够对自身形成阻抗的思辨，无论这种过程是否存在一个明确的初衷，也无论这种初衷是为了某种善，抑或是某种恶。

人们只要问一个问题，就能够清楚地感知到这个矛盾的存在。

即如果只存在一种选择，平台，究竟是喜欢没有独立意志的大众，还是喜欢具有批判性的双向度的人？

难以改变的结果

我们可以回想一下曼德维尔在 18 世纪早期《蜜蜂的寓言：或私人的恶行，公共的利益》一书中所讲述的那个备受争议的观点，即私人的恶，特别是经济上的贪婪，如果被广泛追求并成为社会的主流，就会必然产生某种公共的善①。过去三百年里，针对这一说法的争辩从未停歇，而在当下的移动互联社会中，类似的逻辑又在重新上演。这种被集中在特定权力主体手中的恶，被视为某种现代事业的进步与创造背后的固有矛盾。仿佛不需要以人性穿针引线，就能够将那些原本属于七宗罪中的贪婪织成一个良善的庞大实体。

这种说法，尽管完全放弃了道义上的自我救赎，却很遗憾的，有着一定事实上的支撑。问题的关键出现在对这种事实的态度之上。

平台当然既能够创造可被称为"善"的社会价值，同时也有着可被称为"恶"的社会控制。作为逐利者的平台，我们可以说它本没有任何义务去刻意寻求一种善乃至鼓吹自己平台内的参与方跳出来反对自己。这种人性之恶与社会之善的相生相伴在很多情况下可能也是难以避免的"无责任者悲剧"。在这里，我们要做的，并不是说完全摧毁这出悲剧。而是牢记绝不能够采用一种蒙昧主义的视角，硬说它是一个喜剧。

所以，即便一切的设计都不是一种必然的恶，即便平台的主观也只是遵从着逐利性去视而不见而已，平台以及其背后的整个符号系统，符号系统背后的整个符号定价战争，仍然在自行运作的时候就产生了一些难以剥开的后果。它夹杂着移动互联里超越守夜人的特殊性，以迎合的姿态伸出自己的双手，全然不在乎一个事实，即那些在移动互联中游荡的人们，你只要推他一把，他就自然走向深渊。

这种深渊并不被察觉，因为它暗喻的，是我们对于幻境的不自觉。换句话说，在这里，被指责为一种恶的，并非是平台以及其背后的组织、符号和意识形态的不道德，而是它们在某种意义上的非真实。移动互联场域中，善恶难分，平台可能无辜，消费者可能有罪，但归根

---

① 曼德维尔（英）：《蜜蜂的寓言：或私人的恶行，公共的利益》，肖聿译，中国社会科学出版社，2016，第 2 页。

结底，需要被拿出来反复强调的，是我们当下移动互联社会作为整体营造出来的幻觉和对幻觉的不质疑。

弗洛伊德认为，幻觉对绝大多数人未必是一件坏事，"幻觉对我们有吸引力，因为它省却了我们的痛苦，让我们可以快乐。因此，就算幻觉有时候与现实有一些矛盾，会因此而被现实粉碎，我们还是应该接受幻觉"①。这样被描述出的幻觉当然可以有积极的心理作用。但是，我们却并不能因为乐观偏误的积极作用，就不把它当作一种偏误。问题在于，幻觉可以代表了快乐，它让我们看不到自己的脆弱，然而，当有一天真实忽然降临，需要我们展现自己的力量的时候，脆弱的幻觉，是否能够给我们提供这种转型的动力呢？正如历史学家布尔斯廷说的："我们深受其害的首先是我们自己的幻觉，而不是我们的恶习或软弱。我们听从的不是真实，而是我们用来代替真实的幻觉。②"在符号的世界里，我们看到了一个个崭新的镜像，它们挥动着自己的链条，等待人们在上面攀爬，并交织出了一个众人皆可成神的真实幻境。

与幻觉的不自觉相对应的，就是我们对于自我追求的遗忘，是作为一个独立思考的个体，其自身批判性的消逝和娱乐化。

其实，大是大非的问题毕竟不多，余下的大多数，则是能够在天平两端都承载足够厚重的、供我们去理解并使自己相信的真实，尽管这种真实仅显现在符号之镜下。我们可能不再需要像热血的革命者一样，面向移动互联的平台们进行统一的宣战，然而在移动互联的洪流中保持一个批判性的思想基点，去避免前文所描述的在符号霸权下逐渐产生的平台盲信却仍然是必要的。

这种批判需要寻找自己的节奏，像微博网友"直男上树"在百度大会上朝李彦宏头上浇水的行为固然是略微过界的，然而其背后却也反映了平台对于批判性本身的压制。如果正常的对抗手段对移动互联

---

① 转引自：徐贲：《逆境忧患与抑郁现实主义》，《读书》，2017（5）。
② 转引自：徐贲：《逆境忧患与抑郁现实主义》，《读书》，2017（5）。

巨型平台行之有效的话，"直男上树"的行为就也不会在网络中拥有那么多的支持者了。所谓的文明，从不是对于对抗的彻底摒弃，平台依靠符号暴力保留着隐性的对抗，个体自然也应该有自己的方式。但遗憾的是，当斗争不需要血和泪的时候，我们反而就会质疑斗争的合理性与合法性。针对我们这个时代，是没有那么多反抗文学的，"直男上树"的行为可能已经代表了这个时代最大的"恐怖主义"。

所以说，移动互联时代符号定价的大玩家们，其最为成功的一点，就是将对抗的方式，进行了一种"微调"。正如前文所说的，在意识形态上，它们通过对于"嘲讽"的默许营造了自由平等的假象，然而却并不给真正的对抗以合适的出口。无论平台宣扬着如何重视自己的用户，在真正出现冲突的时候，用户从来不会发现对战的双方之间存在着任何的平等。移动互联平台构建的逻辑本身就具备着消磨批判的先天优势，而整个网络中被不断推进的娱乐化则进一步将这种批判扭曲。最终，如果要问现在的网络批判是为了迎合民众口味的自娱自乐，还是来自像先贤一样的深刻思辨呢？答案可能更多的将会偏向，人们通过调侃，在对平台的"批判"中寻找乐趣，同时掩盖着心中愈发强烈的不安。季广茂老师在翻译齐泽克的著作时，充分注意到了齐泽克对过去的犬儒主义和当下的犬儒主义的区分，并将现在的犬儒主义译作"狗智主义"。这个翻译简直传神。

蝇营狗苟，自作聪明。以反讽暗示妥协，以妥协掩盖软弱。

在他们心里，社会就是这样的社会，我能怎么办呢？

所谓不与世俗同流合污在狗智主义者们看来不单是愚蠢的，同时还是不可能的，这是一种环境决定论的不可能，源自近代以来主客体二分带来的一种责任的转移。这种不可能被我们欣然接受，进而依靠它来卸除我们自己的义务。

所以，平台纵容着幻觉，并消磨着批判，既结果如此，亦有心为之。这是深埋在其移动互联符号逐浪者的本性中的固有劣势，是为其"恶"之两面。

　　而更进一步，我们还可以提出一个即便对于平台，都可能显得有些委屈的批评：平台必然的恶，仅仅是因为它不必然的恶。

　　权力，并不一定要等到被滥用的时候才具有实际的威胁。正如特里·伊格尔顿在《后现代主义的幻象》中说的，福柯之所以反对某些权力当局，不是出于道德原因，而仅仅是因为他们握有权力，因此从某种模糊的自由论立场看来带有压迫性[①]。也就是说，平台依靠着其对符号的把控崛起，并不断用符号定价的完整系统来彰显着自己的权力，谋求着相应的利益。这一切过程，无论程序正义或是结果正义，哪怕皆是一片祥和，平台，都不能够被当作一个纯善的主体被理解，仅仅是因为，它拥有着这种符号定价的最高权力。这是没错的，其落脚点，在于风险。对于风险的感知，我们需要注意的是，某个社会事实发生之后的结果固然是值得被考虑的，但是某个没有发生的社会事实，可能衍生的社会后果，同样需要被注意。

　　《正义论》中，罗尔斯强调了社会的基本制度，有责任去改善最不利者的地位，在他构建的"无知之幕"中，这样的策略起码在理论层面上是具有很强的效度的[②]。而在平台中，问题却变成了，平台设计的初衷就是要逐渐挖掘出这些人，甚至促使他们形成群体。在争夺符号定价上游位置所带来的一切权力或者好处的时候，符号定价者自然而然地就创造出了符号定价的最底层，所谓"最不利者"，就是那些被迫承认符号链条以及先在的定价规则有效性的个体。最终，在移动互联平台的运作下，符号的霸权成了符号定价的霸权，符号定价的霸权又成了平台的霸权，而移动互联各类参与方之间的符号战争，反过来，也进一步成就了符号之镜。在这个镜面下，我们所经历的一切真实和

---

① 特里·伊格尔顿（英）:《后现代主义的幻象》，华明译，商务印书馆，2014，第40页。
② 约翰·罗尔斯（美）:《正义论》，何怀宏、何包钢、廖申白译，中国社会科学出版社，2001，第292页。

虚妄，仅在平台一念之间。

　　我们能够看到腾讯，尽管坐拥中国最大的社交网络，然而其创始人也开始思考减少无谓的分享、裂变，有意识地控制为了流量和 KPI 去盘剥人们的点击数和时间。同时我们也能够看到今日头条的一系列产品设计，明目张胆直奔人性的弱点，毫不留情地席卷而过。平台确有能力凭借主观的意愿去强化而不是削弱移动互联技术为我们的生活带来的美好。而对于符号定价权的高度占有，其背后的恶当然也并不是必然的。可我们需要警惕的是，万一它成为一种必然，个体可有对策？

　　张汝伦教授曾感叹过，"在一个物质主义的时代，很多人是以物质作为一切价值的尺度，因此，尽管作为人，他们不能不赞美自由，实际上却宁可为了别的东西放弃自由"①。可何止是物质主义的时代呢？其实每一个时代，都有着属于自己的外部性的尺度，而一定程度上使得人类的本真性被干扰；不仅是现代性让人成为庞大社会实体的微末零件，实际上历史上每个瞬间的人，都是零件。那么今天的问题又有什么呢？

　　是我们本应做得更好。

　　人类当下明明可以有比历史上任何一个时期都更好的出路，自由应该离我们前所未有得近，但是出于种种原因，人们对其视而不见，甚至在某些情形下，更胜以往。人们依旧是零件，但是我们对于成为零件的自觉和成为零件的事实不成正比。在这理应最好的时代，人类却即将迎来有史以来最大的精神危机，这是最后的预演，最后的缓冲期和最后的反抗机会。

　　面对这样的危机，我们必须提出问题！

　　当平台的组织、规则、知识为我们提供正向引导，带来某种意义上民智的开启的时候，我们是承认的；然而当它们站在我们对面对我

---

① 张汝伦：《现代西方哲学十五讲》，中信出版集团，2020，第 330 页。

们进行欺瞒、限制和误导之时，我们可有资格否认？

当平台的符号、符号定价，它们的创造、传播代表着某种美好的进步的时候，我们是享受的；然而当它们强迫我们遵循着定价的逻辑，认同着定价的后果之时，我们可有勇气逃离？

当平台所构建的意识形态，带给我们平等和自由，彰显我们个性与理性的时候，我们是充满信心的；然而当它们告诉你我这一切不过是幻想，是共谋出来的一出精心剧目之时，我们可有能力撕开幕布，跳下舞台？

只要不必然的恶存在，平台就需要承受"必然的恶"的指摘之重。

就这样，移动互联的大型平台们，用它们自己的故事，向所有人宣布：

移动互联的世界是一个符号的世界[①]；移动互联的战争是一个符号的战争；而符号的战争，就是人类之为人类的一切意义和价值的战争。

符号的战争早已到来；
也许我们会战斗，也许不会。
也许我们正在战斗；
也许我们已经阵亡。

[①] 异轨自鲍德里亚"唯一的帝国就是符号帝国"。引自：让·鲍德里亚（法）：《冷记忆4》，张新木、陈凌娟译，南京大学出版社，2009，第42页。

参考文献

阿多尔诺,《否定的辩证法》,张峰译,重庆出版社,1993。

阿多尔诺:《美学理论》,王珂平译,四川人民出版社,1998。

阿克塞尔·霍耐特(德):《为承认而斗争》,胡继华译,上海人民出版社,2005。

阿克塞尔·霍耐特(德):《自由的权利》,王旭译,社会科学文献出版社,2013。

阿伦·拉奥、皮埃罗·斯加鲁菲(美):《硅谷百年史》,闫景立、侯爱华、闫勇译,人民邮电出版社,2016。

艾夫斯(加):《葛兰西:语言与霸权》,李永虎、王宗军译,社会科学文献出版社,2018。

艾里希·弗洛姆(美):《逃避自由》,刘林海译,上海译文出版社,2015。

安德森(美):《全球化时代:无政府主义者与反殖民想象》,董子云译,商务印书馆,2018。

安东尼·吉登斯(英):《现代性与自我认同——现代晚期的自我与社会》,赵旭东、方文译,生活·读书·新知三联书店,1998。

安托瓦纳·贡巴尼翁(法):《现代性的五个悖论》,周宪、许钧译,商务印书馆,2013。

奥特弗利德·赫费(德):《政治的正义性:法和国家的批判哲学之基础》,庞学铨等译,上海译文出版社,2005。

巴特勒(英):《解读后现代主义》,朱刚、秦海花译,外语教学与研究出版社,2010。

本雅明（德）:《巴黎，19 世纪的首都》，刘北成译，商务印书馆，2013。

本雅明（德）:《波德莱尔：发达资本主义时代的抒情诗人》，王涌译，译林出版社，2014。

本雅明（德）:《单向街》，陶林译，江苏凤凰文艺出版社，2015。

本雅明（德）:《历史哲学论纲》，张旭东译，http://www.aisixiang.com/data/21116.html。

本雅明（德）:《机械复制时代的艺术作品（第二稿）中译》，https://www.douban.com/ note/655569324/。

边沁（英）:《道德与立法原理导论》，时殷弘译，商务印书馆，2000。

伯特兰·罗素（英）:《权力论：新社会分析》，吴友三译，商务印书馆，2012。

伯特兰·罗素（英）:《权力论——新社会分析》，吴友三译，商务印书馆，1991。

布莱恩·巴利（英）:《社会正义论》，曹海军译，江苏人民出版社，2007。

布洛赫（德）:《希望的原理》，梦海译，上海译文出版社，2012。

布洛维:《制造同意——垄断资本主义劳动过程的变迁》，李荣荣译，商务印书馆，2008。

陈威如，余卓轩:《平台战略：正在席卷全球的商业模式革命》，中信出版集团，2013。

大卫·哈维（美）:《希望的空间》，胡大平译，南京大学出版社，2006。

大卫·哈维（美）:《新自由主义简史》，王钦译，上海译文出版社，2016。

大卫·哈维（美）:《资本社会的 17 个矛盾》，许瑞宋译，中信出版集团，2016。

戴维·米勒（英）:《社会正义原则》，应奇译，江苏人民出版社，2001。

丹尼尔·贝尔（美）:《后工业社会的来临——对社会预测的一种探索》，高铦等译，商务印书馆，1984。

丹尼尔·贝尔:《资本主义文化矛盾》，赵一凡、蒲隆、任晓晋译，生活·读书·新知三联书店，1989。

道格拉斯·洛西科夫（美）:《当下的冲击：当数字化时代来临，一切突然发生》，孙皓、赵晖译，中信出版集团，2013。

德拉·沃尔佩（意）:《卢梭和马克思》，赵培杰译，重庆出版社，1993。

菲利普·津巴多（美）:《路西法效应：好人是如何变成恶魔的》，孙佩妏、陈雅馨译，生活·读书·新知三联书店，2010。

富兰克林·福尔（美）:《没有思想的世界：科技巨头对独立思考的威胁》，舍其译，中信出版集团，2019。

富勒（英）:《科学的统治：开放社会的意识形态与未来》，刘钝译，上海科技教育出版社，2006。

弗朗西斯·福山（美）:《大断裂：人类本性与社会秩序的重建》，唐磊译，广西师范大学出版社，2015。

弗里斯比（英）:《现代性的碎片：齐美尔、克拉考尔和本雅明作品中的现代性理论》，卢晖临等译，商务印书馆，2013。

葛兰西（意）:《狱中札记》，曹雷雨、姜丽、张跣译，河南大学出版社，2014。

哈耶克（英），《致命的自负》，冯克利、胡晋华译，中国社会科学出版社，2000。

海德格尔（德）:《存在与时间》，陈嘉映、王庆节译，商务印书馆，2020。

赫伯特·马尔库塞（美）:《爱欲与文明》，黄勇、薛民译，上海译文出版社，1987。

赫伯特·马尔库塞（美）：《单向度的人：发达工业社会意识形态研究》，刘继译，上海译文出版社，2019。

赫尔曼·E·戴利（美）：《超越增长：可持续发展的经济学》，诸大建等译，上海译文出版社，2001。

黑格尔（德）：《精神现象学》，贺麟、王玖兴译，上海人民出版社，2013。

黑格尔（德）：《小逻辑》，贺麟译，上海人民出版社，2009。

黑格尔：《哲学史讲演录》（第二卷），贺麟译，上海人民出版社，2009。

霍布斯（英）：《利维坦》，黎思复、黎廷弼译，商务印书馆，1985。

霍布豪斯：《自由主义》，朱曾汶译，商务印书馆，2019。

胡塞尔（德）：《现象学的观念》，倪梁康译，商务印书馆，2018。

胡适：《问题与主义》，《胡适文集》（第二卷），北京大学出版社，1998。

金里卡：《自由主义、社群与文化》，应奇、葛水林译，上海译文出版社，2001。

居伊·德波（法）：《景观社会》，张新木译，南京：南京大学出版社，2017。

卡尔·波普尔（英）：《历史决定论的贫困》，杜汝楫、邱仁宗译，上海人民出版社，2009。

卡尔·马东：《习性》，选自迈克尔·格伦菲尔（英）：《布迪厄：关键概念》，林云柯译，重庆大学出版社，2018。

卡西尔（德）：《人论》，甘阳译，上海译文出版社，2004。

康德（德）：《康德三大批判合集（注释版）》，李秋零译，中国人民大学出版社，2016。

柯亨（英）：《卡尔·马克思的历史理论——一个辩护》，岳长龄译，重庆出版社，1989。

科斯塔（美）：《守夜人的钟声：我们时代的危机和出路》，李亦敏译，中信出版集团，2017。

孔飞力（美）：《叫魂：1768 年中国妖术大恐慌》，陈兼、刘昶译，生活·读书·新知三联书店，2012。

拉尔夫·达仁道夫（英）：《现代社会冲突——自由政治随感》，林荣远译，中国社会科学出版社，2000。

拉图尔（法）：《我们从未现代过》，刘鹏、安涅思译，苏州大学出版社，2010。

莱奥尼（意）：《自由与法律》，秋风译，吉林人民出版社，2004。

雷蒙·阿隆（法）：《社会学主要思潮》，葛秉宁译，上海译文出版社，2015。

雷蒙·阿隆（法）：《知识分子的鸦片》，吕一民、顾航译，译林出版社，2012。

雷蒙德·威廉斯（英）：《现代主义的政治——反对新国教派》，阎嘉译，商务印书馆，2002。

雷蒙·盖斯（英）：《批评理论的理念：哈贝马斯及法兰克福学派》，汤云、杨顺利译，商务印书馆，2018。

李永虎：《语言、历史与霸权，葛兰西对马克思主义语言学的建构》，《海南大学学报》，2017（5）。

李竹叶：《意识形态话语权的理论渊源》，《经济研究导刊》，2015（9）。

列奥·施特劳斯：《自然权利与历史》彭刚译，生活·读书·新知三联书店，2016。

刘擎：《刘擎西方现代思想讲义》，新星出版社，2021。

勒庞（法）：《乌合之众》，冯克利译，中央编译出版社，2011。

罗伯特·诺齐克（美）：《无政府、国家和乌托邦》，姚大志译，中国社会科学出版社，2008。

罗纳德·S. 伯特（美）：《结构洞：竞争的社会结构》，任敏、李璐、林虹译，上海人民出版社、格致出版社，2017。

卢卡奇（匈）：《历史与阶级意识》，杜章智、任立、燕宏远译，商务印书馆，2018。

鲁特格尔·布雷格曼（荷）：《现实主义者的乌托邦：如何建构一个理想世界》，曾小楚译，中信出版集团，2018。

路易·阿尔都塞（法）：《保卫马克思》，关群德译，商务印书馆，2009。

路易·阿尔都塞（法）：《意识形态与意识形态国家机器》，《思想》，1970。

马尔库塞：《单向度的人：发达工业社会意识形态研究》，刘继译，上海世纪出版集团，2019。

马基雅维利（意）：《君王论》，徐继业译，西苑出版社，2004。

马克思（德）、恩格斯（德）：《马克思恩格斯文集》（第二卷），人民出版社，2009。

马克思：马克思在《人民报》创刊纪念会上的演说 http://app.71.cn/print.php?contentid=685177。

马克斯·霍克海默（德）：《霍克海默集》，曹卫东选编，渠东、付德根等译，上海远东出版社,2004。

马克斯·霍克海默（德）、西奥多·阿多尔诺（德）：《启蒙辩证法：哲学断片》，渠敬东、曹卫东译，上海人民出版社，2006。

马克斯·韦伯（德）：《新教伦理与资本主义精神》，彭强、黄晓京译，陕西师范大学出版社，2002。

马歇尔·伯曼（美）：《一切坚固的东西都烟消云散了——现代性体验》，周宪、许钧主编，徐大建、张辑译，商务印书馆，2013。

迈克尔·J. 桑德尔（美）：《自由主义与正义的局限》，万俊人、唐文明、张之峰、殷迈译，译林出版社，2001。

麦克卢汉（加拿大）：《理解媒介：论人的延伸》，何道宽译，译林出版社，2019。

曼德维尔（英）:《蜜蜂的寓言：或私人的恶行，公共的利益》，肖聿译，中国社会科学出版社，2016。

曼纽尔·卡斯特（美）:《认同的力量》，曹荣湘译，社会科学文献出版社，2006。

曼纽尔·卡斯特（美）:《网络社会的崛起》，夏铸九、王志弘译，社会科学文献出版社，2003。

曼纽尔·卡斯特（美）:《网络社会里的传播，权力和反权力》，叶涯剑译，《国际传播杂志》，2007.（1）。

曼瑟尔·奥尔森:《集体行动的逻辑》，陈郁、郭宇峰、李崇新译，格致出版社、上海人民出版社，2011。

曼瑟尔·奥尔森（美）:《权力与繁荣》，苏长和、嵇飞译，世纪出版集团，2018。

米尔恩(英):《人的权利与人的多样性——人权哲学》，夏勇等译，中国大百科全书出版社，1995。

米尔斯（美）:《权力精英》，王崑、许荣译，南京大学出版社，2004。

墨菲（英）:《论政治的本性》，周凡译，江苏人民出版社，2016。

莫里斯·梅洛－庞蒂（法）:《知觉现象学》，姜志辉译，商务印书馆，2001。

米歇尔·福柯（法）:《性经验史》第一卷，佘碧平译，上海人民出版社，2002。

尼采（德）:《偶像的黄昏》，李超杰译，商务印书馆，2013。

尼采（德）:《善恶的彼岸》，赵千帆译，商务印书馆，2015。

尼尔·波兹曼（美）:《技术垄断》，何道宽译，中信出版集团，2019。

尼尔·波兹曼（美）:《童年的消逝》，吴燕莛译，中信出版社，2015。

尼尔·波兹曼（美）:《娱乐至死》，章艳译，中信出版集团，

2015。

尼科尔斯：《专家之死：反智主义的盛行及其影响》，舒琦译，中信出版社，2019。

尼古拉·尼葛洛庞帝（美）：《数字化生存》，胡泳、范海燕译，电子工业出版社，2020。

欧文·戈夫曼（美）：《日常生活中的自我呈现》，冯钢译，北京大学出版社，2016。

帕特里克·加迪纳（英）：《克尔凯郭尔》，刘玉红译，译林出版社，2013。

皮埃尔·布尔迪厄（法）：《国家精英：名牌大学与群体精神》，杨亚平译，商务印书馆，2004。

皮埃尔·布尔迪厄（法）：《区分：判断力的社会批判》，刘晖译，商务印书馆，2015。

皮埃尔·布尔迪厄（法）：《艺术的法则：文学场的生成和结构》，刘晖译，中央编译出版社，2001。

齐格蒙·鲍曼（英）：《生活在碎片中——论后现代道德》，郁建兴等译，学林出版社，2002。

齐泽克：《意识形态的崇高客体》，季广茂译，北京中央编译出版社，2002。

齐泽克（斯洛文尼亚）：《变态者电影指南》论《泰坦尼克号》https://www.douban.com/group/topic/29508322/。

乔治·拉雷恩（英）：《意识形态与文化身份：现代性和第三世界的在场》，戴从容译，上海教育出版社，2005。

乔纳森·弗里德曼（美）：《文化认同与全球性过程》，周宪、许钧主编，郭建如译，商务印书馆，2003。

乔纳森·克拉里（美）：《24/7：晚期资本主义与睡眠的终结》，许多、沈清译，中信出版集团，2015。

让·鲍德里亚（法）：《符号政治经济学批判》，夏莹译，南京大学出版社，2015。

让·鲍德里亚（法）：《冷记忆4》，张新木、陈凌娟译，南京大学出版社，2009。

让·鲍德里亚（法）：《美国》，张生译，南京大学出版社，2011。

让·鲍德里亚（法）：《拟仿物与拟像》，洪凌译，台湾时报文化出版公司，1998。

让·鲍德里亚（法）：《完美的罪行》，王为民译，商务印书馆，2014。

让·鲍德里亚（法）：《为何一切尚未消失？》，张晓明，薛法蓝译，南京大学出版社，2017。

让·鲍德里亚（法）：《象征交换与死亡》，车槿山译，译林出版社，2006。

让·鲍德里亚（法）：《消费社会》，刘成富、全志钢译，南京大学出版社，2014。

让·鲍德里亚（法）：《遗忘福柯》，道格拉斯·凯尔纳（美）、斯蒂文·贝斯特（美）：《后现代理论 -- 批判性的质疑》，中央编译出版社，2001。

让·鲍德里亚（法）：《致命的策略》，戴阿宝、刘翔译，南京大学出版社，2015。

让·弗朗索瓦·利奥塔尔（法）：《后现代性与公正游戏：利奥塔访谈、书信录》，谈瀛洲译，上海人民出版社，2018。

史蒂文·霍夫曼（美）：《让大象飞》，周海云、陈耿宣译，中信出版集团，2017。

史蒂文·卢克斯（美）：《权力：一种激进的观点》，彭斌译，江苏人民出版社，2008。

施密特（德）：《历史和结构 --- 论黑格尔马克思主义和结构主义的历史学说》，张伟译，重庆出版社，1993。

叔本华（德）：《作为意志和表象的世界》，景天译，中国华侨出版社，2017。

泰勒（加）：《现代性之隐忧》，程炼译，中央编译出版社，2001。

泰勒（加）：《自我的根源》，韩震等译，译林出版社，2001。

汤文辉，《媒介与文明：哈罗德·英尼斯的现代西方文明批判》，广西师范大学出版社，2013。

特里·伊格尔顿（英）：《后现代主义的幻象》，华明译，商务印书馆，2014。

滕尼斯（德）：《共同体与社会：纯粹社会学的基本概念》，林荣远译，商务印书馆，1999。

涂尔干（法）：《社会学方法的准则》，狄玉明译，商务印书馆，1995。

瓦尔登费尔斯：《生活世界之网》，谢利民译，商务印书馆，2020。

万斯（美）：《延伸的城市——西方文明中的城市形态学》，凌霓、潘荣译，中国建筑工业出版社，2007。

汪行福：《超越康德化马克思与黑格尔化马克思的对立》，《武汉大学学报》，2018.（7）。

汪行福：《理性的病变——对作为'启蒙的虚假意识'的犬儒主义的批判》，《现代哲学》，2012.（7）。

汪行福：《生产之镜与意识形态——鲍德里亚《生产之镜》的批判性解读》，《东南学术》，2009.（2）。

汪行福：《新启蒙辩证法"——哈贝马斯的现代性理论》，《马克思主义与现实》，2005.（4）。

汪行福：《意识形态和意识形态批判》，《学术月刊》，1996.10。

维特根斯坦（奥）：《哲学研究》，李步楼译，商务印书馆，2019。

吴红菊，"论新型文化媒介人的形成及其文化策略"，广西师范大学，2008。

吴越菲：《迈向流动性治理：新地域空间的理论重构及其行动策略》，《学术月刊》，2019，（2）。

西梅尔:《货币哲学》,于沛沛、林毅、张琪译,中国社会科学出版社,2007。

肖恩·霍默(希腊):《导读拉康》,李新雨译,重庆大学出版社,2013。

肖伟:《论欧文·戈夫曼的框架思想》,《国际新闻界》,2010(12)。

徐贲:《逆境忧患与抑郁现实主义",《读书》,2017(5)。

阎孟伟、孟锐峰:《西方马克思主义理论》,广西人民出版社,2018。

闫孟伟、王作印主编:《自由主义问题研究》,广西人民出版社,2018。

尤尔根·哈贝马斯(德):《公共领域的结构转型》,曹卫东等译,学林出版社,1999。

尤尔根·哈贝马斯(德):《合法化危机》,刘北成、曹卫东译,世纪出版集团,2009。

约翰·罗尔斯(美):《正义论》,何怀宏、何包钢、廖申白译,中国社会科学出版社,2001。

约瑟夫·S.奈(美):《美国注定领导世界?——美国权力性质的变迁》,刘华译,中国人民大学出版社,2012。

约瑟夫·奈(美):《软力量:世界政坛成功之道》,吴晓辉、钱程译,东方出版社,2005。

张国芳:《滕尼斯'共同体/社会'分类的类型学意义》,《学术月刊》,2019.(2)。

张汝伦:《现代西方哲学十五讲》,中信出版集团,2020。

张一兵:《先在的数字化蒙太奇构架与意识的政治经济学》,《学术月刊》,2017.(8)。

张一兵:《远托邦:远程登录杀死了在场》,《学术月刊》,2018.(6)。

赵毅衡:《符号学：原理与推演》，南京大学出版社，2016。

周鸿祎:《周鸿祎自述：我的互联网方法论》，中信出版集团，2015。

英文文献：

Bourdieu, P: "In other words: Essays Towards a Reflexive Sociology", M. Adamson (trans). Cambridge: Polity, 1994.

Bourdieu, P. & L. Wacquant: "An Invitation Reflexive Sociology", L. Wacquant (trans), Cambridge: Polity, 1992.

Bourdieu, P. & L. Wacquant: "Towards a Reflexive Sociology: a Workshop with Pierre Bourdieu". Sociological Theory 1989 7(1).

David Mazella，The Making of Modern Cynicism，University of Virginia Press，2007.

Ferdinand de Saussure, Cours de linguistique général, p.162-163. 以 及 Roland Barthes,Elements of Semiology, trans. Annette Lavers & Colin Smith, Hill and Wang, 1967.

Festinger: "A Theory of Social Comparison Processes", Human Relation, 1954,（7）.

Lefebvre,The Production of Space，Wiley-Blackwell,1991.

网页材料：

https://bbs.fobshanghai.com/thread-6723899-1-1.html

https://developer.apple.com/design/human-interface-guidelines/ios/overview/themes/

http://field.10jqka.com.cn/20210315/c627772985.shtml

https://www.huawei.com/minisite/giv/Files/whitepaper_cn_2019.pdf

https://www.huxiu.com/article/174510.html?f=member_article

https://news.pedaily.cn/201603/20160313394384.shtml

https://www.sohu.com/a/218677536_313745

https://www.sohu.com/a/229075002_104421

https://www.sohu.com/a/456587387_121344

https://tech.qq.com/a/20171110/005869.htm?winzoom=1

图书在版编目（CIP）数据

大玩家：移动互联平台掌中的秩序和符号 / 刘天一 著 . — 北京：东方出版社，2022.5
ISBN 978-7-5207-2461-6

Ⅰ.①大⋯　Ⅱ.①刘⋯　Ⅲ.①信息产业—产业经济—研究　Ⅳ.① F49

中国版本图书馆 CIP 数据核字（2022）第 015490 号

大玩家：移动互联平台掌中的秩序和符号
（ DA WANJIA:YIDONGHULIAN PINGTAI ZHANGZHONG DE ZHIXU HE FUHAO ）

作　　者：刘天一
责任编辑：刘　峥
出　　版：东方出版社
发　　行：人民东方出版传媒有限公司
地　　址：北京市西城区北三环中路 6 号
邮　　编：100120
印　　刷：北京联兴盛业印刷股份有限公司
版　　次：2022 年 5 月第 1 版
印　　次：2022 年 5 月第 1 次印刷
开　　本：787 毫米 × 1092 毫米　1/32
印　　张：16.125
字　　数：430 千字
书　　号：ISBN 978-7-5207-2461-6
定　　价：76.00 元
发行电话：（010）85924662　85924644　85924641
